Karsten Poppe

Kritik der Geschichte

DIE BLOßE ANALYSE IST AUCH EIN WEG, WENIGSTENS IN ZEITEN GROßER GEISTESARMUT. (KARL BARTH)

Karsten Poppe

Kritik der Geschichte

Versuch über den Zusammenhang der Gedanken Walter Benjamins im
`Ursprung des deutschen Trauerspiels´

Kommentar

Diese Arbeit wurde 1998 vom Fachbereich Germanistik der Freien Universität Berlin als
Dissertation angenommen.
1. Gutachter: Prof. Dr. Klaus Laermann
2. Gutachter: Prof. Dr. K.-R. Janz
Tag der Disputation: 9. Juli 1998

© 2000 by Karsten Poppe
Alle Rechte vorbehalten
Umschlaggestaltung: Andrea Lüpke unter Verwendung einer Photographie
von Gisèle Freund
Druck: Libri Books on Demand
ISBN 3-89811-793-6

Inhalt

ES IST KEINE WIDERLEGUNG DER VORAHNUNG EINER ENDGÜLTIGEN BEFREIUNG,
WENN AM NÄCHSTEN TAG DIE GEFANGENSCHAFT NOCH UNVERÄNDERT BLEIBT ODER
GAR SICH VERSCHÄRFT ODER, SELBST WENN AUSDRÜCKLICH ERKLÄRT WIRD, DAß SIE
NIEMALS AUFHÖREN SOLL. ALLES DAS KANN VIELMEHR NOTWENDIGE
VORAUSSETZUNG DER BEFREIUNG SEIN.
(FRANZ KAFKA)

Vorwort

PHILOLOGIE MIT DEM TIEFSTEN, ENTSCHEIDENSTEN ERNST: ALS EINE
GEISTESWISSENSCHAFT, UND RELIGIÖS, D.H. VON DEM GLAUBEN BESEELT, DAß
WAHRHEIT SEI.
(HUGO VON HOFMANNSTHAL ÜBER WALTER BENJAMIN)

PAS DE LAISSER-ALLER DANS LES PETITES CHOSES. (SAMUEL BECKETT)

Theodor W. Adorno wollte das Buch über den 'Ursprung des deutschen Trauer-spiels' als Benjamins „theoretisch entfaltetstes Werk" (ADORNO: 1970, S.13f) verstanden wissen - und trotzdem: „(d)as Trauerspielbuch ist immer noch das unbe-kannteste Werk Benjamins" (GARBER: 1992, S.29).[1] Das war einmal buchstäblich der Fall: „(w)ie weit gerade eine strenge Beobachtung der echten akademischen Forschungsmethoden von der heutigen Haltung des bürgerlich-idealistischen Wis-senschaftsbetriebs abführt, darauf hat mein Buch 'Ursprung des deutschen Trauer-spiels' die Probe gemacht, indem es von keinem deutschen Akademiker irgendeiner Anzeige ist gewürdigt worden." (BRIEFE IV, S.18) Heute hat es im geisteswissen-schaftlichen Betrieb längst Karriere gemacht und wird im Feuilleton besprochen.[2] Moden aber sind weder mit echter Aktualität zu verwechseln, noch stellen sie eine „gelungene Rezeption" (BLUMENBERG: 1997, S.88) unter Beweis. Denn der „Erfolg einer Philosophie" (ebd.) hängt wahrscheinlich von ihrer „Parodierbarkeit" (ebd.) ab. Nicht nur Adorno hat keiner „verstanden, aber alle haben nach wenigen Seiten kapiert, wie man es macht." (Ebd.) So entstehen Phrasen, die endlos kommu-niziert werden. Der Preis des Ruhms ist deswegen hoch. Denn „(d)ie Philosophie Benjamins fordert das Mißverständnis heraus, sie als Folge unverbundener oder dem Zufall von Tag und Reiz gehorchender Aperçus zu konsumieren und zu entschärfen." (ADORNO: 1981, S.569) Die „permanente Anstrengung des Begriffs" (ebd. S.572f) wird nicht mehr wahrgenommen, weil die Sache in diesem Werk nicht auf den Begriff gebracht, sondern von innen betrachtet werden soll. Als Literatur wird das Werk aus dem Kanon vermeintlich seriösen Denkens gestrichen - Benjamins „intel-lektueller Existenz hat soviel Surreales angehaftet, daß man sie nicht mit unbilligen Konsistenzforderungen konfrontieren sollte." (HABERMAS: 1987, S.338) In Wahr-heit soll sie den philosophischen Status quo in Deutschland nicht in Gefahr bringen. Das Urteil betrügt deswegen um den Ernst der Sache. Mit dem Verzicht auf diesen hat vor allem das Trauerspielbuch seinen Ruhm bezahlen müssen.[3] Dessen „Denk-bruchstücke( )" (I.1, S.208) haben aber ihren „Stellenwert inmitten einer außeror-dentlichen Einheit des philosophischen Bewußtseins" (ADORNO: 1981, S.569f).

Das Problem der Geschichte steht in seinem Zentrum - und ist hier Gegenstand einer Untersuchung, die versuchen will, seiner „sachliche(n) Bedeutung gerecht (zu) werden" (ebd. S.567). Das aber ist nur in Interpretationen möglich. „Unser Ver-ständnis der Philosophie eines Kant oder eines Hegel ist in den letzten Jahrzehnten durch vielfältige Bemühungen um eine Rekonstruktion gefördert worden, die den argumentativen Aufbau grundlegender Texte durchsichtig macht und die darin ausgedrückten Gedanken auf andere, besser nachvollziehbare Weise zur Sprache bringt" (THEUNISSEN: 1993, S.13), indem es sie übersetzt. Die Benjamin-Interpretation aber beschränkt sich zu oft auf eine nur flanierende Arbeitsweise, die in ihre Gegenstände keine Arbeit des Gedankens investiert - und „(e)s fällt immer häufiger auf, daß die Auseinandersetzung mit den komplexen Texten weniger der Lösung konkreter Probleme dient als zur eigenen Ehre gereichen soll." (GÜNTHER: 1992, S.12) Die folgenden Überlegungen wollen - und können - diese Lücke nicht schließen. Denn sie ist in Wahrheit ein Bruch der Tradition. Der Begriff der Geschichte ist selbst geschichtlich - heute scheint immer weniger deutlich werden zu können, was Geschichte noch bedeuten könnte. Im Problem der Geschichte wird das Buch über den `Ursprung des deutschen Trauerspiels´ deswegen zum Gegenstand eines philosophischen Kommentars. Denn der „Kommentar geht von der Klassizität seines Textes (...) aus." (II.2, S.539) Das aber bedeutet vor allem eines: er ist uns fremd geworden.[4]

Denn der „Exorzismus von Geschichte" (III, S.289) steht heute wieder auf der Tagesordnung der Gebildeten unter den Verächtern des Geistes. Die Theorie der Geschichte - der Benjamins unermüdliche Anstrengung gedient hat - wird als erledigt betrachtet. Die Lektüre des Trauerspielbuchs im juste milieu der Postmoderne ist von der gleichen „religiöse(n) und historische(n) Blindheit" (II.1, S.159) gezeichnet, die Benjamin einmal im Denken der „gesamten Neuzeit" (II.1, S.159) meinte erkennen zu können. Deswegen kann sie die Sache seines Denkens - die im Titel dieser Arbeit steht - nicht mehr betrachten. Doch dem „Auge, das sich vor dieser Erfahrung schließt, stellt sich eine Erfahrung komplementärer Art als deren gleichsam spontanes Nachbild ein." (I.2, S.609) Deren „klassische Formulierung" (I.1, S.281) lautet bei Nietzsche: „dies muß uns vor allem, zu unserer Erniedrigung und Erhöhung, deutlich sein, daß die ganze Kunstkomödie durchaus nicht für uns, etwa unsrer Besserung und Bildung wegen, aufgeführt wird, ja daß wir ebensowenig die eigentlichen Schöpfer jener Kunstwelt sind: wohl aber dürfen wir von uns selbst annehmen, daß wir für den wahren Schöpfer derselben schon Bilder und künstlerische Projectionen sind und in der Bedeutung von Kunstwerken unsre höchste Würde haben - denn nur als ästhetisches Phänomen ist das Dasein und die Welt ewig gerechtfertigt" (I.1, S.281). Und so meinen wir heute - nach dem Ende der Geschichte - auf dem Olymp des Scheins zu thronen. Benjamin aber ist Geschichte noch die Wirklichkeit, in der wir leben - und Philosophie deren „objektive( ) Interpretation" (I.1, S.228). Gibt es eine Erkenntnis, der er bis zuletzt treu geblieben ist, so ist es die in der Kritik an Kant gewonnene, daß „immer die letzte metaphysische Dignität einer philosophischen Anschauung die wirklich kanonisch sein will sich in ihrer Auseinandersetzung mit der Geschichte am Klarsten zeigen wird; m. a. W. in der Geschichtsphilosophie" (BRIEFE I, S.391).

Das Trauerspielbuch ist ein Zeugnis der europäischen „Krise von Geschichte und ihrer Philosophie" (TAUBES: 1996, S.342). Im „Biedermeier unseres Posthistoire, in dem zwar viel passiert, aber nichts mehr geschieht" (ebd., S.341), will man aber keine Schwierigkeiten mit der Geschichtsphilosophie mehr haben.

Man nimmt im Lob des Polytheismus - und in der Arbeit am Mythos - den Abschied vom Prinzipiellen - um sich desto besser dem Prinzip der Herrschaft unterwerfen zu können. „In dieser Perspektive ist's verständlich, daß Ästhetik akademisch zum Organ der Erkenntnis aufrückt, daß kunstphilosophisch oder literaturwissenschaftlich die Frage nach Stil den Vorrang vor der Frage nach Wahrheit gewinnt, daß nicht so sehr Inhalte, sondern eine Analyse der Formen den Gang unserer Überlegungen bestimmen, die Glasur, nicht die Substanz der philosophischen Fragen hermeneutisch unser Interesse in Atem hält" (ebd., S.340f). In den neueren Arbeiten über Benjamin zeigt sich dann auch die aktuelle Tendenz, den „Unterschied von Philosophie und Literatur, von Argumentation und Rhetorik einzuebnen" (THEUNISSEN: 1993, S.7). Denn an die Stelle einer vermeintlich unmittelbar politischen Lektüre ist längst eine ästhetische getreten. Diese kennt „keine Begriffe, nur einen Slang, der von Saison zu Saison wechselt." (III, S.498). Unter dem Titel der „Rhetorik einer Ontologie des endlichen Seins" (HAMACHER: 1988, S.11) wird die Wirklichkeit der Geschichte (um der Geschichtlichkeit willen) aus Kunst und Philosophie ausgetrieben. Beide werden um ihren eigentümlichen Anspruch auf Wahrheit gebracht. Die dekonstruktive Lektüre vor allem „liest dessen Philosophie als eine Theorie von `Sprachfiguren'" (MENKE: 1991, S.22). Sie kennt - trotz ihrer nietzscheanischen Attitüde - keine dialektische Einheit von Begriff und Sache. Deswegen kann sie „behaupten, daß es auch in den Benjaminischen Texten (...) nicht um ein irgend hinter (...) den Figuren (...) Gelegenes geht" (ebd., S.22). Es geht um sprachliche Effekte, in denen keine historischen Erfahrungen mehr erkennbar werden. Wo Benjamin „Unzeitiges, Leidvolles, Verfehltes von Beginn" (I.1, S.343) an sieht, erkennt man nur noch Rhetorik, als welche das barocke Denken nicht zu verstehen ist, ohne ihren Erfahrungskern zu umschreiben. Negativität wird nämlich im Namen einer fröhlichen Wissenschaft als eine „geschichtsphilosophisch indizierte fehlgedeutet" (ebd., S.12). Die „Wende zur Ästhetik" (TAUBES: 1996, S.340) übt so bereitwillig „Verzicht" (I.1, S.207) auf den „Bereich der Wahrheit, den die Sprachen" (I.1, S.207) überhaupt und die „Sprache der Kunst" (II.1, S.156) im besonderen „meinen" (I.1, S.207). Denn ohne das Leid, das in ihnen zur Sprache kommt, ist ihre Wahrheit nicht zu denken. Benjamin aber ist es seit seiner Jugend in „Literaturfragen ernst" (II.1, S.37). Die Betrachtung der Dichtung ist ihm keine „völlig willkürliche, jedes lebendigen Zusammenhanges entbehrende Spielerei( ) für Ästhetiker" (II.1, S.37). Und so ist auch der Gehalt des Trauerspiels „durchaus nicht vom Ästhetischen beherrscht( )" (I.1, S.299). Es geht Benjamin in seiner Hermeneutik der barocken Existenz darum, die „innere Erfahrung kennenzulernen, die hier am Werk ist." (TAUBES: 1993, S.47) Denn „`(s)olch Traur-Spiel kommt aus deinen Eitelkeiten! | Solch Todten-Tantz wird in der Welt gehegt!" (I.1, S.299)

Kunst dient Benjamin als Organ der philosophischen Erkenntnis der Geschichte. Die Frage nach der Geschichte in der Kunst aber scheint heute so vergessen zu sein wie in den 50er Jahren, als Carl Schmitt sich angesichts der breiten Strömung immanenter Literaturbetrachtung, die das Kunstwerk „nur aus sich selbst heraus (...) verstehen" (SCHMITT: 1993[2], S.34) wollte, die Frage stellte, ob „überhaupt geschichtliche Erörterungen in die Betrachtung eines Kunstwerkes" (ebd., S.33) einbezogen werden dürfen. Denn „(e)in großes Kunstwerk mit der politischen Aktualität seiner Entstehungszeit in Verbindung zu bringen, erscheint ihnen als Trübung der rein ästhetischen Schönheit und als Herabsetzung des Eigenwertes künstlerischer Form." (Ebd., S.34) Die Frage nach dieser Verbindung zwischen der historischen und der ästhetischen Welt aber steht sowohl im erkenntnistheoretischen als auch im sachlichen Zentrum des Trauerspielbuchs. So schreibt Benjamin über seine „gegenwärtige Arbeit" (BRIEFE II, S.391) am 9. Dezember 1923 aus Berlin an Florens Christian Rang: mich „beschäftigt (...) der Gedanke, wie Kunstwerke sich zum geschichtlichen Leben verhalten" (BRIEFE II, S.392). Dabei ist ihm selbstverständlich, daß Geschichte als solche niemals „grundsätzlich atheologisch zu begreifen ist" (V.1, S.589). Die Welt der Kunst aber ist die Natur. Benjamin „gilt (...) als ausgemacht, daß es Kunstgeschichte nicht gibt" (BRIEFE II, S.392) - das Kunstwerk ist „seinem Wesentlichen nach geschichtslos." (BRIEFE II, S.392) Denn „(d)ie spezifische Geschichtlichkeit von Kunstwerken ist (...) eine solche, welche sich (...) nur in Interpretation erschließt. (...) Dieselben Gewalten nämlich, welche in der Welt der Offenbarung (und das ist die Geschichte) explosiv und extensiv zeitlich werden, treten in der Welt der Verschlossenheit (und das ist die der Natur und der Kunstwerke) intensiv hervor." (BRIEFE II, S.392f) Deswegen müssen sie in der geschichtsphilosophischen Interpretation erschlossen werden. Die Abhandlung über das deutsche Trauerspiel ist das *experimentum crucis* dieser noch „dürftigen und vorläufigen Gedanken" (BRIEFE II, S.393) einer Geschichtsphilosophie des Ästhetischen.

Einzig in „systematisch orientierter Interpretation" (I.1, S.41) kann das Trauerspiel erschlossen werden. Es geht aber nicht um Thesen, die nur „forsch und unerschrocken genug" (GARBER: 1992[1], S.128) instrumentiert werden müssen, und „an denen wir nach jahrzehntelangem, nicht eben ermutigendem Umgang mit Benjamins Trauerspielbuch wahrlich auf absehbare Zeit keinen Bedarf mehr haben." (Ebd.) Läßt sich das Trauerspielbuch aber überhaupt in einen „Kontext kontrollierbarer Auseinandersetzung" (TUGENDHAT: 1979, S.207) bringen? Denn nicht nur bei Nietzsche stolpert man „von einer Perspektive in die andere, und es gehört eine ungeheure Geistesanstrengung dazu, einen roten Faden festzuhalten. Wie weit dann so ein Faden hält und wann er reißt, ist eine andere Frage." (TAUBES: 1993, S.107) In einem Kommentar des Trauerspielbuchs soll hier der Versuch unternommen werden, einen solchen roten Faden zu stricken. In der Frage nach der Geschichte stellt sich der Zusammenhang des Werkes heraus.[5] Der Kommentar steht der philosophischen Frage in nichts nach. Denn das „philologische Wissen hat seinen Ursprung, die Erkenntnis, nie verlassen, Wissen ist hier perpetuierte Erkenntnis" (SZONDI: 1967, S.11). Deren Wesen ist Übersetzung.[6] Man „kann es nicht anders sagen als immer wieder mit Benjamin" (GARBER: 1992[1], S.244) - alle Schwierigkeiten der Interpretation liegen in dieser Erfahrung beschlossen. Sie scheint den Leser unausweichlich ins Zitat zu bannen. Denn „(z)itiert wird vor allem, weil man resigniert oder erleichtert notifizieren muß, es besser nicht sagen zu können." (BLUMENBERG: 1997, S.108) Dem Trauerspielbuch kommt beides zu - Faszination und Autorität. Und doch gilt dialektisch: „Sprechen (...) ist Übersetzen. Nicht-

Übersetzen wäre Verrat an der sprachlichen Wirklichkeit. (...) Treue halten (...) wird zu einem Synonym für Übersetzen." (HEINRICH: 1985³, S.113). Einzig und allein „echte Philologentreue" (III, S.322) kann in diesem Werk noch „Entdeckerarbeit leisten" (III, S.322). Es ist „Verweilen" (III, S.344) die „Haltung des wirklichen Philologen" (III, S.344), der die Sache kommentieren will. Das aber steht im Widerspruch zu der herrschenden Mode ästhetischen Denkens, die „Formen von den Inhalten abzulösen und diesen die Aufmerksamkeit zu entziehen, die man jenen widmet." (THEUNISSEN: 1993, S.8) Der „Preis" (ebd., S.13) eines „Korrektiv(s)" (ebd.) an der „Leichtfertigkeit der Literaten" (ebd.) ist deswegen eine gewissen „akademische( ) Schwerfälligkeit" (ebd.). Diese aber hat mit „deutscher Weisheit" (SCHMITT: 1982, S.93) nichts zu tun. Wenn heute aus der geschichtsphilosophischen Diskussion die „gewisse jüdische Geste" (II.3, S.842) verschwunden zu sein scheint, die Benjamin in seiner „Politik für den Intellektuellen" (II.3, S.841) ohne „Glauben" (II.3, S.842) noch „steigern und bewahren" (II.3, S.842) wollte, so hält einer solchen „jüdische( ) Distinktionstaktik" (SCHMITT: 1982, S.93) die Treue, indem sie in der Sache des Trauerspiels das Problem seines Denkens extrapoliert.[7] Denn es steht die Wahrheit seiner Sache noch nicht zur Diskussion.[8]

A. Einleitung zum Problem der Geschichte

DIE BUCHSTABENRECHNUNG DES DIALEKTISCHEN MACHT ES BESSER AB.
(SÖREN KIERKEGAARD)
GRAMMATIK! GRAMMATIK! KEIN FEUILLETONSTUDIUM! (HERMANN COHEN)

A. Geschichtsphilosophische Hermeneutik

In der Frage nach dem Begriff der Geschichte will diese Arbeit den Zusammenhang der Gedanken Walter Benjamins im `Ursprung des deutschen Trauerspiels´ untersuchen - wie aber kommt sie zu ihrem Titel? Mit welchem Recht wird Benjamins Arbeit in der Perspektive dieser Frage betrachtet? Stellt die Frage überhaupt die Sache selbst zur Rede? Und warum überhaupt - eine Frage? Denn das Trauerspielbuch ist die „Darstellung von der Idee von einer Form" (I.1, S.237). Benjamin will darstellen, was die Form des Trauerspiels in Wahrheit ist. Einsicht in den Zusammenhang des Werks als eines „Ganzen" (BRIEFE II, S.508) ist deswegen die Aufgabe einer Interpretation, die seine Intention der Darstellung einholen will. Denn diese hat zum Ziel, daß erst „aus dem Ganzen die `Allegorie´ (...) in aller Totalität (...) momentan herausspringt." (BRIEFE II, S.508) Erkenntnis ist deswegen „durch gewaltsame Abkürzungen nicht zu erwerben" (SZONDI: 1991², S.291). Und „Erkenntnis ist erfragbar, nicht aber die Wahrheit. (...) Als Einheit im Sein und nicht als Einheit im Begriff ist Wahrheit außer aller Frage." (I.1, S.209f) Das Sein der Wahrheit ist nur in der „Betrachtung gegeben" (I.1, S.210) - es ist aber ein Letztes und kein Erstes. Denn die Betrachtung der Wahrheit setzt die Erkenntnis des Ganzen in seinen Einzelheiten voraus, die zu den „Elemente einer Synthese" (I.1, S.238) werden. Worum sich diese Konstellation sinnvoller Elemente dreht, das ist die Frage, die die Erkenntnis im Medium der Begriffe beseelt. Aber wie kann diese sich im Werk orientieren?

Die Frage, wie die Darstellung des Trauerspiels in der Totalität seiner Elemente verstanden werden kann, stellt sich in der Erfahrung des Lesens selbst ein. Denn das Werk stellt den Betrachter, der es „in seiner konkreten Gestalt und seinem vorliegenden Text ohne vorgefaßte Begriffe auf sich wirken läßt" (SCHMITT: 1993[2], S.17), um es als solches verstehen zu können, vor „ungemeine( ) Schwierigkeiten" (ADORNO: 1981, S.575, vgl. SZONDI: 1991[2], S.290). Es scheint ein Trümmerhaufen zu sein - die „Möglichkeit eines sinnvollen Nebeneinanders" (I.1, S.227) dieser „Denkbruchstücke" (I.1, S.208) steht durchaus in Frage.[9] Denn die Elemente des Trauerspielbuchs scheinen „unvermögend" (I.1, S.404), als „Elemente einer Synthesis" (I.1, S.238) in „philosophische Konstellationen zu treten" (I.1, S.404). Sie liegen wie die des barocken Dramas, das doch sein Gegenstand ist, als „Fundus düstrer Prachtentfaltung" (I.1, S.404) dem Betrachter vor Augen, der, ob er will oder nicht, die Erfahrung des Allegorikers macht - denn „immer von neuem drängen die amorphen Einzelheiten, welche allein allegorisch sich geben, herzu." (I.1, S.361) Und „(d)as heißt: eine Bedeutung, einen Sinn auszustrahlen" (I.1, S.359) sind sie „von nun an ganz unfähig; an Bedeutung kommt ihm das zu, was der Allegoriker ihm verleiht." (I.1, S.359) Denn „(d)ie allegorische Interpretation (...) entzündet sich an dem fremd gewordenen Zeichen, dem sie eine neue Bedeutung unterlegt, die nicht der Vorstellungswelt des Textes, sondern der seines Auslegers entstammt" (SZONDI: 1991[2], S.107) - der keine anderen Fragen stellt als solche, deren Antwort er schon kennt. Die Sache selbst steht dann nicht mehr zur Diskussion. Die Kunst der Hermeneutik aber besteht in einer Fragestellung, die den Gegenstand zum Sprechen bringt - in einer Frage, welche die Sache selbst begaben kann, „eine Bedeutung, einen Sinn auszustrahlen" (I.1, S.359). Nur eine genau „Fragestellung" (III, S.599) kann überhaupt zu „Einsichten führen" (III, S.599). So hat Martin Heidegger bekanntlich das zentrale Problem erkannt, in den hermeneutischen Zirkel „nach der rechten Weise hineinzukommen" (HEIDEGGER: 1986[17], S.153) - man „versteht etwas, indem man es versteht als Antwort auf eine Frage; anders gesagt: man versteht es nicht, wenn man nicht die Frage kennt und versteht, auf die es die Antwort war oder ist." (MARQUARD: 1981, S.118) Denn „Sache der wissenschaftlichen Routine ist es, den spröden Stoff wie jeden anderen abzuhaspeln; Sache der echten Wissenschaft dagegen, dem Stoff die Sprödigkeit durch eine Verschiebung der Fragestellung zu nehmen. Es gibt ja keinen, der bei einer angemessenen nicht fähig wäre, intensivste Teilnahme zu finden." (III, S.428) Was aber ist die dem Trauerspielbuch angemessene Frage? Diese Frage stellt sich umso dringlicher, als es wissenschaftlicher Routine bereitwillig Antworten auf all die Fragen zu geben scheint, die von Zeit zu Zeit *en vogue* sind.

Einzig und allein die Frage nach dem philosophischen Gehalt scheint unter einem Tabu zu stehen - aber „(w)ann immer man die Schriften von Philosophen als Dichtungen zu begreifen trachtet, hat man ihren Wahrheitsgehalt verfehlt. Das Formgesetz der Philosophie fordert die Interpretation des Wirklichen im stimmigen

16

Zusammenhang der Begriffe. Weder die Kundgabe der Subjektivität des Denkenden noch die pure Geschlossenheit des Gebildes in sich selber entscheiden über dessen Charakter als Philosophie, sondern erst: ob Wirkliches in die Begriffe einging, in ihnen sich ausweist und sie einsichtig begründet. Dem widerspricht die Auffassung von Philosophie als Dichtung" (ADORNO: 1974, S.9), die im Trauerspielbuch der Gegenstand ist. Aber die „reale Welt" (I.1, S.228) wird nicht aus der Philosophie der Kunst vertrieben. Denn das Trauerspiel ist ein „Dokument" (I.1, S.230) historischen Lebens. Es ist das „Wirkliche" (I.1, S.228), das als Stoff in die Form des barocken Dramas „eingeht" (I.1, S.228). Im Medium der Form aber wird die historische Welt zum Bild - das Trauerspiel „enthält das Bild der Welt" (I.1, S.228). Die Idee des barocken Dramas ist deswegen selbst eine historische - und seiner Darstellung ist „zur Aufgabe nichts Geringeres gesetzt, als dieses Bild der Welt (...) zu zeichnen" (I.1, S.228). In den Formen der Kunst lösen sich die Rätsel der historischen Wirklichkeit. Benjamin versteht die Idee der Form als „objektive Interpretation der Welt" (I.1, S.228) und stellt sie so in eine „historische( ) Perspektive" (I.1, S.228), die nicht mehr aktuell zu sein scheint. Denn „(h)eute (...) ist erkennbar, daß die immanente Analyse, einmal Waffe künstlerischer Erfahrung gegen die Banausie, als Parole mißbraucht wird, um von der verabsolutierten Kunst die gesellschaftliche Besinnung fernzuhalten. Ohne sie aber ist weder das Kunstwerk im Verhältnis zu dem zu begreifen, worin es selber ein Moment abgibt, noch dem eigenen Gehalt nach zu entziffern." (ADORNO: 1973, S.269) Denn den Formen der Kunst liegen historisch bestimmte „Sachprobleme( )" (ADORNO: 1992, S.37) zugrunde. Deswegen geben die „ästhetischen Gegenstände und Probleme (...) sich als geschichtlich produziert zu erkennen" (ebd., S.38) - im „Bereich des Ästhetischen" (ebd., S.37) ist „alle Geschichte (...) Problemgeschichte" (ebd.). Der Form des Trauerspiels kann deswegen nur eine geschichtsphilosophische Hermeneutik angemessen sein, die im Stoff der „geschichtlichen Welt" (I.1, S.226) das Problem[10] erkennt, mit dem diese sich „auseinandersetzt" (I.1, S.226). Die Darstellung des barocken Dramas aber erscheint dann allegorisch, wenn das Problem ihres Gegenstandes nicht mehr aktuell ist - oder nicht mehr aktuell zu sein scheint, weil es vergessen wird. Um den allegorischen Schein des Trauerspielbuchs zu zerstreuen, muß deswegen das Problem seiner Sache verstanden werden. Weil die Elemente des Trauerspielbuchs in diesem unendlich genau zusammenhängen, können sie überhaupt erst „in philosophische Konstellationen (...) treten" (I.1, S.404), die sich als immanente Perspektiven eines Problems erweisen. Die „Denkbruchstücke" (I.1, S.208) - aus denen die Darstellung der Form besteht - sind Elemente der „objektive(n) Interpretation" (I.1, S.228) einer problematischen Wirklichkeit. Indem diese in das Zentrum der Untersuchung gestellt wird, soll nicht verstanden werden, ob und wie Benjamins Darstellung des Trauerspiels wahr sein kann. Aber erst indem das Problem bestimmt wird, das dem Buch über das deutsche Trauerspiel als die Sache vorausgesetzt ist, um die die Konstellation seiner Elemente sich dreht, kann verstanden werden, was Benjamins Interesse am Trauerspiel ist.

B. Geschichte als Problem des Trauerspiels

„Entworfen 1916(.) Verfaßt 1925(.) Damals wie heute meiner Frau gewidmet" (I.1, S.204) - so lautet die Widmung des Trauerspielbuchs. Sie ist nicht nur ein Ausdruck persönlicher Treue über den Bruch der Beziehung hinaus, sondern auch der (dis-)kontinuierlichen Arbeit am Trauerspiel. Aber nicht deren Geschichte soll hier untersucht werden. Und wollte man das, so stellte sich auch die ihr eigentümliche Spannung erst in der genauen Betrachtung des Entwurfs dieser Arbeit heraus. Der Entwurf des Trauerspielbuchs ist als „Intention auf ein Thema" (BRIEFE II, S.68) zu verstehen - das Thema aber ist ein „echte(s) Problem" (BRIEFE II, S.127). In diesem Sinne spricht Benjamin im Zusammenhang der ersten Anstrengungen, ein Thema für seine Habilitationsschrift zu finden, das noch ein „erkenntnistheoretisches Spezialthema" (BRIEFE II, S.51) sein sollte, von der „Intention auf ein Thema" (BRIEFE II, S.68) oder „mein(em) Problem" (BRIEFE II, S.127). Aber läßt sich überhaupt eine „Grundkonzeption" (I.1, S.208) des Trauerspielbuchs erschließen? Denn die Intention scheint mit der Intuition in der Darstellung zu erlöschen[11] - die „Betrachtung des Verhältnisses vom Werk und seiner ersten Eingebung, die alle Umstände der gegenwärtigen Arbeit mir nahelegten, führt mich zu der Einsicht: jedes vollkommne Werk ist die Totenmaske seiner Intuition" (BRIEFE II, S.406) - so Benjamin in einem Brief vom 10. Januar 1924, den er noch „vor dem Abschluß" (BRIEFE II, S.406) seiner Arbeit an Florens Christian Rang schreibt. Das Material soll nun organisiert werden - „(w)as sich in monatelanger Lektüre und immer erneutem Spintisieren angehäuft hat, liegt nun nicht sowohl als eine Masse von Bausteinen bereit, denn als Reisighaufe, an den ich den Funken der ersten Eingebung gewissermaßen umständlich von ganz woanders her heranzutragen habe." (BRIEFE II, S.406) Benjamin erinnert sich vor der Masse des Materials[12] seiner ursprünglichen Intention. Und wenn diese auch „Verzicht auf den unabgesetzten Lauf" (I.1, S.208) leistet, so dankt sie in der „Betrachtung" (I.1, S.208) der Sache doch nicht ab wie in der „Gedankenflucht" (I.1, S.375) des Allegorikers. In der Intention konzentriert sich das Denken - sie setzt dem „Spintisieren" (BRIEFE II, S.406) ein Ende, an dessen Stelle die Konstruktion des „Ganzen" (BRIEFE II, S.508) durch eine buchstäblich zündende Idee tritt. Denn durch den „Funken der ersten Eingebung" (BRIEFE II, S.406) treten die Elemente in einen solchen Zusammenhang, der schließlich die „Niederschrift" (BRIEFE II, S.406) des Werks gestattet. Das Material wird in Flammen gesetzt und verbrennt zur „Totenmaske seiner Intuition" (BRIEFE II, S.406), die durchaus rekonstruiert werden kann.

Denn Peter Szondi hat die Mitteilung Adornos überliefert, nach der Benjamin erzählt habe, daß der „Grundgedanke" (SZONDI: 1991², S.290) zum Buch über das deutsche Trauerspiel ihm „beim Anblick eines Königs in einem Marionettentheater, dem die Krone verrutscht auf dem Kopf saß" (ebd.) gekommen sei (vgl. ADORNO: 1981, S.587). Diese Erinnerung zeigt durchaus den „Vorgang des meditativen Denkens" (WITTE: 1976, S.126) bei Benjamin - aber warum sollte dieser die Einsicht in die Sache selbst in Frage stellen? Sie ist auch unter den Tagebuchnotizen vom 29. Juni 1938 zu finden, die Benjamin während seines Aufenthalts bei Brecht in

Svendborg angelegt hat - „Brecht spricht vom epischen Theater; er erwähnt das Kindertheater, in dem die Fehler der Darstellung, als Verfremdungseffekte fungierend, der Vorstellung epische Züge geben. (...) Mit fällt die genfer Aufführung des Cid ein, in der mir beim Anblick der schief sitzenden Krone des Königs der erste Gedanke an das kam, was ich neun Jahre später im Trauerspielbuch niederlegte." (VI, S.534)[13] Denn der König steht auch im Zentrum des barocken Dramas - der „Souverän repräsentiert die Geschichte" (I.1, S.245) im Trauerspiel. In seiner „ersten Eingebung" (BRIEFE II, S.406) scheint Benjamin im Bild des Königs also das der Geschichte erschienen zu sein, das er „neun Jahre später im Trauerspielbuch niederlegte." (VI, S.534). Gibt es eine Synthese dieser „Masse von Bausteinen" (BRIEFE II, S.406), dann ist sie in dem Bild der Geschichte zu erkennen, das im Trauerspiel zur Darstellung kommt.[14] Geschichte ist dessen „wahrer Gegenstand" (I.1, S.243). In ihm liegt die „sinnbildliche( ) Bedeutung" (II.1, S.136) des Souveräns beschlossen - im Trauerspiel ist der König das „Emblem der verstörten Schöpfung" (I.1, S.250). Und als solches kann man ihn sich durchaus mit einer „schief sitzenden Krone" (VI, S.534) vorstellen.[15] Denn im Trauerspiel „(`)erscheinen die Könige und Fürsten mit ihren goldpapierenen Kronen auf dem Haupte sehr trübe und traurig(`)" (I.1, S.302) - und „`(t)ollat qui te non noverit` lautet die Inschrift des LXXXI. Blattes in Zincgrefs `Emblematum ethico-politicorum centuria`. Im Vordergrunde einer Landschaft zeigt es eine gewaltige Krone. Darunter die Verse: `Ce fardeau paroist autre à celuy qui le porte, | Qu`à ceux qu`il esblouyt de son lustre trompeur, | Ceuxcy n`en ont jamais conneu la pesanteur, | Mai l`autre sçait expert quel tourment il apporte.`" (I.1, S.252) Das Trauerspiel kann als eines „von Puppen gedach werden" (I.1, S.262). Es sind „Puppentheater" (IV.1,2, S.513), die das „Geheimnis der Spielwelt" (IV.1,2, S.513) kennen. Aber nicht erst im Trauerspielbuch kommt Benjamins „erste( ) Eingebung" (BRIEFE II, S.406) zur Sprache.

1916 schreibt Benjamin zwei kleine Arbeiten, in denen zum ersten Mal das Trauerspiel ein Gegenstand philosophischer Betrachtungen ist: `Trauerspiel und Tragödie` und `Über die Sprache in Trauerspiel und Tragödie`.[16] In ihnen nimmt die Terminologie der Habilitationsschrift die ebenso strengen wie verschlossenen Züge erster sprach(geschichts-)philosophischer Formulierungen an.[17] Wenn Benjamin vor der „Niederschrift" (BRIEFE II, S.406) des Trauerspielbuchs schreibt, daß er „den Funken der ersten Eingebung gewissermaßen umständlich von ganz woanders her heranzutragen habe" (BRIEFE II, S.406), so ist hier der erste Versuch zu erkennen, das, was ihm „beim Anblick der schief sitzenden Krone des Königs" (VI, S.534) in den Gedanken gekommen ist, zum Ausdruck zu bringen.[18] Denn um dessen „sinnbildliche( ) Bedeutung" (II.1, S.136) drehen sich diese Arbeiten. In der „Bedeutung des Königs im Trauerspiel" (II.1, S.138f) erkennt Benjamin den „Sinn der Haupt- und Staatsaktionen" (II.1, S.139) - er repräsentiert als „Träger" (II.1, S.139) seiner „Krone" (II.1, S.139) den Menschen als „Krone der Schöpfung" (II.1, S.139). Die traurigen Spiele „stellen die Hemmung der Natur dar, gleichsam eine ungeheure Stauung des Gefühls, dem im Worte plötzliche eine neue Welt aufgeht, die Welt der Bedeutung, der gefühllosen historischen Zeit" (II.1, S.139). Diese Welt der historischen Zeit ist die der Trauer. Das Gefühl der „Trauer erfüllt die sinnliche Welt, in der Natur und Sprache sich begegnen." (II.1, S.139) Das Bild der Welt als einer Welt der Trauer ist aber nur zu verstehen, wenn die historische Wirklichkeit betrachtet wird, deren „objektive Interpretation" (I.1, S.228) das Trauerspiel sein will. Die Formen des Dramas werden zu Antworten auf historisch aktuelle Fragen - ästhetische Formen sind geschichtsphilosophische Modelle. Die Erkenntnis von `Trauerspiel und Tragödie´ hat deswegen - um der „Erfassung" (II.1, S.133) ihrer je bestimmten „Form" (II.1, S.137) willen - nicht sowohl von der Kunst als „von der Geschichte auszugehen." (II.1, S.133) Geschichte - das ist die Ordnung der „historischen Zeit" (II.1, S.134). Als eine solche ist sie die Voraussetzung der Dramatik. Die Formen der alten und neueren Dramatik aber werden von Benjamin in der Auseinandersetzung mit der Geschichte verstanden. Denn „an ihrer unterschiedlichen Stellung zur historischen Zeit scheiden sich Trauerspiel und Tragödie." (II.1, S.134) In der Geschichte selbst ist das Problem des Trauerspiels beschlossen. Das Buch über das Trauerspiel ist also durchaus nicht „zu eklektisch, um Konstruktionen (...) nahezulegen" (III, S.305). Aber selbstverständlich ist auch in dieser Arbeit das „Vertrauen in die synthetische Kraft" (III, S.560) dieser „Fragestellung nicht unbegrenzt" (III, S.560).

C. Das Problem des historischen Dramas

`Bemerkungen zum Problem des historischen Dramas´ - unter diesen Titel stellt Benjamin seine Abhandlung über `El mayor monstruo, los celos´ von Calderon und `Herodes und Mariamne´ (1923) von Hebbel, in der man Prolegomena zum Trauerspielbuch erkennen kann.[19] Denn „(d)ie gedanklichen Motive nicht nur, auch die Sätze und Abschnitte, welche Benjamin aus der frühen Arbeit in die spätere - sei es wörtlich, sei es modifiziert - übernommen hat, sind (...) zahlreich (...). Abgesehen von den spezifisch Hebbel gewidmeten Ausführungen gibt es nur wenige Stellen (...), die nicht irgendein Gegenstück (...) im *Ursprung des deutschen Trauerspiels* hätten" (II.3, S.999). Deswegen soll sie hier im Einzelnen nicht zur Diskussion stehen, sondern der Sinn des Titels verstanden werden. Das historische Drama ist das neue Drama nach dem Ende der „Christenheit oder Europa" (I.1, S.257). In der Frage nach dem Problem des historischen Dramas stellt Benjamin deswegen nicht nur das Problem einer bestimmten Form der Dramatik heraus. Denn im „historische(n) Drama" (II.1, S.249) soll das „neuere Drama" (II.1, S.249) als solches verstanden werden. Aus welchem Grund aber kann von einem gemeinsamen Problem des modernen Dramas die Rede sein? Benjamin gibt die Antwort auf diese Frage in der Betrachtung seiner Voraussetzungen. Denn der Stoff des neueren Drama ist der „historische Stoff" (II.1, S.249) oder die „Geschichte" (II.1, S.249). Das „historische Drama" (II.1, S.249) ist deswegen das „weltliche Drama" (I.1, S.260). Das aber ist eine Bestimmung in der stofflichen Perspektive - doch erst in der Betrachtung der dramatischen Darstellung wird aus der Voraussetzung der Geschichte das Problem des Dramas. Denn es ist „Darstellung" (II.1, S.249) der „Totalität" (II.1, S.250) - ihrer „Natur" (I.1, S.255) nach - die „Aufgabe" (II.1, S.250) der dramatischen

„Gestaltung" (II.1, S.250). Als eine objektive ermöglicht sie die Beurteilung der subjektiven „Intention" (II.1, S.249) des Dramatikers. Totalität meint aber nicht nur die Geschlossenheit der dramatischen Form. Denn das Drama hat in der Darstellung der Totalität der „Transzendenz (...) sich zu vergewissern" (I.1, S.260). In der Darstellung der Transzendenz ist deswegen das eigentlich Dramatische des Dramas zu erkennen - und der Grund des Problems des historischen Dramas beschlossen. Denn Geschichte ist nach dem Ende des christlichen Europas ohne Aussicht auf Erlösung. Die Darstellung der Totalität ist deswegen problematisch, weil Geschichte, die dem Drama als Stoff gegeben ist, im Bild eines „unabsehbar verlaufenden Strom geschichtlichen Werdens" (II.1, S.249) vorzustellen ist. Alle neuere Dramatik aber „beansprucht (...) von Natur Geschlossenheit, um die Totalität, die dem äußeren Zeitverlauf versagt ist, zu gewinnen" (I.1, S.255). Die Formen der neueren Dramatik können deswegen als Versuche verstanden werden, das Problem des historischen Dramas zu lösen. In diesem Sinne erkennt Benjamin im Stil der barocken Dichtung das „Streben" (I.1, S.235), sich der „Wucht der Weltgeschichte gewachsen" (I.1, S.235) zu erweisen, indem im Drama der Bereich des Transzendenten erscheint.

Das Schicksalsdrama ist das Ideal der modernen Dramatik - in der „echten, romantischen Schicksalsdramatik" (II.1, S.264) erkennt Benjamin die allein realisierbare Lösung des Problems des historischen Dramas.[20] In der Kritik Hebbels führt er deswegen den Beweis, daß „der Versuch unromantischer historischer Dramen zum Scheitern verurteilt" (II.1, S.276) ist. Einzig und allein romantische Dramatik kann dem Stoff der Geschichte gewachsen sein. Das Drama, insofern es Geschichte zu seinem Stoff hat, kann nur als romantisches „dramatische Wahrheit beanspruchen" (II.1, S.276). Und in Calderon wird - so wie in Ritter die „virtuelle romantische Theorie der Allegorie" (I.1, S.388) beschlossen ist - das „ideale( ) romantische Trauerspiel" (I.1, S.261) der „profanen Gesellschaft" (I.1, S.261) zum virtuellen Gegenstand des Trauerspielbuchs. Das neuere Drama aber ist als solches ein Trauerspiel (vgl. I.1, S.297, II.1, S.260 u. S.270). Denn „es ist natürlich nicht jedes Trauerspiel" (II.1, S.270) ein Schicksalsdrama. Die Formen der neueren Dramatik, die sich um das Problem des historischen Dramas drehen, gehören deswegen zur „Sippe des (...) Trauerspiels" (I.1, S.307), das nach dem Ende der christlichen Welt im Barock seinen historischen Ursprung hat. Die Formen des Trauerspiels sind die einzigen Formen des abendländischen Dramas, die unter der Voraussetzung der Geschichte noch dramatische Wahrheit beanspruchen können. Die Darstellung seiner Idee betrifft deswegen nicht nur das Drama der Schlesischen Schule. So hat Schings ganz Recht, der in der Habilitationsschrift die „Ambition" (SCHINGS: 1988, S.670) am Werk sieht, „im Trauerspiel die einzig angemessene nach-antike Form des Dramas auszumachen" (ebd.). Und weil die historische Situation noch besteht, in der sich das Trauerspiel als Lösung der Aufgabe der Dramatik gebildet hat, kann Benjamin von der „noch offene(n) Zukunft dieser Form" (I.1, S.292) sprechen.

Weil die Darstellung der Transzendenz im Stoff der Geschichte die Aufgabe des Dramas ist, bleibt der Stoff nicht er selbst - in der dramatischen „Gestaltung" (II.1, S.250) kommt es zur „Umwendung des Stoffes" (II.1, S.272, vgl. I.1, S.358). Das Drama ist deswegen nicht nur ein Traumbild - in der „Umwendung des Stoffes"

(II.1, S.272) kommt die innere Seite der Geschichte zur Darstellung. Diese transzendiert die Oberfläche des Wirklichen.[21] Deswegen kann auch im „dramatischen Kunstwerk nicht (...) die adäquate Formel des Wirklichen gefunden" (II.1, S.271) werden.[22] Wenn die dramatische Form sich „mit der geschichtlichen Welt (...) auseinandersetzt" (I.1, S.226), dann ist das so zu verstehen, daß die dramatischen Tendenzen die des „Wirklichen" (II.1, S.271) gegen den Strich bürsten. Denn „(j)ede große Tendenz muß ihre Form (jene, in welcher sie aufhört 'Tendenzpoesie' zu heißen) sich erst schaffen. Alle großen Formen des Dramas sind vielleicht aus Tendenzen hervorgegangen, die mit der Kunst unmittelbar nichts gemein haben." (II.1, S.276) Das sind Tendenzen des Wirklichen selbst - und „so könnte denn wohl die reale Welt in dem Sinne Aufgabe sein, daß es gelte, derart tief in alles Wirkliche zu dringen, daß eine objektive Interpretation der Welt sich darin erschlösse." (I.1, S.228) So ist die Frage nach dem, was die Form des deutschen Trauerspiels in Wahrheit ist, auch die nach der Wahrheit der Geschichte, die in ihm zur Darstellung kommt. Der Gehalt des Trauerspiels - der eigentlich modernen Form des Dramas - ist deswegen nur in der Darstellung der Idee der Geschichte verständlich zu machen, die in seiner Form als Bild der Wirklichkeit zum Ausdruck kommt. Deswegen kann der Begriff der Geschichte im Zentrum dieser Arbeit über den 'Ursprung des deutschen Trauerspiels' stehen - das hatten diese Seiten zu zeigen, die versuchen wollten, den Titel und die Perspektive dieser Arbeit zu rechtfertigen. Das Problem der Geschichte aber, das ist die These dieser Arbeit, die einzig und allein im *studium exemplare* des Buchs über den 'Ursprung des deutschen Trauerspiel' ausgewiesen werden kann, ist auch die Sache des Benjaminschen Denkens.

B. Voraussetzungen

I. Geschichte im Spiegel des Trauerspiels

IN DEM ALTER DER WELT, WO WIR LEBEN, FINDET DER UNMITTELBARE VERKEHR MIT
DEM HIMMEL NICHT MEHR STATT. (NOVALIS)

A. Erfahrung der Geschichte

„Über die Historie im Spiegel des Trauerspiels" (BRIEFE II, S.437) - in einem Brief an Gershom Scholem (5.März 1924) stellt Benjamin unter diesen Titel den ersten Teil seiner Arbeit (I.1, S.238-278). Er stellt das Programm ihrer Untersuchung vor - wie kann das Trauerspiel als Spiegel der Geschichte verstanden werden? Denn Geschichte ist - im Gegensatz zum Mythos der Tragödie - der Gegenstand des Trauerspiels. Im deutschen Barockdrama kommt er wie in einem Spiegel zur Darstellung. Geschichte meint aber nicht „gewisse( ) faktische( ) Konstellationen, wie das Leben sie kennt" (I.1, S.279). Sie ist - wie der Mythos - eine Ordnung menschlichen Lebens. Denn sowenig wie die Tragödie kann das Trauerspiel „voraussetzungslos (...) zur Gegebenheit gebracht werden." (I.1, S.279) Sie ist das

historische Apriori des Trauerspiels. In der Geschichte liegt seine „zeitgeschichtli-
che( ) Bedingtheit" (I.1, S.390). Dem „historischen Gegenstand" (I.1, S.299) kommt
deswegen nicht nur „eine besondere Eignung fürs Trauerspiel" (I.1, S.299) zu. Denn
das barocke Drama kennt keinen anderen Gegenstand. Es gibt kein Trauerspiel, das
als ein solches nicht Geschichte zu seinem Gegenstand hat. Denn allein aus der
Geschichte „erwachsen" (I.1, S.390) dem barocken Drama seine „Stoffe" (I.1,
S.390). Gerade die „tiefere Erfassung" (II.1, S.133) des Trauerspiels hat deswegen
„von der Geschichte auszugehen" (II.1, S.133). Sie hat in der Geschichte dessen
Voraussetzungen zu erkennen - „nicht um seine Bedingtheit ihm nachzusehen sondern die Art seiner Unbedingtheit erfassen zu lernen" (I.1, S.308). Einzig und allein
unter den Bedingungen der Geschichte ist vom Ursprung des deutschen Trauerspiels
zu handeln. Dessen Idee ist keine transzendentale. Aus diesem Grund setzt die
„Erkundung seiner Sonderart" (I.1, S.242) und „Originalität" (I.1, S.239), die in der
Darstellung auf die Diskussion der „Vorurteile der stilistischen Klassifizierung" (I.1,
S.239) folgt, mit der Bestimmung der Geschichte als „Stoff" (I.1, S.242) des Trauerspiels ein. Denn die barocken Dramatiker dichten „angesichts der Geschichte" (II.1,
S.248) - die Objektivität der Geschichte geht ihrer Darstellung voraus. Deswegen
kann das Trauerspiel nicht rein aus sich selbst verstanden werden. Denn nicht nur die
Baudelaires, sondern auch die „Quellen" (I.2, S.676) der barocken Dichtung „brechen aus den tiefsten Fundamenten der gesellschaftlichen Ordnung hervor" (I.2,
S.676), die der Begriff des Ursprungs in seiner historischen Dimension meint. Sie
werden zum Gegenstand des Kommentars. Denn das philologische Interesse ist das
an der historischen Wirklichkeit, die im Stoff des barocken Dramas bewahrt wird. Er
will die „gesellschaftliche(n) Realität" (VII.1, S.764) beschreiben, die dem Trauerspiel „zugrunde liegt." (VII.1, S.764) Der geschichtliche Gehalt des Trauerspiels
aber ist nicht in seinen „historischen Stoffen" (I.1, S.259) zu erkennen. Deswegen
können stoffliche Bestimmungen des Trauerspiels auch nicht das letzte Wort seiner
Interpretation sein. Denn das Trauerspiel ist die Form einer „Darstellung der Geschichte" (I.1, S.321).
    Der Stoff der Geschichte wird im Spiegel des Trauerspiels zum Stoff der Kunst
- Geschichte ist „Kern der Kunst im Trauerspiele" (I.1, S.242). Die Wendung der
Kunst zur Geschichte sieht Benjamin auch in der barocken Poetik am Werk. Denn
„(a)uf primitive Weise kommt der Anteil am aktuellen welthistorischen Verlauf in
der Poetik allenthalben zu Worte. `Wer Tragödien schreiben will (...) muß in Histo-
rien oder Geschichts-Büchern so wol der Alten/ als Neuen/ trefflich seyn beschlagen/
er muß die Welt- und Staats-Händel/ als worin die eigentliche Politica bestehet/
gründlich wissen(´)" (I.1, S.243). Das Trauerspiel handelt „`nur von königlichem
willen/ todschlägen/ verzweiflungen/ kinder- und vätermörden/ brande/ blutschan-
den/ kriege und auffruhr/ klagen/ heulen/ seufftzen und dergleichen(´)" (I.1, S.242).
Es ist aber gerade die „berühmte( ) Definition des Opitz" (I.1, S.242) nicht als
„Umschreibung des (...) Stoffkreises" (I.1, S.242) zu verstehen. Denn Opitz beschreibt „in der Sprechweise des Trauerspiels" (I.1, S.242) nicht die Wirklichkeit
des „geschichtliche(n) Leben(s)" (I.1, S.242), sondern das „geschichtliche Leben,
wie es jene Epoche sich darstellte" (I.1, S.242). Und auch Horazens Forderung *et*

prodesse volunt et delectare wird im Barock durch den „Inhalt nicht, sehr wohl aber von seiner theatralischen Darstellung" (I.1, S.232) erfüllt.[23] Der Spiegel der Geschichte ist deswegen ein „Hohlspiegel" (I.1, S.270) - von der Welt der Geschichte ist das Bild der Geschichte im Trauerspiel zu unterscheiden. Als „Darstellung der Geschichte" (I.1, S.321) ist das Trauerspiel eine „Umformung" (I.1, S.299) oder „Verzerrung( )" (I.1, S.270) der geschichtlichen Wirklichkeit - denn „Kunst heißt die Wirklichkeit gegen den Strich bürsten." (III, S.154) Sie wird sonst zu einem „Realismus, der nachahmt, ohne sich mit dem Nachgeahmten auseinanderzusetzen." (IV.1,2, S.544) Deswegen kann hier nicht in dem Sinne vom Spiegel der Geschichte die Rede sein, daß der Stoff der Geschichte auf der Bühne des Dramas so zur Darstellung kommt, wie er in Wirklichkeit ist. Denn „(d)ie Wirklichkeit zu spiegeln, das kann sich freilich nie theoretisch als Gehalt der Kunst erweisen." (II.1, S.291) Die Form des barocken Dramas bringt im Gegenteil die Wirklichkeit zur Auseinandersetzung mit sich selbst. Sie ist eine bestimmte Form der Erkenntnis. Denn „(d)aß in ihren authentischen Kunstwerken die Gesellschaft sich selbst ins Gesicht zu sehen sucht, ist die Theorie des Verhältnisses von Kunst und Gesellschaft, welche Benjamins Lehre impliziert." (TIEDEMANN: 1973, S.124)

Ein Trauerspiel - das ist das „geschichtliche Leben wie es jene Epoche sich darstellte" (I.1, S.242). Denn „(w)ie die Benennung `tragisch´ heutzutage so - und mit mehr Recht - galt das Wort `Trauerspiel´ im XVII. Jahrhundert vom Drama und historischen Geschehen gleichermaßen." (I.1, S.244) So scheint im „dramatischen Kunstwerk (...) die adäquate Formel des Wirklichen" (II.1, S.271) gefunden zu sein, wie Hebbel sie im 19. Jahrhundert in der Tragödie gefunden zu haben meinte. Denn „(m)an glaubte, im geschichtlichen Ablauf selbst das Trauerspiel mit Händen zu greifen; es bedürfe nichts weiter als die Worte zu finden." (I.1, S.243) Aber gerade deswegen ist Geschichte, die sich als solche der Sprache zu entziehen scheint, durchaus kein Trauerspiel. Denn diese Worte mußten erst gefunden werden. Das Trauerspiel ist deswegen nicht die „adäquate Formel des Wirklichen" (II.1, S.271), sondern dessen „objektive Interpretation" (I.1, S.228). Als eine solche ist auch der Begriff der ästhetischen Darstellung zu verstehen. Der „Darstellung der Geschichte als eines Trauerspiels" (I.1, S.321) aber liegen die „philosophischen Gedanken und die politischen Überzeugungen" (I.1, S.321) der Epoche „zugrunde" (I.1, S.321). In seinem Drama kommt deswegen die „Geschichtsauffassung" (I.1, S.267) des deutschen Barock zur Sprache. Im Trauerspiel kann wie in einem Brennspiegel die Totalität der barocken „Geisteswelt" (I.1, S.256) betrachtet werden. Im Gegensatz zur „Welt" (I.1, S.228) der Geschichte als seines Stoffes ist das „Bild der Welt" (I.1, S.228) als „Gehalt" (I.1, S.242) des Trauerspiels oder als dessen „wahrer Gegenstand" (I.1, S.243) zu verstehen. Die Erkenntnis des deutschen Trauerspiels hat deswegen zwar „von der Geschichte auszugehen" (II.1, S.133), aber erst in der Erkenntnis der Idee ihrer Darstellung zum Abschluß zu kommen. Wer das Trauerspiel verstehen will, der muß das Bild der Geschichte verstehen, die in ihm zur Darstellung gebracht wird. Denn „(d)ie Rekonstruktion des Wirklichkeitsbegriffs, wie er im Trauerspiel für das 17. Jahrhundert entwickelt wird, gehört zu den wichtigsten Aufgaben einer Analytik dieser Schrift." (GARBER: 1987, S.94) In einem

Lebenslauf von Anfang 1928 legt Benjamin ganz in diesem Sinne dar, was er im Falle einer Universitätslaufbahn seinen Studenten über das europäische Drama hätte vermitteln wollen: „Am Ende eines solchen Studienganges hätte deutlich herauszutreten, wie die nach Aufbau und Tendenz völlig verschiedenen Schöpfungen eines Gryphius, Shakespeare, Racine, Calderon für ebenso viele philosophisch und moralisch streng unterschiedene, nationell und theologisch bedingte Auffassungen des Wirklichen stehen." (VI, S.217) Die Interpretation des Wirklichen setzt diese aber voraus. Kein Wirklichkeitsbegriff ohne Wirkliches, weil erst das Wirkliche zur Interpretation drängt.

Die „Kraft der Epoche" (I.1, S.258) bestimmt Benjamin als ihren „Wille( )" (I.1, S.258) - er macht ihren eigentümlichen Geist aus. Denn das Leben des Willens überhaupt ist „Bekundung" (I.1, S.258). In seinem „Ausdruck" (I.1, S.258) kommt die „Intention" (I.1, S.267, S.318 u. S.361) oder das „Anliegen" (I.1, S.258, vgl. I.1, S.362) des Willens zur Sprache. Der Wille „spricht" (I.1, S.362) in den Formen der Kunst. Sie sind Formen seines Ausdrucks - im Wie der Form kommt das Was des Willens zur Sprache. Denn „wie" (I.1, S.316) die „Trauerspiele des XVII. Jahrhunderts die (...) Gegenstände (...) behandeln" (I.1, S.316), das ist „Ausdruck" (I.1, S.258) des „epochalen Willens" (I.1, S.258). So kann verstanden werden, warum die Untersuchung des Trauerspiels die seines Stils ist. Die „stilistische( ) Analyse" (I.1, S.240) unterscheidet nicht nur Elemente des Stils, sondern erklärt deren „Bewandtnis" (I.1, S.390) durch seine Bedeutung, die in der Darstellung zur Sprache kommt. Erst im Horizont der Form stellt sich also die eigentliche Bedeutung des Stoffs heraus. Welche Bedeutung aber hat der Stil des Dramas? Was ist das Interesse des epochalen Willens, das in der Form der Darstellung zur Sprache kommt? Denn das Trauerspiel ist nicht nur die „theatralische Gestalt" (I.1, S.285) der Geschichte. Die Darstellung der Geschichte ist - wie die des Mythos in der Tragödie - eine „tendenziöse Umformung" (I.1, S.285). Was aber ist dann die geschichtsphilosophische „Tendenz" (I.1, S.285), die sich im Trauerspiel „verbirgt" (I.1, S.285)? Um diese Frage beantworten zu können, muß verstanden werden, wie die Ordnung der Geschichte beschaffen ist, in deren Darstellung die geschichtsphilosophischen Anschauungen das Barock zum Ausdruck kommen. Denn die „Ausprägung einer Tendenz" (I.1, S.285) der Geschichte „verlöre" (I.1, S.285) alle „Bedeutung (...), wenn es nicht mehr" (I.1, S.285) Geschichte wäre, „an der sie sich kund täte" (I.1, S.285), so wie die Tragödie nicht ohne den Mythos zu verstehen ist. So wie Benjamin in seinen Arbeiten über Baudelaire die „historische Projektion der Erfahrungen, die den Fleurs du mal zugrunde lagen, (...) liefern" (I.2, S.673) wollte, ist im Trauerspiel die basale historische Erfahrung der Epoche zu beschreiben, in deren Darstellung die barocke Formenwelt sich entwickelt.

B. Darstellung der Geschichte

Im „Jahrhundert der Religionskämpfe" (I.1, S.245) liegt die Welt in „Trümmern" (I.1, S.397) - das ist im Barock die Erfahrung der „europäischen Menschheit" (I.1,

S.397). Doch was hat diese Erfahrung mit der barocken Formenwelt zu tun? Denn in den „älteren Werken" (I.1, S.233) über das deutsche Trauerspiel ist der Krieg die „Entschuldigung" (I.1, S.233) für „alle Entgleisungen, die man an dieser Form zu tadeln fand" (I.1, S.233). Die „klassische `Rettung'" (I.1, S.233) des Trauerspiels wälzt, was sich ins „System der klassizistischen Poetik" (I.1, S.233) nicht einschreiben läßt, auf die historischen Bedingungen ab, unter denen diese Form geprägt wurde. Gerade das, was ihr eigen ist, wird als historisch zufällig entschuldigt. Denn notwendig ist das Trauerspiel einzig und allein als „Vorstufe( ) der ferneren Entwicklung" (I.1, S.233). Geschichte fällt wie Schlacke vom klassizistischen Ideal ab. So aber ist sachliche Einsicht in das barocke Drama nicht zu gewinnen. Denn das Trauerspiel ist „notwendig dieser seiner Zeit" (I.1, S.229) entsprungen, die eine „Zeitenwende" (I.1, S.397) war. Der europäische Bürgerkrieg hat nicht nur die Landschaft in ein Schlachtfeld verwandelt - denn „(m)it der Erschütterung der Erfahrung hängt die Erschütterung der Rechtssicherheit eng zusammen." (V.2, S.965). Im Barock kommt es zu einem „Wandel der mit dem Anspruch des Ewigen ausgestatteten Rechtsnormen" (I.1, S.397) des „christlichen Leben(s)" (I.1, S.258). Die „Wucht des Weltgeschehens" (I.1, S.235) läßt die alten Werte nicht mehr bestehen. Deswegen ist auch die „Geisteswelt" (I.1, S.256) des Barock eine Trümmerlandschaft.[24] Die Epoche des europäischen Barock ist die einer Krise - das Barock ist die „Zeitwende( )" (I.1, S.397) zwischen Mittelalter und Neuzeit. In dieser Zeit ist der Ursprung des neuen Drama zu erkennen.[25]

Eschatologie - das ist Geschichte im Geiste des Christentums. Der Zusammenbruch der *una societas christiana* aber weckt einen „Pessimismus geschichtlicher Erfahrung, der die überkommenen metaphysischen Überzeugungen nicht unberührt lassen konnte." (GARBER: 1987, S.95) Im Barock ist die „christliche Gewißheit in Bezug auf das individuelle Leben wie in Bezug auf den Gang der Geschichte gebrochen" (ebd., S.103). Denn noch in der „Reformation und Renaissance" (I.1, S.259) herrschte die „Erwartung einer Endzeit" (I.1, S.259) oder eines „Zeitenumschwungs" (I.1, S.259). Es war aber nichts dem Barock „ferner" (I.1, S.259). Denn „(e)s gibt keine barocke Eschatologie" (I.1, S.246). Die Erfahrung des „Ausfall(s) aller Eschatologie" (I.1, S.259) ist die „unentrinnbare( )" (I.1, S.397) Erfahrung der „europäischen Menschheit" (I.1, S.397).[26] Die „Überwindung" (I.1, S.256) des Mittelalters durchs Barock kann deswegen nicht als innere Entwicklung der abendländischen Geschichte und ihres objektiven Geistes verstanden werden. Sie hat die Wucht eines Schocks - im Barock ist mit einem Mal der „heilsgeschichtliche( ) Prozess( ) (...) unterbrochen" (V.1, S.463). Die Welt der Geschichte ist im Barock eine Welt ohne Gott. Die europäische Menschheit ist zur „geschichtlichen Menschheit" (I.1, S.251) geworden - der Mensch des Barock „hat die Offenbarung aus den Augen verloren, er sieht nur noch das Vergängliche" (REIJEN: 1987, S.200). Die „Erfahrung" (I.1, S.397) der „Vergänglichkeit" (I.1, S.397) ist im Barock unausweichlich. Denn in den „Verheerungen" (I.1, S.397) des europäischen Bürgerkrieges hat diese sich den Menschen „sinnfällig( ) (...) aufdringen" (I.1, S.397) müssen - „(d)amals entsprang das Wissen um Vergänglichkeit unentrinnbarer Anschauung" (I.1, S.397). Diese Erfahrung aber ist genau zu beschreiben, um die Bedeutung der

Vergänglichkeit im Barock zu verstehen. Denn der „Wandel der mit dem Anspruch des Ewigen ausgestatteten Rechtsnormen" (I.1, S.397) des christlichen Lebens bestimmt deren Sinn neu.

Herrschaft der Zeit (vgl. THEUNISSEN: 1991) - das ist die Formel, in der hier untersucht werden soll, wie die Erfahrung beschaffen ist, die Benjamin als die eigentlich historische Erfahrung des europäischen Barock herausstellt.[27] Denn auch im Trauerspielbuch ist der hermeneutische „Witz (...) nicht das Zitations-Netzt, sondern die Erfahrungsgrundlage." (TAUBES: 1993, S.86) Die Menschen sind in der Welt der Geschichte der Zeit unterworfen - das ist die Erfahrung des Jahrhunderts.[28] Es ist in der Erfahrung der „historischen Zeit" (II.1, S.134) als einer über die Menschen herrschenden die eigentliche Voraussetzung des Trauerspiels zu erkennen. Der Inhalt der historischen Erfahrungen dieser Epoche ist zwar durchaus zu unterscheiden. Deren Form aber ist durch den Sinn der Zeit, in die sie fallen, zu bestimmen. Benjamin spricht deswegen dann, wenn er die Geschichte als Gegenstand des Trauerspiels betrachtet, immer vom „geschichtlichen Ablauf" (I.1, S.243) oder vom geschichtlichen „Verlauf( )" (I.1, S.409). Dieser ist als ein geschichtlicher nicht mehr „heilsgeschichtlich bedingt( )" (II.1, S.452). Zeit ist - so Benjamin an anderer Stelle über diesen Sachverhalt - im „Verrinnen" (IV.1, S.347) begriffen - und alles ist bald „unwiederbringlich (...) dahin" (IV.1, S.353). Die Erfahrung der Vergänglichkeit ist auch die Erfahrung des mittelalterlichen Christentums - im Barock aber ist sie nicht mehr im christlichen Zusammenhang zu verstehen. Denn im Barock gehen nicht nur bestimmte Lebensinhalte unter, sondern die eschatologischen „Lebenszusammenhänge" (I.1, S.399) zerbrechen. Dadurch verändert sich der Sinn der Vergänglichkeit selbst. Denn im Geist der christlichen Eschatologie steht die Zeit der Geschichte unter der Herrschaft der Ewigkeit. In der barocken Erfahrung der Geschichte aber kommt Zeit selbst zur Herrschaft. Sie ist nicht mehr der Weg des Heils. Die neue Erfahrung der Geschichte kennt nichts als Zeit. Und von der Zeit erwartet man nichts. Das Barock kennt weder die „Erwartung einer Endzeit" (I.1, S.259) im christlichen Sinne noch die eines „Zeitenumschwungs" (I.1, S.259). Die Menschen sind „außerstande zu hoffen. (...) Sie sind exaspiriert." (II.1, S.330) Im Barock wird Vergängnis zum „Verhängnis( )" (I.1, S.260), weil die Zeit selbst nicht mehr transzendierbar ist.

Weltgeschichte - das ist im Barock der Begriff der Geschichte als Ordnung der historischen Erfahrung. Er meint die Geschichte nach dem Ende der Heilsgeschichte - sie verläuft „nicht mehr in der Flucht des Heilsprozesses" (I.1, S.257). Das Trauerspiel hat deswegen den geschichtlichen als einen „welthistorischen Verlauf" (I.1, S.243) zu seiner Voraussetzung. Weltgeschichte ist eine Ordnung menschlichen Lebens - so wie der Mythos nicht allein eine „vorgeschichtliche Epoche" (I.1, S.243) des antiken Daseins ist, sondern eine „Weltordnung" (I.1, S.279). Sie ist die Geschichte der Menschen - und nicht die Geschichte der Götter oder des Gottes. Denn sie betrifft allein das „pragmatische( ) Geschehen( )" (I.1, S.257) - die „geschichtliche(n) Aktionen" (I.1, S.257) der Menschen. Die Stoffe des Trauerspiels haben deswegen „mit dem Mythos der Tragiker nichts mehr gemein" (I.1, S.301). Denn dieser ist die „Vergegenwärtigung" (I.1, S.243) einer „vorgeschichtliche(n) Epoche"

(I.1, S.243). Das Trauerspiel aber nimmt seine Stoffe aus „historische(n) Quelle(n)" (II.1, S.250, vgl. I.1, S.243f) - sie sind auf den „Kreis der Chronik" (I.1, S.300) beschränkt. Diese, die als eine weltliche von der „christliche(n)" (I.1, S.257) zu unterscheiden ist, überliefert „historisch Bezeugtes" (II.1, S.249). Das Trauerspiel ist deswegen nicht wie die Tragödie als „Auseinandersetzung mit (...) einer uralten Vergangenheit" (I.1, S.243), sondern als Auseinandersetzung mit der aktuellen und rein historischen Situation zu verstehen. Ist die Erfahrung des Mythos die einer uralten Vergangenheit, die die Menschen in ihren Bann schlägt, so ist die Erfahrung der Geschichte die unausweichlicher Vergänglichkeit. In den geschichtlichen Aktionen der Menschen kann kein echter Sinn mehr bestehen. Das Leben ist deswegen ein „Trümmerfeld halber, unechter Handlungen" (I.1, S.318). Es weckt als solches ein „Grauen" (I.1, S.318). In der Welt der Geschichte herrscht „ausgangslose Verzweiflung" (I.1, S.257) - die Erfahrung der Weltgeschichte ist die absoluter Negativität. Ein „bestürzend auswegloser Pessimismus scheint sich" (SCHINGS: 1966, S.130) in dieser Epoche „auszusprechen, radikale und durchaus unchristliche Hoffnungslosigkeit, eine aus Enttäuschung geborene Verzweiflung an der Welt. So jedenfalls hat Walter Benjamin die Situation des Trauerspiels begriffen" (ebd.). Es ist aber nicht die Weltgeschichte als solche ein Trauerspiel. Denn das Trauerspiel ist als Darstellung der Geschichte zu verstehen. Die historische Erfahrung hat im Drama nicht das letzte Wort. Denn erst im Medium des Dramas vollzieht das Barock die Erkenntnis der Geschichte.

Im Barock herrscht das „Bewußtsein der entschiedenen Trennung von einer Vergangenheit, wie es die frühe Neuzeit ausgebildet hat" (BLUMENBERG: 1996, S.537) - das historische Bewußtsein aber steht noch im „Bannkreis des theologischen Kategoriensystems" (ebd., S.17). Die Erkenntnis der rein historischen Erfahrung vollzieht sich in Kategorien der christlichen Welt. Das Barock stellt den neuen Begriff der Geschichte in den Elementen der alten Welt heraus. Denn „(d)ie Sphäre der sakralen Sprache überlebt die der geweihten Sachen, wird ängstlich konserviert und als Deckung gerade dort vorgezogen, wo philosophisch, wissenschaftlich und politisch Neues gedacht wird." (Ebd., S.87). Der Blick zurück aufs Mittelalter ist die „charakteristische( ) Haltung gegenreformatorischer Reaktion" (I.1, S.334). Benjamin stellt das Drama des schlesischen Barock deswegen in einen „Zusammenhang( )" (I.1, S.255) mit dem „kirchlich-mittelalterlichen" (I.1, S.255). Erst dem Blick aufs Mittelalter „eröffnet sich die Formenwelt des barocken Trauerspiels." (I.1, S.257) Diese hat ihren Bestand „weitab von dem Gehege der hamburgischen, geschweige der nachklassischen Dramaturgie" (I.1, S.257). Das Barock aber ist keine Renaissance des mittelalterlichen Christentums. Denn die „Formensprache" (I.1, S.259) des Barock entwickelt sich in einer solchen „Auseinandersetzung( )" (I.1, S.256) des Zeitalters mit der christlichen Welt, die schließlich ihre „Überwindung" (I.1, S.256) zur Folge hat. Im Zentrum dieser Auseinandersetzung steht die Theorie der Geschichte. Denn der historischen Erfahrung ist die eschatologische Erkenntnis nicht länger gewachsen. Die „religiösen Anliegen" (I.1, S.258) aber bewahren im Barock durchaus ihr „Gewicht" (I.1, S.258) - es gibt nach dem „Schwund religiöser Bindungen" (BLUMENBERG: 1996, S.11) noch transzendente „'Bedürfnisreste'" (ebd., S.75). Die „Authentizität der Neuzeit" (ebd. S.17) steht so im Barock zur Diskussion. Denn die Eschatologie ist im Barock zur „heilsgeschichtlichen Frage" (I.1, S.258) geworden - als Frage aber bewahrt sie ihre Aktualität. Der christliche Horizont der Erkenntnis bleibt in der Frage nach dem Heil angesichts der Geschichte bestehen. So stellt sich die Forderung einer neuen Deutung der Weltgeschichte. In dieser wird die eschatologische Frage neu beantwortet werden müssen. Aber wie können in der absoluten Negativität noch „religiöse Anliegen" (I.1, S.258) zum Ausdruck kommen? Wie ist es um die Perspektive der Erlösung unter der Herrschaft der Zeit bestellt? Denn an der Wende zur Neuzeit steht der barocke Mensch vor den Trümmern der mittelalterlich-christlichen Geisteswelt. Als Epoche einer „Zeit-wende( )" (I.1, S.397) aber kann das Barock „voll ermessen, was der Zusammen-bruch eigentlich bedeutet( )" (I.2, S.638), dessen es „Zeuge" (I.2, S.638) ist. Die Deutung der Geschichte als Trauerspiel ist die Antwort auf die „heilsgeschichtli-che( ) Frage" (I.1, S.258) unter den Bedingungen der neuen historischen Erfahrung - und als Problem ist der eschatologische Geist durchaus aktuell. Was aber ist die mittelalterlich-christliche Antwort auf diese Frage? Wie können christliche Chronik und Passionsspiel „den welthistorischen als einen heilsgeschichtlich( )" (I.1, S.257) bedeutsamen „Geschichtsverlauf( )" (I.1, S.257) und „die Vergänglichkeit der Kreatur als Stationen des Heilswegs zur Schau" (I.1, S.260) stellen?

II. Elemente der Geschichtsphilosophie

DIE MENSCHHEIT (...) BEGANN IN HOFFNUNG ZU LEIDEN, UND DESHALB SPRECHEN WIR VON EINEM CHRISTLICHEN ZEITALTER (LEON BLOY)

KARFREITAG OHNE OSTERN (HUGO BALL)

A. Elemente der Geschichte

Augustin war der „erste christliche Geschichtstheologe" (TAUBES: 1996, S.77) - und sein „*Gottesstaat* ist das Vorbild jeder Geschichtsauffassung, die christlich genannt werden kann." (LÖWITH: 1979[7], S.153).[29] Der „Gegensatz von Gottesreich und Weltreich wird für Augustin und die *mittelalterliche Geschichtsphilosophie* zum Prinzip der Geschichte." (TAUBES: 1991, S.80) Denn im Mittelalter ist „(d)ie Geschichte der Menschheit (...) eigentlich die sichtbare Begegnung des Ewigen mit dem Vergänglichen." (LAMMERS: 1960, S.XLV) Die Kirche ist in der Geschichte die „Repräsentation der übergeschichtlichen civitas Dei" (LÖWITH: 1979[7], S.153) - sie tritt an die Stelle „eschatologisch begründeter Weltverneinung" (IV.1, S.228). Augustin hat so den „Chiliasmus entspannt" (BLOCH: 1985, Bd.5, S.587). Denn die „eschatologische Hoffnung auf das Reich (...) wird von Augustin in das System der Kirche gebannt." (TAUBES: 1991, S.79) Die Kirche ist jetzt schon das Reich Christi - das „tausendjährige Reich der Apokalypse ist die Zeit der Herrschaft der Kirche. Das Reich Gottes ist in der Kirche vorgezeichnet und verwirklicht." (Ebd.) Im

Mittelalter sind deswegen die tausend Jahre der Kirche die tausend Jahre des Römischen Reiches. Denn auf „dem Grund der augustinischen civitas Dei ist der mittelalterliche Staat errichtet." (Ebd., S.80). Der Gottesstaat lebt nicht mehr unter heidnischer Herrschaft - er ist die „sichtbare Seite des corpus mysticum" (ebd., S.79). Denn „im christlichen Zeitalter gibt es nicht Staat und Kirche, sondern im corpus christianum ist der Staat jederzeit im Schoß der Kirche eingebettet. Der Staat ist wesentlich auf Gott gerichtet - theonom." (Ebd., S.80) Die mittelalterliche Staatslehre ist deswegen - seit Konstantin - „theokratische( ) Staatslehre" (I.1, S.245). Aber schon Augustin „blickt über das imperium Romanum hinaus" (TAUBES: 1991, S.80). Denn „(a)lle Heimsuchungen durch die Germanen werden nur als Strafe Gottes angesehen, die das Reich reinigen und bessern soll. Rom steht solange wie die Welt steht. Hungersnöte, Seuchen, Erdbeben, Kometen und Finsternisse, noch mehr aber: soziale und politische Wirren werden im Westen immer apokalyptisch gedeutet. Die verheerenden Züge der Völkerwanderung und der Normannen, der Einsturz des alten Römerreichs, die drohende Herrschaft der Sarazenen werden leicht als jene `Kriege und Empörungen´ gedeutet, die die Evangelien als Vorzeichen des Endes kündigen." (Ebd.) Denn „(a)uf Rom folgt keine neue Welt, sondern das Ende. In diesen Abriß spannt sich die ganze Geschichtssystematik des Mittelalters." (Ebd.)

Die eschatologische Geisteswelt des Mittelalter kommt - so Benjamin - im „christliche(n) Mysterium" (I.1, S.257) und in der „christliche(n) Chronik" (I.1, S.257) zum Ausdruck. Die Chronik des Otto von Freising ist Benjamin in diesem Fall exemplarisch (vgl. I.1, S.256f) - Franz Joseph Mone hat sie zur Begründung seiner ihn „überzeugend(en)" (I.1, S.256) These der geschichtsphilosophischen „Bindung zwischen mittelalterlichem Schauspiel und mittelalterlicher Chronik" (I.1, S.256) herangezogen. Sie sind Ausdruck ein und derselben Geschichtsanschauung - wie Geschichtsschreibung und Drama des Barock. Aber nicht um Otto von Freising zu verstehen, sondern um den mittelalterlichen Begriff der Eschatologie zu erhellen, den Benjamin seiner Darstellung des Barock voraussetzt, sollen hier die wichtigsten Elemente einer christlichen Anschauung der Geschichte in dessen `Chronica sive historia de duabus civitatibus´ erläutert werden. In diesem Werk wird „Augustins Zweistaatenlehre als großes geschichtsbildliches Mittel" (LAMMERS: 1960, S. XXXIV) in Szene gesetzt.

Geschichte ist auch im Mittelalter ein Trauerspiel - die mittelalterlichen Chronisten stellen ihren Büchern oft eine „Klage (...) über den Weltlauf" (II.2, S.637) voran.[30] So setzt Otto von Freising in seinem Schreiben an Kaiser Friedrich diesen davon in Kenntnis, „daß wir, veranlaßt durch die Wirrnisse der trüben Zeit vor Euch mit verbitterter Seele diese Geschichte geschrieben haben und deshalb weniger die Folge der Geschehnisse als ihr Elend wie in einer Tragödie dargestellt haben" (LAMMERS: 1960, S.5, vgl. I.1, S.256f). Seine ganze Chronik „ist durchzogen vom Klang der Trauer über die eigentümliche Bewegung der Welt" (ebd., S.LI). Die *mutatio rerum* wird zur „Form des geschichtlichen Weltlaufes" (ebd., S.LIII) - das ist „der verblendete Aufstieg und der darauf folgende notwendige Fall in Nichtigkeit und Verlorenheit." (Ebd., S.LXI) Denn ist „das nicht derselbe Alexander, der das berühmte, stolze Reich der Perser zerstört und auf die Makedonier übertragen hat?

Ist es nicht derselbe, dessen Ankunft die ganze Welt, zitternd, auch ohne ihn gesehen zu haben, nicht abzuwarten wagte, dem sie sich lieber freiwillig unterwarf? Und doch wird ein so großer, so bedeutender Mann durch einen Trunk aus einem Becher, durch die Heimtücke eines Dieners ausgelöscht, wird durch eines Mannes Tod die ganze Welt erschüttert. Die Weltherrschaft der Makedonier, die mit ihm begann, endete auch nach seinem Tode mit ihm. Wir aber achten nicht darauf ... Wir fallen mit den Fallenden, wir wanken mit den Wankenden, wir werden herumgeschleudert mit den Kreisenden, und schließlich gehen wir unter mit den Vergehenden." (Ebd., S.25) Es ist „der Ausbruch des großen abendländischen Ringens, das wir als Investiturstreit zu bezeichnen pflegen, womit die heillose Verwirrung und die Auflösung der Zeit bei Otto von Freising beginnt" (ebd., S.XII). Er schreibt erschüttert: „Ich lese wieder und wieder die Geschichte der römischen Könige und Kaiser, aber ich finde vor Heinrich keinen einzigen unter ihnen, der vom römischen Pontifex exkommuniziert oder abgesetzt worden ist." (Ebd., S.35) Der Frieden der *civitas permixta* ist mit der Bannung Heinrich IV. durch Gregor VII. zu Ende - eine „Zeitlang (...) war die Historie nicht mehr die Geschichte zweier Staaten, sondern diejenige von `fast´ einem Staate gewesen. Diese irdische glückliche Zeit hatte begonnen, als unter Konstantin und Theodosius der Gottesstaat nicht mehr unter heidnischen Herrschern zu leben brauchte, d.h. als die Römischen Kaiser Christen wurden" (ebd., S.XIIf). Damals - so Otto von Freising - waren „die Gerechten vom Druck erlöst, die Wolken waren verscheucht, und lachender Sonnenschein begann überall in der Welt dem Staate Gottes zu strahlen." (Ebd., S.3) Die Sonne aber geht mit der Spaltung der *ecclesia* unter. Denn „(w)eil diese Gemeinschaft der beiden Civitates in der einen höheren Einheit der Civitas permixta die Fülle dessen darstellt, was auf Erden möglich ist, weil aber andererseits diese Fülle seit Gregors VII. Zeiten so hoffnungslos dahin ist, (...) ist Otto von Freising überzeugt, am Ende der irdischen Geschichte zu stehen" (KAEGI: 1954, S.13). Und der Sinn der eschatologischen Anschauung ergibt sich in dessen Betrachtung. Denn im „eschatologischen Horizont dreht sich die Geschichte nicht um und um, sondern sie findet ein Ende." (TAUBES: 1996, S.377)

Die Wucht der Weltgeschichte stellt das Heil nicht in Frage - sie ist nur der „äußere( ) Zeitverlauf" (I.1, S.255). Die „Hinfälligkeit des Weltgeschehens und die Vergänglichkeit der Kreatur" (I.1, S.260) haben in der eschatologischen Betrachtung nicht das letzte Wort. Geschichte ist im Mittelalter nur ihrem „`Inhalt´" (I.1, S.257) nach ein Trauerspiel - ihrer „`Form´" (I.1, S.257) nach ist sie Heilsgeschichte. Sie ist in der christlichen Perspektive durchaus immer Leidensgeschichte - die Geschichte der Welt ist aber „heilsgeschichtlich bedingt( )" (II.2, S.452). Im Mittelalter ist das Reich des Unbedingten deswegen nicht vom Reich des Bedingten „(a)rtverschieden( )" (I.1, S.409). Denn alles Leiden wird in den „unerforschlichen" (II.2, S.452) aber notwendigen „Stationen des Heilswegs" (I.1, S.260) betrachtet. Und kein Leiden stellt diesen Weg in „Frage" (I.1, S.258) - das Mittelalter stellt die „Vergänglichkeit der Kreatur als Stationen des Heilswegs zur Schau" (I.1, S.260). Die christliche Chronik sowohl als das christliche Passionsspiel können „den welthistorischen als einen heilsgeschichtlichen" (I.1, S.257) Verlauf darstellen. Denn in der

Weltgeschichte steht das Reich des Bedingten unter der Herrschaft der Zeit. In eschatologischer Perspektive ist „Zeit (...) das Leben des Innen. Um nach Außen zu kommen, braucht das Licht des Innen: Zeit." (TAUBES: 1991, S.3) Die Zeit der Eschatologie steht deswegen unter der Herrschaft der Ewigkeit. Denn „(d)er Sieg der Ewigkeit vollzieht sich auf dem Schauplatz der Geschichte" (ebd., S.4). In der Betrachtung der Geschichte als Heilsgeschichte ist „Offenbarung (...) das Subjekt der Geschichte, die Geschichte ist das Prädikat der Offenbarung." (Ebd., S.7) Und doch ist „Offenbarung" (IV.1, S.14) erst am „messianische(n) Ende der Geschichte.

Geschichte wird im eschatologischen Geist zur „Totalität" (I.1, S.409) - sie ist eine „sinnvolle( ) Konstellation des Ganzen" (I.1, S.408). Die Chronik berichtet das „Ganze des Geschichtsverlaufs" (I.1, S.257) - die „universale( ) Einheit alles historischen Geschehens am einheitlichen Menschengeschlecht" (LAMMERS: 1960, S.XLII). Dessen Geschichte erstreckt sich zwischen Fall und Erlösung. Totalität ist Geschichte deswegen nur als *Interim* - sie ist die „Mitte zwischen Schöpfung und Erlösung" (TAUBES: 1991, S.13). Denn in den „Schöpfungstagen" (I.1, S.270) ereignet sich „nicht Geschichte" (I.1, S.270), die immer Geschichte nach dem Fall ist. Denn „(i)m Aeon der Sünde beginnt das Sein als Zeit" (TAUBES: 1991, S.7) - und erst „am Ende der Zeit, da die Vergänglichkeit selbst vergeht, besiegt die Ewigkeit das tödliche Prinzip der Zeit." (Ebd.) Geschichte ist deswegen ein „zwischen Schöpfung und Gericht, zwischen Ewigkeit und Ewigkeit eingefügter, zeitlicher, übersehbarer, keineswegs unendlicher Vorgang." (LAMMERS: 1960, S.XLII) Das christliche Zeitbewußtsein ist das einer wesentlich endlichen Zeit, die als solche nicht wiederholbar ist. Nur „durch diese Bezogenheit auf einen absoluten Anfang und ein absolutes Ende hat die Geschichte als Ganzes einen Sinn" (LÖWITH: 1979[7], S.156) - und wird zu der Totalität, die sie als reine Historie nicht ist.

Geschichte ist der „unmittelbare Weg ins Jenseits" (I.1, S.258) - so hat Augustin in der Geschichte einen „einen zielgerichteten Verlauf vom Anfang bis zum Ende der Geschichte" (TAUBES: 1996, S.77) gesehen. Sie verläuft „in der Flucht des Heilsprozesses" (I.1, S.257) und ist deswegen „sinnvoll gerichtet( )" (LÖWITH: 1979[7], S.148). Der jüngste Tag hat das „letzte Wort" (I.1, S.257) im Drama dieser Welt. Und immer wieder wird in der eschatologischen Betrachtung die Geschichte ins Bild eines Stroms gesetzt - die „Zeit erscheint als Strom, der aus der Ewigkeit der Schöpfung entspringt und sich mit wechselndem Gefälle am Ende in das Meer der Ewigkeit der Erlösung ergießt." (TAUBES: 1991, S.33) So wird Geschichte zum „Vollzug( ) eines göttlichen Heilsplans" (I.1, S.260) - sie verläuft in den „Stationen des Heilswegs" (I.1, S.260). Es gibt im „göttlichen Heilsplan" (II.2, S.451) durchaus keinen Zufall - „(i)ch glaube also, schreibt Otto von Freising, es ist nicht irgendwelchen Zufällen (...), sondern dem wahren Gott (...) zuzuschreiben, daß der römische Staat aus Niedrigkeit und Armut zu so stolzer Höhe und Alleinherrschaft emporgestiegen ist." (LAMMER: 1960, S.III) Die Vorsehung aber ist „unerforschlich( )" (II.2, S.452) - wer also „wissen wollte, in welcher Verfassung sich die `erlöste Menschheit´ befindet, welchen Bedingungen das Eintreten dieser Verfassung unterworfen ist und wann man mit ihm rechnen kann, der stellt Fragen, auf die es keine Antwort gibt." (I.3, S.1232) Denn „(d)as Reich Gottes ereilt sie als Katastrophe" (III,

S.535). Es tritt „jäh" (III, S.535) in die Geschichte ein - um sie zu „unterbrechen" (III, S.535). Denn „(i)n der endgültigen Entscheidung über beide Staaten erfolgt mit der Verdammung der civitas terrena die Einrichtung und Glorie des ewigen Gottesstaates im blitzschnellen Urteil." (LAMMERS: 1960, S.LI)

Der mittelalterliche Mensch lebt so in „Erwartung einer Endzeit" (I.1, S.259). In der Chronik ist das leicht ersichtlich - Otto von Freisings Historie „mündet in eine Eschatologie (...): das Greisenalter der Menschheit ist gekommen, die müde Zeit, welche durch die tönernen Füße des Kolosses Daniel versinnbildet wird." (TAUBES: 1991, S.81) Geschichte geht also nicht „bruchlos ins Göttliche über( )" (I.1, S.337). Der Lauf der Geschichte ist retardierend - „vor dem Glanz steht in der Geschichte nocheinmal eine Zeit tiefen Dunkels" (LAMMERS: 1960, S.XLVII).[31] Überall sehen die „mittelalterlichen Ideologien" (I.3, S.961) die „eschatologische Auflösung der Lebensordnungen" (I.3, S.961) kommen - die „Furcht vor den kommenen Heimsuchungen macht uns so beklommen, daß wir uns vorkommen, als hätten wir das Todesurteil empfangen.(')" (LAMMERS: 1960, S.XI) Das Bild der Welt nimmt „apokalyptische( ) Züge" (I.1, S.259) an - der Untergang alles Irdischen aber ist ein „spiegelverkehrtes Periodenbild des Gottesstaates" (LAMMERS: 1960, S.LII) Das Elend der Weltgeschichte bildet „angesichts der stetigen Steigerung im geschichtlichen Gang des Gottesstaates die Gegenformen und Gegenkurven" (Ebd., S.LIf). Das ist das Gesetz der christlichen Eschatologie: je schlimmer - desto besser. Paradoxien bestimmen deswegen das eschatologische Denken und seinen Ausdruck im christlichen Symbol (vgl. I.1, S.336), das Benjamin von seiner idealistischen Säkularisierung genau unterscheidet. Denn „(e)rst aus der Dunkelheit und Heimsuchung und aus dem Umschwung ungeheurer Kontraste wird die letzte Steigerung zur ewigen civitas Dei wirklich." (LAMMERS: 1960, S.L) In der Chronik Otto von Freisings herrscht deswegen die Gewißheit in einer schon „von unverhofftem Friedensglück überstrahlte(n) letzten Periode" (ebd., S.XXXIII) der Geschichte zu leben. Und das Ende ist durchaus erwünscht. Denn die „eschatologische Auflösung der Lebensordnungen" (I.3, S.961) bedeutet dem Chronisten das kommende Reich Gottes - in ihrem Untergang verklärt sich die Geschichte im „Lichte der Erlösung" (I.1, S.343). Sie grenzt „an eine verklärte Zeit" (III, S.535). Denn „(w)ährend das römische Reich hippokratisch durch die Nähe des Todes gezeichnet ist, gewinnt die civitas Dei in diesen letzten irdischen Tagen einen wunderbaren, geheimnisvollen Glanz und eine Ordnung, in der stärker denn je die Seligkeit des Ewigen auf der Erde sichtbar wird." (LAMMERS: 1960, S.L)

Der „Webgrund" (II.2, S.452) der Chronik ist deswegen der „goldene (...) einer religiösen (...) Anschauung" (II.2, S.452). Und auch die „Gestalten der Miniaturen oder der frühen Tafelbilder" treten „dem Betrachter auf Goldgrund entgegen( )" (III, S.534). Der Sinn dieser Darstellung ist leicht zu erschließen. Denn am „Himmel der Geschichte" (I.2, S.695) ist die „Sonne (...) im Aufgehen" (I.2, S.694). Die eschatologische Erfahrung der Zeit ist deswegen einerseits durch das „Tempus der Zukunft und die Kategorie des Novum" (FABER: 1975, S.20) zu bestimmen. Denn „(d)ie christliche Geschichtsdeutung richtet ihren Blick auf die Zukunft als den zeitlichen Horizont eines bestimmten Zieles und einer letzten Erfüllung." (LÖWITH,

S.148) Das Heil erscheint schon in der Zeit - der gegenwärtige Augenblick ist durch den Vorschein der Zukunft erleuchtet. Das eschatologische Bewußtsein der Geschichte ist das des weltgeschichtlichen Kairos, den der Evangelist bezeichnet - die „Zeit ist erfuellet / vnd das Reich Gottes ist erbey komen" (Mk. 1,15, vgl. Gal. 4,4) Der christliche Glaube ist deswegen durch eine Haltung der Zuversicht bestimmt - „(h)offendes Vertrauen ist das Grundwort, worin die Vorwegnahme der Zukunft in die Ewigkeit des Augenblicks geschieht." (ROSENZWEIG: 1988, S.280). Und „(d)iese Zuversicht ist mehr als Hoffnung. Sie ist eben deshalb mehr, weil sie sich zwar auch, wie die Hoffnung, auf Zukunft ausspannt, aber diese zugleich als gegenwärtige vor sich bringt. Sie mutet der Zukunft eine Gewißheit zu, die nur dem Gegenwärtigen gebührt." (THEUNISSEN: 1991, S.332) Aber Fortschritt ist und bleibt in der „Augustinischen civitas dei (...) gebunden an die Erlösung durch Christus, als an die geschichtlich gelungene; nur eine bereits erlöste Menschheit kann betrachtet werden, als bewege sie sich, nachdem die Entscheidung fiel, vermöge der Gnade, die ihr zuteil wurde, im Kontinuum der Zeit auf das himmlische Reich zu." (ADORNO: 1975, S.152)

Durch ihren eschatologischen Rahmen unterscheidet sich die mittelalterliche von der modernen Geschichtsschreibung. Auch ein „Ereignis aus der Chronik" (III, S.38) ist eines aus der realen Geschichte. Doch während der moderne „Historiker gehalten (ist) die Vorfälle, mit denen er es zu tun hat, auf die eine oder andere Art zu erklären" (II.2, S.451), kann der mittelalterliche Chronist die historischen Ereignisse als „Musterstücke des Weltlaufs" (II.2, S.451) sammeln, weil er von der eschatologischen Bedeutung des Augenblicks überzeugt ist. Denn „(i)ndem jene ihrer Geschichtserzählung den göttlichen Heilsplan zugrunde legen, der ein unerforschlicher ist, haben sie die Last beweisbarer Erklärung von vornherein von sich abgewälzt. An ihre Stelle tritt die Auslegung, die es nicht mit einer genauen Verkettung von bestimmten Ereignissen, sondern mit der Art ihrer Einbettung in den großen unerforschlichen Weltlauf zu tun hat" (II.2, S.451f). Die Chronik kennt deswegen auch keine „Gliederung" (III, S.537) des Geschehens in „Episode und Hauptverlauf" (III, S.537) - es geht in der Geschichte nichts verloren. Denn sie stellt „unter die einzelnen Jahreszahlen, in die sie übersichtlich rubriziert ist, die verschiedensten Fakten von den epochalen Begegnungen oder Werken bis zu den abgelegensten Kuriositäten" (III, S.353). So wird deutlich, wie sich die „Art" (II.2, S.452) dieser „Einbettung" (II.2, S.452) der historischen Ereignisse in den Strom der Geschichte vom modernen Denken unterscheidet - „(u)nser modernes historisches Kausalitätsdenken läßt die historischen Ereignisse sich in einem unendlichen Kontinuum auseinander entwickeln und begreift sie so als ʻgeworden'. Aber so wenig wie etwa die mittelalterliche Malerei den einheitlich vom Zuschauer her perspektivisch geordneten Raum kennt, so wenig kennt der Weltgeschichtsschreiber des Mittelalters die Vorstellung vom kausal ununterbrochenen Zeitablauf, in dem ein Geschehnis nur als Gewordenes aus den zeitlichen Vorgegebenheiten zu verstehen ist." (LAMMERS: 1960, S.LXI) Die frühmittelalterliche Geschichtsschreibung hat Erich Auerbach deswegen als eine figurale oder typologische beschreiben können.[32] Sie „nimmt ein wirkliches, sagen wir *historisches* Geschehnis als reale Prophetie für ein anderes wirkliches, historisches Ereignis. Das anzeigende reale Geschehnis ist die Figur; das Gemeinte, das präfigurierte Ereignis ist die Erfüllung." (Ebd., S.LX) Das Ereignis trägt deswegen seinen Sinn nicht in sich selbst - und „(m)an hat in diesem Zusammenhang von *geistigem Kurzschluß* gesprochen, nämlich von einem Denken, das die Beziehung zwischen zwei Dingen nicht in den Windungen der zwischen ihnen bestehenden kausalen Zusammenhänge sucht, sondern sie in einem abrupten Sprung als Beziehung von Sinn und Zweck findet." (ECO: 1993[2], S.82) Denn die figurale Deutung „verknüpft zwei zeitlich und kausal weit voneinander entfernte Ereignisse, reißt jedes aus dem historischen Zusammenhang, in dem es geschah, heraus und verknüpft sie durch einen gemeinsamen Sinn." (AUERBACH: 1953, S.13)

Benjamin hat das Symbol als Inbegriff der mittelalterlich-christlichen Formenwelt verstanden, in der die eschatologische Geisteswelt zum Ausdruck kommt - und in Otto von Freising hat er einen der bedeutendsten Vertreter einer symbolischen Geschichtsschreibung erkennen können. Denn ihm ist das „natürliche Geschehnis (...) zugleich eine außerkreatürliche Demonstration. Die historische Szene erschließt sich erst ganz, wenn das Geschehene und das damit Aufgewiesene zusammen gefaßt werden. (...) Der symbolistische Betrachter erkennt im sinnfälligen Ereignis den Hinweis einer nicht zufälligen Formursache und die Entscheidung Gottes." (LAMMERS: 1960, S.LVIII) Es ist die Aufgabe des Chronisten, im „sichtbaren Geschehen die verborgene Bedeutung der kommenden Erfüllung zu zeigen und damit auch den Menschen zur Erfüllung hinzuführen." (Ebd., S.LXII) So sind die „katastrophischen Stürze in der Geschichte des Weltstaates (...) vorausdeutende Figuren des letzten Absturzes der Historie, der Vernichtung des Antichrist. Der Antichrist aber ist (...) die Gegenfigur Christi." (Ebd., S.LXI) Im Grunde ist deswegen die „mutatio rerum (...) die Gegenfigur zum stufenweise verwirklichten Aufstieg in der civitas Dei. Diese Gegenfigur aber weist nicht voraus in die kommende, unwandelbare Ordnung der Ewigkeit, sondern zurück. Die mutatio rerum ist die rückdeutende Gegenfigur, rückdeutend auf die Erhebung und den Fall Adams und der Engel. Die mutatio ist damit das Sinnbild des Todes, welcher aber das Leben in Gottes Staat erst sichtbar macht." (Ebd., S.LXII) Die eschatologische Bedeutung des Symbols ist deswegen nur unter der „entscheidenden Kategorie der Zeit" (I.1, S.342) zu bestimmen. Denn im „Symbol" (I.1, S.343) „offenbart" (I.1, S.343) sich - in Form der zentralen christlichen Paradoxie - „mit der Verklärung des Untergangs das transfigurierte Antlitz der Natur im Lichte der Erlösung flüchtig" (I.1, S.343). Diese „Verklärung" (I.1, S.343) aber ist nichts anderes als die „Auferstehung" (II.2, S.458), in deren Licht der eschatologische Geist die Trümmer der Geschichte erkennt.

B. Elemente der Weltgeschichte

Geschichte wird im europäischen Barock als Weltgeschichte verstanden - es gibt „keine barocke Eschatologie" (I.1, S.246). Die Welt der historischen Erfahrung ist eine Welt der „Immanenz" (I.1, S.259). Weltgeschichte wird zur Geschichte der

Welt und ist nicht länger der „unmittelbare Weg ins Jenseits" (I.1, S.258).[33] Die „eschatologische Chronologie setzt voraus, daß die Zeit, in der alles sich abspielt, kein bloßes Nacheinander ist, sondern auf ein Ende hinsteuert." (TAUBES: 1991, S.33). Aber „wo das christliche Mysterium wie die christliche Chronik das Ganze des Geschichtsverlaufs, den welthistorischen als einen heilsgeschichtlichen, vor Augen stellen, hat die Haupt- und Staatsaktion mit einem bloßen Teile des pragmatischen Geschehens zu tun. Die Christenheit oder Europa ist aufgeteilt in eine Reihe von europäischen Christentümern, deren geschichtliche Aktionen nicht mehr in der Flucht des Heilsprozesses zu verlaufen beanspruchen." (I.1, S.257) Die Einheit der historischen Erfahrung und ihrer eschatologischen Erkenntnis ist zerbrochen - und es öffnet sich eine neue Welt der Erfahrung, die nicht mehr im christlichen Rahmen bewältigt werden kann. Denn das „Licht( ) der Erlösung" (I.1, S.343) fällt nicht mehr in diese Welt. Das Leben ist in der Neuzeit die „Summe der Erfahrungen" (II.1, S.255). Deswegen ist es „trostlos" (II.1, S.255) - es weckt nicht nur die Trauer, sondern scheint dieses Gefühl, das so zur basalen Stimmung der Neuzeit wird, auch nicht lindern zu können. Um die Erfahrung der Neuzeit verstehen zu können, deren historischen Ursprung Benjamin im Barock sieht, muß deswegen die Erfahrung der Trauer verstanden werden - wie ist das „pragmatische( ) Geschehen( )" (I.1, S.257) beschaffen, mit dem es das Trauerspiel es in seinen Stoffen „zu tun" (I.1, S.257) hat? Wie wird die Trauer „(ge)weckt" (I.1, S.298)? Erst wenn diese Frage beantwortet ist, kann die Darstellung der Geschichte als eines Trauerspiels zum Gegenstand der Untersuchung werden. Denn in der Darstellung der Geschichte versucht das Zeitalter die Trauer zu bewältigen.

In der Eschatologie ist Geschichte die Geschichte der Offenbarung - es kann das „Ewige (...) unmittelbar in die Zeit hineinrücken." (ROSENZWEIG: 1988, S.361) Weltgeschichte ist nicht mehr der Raum der Offenbarung. Denn „von dem Laut der Offenbarung dringt nichts zu ihr." (I.1, S.330). Es gibt deswegen vom Reich der Geschichte aus keinen „Ausblick auf das Jenseits" (I.1, S.259) - es ist kein „Wissen vom Messianischen (...) vorhanden" (KAISER: 1974, S.20). Denn in die Zeit sind keine „Splitter der messianischen eingesprengt" (I.2, S.704). Die historische Erfahrung hat die Form einer „Sonnenfinsternis" (I.1, S.247) - es gibt in der Geschichte keine „Heilserwartung" (I.1, S.267). Dem Zeitalter sind deswegen auch alle „apokalyptischen Züge fremd" (I.1, S.259). Der christliche Erwartungshorizont ist zerbrochen - die Zukunft ist nicht länger dialektisch an die Vergangenheit gebunden. Sie ist offen. Die Menschen leben in einer ihrem Wesen nach unendlichen Übergangszeit - die „anbrechende Moderne, so könnte man sagen, war eine Zeit, in der das Bewußtsein des Übergangs vorherrschte." (MAKROPOULOS: 1989, S.53) Geschichte ist nicht mehr Frist - die „Wechselfälle des Historischen" (II.1, S.249) bilden einen „unabsehbar verlaufenden Strom geschichtlichen Werdens." (II.1, S.249) Und so ist Weltgeschichte kein Interim, sondern heillose Totalität. Denn sie ist als solche „unabschließbar( )" (I.2, S.700). Der Begriff der Geschichte als Weltgeschichte ist deswegen ein absoluter Begriff der Geschichte, die „schlechtweg historisch( )" (I.1, S.255) geworden ist. Die Welt der Geschichte ist deswegen eine „leere Welt" (I.1, S.317). Denn alle Handlungen sind nur noch „halb( ) und unecht( )" (I.1, S.318) - die Geschichte der Welt ist die Geschichte des im Sinne der Eschatologie „äußeren Zeitverlauf(s)" (I.1, S.255). Und „(d)er Geschichtsablauf als solcher, das *saeculum*, demonstriert nur die hoffnungslose Aufeinanderfolge und das Sterben der jeweils lebenden Generationen." (LÖWITH: 1979[7], S.157). Denn nach dem Ausfall der Eschatologie ist Geschichte „unendliche" (II.1, S.134) oder „ewige Vergängnis" (I.1, S.355). Denn es gibt kein „Ende der Zeit, da die Vergänglichkeit selbst vergeht" (TAUBES: 1991, S.7). Der Begriff der Geschichte ist der eines „unendlichen, strömenden Werdens" (IV.1,2, S.536). Sie ist ein „unabsehbar verlaufende(r) Strom geschichtlichen Werdens" (II.1, S.249) - Geschichte ist der „trostlose( ) Lauf( ) der Weltchronik" (I.1, S.271) - „das unerbittliche Abrollen jedes Lebens zum Tode." (I.1, S.329). Denn der Tod hat im „Strom der Weltgeschichte" (III, S.25) immer wieder das letzte Wort. Es gibt im „stete(n) Wandel" (IV.1, S.14) keine Perspektive eines „messianische(n) Ende(s)" (IV.1, S.14) der Geschichte. Der barocke Mensch lebt zwar durchaus in „Erwartung einer Endzeit" (I.1, S.259). Das „Ende naht" (I.1, S.269) - das ist auch seine Erfahrung. Denn er sieht sich einem „Katarakt entgegentreiben" (I.1, S.246). Diese Erfahrung aber ist von der christlichen zu unterscheiden. „Endzeitvisionen mobilisierten im 17. Jahrhundert die poetische Imagination" (LEHMANN: 1996, S.20) - doch das Ende verklärt sich nicht im Licht der Erlösung. Weltgeschichte ist - nach einem Wort von Hugo Ball - wie Karfreitag ohne Ostern. Das Barock ist „der Wucht des Weltgeschehens" (I.1, S.235) nicht mehr christlich „gewachsen" (I.1, S.235). Die Apokalypse in der geschichtlichen Erfahrung des Barock ist deswegen eine Apokalypse ohne Reich (vgl. ANDERS: 1993[6], S.207f).

Im „Untergang( )" (I.1, S.343) erscheint nicht mehr das „Licht( ) der Erlösung" (I.1, S.343) - Vergängnis ist zum „Verhängnis( )" (I.1, S.260) geworden.[34] Die das Leben bestimmenden Koordinaten der Zeit können nicht mehr christlich vermessen werden. Denn der barocke Mensch nimmt Zeit einzig und allein im Bewußtsein der „unaufhaltsame(n)" (I.2, S.700) Vergänglichkeit wahr. „Es gibt nun keine Ewigkeit mehr außer oder über der Zeit, so wie es überhaupt nichts gibt, was außer Zeit wäre." (THEUNISSEN: 1991, S.39) - das ist die Erfahrung der Zeit nach dem Ende des Christentums. Gibt es einen „neuen Begriff von Zeit und eine neue Erfahrung von Geschichte, die mit dem Christentum als Eschatologie (die selbst Frucht und Konsequenz der Apokalyptik des ersten vorchristlichen Jahrhunderts ist) sich eröffnet" (TAUBES: 1987, S.21), dann steht das Barock wiederum an einer „Zeitwende( )" (I.1, S.397). Denn nach dem Ende der Eschatologie kann das Christentum einzig und allein als Kirche und „Form( )" (I.1, S.258) seine „Autorität" (I.1, S.258) behaupten. Das weltliche Leben aber ist kein religiöses mehr. Denn eine Ordnung, in der „keine denkbare Straße der Befreiung gibt (...) - eine solche Ordnung kann nicht religiös sein." (II.1, S.174) Eine solche Ordnung der „Verzweiflung" (I.1, S.257) ist aber die Weltgeschichte - sie ist im Barock eine Welt ohne Gott.[35]

Der Geist der Religion im Zeitalter der Gegenreformation wird von Benjamin so verstanden wie Baudelaire den des Katholizismus verstanden hat. Denn „(w)enn Baudelaire am Katholizismus festhält, so ist doch seine Erfahrung des Universums genau der Erfahrung zugeordnet, die Nietzsche in den Satz faßte: Gott ist Tod." (I.2,

S.676) Der Gott der abendländischen Eschatologie ist der Gott der Geschichte - denn „(d)as Wort Gottes ist der Ruf, der im Aeon der Nacht aus dem Schlafe erweckt, denn die himmlische Stimme erinnert an den Ursprung des Adam, an das Vor der Geschichte und verheißt Erlösung, das Nach der Geschichte. Im Stand der Sünde, im Zwischen von Schöpfung und Erlösung kann Adam den Ruf Gottes nur `hören´ und `glauben´. Die Offenbarung ist die Helle im Aeon der Sünde, da Adam nur stückweis erkennt, denn er sieht jetzt durch einen Spiegel in einem dunklen Wort. Im Licht der Erlösung erkennt Adam, gleich wie er selber erkannt worden ist: von Angesicht zu Angesicht." (TAUBES: 1991, S.7) Gott ist tot - das heißt: in der Welt der Geschichte ist das Wort Gottes nicht mehr zu vernehmen. Denn „von dem Laut der Offenbarung dringt nichts zu ihr." (I.1, S.330). Und doch hat das Christentum im Barock mit „Nachdruck die Autorität behauptet" (I.1, S.258) - „unter orthodoxer Wahrung der kirchlichen Formen." (I.1, S.258) Denn „(v)on allen im tiefsten zerrissenen und zwiespältigen Zeiten der europäischen Geschichte ist das Barock die einzige, die in eine Periode unerschütterter Herrschaft des Christentums fiel." (I.1, S.258) Es ist im Zeitalter der Gegenreformation aber nicht mehr als die herrschende „Konvention" (I.1, S.309) - und keine Lehre der „Befreiung" (II.1, S.174). In Wahrheit ist der Katholizismus der Gegenreformation - als Staats-Religion - nichts als „heidnisch-katholische( ) Konvention" (I.1, S.309). Im Ursprung der Moderne wiederholt sich deswegen die Antike - im Barock machen „nichtchristliche( ) Vorstellungen" (I.1, S.309) Karriere. Der Wille zur Restauration des antiken Kosmos tritt im politischen Raum an die Stelle der eschatologischen Hoffnung.[36] Die Ordnung der Religion wird zur politischen Form der Epoche - die „Repristination kirchlicher Gewalt in beiden Konfessionen ist eine disziplinierender Herrschaft." (GARBER: 1987, S.104). Einzig in diesem Sinn ist das Barock ein Zeitalter, „in dem die Religion noch als allgemein akzeptierte, und insofern objektive Weltanschauung ihre Gültigkeit be-saß." (WITTE: 1976, S.135). Denn in Wirklichkeit hat das Leben seinen immanen-ten Sinn verloren - „(t)he world had indeed become empty (...), deprived of a genuine and fertilizing devotion, one which had been replaced by indeterminate inwardness and institutionalized religion." (FEHER: 1985, S.126) Denn der europäische Staat ist „aus der Überwindung des konfessionellen Bürgerkriegs hervorgegangen (...). Auch wenn dieser Staat eine Staats-Religion und eine Staats-Kirche anerkannte, beruhte das auf seiner souveränen staatlichen Entscheidung." (SCHMITT: 1993[2], S.64) Die Religion der Gegenreformation ist Cäsaren-Religion. *Cuius regio, eius religio* - das ist bekanntlich die Formel für die Herrschaft des Staates über die Religion. „Dafür spricht die imperiale Indienstnahme des christli-chen Bekenntnisses durch die kaiserliche Gewalt im Katholizismus ebenso wie die Fixierung aufs neoscholastische Lehrgebäude in der lutherischen Orthodoxie, von der Fusionierung kirchlicher und obrigkeitlicher Gewalt und der damit einhergehen-den Reglementierung des alltäglichen Lebens ganz zu schweigen." (GARBER: 1987, S.103). Denn im Barock wäre „(e)in Leben ohne jene alle Poren des Alltags und der Privatheit durchdringende Christlichkeit mit Gottesdiensten, Abendmahl, Gebet und Segen, bei Katholiken ohne Messe, Heiligen- und Marienverehrung, Wallfahrten und Beichten (...) ein (im Grunde unvorstellbares) Leben außerhalb der Gemeinschaft gewesen." (STOLLEIS: 1996, S.36). Das scheint auch Benjamin so zu sehen. Doch erkennt er auch die entscheidende soziologische Differenz in der barocken Gesellschaft. Die Fassade der Konvention wird von den „reichen Naturen" (I.1, S.318) durchschaut. Die „tiefer Schürfenden" (I.1, S.318) - und als solche melancholischen Geister - verraten diese „Welt um des Wissens willen" (I.1, S.334). Denn die Welt der Geschichte ist eine „leer Welt" (I.1, S.317), die vor allem durch ihre zeitlichen Koordinaten beschrieben werden kann.

III. Zeit der Geschichte

DIE AFFIRMIERUNG DER ZEIT VOLLSTÄNDIG DURCHSTREICHEN.
(MICHAEL THEUNISSEN)

A. Herrschaft der Zeit

Die Erfahrung der Geschichte ist im Barock die Erfahrung der Herrschaft der Zeit - sie ist die historische Voraussetzung des Trauerspiels. Um sie zu beschreiben, ist die Frage zu beantworten, wie Erfahrung der Zeit nach dem Ende des Christentums zu verstehen ist. Benjamin stellt sie in einem Bild vor - der „Mensch des Barock (...) fühlt" (I.1, S.246) - im Strom der Zeit - „sich (...) einem Katarakt entgegentreiben" (I.1, S.246)?[37] Zeit ist in diesem Bild das „Medium, in dem wir uns immer schon bewegen" (THEUNISSEN: 1991, S.43). Sie ist die „linear fortschreitende( ) Zeit, der wir alle unterworfen sind" (ebd., S.225). Weil die Menschen in der Zeit leben, ob sie wollen oder nicht, kann sie in der Macht ihrer Objektivität bestimmt werden. In der Erfahrung der linearen Zeit aber ist die Vision der kommenden Katastrophe beschlossen. Denn als Medium des menschlichen Lebens ist Zeit im Barock immer schon im Gefühl auffällig geworden - der barocke Mensch „fühlt" (I.1, S.246) sich einem „Katarakt entgegentreiben" (I.1, S.246). Das Bild der Zeit als eines Stromes ist hier nicht mehr das eines unendlich strömenden Werdens, in welchem die Erfahrung der Zeit nach dem Ende der abendländischen Eschatologie beschlossen ist. Denn das Gefühl der kommenden Katastrophe ist das einer schrecklichen Vorstellung, in dem das Ende der Geschichte nicht mehr „unabsehbar" (II.1, S.249) ist. Im Gefühl entwickelt sich erst das dimensionale Wesen der Zeit. Das Ende erscheint in diesem Augenblick, in dem die Erfahrung der Weltgeschichte zur Erfahrung einer Apokalypse ohne Reich wird.

Zeit hat im Gefühl des barocken Menschen „die Unauffälligkeit des universalen Mediums" (THEUNISSEN: 1991, S.48) verloren, das den Menschen erlaubt, in der Zeit zu leben, ohne an sie zu denken. Aber „(d)arin, daß wir uns von der Zeit beherrscht fühlen, wird uns ihre Realität erfahrbar." (Ebd., S.42). Zeit ist dann die „ausgezeichnete Weise, wie das Ganze der Welt über uns herrscht." (Ebd., S.41). Denn „(e)rfahren wird das Subjekt stets eine Zeit, die ihm als es beherrschende immer schon zuvorkommt." (Ebd., S.42) Die historische Zeit ist als eine herrschende die „reale Verfassung der Welt" (THEUNISSEN: 1991, S.38), in der die Menschen nach dem Ende der Eschatologie leben. Denn in der christlich-mittelalterlichen Erfahrung steht Zeit unter der Herrschaft der Ewigkeit. Sie wird niemals als herrschende zum Gegenstand der Erfahrung. In der Zeit selbst liegt deswegen die „Wucht des Weltgeschehens" (I.1, S.235) beschlossen, die Benjamin im Barock erkennt. Sie zeichnet nicht einzelne und bestimmte Ereignisse der Geschichte aus, sondern die Form ihrer Erfahrung, die das Bild der Katastrophe aus sich entwickelt.[38]

Die Erfahrung der Herrschaft der Zeit ist die ihrer Negativität - die Menschen leiden an der Zeit, weil sie in der Zeit ihrer selbst nicht mächtig werden können. Die Quintessenz der philosophischen Anstrengungen, die Benjamin unternommen hat, könnte vielleicht aus den folgenden Sätzen gezogen werden: „Eine höchste moralische Aufgabe des Menschen: die Zeit auf seine Seite zu bringen. (...) Dahin kommen, daß die Zeit für einen arbeitet" (II.3, S.1199). Im Rahmen der Eschatologie ist das nicht als Aufgabe zu verstehen. Denn eschatologisch ist der „Zeitlauf selber (...) ein moralischer Vollzug" (III, S.264). Das aber ist im Barock nicht mehr der Fall - die barocke Erfahrung der Geschichte ist die einer basalen Heteronomie, die Benjamin in seiner Theorie der Moderne auf diese Formel gebracht hat: „Die Widerstände, die die Moderne dem natürlichen produktiven Elan des Menschen entgegensetzt, stehen im Mißverhältnis zu seinen Kräften." (I.2, S.578) Die Menschen können nicht sie selbst sein. Was das bedeutet, wird im Trauerspielbuch deutlich. Denn dem „Menschenleben" (I.1, S.317) und den „Menschenhandlungen" (I.1, S.318) kommt erst dann „Sinn" (I.1, S.317) und „Wert" (I.1, S.317) zu, wenn im „Leben" (I.1, S.261) eine „auf das Unbedingte gerichtete( ) Intensität" (I.1, S.261) zum „Ausdruck" (I.1, S.261) kommen kann. Erst dann könnte das menschliche Leben der „Wucht des Weltgeschehens gewachsen" (I.1, S.235) sein. Eine herrschende ist die Zeit aber, weil sie die den transzendierenden Impuls der Menschen beherrscht. In der Zeit kann nicht zum Ausdruck kommen, was dem Leben einen Sinn gibt, der als solcher nicht durch Zeit bedingt wäre. Das Leben im Reich der Geschichte bleibt sinnlos. Wie aber ein Leben beschaffen ist, in dem religiöses Gefühl nicht mehr zum Ausdruck kommen kann, das haben die nächsten Seiten zu zeigen, die die barocke Erfahrung der Geschichte durch die Erfahrung der Herrschaft der Zeit zu beschreiben versuchen.

B. Zeit als Strom - gelebte Zeit

Geschichte ist der „Strom der Weltgeschichte" (III, S.25) - der „Strom geschichtlichen Werdens" (II.1, S.249). Immer wieder - und nicht nur im Trauerspielbuch - hat Benjamin die Erfahrung der Geschichte auf diese Formel gebracht, die in ihrem realen Gehalt verstanden werden muß, soll das Bild nicht die Einsicht in die Form der herrschenden Zeit verstellen. Denn in der Erfahrung der historischen Zeit ist Geschichte nicht mehr das Prädikat der Offenbarung - sie selbst ist zum Subjekt der Weltgeschichte geworden. Die Zeit der Geschichte ist „selbsttätig" (I.2, S.700). Die historische Zeit steht nicht mehr unter der Herrschaft der Ewigkeit - als solche wird sie zur herrschenden Zeit. Ewigkeit ist vor allem als Stillstand der Zeit zu verstehen - die „Wechselfälle des Historischen" (II.1, S.249) aber bilden einen „unabsehbar verlaufenden Strom geschichtlichen Werdens." (II.1, S.249). Das ist nicht deswegen der Fall, weil die Menschen sich sein Ende nicht vorstellen können, sondern weil er in seinem Wesen „unabschließbar( )" (I.2, S.700) ist. Weltgeschichte ist nicht mehr Interim - sie ist nicht „endlich" (II.1, S.136) Der Strom der Geschichte ist „unendlich in jeder Richtung" (II.1, S.134). Die Zeit der Weltgeschichte ist in diesem Sinne absolut. Die barocken Menschen leisten durchaus Widerstand gegen die Herrschaft der Zeit - doch zunächst und vor allem besteht ein „Mißverhältnis" (I.2, S.578) zwischen den „Kräften" (I.2, S.578) der Menschen und der „Wucht" (I.1, S.235) der Zeit. [39] Denn der Strom der Zeit ist als solcher „unaufhaltsam( )" (I.2, S.700) und „eindeutig( )" (I.1, S.255). Man scheint ihm nicht widerstehen zu können. Die Bewegung der Geschichte ist „homogen( )" (I.2, S.701). Denn der Strom der Zeit ist in „steter Bewegung" (I.2, S.585). Geschichte ist ununterbrochen durch die Form der Zeit bestimmt. Das „Dasein (...) verfließt (...) akzentlos" (V.1, S.162), während Ewigkeit ein Sprung im Kontinuum der Zeit ist. Sie steht, weil der Verlauf der Zeit unterbrochen ist, im Augenblick der sich verschränkenden Zeit still.[40] Der Gegensatz zur „leere(n) Zeit" (II.2, S.468) ist die „bestimmte" (II.2, S.468). Die Zeit der Weltgeschichte ist aber „qualitätslos( )" (I.1, S.275) und nicht „erfüllt" (II.1, S.136), sondern „unerfüllt in jedem Augenblick" (II.1, S.134), weil das Ewige in der Zeit nicht zum Ausdruck kommen kann. Die historische Zeit ist deswegen „leer" (I.1, S.317).

Geschichte ist „in steter Bewegung begriffen" (I.2, S.585) - sie ist aber nichts als das „unerbittliche Abrollen jedes Lebens zum Tode." (I.1, S.329) Die Zeit der Geschichte ist deswegen - als Strom - eine „Naturgewalt( )" (I.1, S.268). Als solche ist sie ein „Verhängnis( )" (I.1, S.260) - die Menschen sind als „Erdgeborne" (I.1, S.246) dem Tode „vorbestimmt" (I.2, S.588). Die „weltgeschichtliche Dynamik" (I.1, S.274) ist die des Untergangs alles natürlichen Lebens. So ist es die Natur des Menschen, die der Herrschaft der Zeit unterworfen ist. Die Zeit, die als Strom nur ein Äußeres zu sein scheint, bestimmt in Wirklichkeit das natürliche Wesen des Menschen. Sie herrscht so „über uns, daß sie zugleich in uns (...) herrscht." (THEUNISSEN: 1991, S.41) Natur ist das reale Substrat der herrschenden Zeit, das auch das Handeln der Menschen bestimmt, das zum „Weltgeschehen( )" (I.1, S.235) wird. Denn das ist keines, das Menschen machen würden. In der barocken Anschauung besteht Politik aus Leidenschaften, die sich vom Willen lösen. So tritt an die Stelle der Offenbarung als des Subjekts der Geschichte die Natur. Geschichte wird nach dem Ende der Eschatologie zu Natur-Geschichte. In der Natur aber herrscht der Tod - während in der Eschatologie die Natur dem Ewigen unterstellt ist, ist das natürliche Leben der Menschen ein „lebenslanges Sterben" (THEUNISSEN: 1991, S.206). Denn „(s)oweit unser Leben das alles Lebendigen ist, verfällt es nicht bloß dadurch dem Tode, daß es in die Zeit fällt. Etwas in ihm selbst arbeitet auf den Tod zu." (Ebd.) Es ist das Leben ein „kontinuierlicher Prozeß auf den Tod hin" (ebd.). Aber „(n)icht eigentlich *wir* sind es, die Schritte auf den Tod zu tun, sondern wir werden zum Tode hin fortgerissen; und wir sterben ständig, ob wir daran denken oder nicht." (Ebd.) Denn „(i)n der Dimension dieser Zeit ist unser Leben von Anfang an durch den Tod bestimmt." (Ebd., S.205) Das Leben der Menschen in der Geschichte ist ein rein natürliches Sein zum Tode, in dem das Individuums sich „mit" (I.1, S.246) allem „Erdgeborne(n)" (I.1, S.246) solidarisch fühlen kann. Denn „(i)m Lichte unseres Vergehens sehen wir die Vergänglichkeit der Dinge, und in der Vergänglichkeit der Dinge erleben wir unsere eigene mit." (THEUNISSEN: 1991, S.206)

Das Bild des Stroms meint die „Vorstellung von einer linear fortschreitenden Zeit, der wir alle unterworfen sind" (ebd., S.225). Die lineare Zeit wird so als die natürliche Zeit kenntlich, in der die Menschen leben müssen. Weil sie in dieser leben, ob sie wollen oder nicht, kann sie als objektive Zeit bezeichnet werden. Sie ist als solche gelebte Zeit. Die Menschen aber fühlen sich selbst im Strom der Zeit treiben. Das Medium der Zeit ist im Barock immer schon auffällig geworden. Es ist das der Gehalt der Erfahrung vom Ende aller eschatologischen Formen des Lebens. Denn „(i)m selben Maße (...), wie der Sinn unseres Lebens sich entleert, wird Zeit auffällig." (THEUNISSEN: 1991, S.45) Die Zeit wird sich als eine Macht, der das Leben „unterworfen" (I.1, S.321) ist, den Menschen „aufdringen" (I.1, S.397). Die „gelebte Zeit" (THEUNISSEN: 1991, S.44) ist deswegen immer auch „erlebte Zeit" (ebd.). Doch ist die „gelebte Zeit am ursprünglichsten. Sie ist noch ursprünglicher als die erlebte, sofern das Erleben der Zeit selbst gelebte Zeit ist." (Ebd.) Wie aber erleben die Menschen die Zeit der Natur? Das Gefühl ist Benjamin das Organ des Zeitbewußtseins. Doch wie stellt sich die lineare oder natürliche Zeit im Gefühl der Menschen dar? Denn es liegt im Wesen der Zeit als einer herrschenden beschlossen, daß die Menschen beständig an die Zeit denken müssen. Es ist dem „Bewußtsein des Zeitverlaufs" (I.2, S.641) im Barock nicht zu entrinnen. Der Mensch des Barock ist der Zeit selbst unterworfen. Er leidet - wie der moderne Mensch - unter der „Obsession der Zeit" (I.2, S.637) - und will nichts anderes als die Zeit loswerden, die ihm das Maß seines Leidens ist.

C. Zeit der Uhren - erlebte Zeit

Die Herrschaft der Zeit hat die Ohnmacht der Menschen im „Kontinuum der Geschichte" (I.2, S.702) zur Folge. Wie ein Leben beschaffen wäre, das in der Zeit seiner selbst mächtig ist, das kann mit Benjamin nur im eschatologischen Geist erschlossen werden. Diesen stellt er vor allem in Gestalt der Hoffnung heraus. So erscheint in der eschatologischen Betrachtung der Zeit im „Untergang( )" (I.1, S.343) das „transfigurierte Antlitz der Natur" (I.1, S.343). In der symbolischen Erfahrung der Geschichte wird Zeit als eine solche erfahren, die nicht sie selbst bleibt. Denn im Untergang erscheint das Ewige und Natur - das reale Substrat der Zeit - verwandelt sich im Innersten. Das Barock kennt aber keine messianische Kraft in der Zeit. Sie erscheint zunächst und vor allem als eine lineare Gewalt. Denn in der Hoffnung - und in der Erinnerung, in die Benjamin im Laufe der Zeit alle messianische Hoffnung investieren wird - setzen sich die Menschen zur Zeit in ein

Verhältnis. Sie zerlegen „Zeit in ihre Modi oder Dimensionen - in Vergangenheit, Gegenwart und Zukunft" (THEUNISSEN: 1991, S.304). Geschichte aber trifft nach dem Ausfall der Eschatologie den barocken Menschen wie ein Schock - aus diesem Grund spricht Benjamin von der „Wucht des Weltgeschehens" (I.1, S.235). Diese Erfahrung kann jetzt genau beschrieben werden.[41] Denn der von der Wucht der Geschichte überwältigte Mensch ist nicht mehr im Stande, sich zur Zeit in ein dimensionales Verhältnis zu setzen. Er fühlt sich im Strom der Zeit treiben. Die Menschen können sich Zeit nicht mehr in ihren Dimensionen vorstellen. Der Ausfall der Eschatologie ist deswegen als „Zerfall der dimensionalen" (THEUNISSEN: 1991, S.224) Zeit zu verstehen. Dieser hat das „Ausgeliefertsein an die lineare Zeitordnung" (ebd.) zur Folge. In dieser Erfahrung haben die geschichtsphilosophischen Kategorien der Weltgeschichte ihren Realitätsgehalt.

Die Menschen des Barock leiden unter der „Obsession der Zeit" (I.2, S.637). Denn die Lähmung der Kraft zum Widerstand gegen die Herrschaft der Zeit kommt in der Fixierung auf den „Zeitverlauf( )" (I.2, S.641) zum Ausdruck. In dieser aber stellt sich ein ganz neues Bild der Zeit heraus. Die erlebte Zeit ist deswegen nicht die gelebte Zeit. Denn in der Obsession der Zeit, die das „Bewußtsein" (I.2, S.641) des Menschen bestimmt, wenn er der Zeit ausgeliefert ist, kann diese nicht länger als ein „Kontinuum der Geschichte" (I.2, S.702) verstanden werden. Im „Bewußtsein des Zeitverlaufs" (I.2, S.641) kommt es zu einer Fraktionierung der Zeit - das ist die neue Erfahrung der Zeit, die der barocke Mensch macht. Es kennt nämlich die „Vorstellung von einer linear fortschreitenden Zeit, der wie alle unterworfen sind" (THEUNISSEN: 1991, S.225) noch „keine Fraktionierung" (ebd.). Denn „(z)ur nackten Sukzession gerät Zeit, sofern unsere Kraft erlahmt, sie zu vollziehen." (Ebd., S.304). Erst in der Obsession der Zeit wird diese zur „reinen Chronologie" (AGAMBEN: 1992, S.30) - zu einer „in *Früher* und *Später* unterteilte(n) Abfolge von Jetzt-Zeiten" (ebd.). Der Augenblick im „Kontinuum der Geschichte" (I.2, S.702) ist deswegen immer nur ein „Übergang" (I.2, S.702). Denn „(d)er Zeitpunkt ist in sich nichts anderes als die Kontinuität der Zeit (*synéchia chrónou*), eine eindeutige Grenze, die Vergangenheit und Zukunft zugleich verbindet und trennt. Als solche ist er etwas Ungreifbares, dessen paradoxes, für inexistent erklärtes Wesen von Aristoteles zum Ausdruck gebracht wird, wenn er feststellt, der Zeitpunkt sei, insofern er die Zeit von der Unendlichkeit trenne, immer ´anders´ und dennoch derselbe, da er Zukunft und Vergangenheit miteinander verbinde und deren Kontinuität garantiere; und dieses Wesen ist die Grundlage der radikalen ´Verschiedenheit´ der Zeit und ihres ´zerstörerischen´ Charakters." (AGAMBEN: 1992, S.28). Denn im Zerfall wird die „*lineare* Zeit reduziert, nämlich auf das Schema, das ihre aristotelische Definition als Zahl der Bewegung nach ´früher´ und ´später´ freigelegt und das der physikalische Zeitbegriff verfestigt" (THEUNISSEN: 1991, S.226) hat. Das „Wesentliche der griechischen Vorstellung der Zeit, die in Gestalt von Aristoteles´ Physik zweitausend Jahre lang den abendländischen Zeitbegriff geprägt hat, besteht in ihrer Definition als ein aus Punkten bestehendes, unendliches und in Zahlen ausdrückbares *Kontinuum*. Die Zeit wird von Aristoteles als ´Zahl der Bewegung in Bezug auf das Früher oder Später´ bestimmt, deren Kontinuität durch die

Unterteilung in punktförmige Momente (*tó nyn*, das jetzt) garantiert wird, die dem geometrischen Punkt (*stigmé*) entsprechen." (AGAMBEN: 1992, S.28). Zeit wird zu einer „Linie, die sich in beliebig viele gleichartige Punkte einteilen läßt. In das Koordinatensystem dieser aus Zeitpunkten bestehenden Zeitstrecke ordnen wir jedes Ereignis ein, indem wir es als eines registrieren, das früher oder später als ein anderes oder gleichzeitig mit ihm eintritt." (THEUNISSEN: 1991, S.290) Als Betrachter der Zeit haben wir „eine lineare Reihe vor uns, räumlich vorgestellt als eine Linie, deren Punkt gleichförmige Zeitpunkte sind" (ebd., S.302). Dem „abstrakten Schema der linearen Zeit" (THEUNISSEN: 1991, S.226) ist deswegen das der „zyklische(n) Zeit" (ebd.) eingezeichnet. Es „zeichnet sich zugleich durch Zyklizität aus, sofern darin ihre Einheiten, die kleinen und die großen, ständig wiederkehren." (Ebd.) Die ewige Wiederkehr gehört zur „Bewegung der auf sich reduzierten linearen Zeit" (ebd.).

Dem Bild der Zeit als Strom steht in der Darstellung der historischen Erfahrung des Barock deswegen das Bild der Zeit als Uhr zur Seite, von dem das Zeitalter „fasziniert" (I.1, S.275) war. Im Bild des Stroms wird die lineare Zeit erschlossen, der die Menschen immer schon unterworfen sind, ob sie sich dessen bewußt sind oder nicht. Im Bild der Uhr aber wird sich das Barock der historischen Zeit bewußt. So erst ist zu verstehen, wie die Erfahrung der Zeit in zwei scheinbar ganz verschiedenen Bildern zum Ausdruck kommen kann. Der „Sekundenanzeiger" (I.1, S.275) gibt dem, der an der Obsession der Zeit leidet, den „Takt" (I.1, S.275) der Geschichte an. In der Zeit der Uhren erkennt das Barock deswegen das Wesen der historischen Zeit. Dieses Erkenntnis aber ist in der Erfahrung der Zeit als eines Stromes beschlossen. Denn als Uhrzeit steht die Zeit nur dem vor Augen, der diesem ausgeliefert ist. Die historischen Stunden werden im Barock an der Uhr abgelesen. Weil die Zeit von allem Inhalt befreit ist, kann zwischen ihren Einheiten kein Zusammenhang bestehen. Das ermöglicht die Erfahrung der Zeit als einer Reihe von Zufällen. Denn „(j)e nichtiger die Zeit eines Lebens erfüllt ist, desto brüchiger, vielgestaltiger, disparater sind seine Augenblicke" (IV.1, S.139). Die moderne Wahrnehmung der Zeit will aus diesem Grund dem „Vorfall auf Kosten (...) seines Inhalts eine exakte Zeitstelle im Bewußtsein an( )weisen" (I.2, S.615), um Zeit wieder beherrschbar erscheinen zu lassen. Das Barock erkennt die Zeit der Naturwissenschaften in der der Geschichte. Denn die „Zeit der mathematischen Naturwissenschaft" (I.1, S.275), die ihren Ursprung in der aristotelischen Definition der Zeit hat, ist die der Uhren. Der naturwissenschaftliche Begriff der Zeit ist in der Obsession der Zeit beschlossen, an der die Menschen nach dem Ausfall aller Eschatologie leiden. Der Mensch des Barock denkt naturwissenschaftlich, weil er der Herrschaft der Zeit unterworfen ist. Denn erst dann bestimmt der Sekundezeiger den Takt der Natur, die die Aura symbolischer Erfahrung verloren hat. Denn die Zeit der Uhren hat die „Messung der Quantität" (I.2, S.643) zu ihrem Zweck. Sie ist deswegen eine „qualitätslose( )" (I.1, S.275) oder „leere Form, deren Ausfüllung zu denken keinen Sinn bietet" (II.1, S.134). Denn die Zeit der Uhren ist das „Maß, mit dem die Dauer einer (...) Veränderung gemessen wird" (II.1, S.134). Diese betrifft einen „Bewegungsvorgang" (I.1, S.271) im Raum. In der Messung einer „Raumveränderungen"

(II.1, S.134) wird aber das „Gleichmaß" (I.2, S.642) der Einheiten, in denen die Dauer gemessen wird, jedem möglichen Inhalt der „Dauer über(ge)ordnet" (I.2, S.642). Die Zeit der Uhren ist „von Inhalt (...) befreit" (I.2, S.633). Deswegen ist „Zeit (...) geschichtslos" (I.2, S.642). In der Zeit der Uhren kann man deswegen auch „keine Erfahrungen machen" (I.2, S.642). Denn die Einheiten der Zeit bleiben im Verlauf der Zeit völlig gleich. Zwischen ihnen besteht zwar keine „Identität. Abgesehen von Geisteskranken würde niemandem einfallen, daß in der Abfolge von Zeitpunkten etwa dieselbe Sekunde wiederkehrt" (THEUNISSEN: 1991, S.226). Doch es ist „an den fraktionierten Zeiteinheiten alle Besonderheit ausgelöscht; sie sind von jedem natürlichen und geschichtlichen Inhalt entleert. Eben dies definiert ihre Gleichheit. Die Fraktionierung der linearen Zeit besteht also in der Tat darin, daß deren Elemente in eins mit ihrer Isolierung voneinander ein gleichförmiges Aussehen annehmen." (Ebd.) Geschichte - im Zusammenhang der naturwissenschaftlichen Zeit betrachtet - kann im Bild der Uhr als „unabsehbare Wiederholung" (I.1, S.319) verstanden werden.

C. Trauer

I. Grund der Trauer

A. Zum Begriff der Verzweiflung

„Verzweiflung" (I.1, S.257) - das ist die Reaktion des Gefühls auf die weltgeschichtlichen Ereignisse, die „nicht mehr in der Flucht des Heilsprozesses zu verlaufen beanspruchen." (I.1, S.257) Im Gefühl der Verzweiflung werden diese erschlossen. Denn das Gefühl „registriert" (THEUNISSEN: 1993, S.122) einen „objektiven Zustand des Weltganzen (...). Sie entsteht in einer gewissermaßen selbst verzweifelten Lage." (Ebd.) Die Einsicht in die historische Situation ist also durch die in den Begriff der Verzweiflung selbst zu gewinnen. Denn das Gefühl der Verzweiflung setzt ein „Bewußtsein von dem voraus, was in ihr verlorengeht." (THEUNISSEN: 1993, S.110). Es gilt nur scheinbar dem „pragmatischen Geschehn( )" (I.1, S.257). Denn die Verzweiflung über das Irdische setzt immer schon den Ausfall der Eschatologie voraus. Sie nimmt die Immanenz der historischen Welt wahr. Deswegen ist sie selbst „ausgangslos( )" (I.1, S.257). In der Verzweiflung wird diese Welt in ihrer „Immanenz" (I.1, S.253) erschlossen. Denn erst das Gefühl macht „aus Irdischem *das* Irdische" (THEUNISSEN: 1993, S.116). Im Grunde ist Verzweiflung also die Reaktion des „Leben(s)" (I.1, S.318) auf den Verlust des Ewigen in der Geschichte. Denn „(w)er über etwas verzweifelt, *ist* bereits verzweifelt, eben am Ewigen." (THEUNISSEN: 1993, S.137) Diesem „gebührt auch die Priorität in der Zeit. Wer über etwas Irdisches und damit über das Irdische im ganzen verzweifelt, muß schon am Ewigen verzweifelt sein." (Ebd., S.102) Die Verzweiflung über Irdisches hat deswegen ihr „logisches und temporales Prius in der am Ewigen." (ebd., S.104) Dessen objektiver Verlust, der hier mit der Formel vom Ausfall aller Eschatologie bezeichnet wird, geht seiner Erfahrung voraus. Denn „(w)er das Ewige verliert, hat es schon verloren, weil es, noch bevor es Objekt eines Verlustes wird, Subjekt eines Entzuges war" (ebd.).

Benjamin bestimmt das Ewige in der Geschichte als „Transzendenz" (I.1, S.247) - oder „Gnadensonne" (I.1, S.308). Das Bild meint nichts anderes als „Erlösung" (I.1, S.343) - oder das „Heil der Rettung" (I.1, S.405) durch die „göttliche Allmacht" (I.1, S.407). In ihr ist die „göttliche Aktion" (I.1, S.408) schlechthin zu erkennen - das „Eingreifen Gottes" (II.1, S.259) in die Geschichte. Das Ewige ist deswegen immer nur „Chiffre für das Rettende" (THEUNISSEN: 1993, S.109). Denn „(i)n der sogenannten Verzweiflung am Ewigen verzweifelt der Mensch am *Rettenden*." (Ebd., S.108) Er kann Geschichte nicht mehr in dessen Perspektive erkennen. Deswegen erscheint sie ihm „ausgangslos( )" (I.1, S.257) und ohne Sinn. Denn in der barocken Darstellung der Geschichte geht es um den „Sinn des Daseins" (I.1, S.308). Einzig und allein in der Perspektive der Erlösung aber kann von einem solchen die Rede sein. Denn „(d)as Rettende selbst ist (...) als das Sinngebende zu begreifen. Der Begriff des Ewigen reicht als metaphysischer in die Sinndimension gleichsam schon von sich aus, sofern er in seiner platonischen Bedeutung auf ein Sein zielt, das als bleibendes auch verläßlich ist und das Bedürfnis nach Geborgenheit befriedigt. Als Chiffre für den selbst lebendigen Quell allen Lebenssinns können wir ihn allerdings nur lesen, wenn wir ihn aus dem Kontext der Metaphysik lösen und auf Gott anwenden. Verzweiflung - das ist auch der Verlust des Zutrauens zu einem Gott, der uns durch seine Lebendigkeit für immer aus der Not eines sinnentleerten Lebens erretten könnte." (THEUNISSEN: 1993, S.117) Erst in der Perspektive der Erlösung durch den rettenden Gott wird das Leben sinnvoll. Im Barock aber ist das Leben ohne Sinn. Der Gegensatz zur Eschatologie scheint deswegen absolut zu sein - „(e)twas Neues entstand: eine leere Welt." (I.1, S.317). Das ist im Ursprung der Moderne die Welt der Verzweiflung.

Glauben ist „Zutrauen zum Rettenden" (THEUNISSEN: 1993, S.109) - doch diesem liegt die objektive Erfahrung der „Gnadensonne" (I.1, S.308) zu Grunde. Das Gefühl der Verzweiflung ist deswegen - mit Kierkegaard - durch seinen Gegensatz zum Glauben zu verstehen. Denn „(i)hm zufolge heißt glauben: darauf vertrauen, daß alles möglich ist. Dementsprechend muß verzweifeln bedeutend: das Zutrauen dazu, daß alles möglich ist, verlieren und verloren haben" (THEUNISSEN: 1993, S.111). In der Verzweiflung ist die Welt - und die Verzweiflung selbst - „ausgangslos( )" (I.1, S.257). Denn sie wird einzig und allein im Gefühl ihrer Notwendigkeit erschlossen. Die Welt wird eine Welt des Schicksals, in der nichts mehr möglich ist. „Hoffnungsleere" (I.1, S.406) bestimmt deswegen das Gefühl der Verzweiflung. Wer angesichts dessen verzweifelt, daß nichts möglich ist, betreibt zwar eine „negative Totalisierung, indem er alle Hoffnung fahren läßt." (THEUNISSEN: 1993, S.124) Aber „(d)er Akt, der alle Hoffnung fahren läßt, erweist sich als fundiert in einer Hoffnungslosigkeit, die seit je und von weit her über die Menschen gekommen ist." (Ebd., S.137) Denn „(a)m Ewigen verzweifelt zu sein - das heißt: immer schon daran verzweifelt sein." (Ebd.) Wer verzweifelt, versteht sich deswegen erst „richtig, wenn ihm zu Bewußtsein kommt, daß er immer schon verzweifelt war und ohne Eingriff von außen für immer verzweifelt sein wird." (Ebd., S.138) Das Ende des Trauerspiels wird deswegen mit Kierkegaard verständlich. Denn auch hier ist, „(w)as Kierkegaard unermüdlich wiederholt: daß der Glaube Verzweiflung voraussetze, (...) mit Händen zu greifen. Der Sprung in den Abgrund der Vorstellung, daß für Gott alles möglich sei, erscheint als der einzige Ausweg aus einer Situation, in der für den Menschen nichts mehr möglich ist." (THEUNISSEN: 1993, S.117).[42] In diesem Sinn kann die Welt des Schicksals oder der „Schöpfungsstand die Gnadensonne widerstrahl(en)." (I.1, S.308) Wenn das Trauerspiel der Geschichte mit dem „Wunder" (I.1, S.408) einer „göttliche(n) Aktion" (I.1, S.408) schließt, dann ist dieses Wunder ganz im Sinne eines Glaubens an den allmächtigen Gott zu verstehen. Dieser Wunder aber wird „säkularisiert im Nüchternen" (I.1, S.408). Im Wunder wird die Notwendigkeit der geschichtlichen Welt unter das Gesetz der göttlichen „Allmacht" (I.1, S.407) gestellt. Diese Macht ist die der Gnade. In der Perspektive der „Gnadensonne" (I.1, S.308) kommt erst der „Sinn des Daseins" (I.1, S.308) - in der „allegorischen Totalität" (I.1, S.409) des barocken Dramas - zur Darstellung. Die „Bogenspannung" (I.1, S.257) des deutschen Trauerspiels und seiner Darstellung ist deswegen die zwischen dem Gefühl der Verzweiflung und dem Glauben an das göttliche Wunder der Rettung in der „Auferstehung" (I.1, S.406). Alle Probleme liegen in der Frage beschlossen, wie zwischen beiden dialektisch vermittelt werden kann. Im Gefühl der Verzweiflung ist der historische Grund des Dramas zu erkennen - in der „Exposition" (I.1, S.390) des Glaubens an die Rettung aber ist in „theologische(n) Begriffen" (I.1, S.390) dessen „Auflösung (...) ins Geheiligte (...) zu vollziehen" (I.1, S.390). Die „Idee seiner Auflösung" (II.1, S.137) liegt also „nicht mehr innerhalb des dramatischen Bezirks" (II.1, S.137) - das Trauerspiel ist eine Form des Mysteriums. Der Übergang aus der Verzweiflung in den Glauben ist aber als immanente Tendenz des Gefühls zu beschreiben. Denn das Trauerspiel ist ein „Durchgang durch alle Stationen dieses intentionalen Raums" (I.1, S.334), an dessen Ende sich - „vorbildlich" (I.1, S.335) in Hamlet - die Überwindung der Trauer „im christlichen Geiste" (I.1, S.335) vollzieht. Denn sie „muß sich (...) auflösen" (II.1, S.139). Wenn aber die Theorie des barocken Dramas wirklich „von der Geschichte aus( )gehen" (II.1, S.133) will, um in dessen „Stellung zur historischen Zeit" (II.1, S.134) die Eigenart dieser Form zu beschreiben, dann ist in der Ordnung der Verzweiflung der historische Ursprung der Trauer zu erkennen.

B. Trauer und Hoffnung

Geschichte ist eine Ordnung der Verzweiflung - sie hat aber nicht das „letzte Wort" (I.1, S.257) im barocken Drama. Denn dieses Gefühl kann im Gegensatz zu dem der Trauer nicht die „Spannung einer eigenen Dramenwölbung (...) begründen." (I.1, S.257) Das ist die „Spannung zwischen Welt und Transzendenz" (I.1, S.247), durch die das Drama erst das Gesetz seiner Form erfüllen kann. Sie kommt in der Trauer zur Sprache. Denn das barocke Drama ist Ausdruck der melancholischen Intention - es ist als Phänomenologie der Trauer zu verstehen. Und in der Trauer liegt auch die

Überwindung der immer nur „ausgangslose(n) Verzweiflung" (I.1, S.257) beschlossen - ein Ausgang aus der Welt der Geschichte. Denn Trauer wird im Drama nicht zur „Verzweiflung gesteigert( )" (TIEDEMANN: 1973, S.165), sondern ist der Versuch, sich von ihr zu lösen. Soll also die Konstruktion des Trauerspielbuchs verstanden werden, so ist der Zusammenhang zwischen Trauer und Verzweiflung zu erkennen. Denn das Barock hat „(m)it der charakteristischen Haltung gegenreformatorischer Reaktion" (I.1, S.334) seine Trauer im „mittelalterlichen Schuldbild der Melancholie" (I.1, S.334) zu erklären versucht. Das Mittelalter hat den „eigentlich theologischen Begriff des Melancholikers (...), der in dem einer Todsünde vorliegt" (I.1, S.332) geprägt - das ist „die Acedia, die Trägheit des Herzens." (I.1, S.332), die im Mittelalter ein Bild der Verzweiflung stellt. Thomas von Aquin „führt *desperatio* auf *acedia* zurück" (THEUNISSEN: 1993, S.126), die er sündentheologisch als „Preisgabe der Hoffnung" (ebd.) aus Freiheit versteht. Und auch die barocke Trauer übt sich im „Verzicht" (I.1, S.260) auf Hoffnung. Doch diesem liegt die historische Erkenntnis vom Ende ihrer eschatologischen Gestalt zu Grunde. Die Preisgabe der Hoffnung ist ein Resultat der Einsicht in das Gesetz der historischen Realität - und kein Akt der Freiheit. Die Erfahrung der Geschichte vernichtet alle Hoffnung im christlichen Sinn. So wird der Verzicht zur Reaktion auf ihre ideologische Gestalt - basal ist und bleibt die unausweichliche Erfahrung der Verzweiflung. Die barocke Trauer ist deswegen in ihrem „Wesen" (I.1, S.406) von der mittelalterlichen zu unterscheiden. Sie ist nicht Preisgabe der Hoffnung, sondern der Versuch, in dieser Welt nicht zu verzweifeln. Durch die Einsicht in die Hoffnungsleere erscheint eine historisch neue Gestalt der Hoffnung.[43] Denn zwar ist im Mittelalter immer nur „(`)Verzweiflung(´)" (I.1, S.323) der „Ausgang des Melancholikers" (I.1, S.323). Doch in der barocken Trauer wird das Gefühl der Verzweiflung transzendiert. Das Bild des Melancholikers ist im Barock „nicht zu denken ohne jene kühne Wendung, mit der die Renaissancespekulationen in den Zügen der weinenden Betrachtung den Widerschein eines fernen Lichtes gewahrten, der aus dem Grunde der Versenkung ihr entgegenschimmerte" (I.1, S.334). Der „intentionale( ) Raum( )" (I.1, S.334) der Trauer ist deswegen nicht „ausgangslos( )" (I.1, S.257). In der Welt der Trauer wird zuletzt die Perspektive der Hoffnung erschlossen - der Traurige sieht im „Grunde" (I.1, S.334) seiner Welt das Licht der Hoffnung „(g)espiegelt" (I.1, S.308). Diese aber liegt nicht im Blick der melancholischen Intention beschlossen, sondern ist als dessen Blendung zu verstehen. Denn die Welt der Trauer erscheint am Ende in einem ganz anderen Licht - und in ihrer wahren Bedeutung. In der Perspektive der Hoffnung wird das Bild ihrer Welt - in der theologischen Bedeutung des Wortes - „sinnvoll( )" (I.1, S.408). Diesen Blick der Trauer zu öffnen ist im deutschen Trauerspiel aber einzig und allein ihrer Darstellung möglich. Denn die Perspektive der Hoffnung ist in diesem Drama keine der Trauer selbst. Sie meint in der Betrachtung der Welt ein „Genügen" (I.1, S.298) zu finden - und ihrer letzten Gegenstände „sich zu versichern" (I.1, S.406). Die Darstellung der Trauer aber transzendiert das Genügen der Trauer - der Betrachter der traurigen Gestalten kann in den „Zügen der weinenden Betrachtung den Widerschein eines fernen Lichtes gewahr( )en" (I.1, S.334).

Das Licht der Erlösung erstrahlt „aus dem Grunde der Versenkung" (I.1, S.334) - das aber ist der Grund des Negativen, dessen „Tiefe" (I.1, S.405) in der melancholischen „Versenkung" (I.1, S.334) erschlossen wird. In diese „vergräbt (...) sich" (I.1, S.260) die Trauer. Aber im - nur scheinbar - Hoffnungslosen der melancholischen Welt spiegelt sich die Hoffnung - „weil noch der Schöpfungsstand die Gnadensonne widerstrahlt. Gespiegelt aber in dem Pfuhl der adamitischen Verschuldung" (I.1, S.308) und des „Schicksal(s)" (I.1, S.308). Denn „(d)as eben ist das Wesen melancholischer Versenkung, daß ihre letzten Gegenstände, in denen des Verworfnen sie am völligsten sich zu versichern glaubt, in Allegorien umschlagen (...), so wie die Intention zuletzt im Anblick der Gebeine nicht treu verharrt, sondern zur Auferstehung treulos überspringt." (I.1, S.406) Erst im Grunde des Negativen kann die Perspektive der Hoffnung erschlossen werden. Die „Stationen" (I.1, S.334) der melancholischen Intention können deswegen zunächst nicht in dieser letzten Perspektive betrachtet werden. Denn das würde die Stadien der Trauer um ihren immanenten Sinn bringen. Weil die Intention der Trauer in sich selbst und nach ihren Gegenständen zu differenzieren ist, kann die Interpretation der Trauer nur im „Durchgang durch alle Stationen dieses intentionalen Raums" (I.1, S.334) vollzogen werden. Weil die Intention der Trauer erst am Ende „zur Auferstehung treulos überspringt" (I.1, S.406), kann sie nicht von der Intention auf das „Heil der Rettung" (I.1, S.405) her verstanden werden. Denn der Traurige weiß nicht, was zuletzt Gegenstand seiner Intention ist. Seine melancholische Passion muß bis ans Ende und in die „Tiefe dieser Verhängnisse" (I.1, S.260) beschritten werden, um das Licht der Hoffnung erblicken zu können. Das „Heil der Rettung" (I.1, S.405) kann nicht als Intention der melancholischen Betrachtung verstanden werden. Denn deren Tiefsinn will im deutschen Trauerspiel von der Erlösung nichts wissen. Die melancholische Betrachtung wendet sich aber um. Der „Umschwung in das Heil der Rettung" (I.1, S.405) liegt in der „Tiefe" (I.1, S.260) der melancholischen Intention - wo „des Verworfenen sie am völligsten sich zu versichern glaubt" (I.1, S.406). Das Licht der Erlösung erstrahlt dann wider den melancholischen Blick. Dessen Welt wird zu einer Scheinwelt. Die Bilder der Trauer bedeuten etwas anderes als sie im melancholischen Blick zu bedeuten scheinen. Die Erlösung ist in ihnen - wie bei Paulus - nur „(g)espiegelt" (I.1, S.308). Der melancholische „Blick" (I.1, S.406) wird deswegen von seinen „Ausgeburten vernichte(t)" (I.1, S.406), in denen er des „Verworfnen (...) sich (...) versichern" (I.1, S.406) meinte. Benjamin macht so in der Darstellung des barocken Dramas die „Melancholie zum Organ für die erinnernde Wahrnehmung des verborgenen Gottes. Der zeigt sich auf dem Grunde der Acedia in der Kontemplation." (THEUNISSEN: 1996, S.52) Aber „(d)ie Anamnesis der ursprünglichen Einheit von Gott und Mensch (...) kann (...) die Erlösung nicht zuwege bringen. Sie kann lediglich das `Verlangen´ des Menschen aufrechterhalten und die Dauerkrise des Menschen in der Weltzeit anzeigen." (TAUBES: 1996, S.218) Das barocke Drama hat seinen „Höhepunkt" (I.1, S.246) im Grunde der Trauer. Der dialektische Sinn der „Spannung zwischen Welt und Transzendenz" (I.1, S.247) wird deswegen erst am Ende der Darstellung des barocken Dramas verständlich. Sie kann zunächst nur als Antithese verstanden werden. Denn das Bild der melancholischen Intention steht in seiner „Finsternis, Hoffart und Gottferne" (I.1, S.405) im Gegensatz zu aller religiösen Hoffnung.

Erst im Sprung der melancholischen Intention wird die Welt der Trauer dialektisch - der Umschlag steht im Gegensatz zum Kalkül der melancholischen Intention. Diese Dialektik aber kann nur im „Grunde der Versenkung" (I.1, S.334) erschlossen werden. Die melancholische Intention nimmt einen „sprunghaften Verlauf" (I.1, S.274). Denn „(z)uletzt springt in den Todesmalen des Barock - nun erst im rückwärtsgewandten größten Bogen und erlösend - die allegorische Betrachtung um." (I.1, S.406) Dieser Sprung ist ein Sprung in der Intention selbst. Deswegen kann er nicht motiviert werden. Er ist ein Sprung in den Glauben an das „Heil der Rettung" (I.1, S.405). Die Intention aber muß ihre „letzten Gegenstände( )" (I.1, S.406) vor Augen haben, um ihre „Grenze" (I.1, S.405) überschreiten und „zur Auferstehung treulos überspring(en)" (I.1, S.406) zu können.[44] Der Sprung der melancholischen Intention vollzieht sich gegen die Richtung des Tiefsinns - „(w)ie Stürzende im Fallen sich überschlagen, so fiele von Sinnbild zu Sinnbild die melancholische Intention dem Schwindel ihrer grundlosen Tiefe anheim, müßte nicht gerade im äußersten unter ihnen so sie umspringen, daß all ihre Finsternis, Hoffart und Gottferne nichts als Selbsttäuschung scheint." (I.1, S.405) Der Traurige versteht deswegen die wahre Bedeutung der Bilder seiner Welt nicht. Denn die melancholische Intention „glaubt" (I.1, S.406) nur, des „Verworfnen (...) sich zu versichern" (I.1, S.406). Die „Unendlichkeit der Hoffnungsleere" (I.1, S.406) ist in der Trauer nur eine „vermeintliche" (I.1, S.406). Die deutsch-protestantische Trauer aber bekommt die immanenten Tendenzen dieses Gefühls nicht in den Blick. Man muß deswegen zwischen dem Selbstverständnis der Trauer und der objektiv-spekulativen Deutung ihrer Tendenzen unterscheiden. Die objektive Bedeutung der melancholischen Bilderwelt ist nicht aus der subjektiven melancholischen Intention zu erschließen - doch ohne deren Bilder keine objektive Bedeutung. Was aber ist die eigentlich melancholische Intention, die des „Verworfnen (...) sich zu versichern" (I.1, S.406) meint?

C. Verzweiflung und Trauer

In der Trauer kommt es zur Überwindung der Verzweiflung - im „sprunghaften Verlauf" (I.1, S.274) der Trauer tritt in der „vermeintliche(n) Unendlichkeit der Hoffnungsleere" (I.1, S.406) die Perspektive der Hoffnung in Erscheinung. Trauer steht deswegen in der Mitte zwischen Verzweiflung und Hoffnung. Sie vermittelt zwischen beiden Gefühlen, die als Reaktion auf den Verlust des Ewigen in der Geschichte zu verstehen sind. Sie sind in der Objektivität derselben historischen Situation beschlossen. Während aber in der Verzweiflung die Welt im Horizont des Verlustes der Erlösung als Schicksal erschlossen wird, stellt sich in der Trauer die Zeit der historischen Welt heraus. Sie ist das Bewußtsein des leeren Zeitverlaufs. Dieser weckt die Trauer. Die Trauer über die Vergänglichkeit irdischer Dinge aber setzt - wie die Verzweiflung über Irdisches - die Trauer über den Verlust des Ewigen voraus. Denn ohne diesen wäre die Zeit nicht leer. Das Ewige steht der Trauer deswegen vor allem in der Perspektive der Zeit. Sie ist Einsicht in die unausweichliche Vergänglichkeit aller Dinge nach dem Verlust des Ewigen in der Geschichte. Als Bewußtsein der Vergänglichkeit ist aber die melancholische Intention noch nicht verstanden.

Trauer übt „Verzicht" (I.1, S.260) - erst in dieser Perspektive wird die barocke Trauer deutlich. Denn die melancholische Intention will den Verlust des Ewigen in der Geschichte bewältigen. Trauer ist im deutschen Drama der „Versuch, Trost im Verzicht auf einen Gnadenstand im Rückfall auf den bloßen Schöpfungsstand zu finden." (I.1, S.260) Trauer nimmt - im Gegensatz zur Verzweiflung - Abschied vom rettenden Gott. Der Trost der Natur tritt an die Stelle eines rettenden Eingriffs von außen. Der „Verzicht auf einen Gnadenstand" (I.1, S.260) ist eine der „kontemplativen Notwendigkeiten (...), die in der theologischen Situation der Epoche beschlossen liegen" (I.1, S.259). Er ist nach dem „Ausfall aller Eschatologie" (I.1, S.259) unausweichlich. Seine innere Logik kann mit Freud erklärt werden - „Trauer entsteht unter dem Einfluß der Realitätsprüfung, die kategorisch verlangt, daß man sich von dem Objekt trennen müsse, weil es nicht mehr besteht. Sie hat nun die Arbeit zu leisten, diesen Rückzug vom Objekt in all den Situationen durchzuführen, in denen das Objekt Gegenstand hoher Besetzungen war." (FREUD: 1989[7], S.308) In der Trauer wird deswegen die Welt der Verzweiflung nicht nur als solche erschlossen. Sie registriert nicht nur den Verlust des Ewigen, sondern nimmt zu diesem Stellung. Die Erfahrung der Vergänglichkeit motiviert im Gefühl der Trauer eine bestimmte Haltung der „Kontemplation" (I.1, S.320), in der sich erst ihr Wesen herausstellte. Es geht Benjamin in der Melancholie um den „Begriff dieses Verhaltens" (I.1, S.333). Das Wesen der Trauer als eine Gefühls läßt sich deswegen vor allem in der Perspektive ihrer „motivational-voluntative(n) Komponente" (TUGENDHAT: 1979, S.201) verständlich machen. Melancholie ist nicht eigentlich eine Sache des Intellekts. Was aber will der Traurige? Und wie bringt der Traurige seinen Willen zur Sprache?

„Weltflucht" (I.1, S.271) - das ist der Sinn der melancholischen Intention. In deren Fluchtbahn ist die „Bogenspannung" (I.1, S.257) des barocken Dramas zu berechnen. Denn in der „Flucht" (I.1, S.260) in die Welt der „unbegnadete(n) Natur" (I.1, S.260) tritt das Ideal der „Zeitlosigkeit" (I.1, S.271) dem „trostlosen Laufe der Weltchronik (...) entgegen" (I.1, S.271). Die Flucht in die Welt der Natur ist eine Flucht aus der Zeit. Denn der barocke Mensch will in seinen Werken „nichts als dauern" (I.1, S.356). Die melancholische „Treue zur Dingwelt" (I.1, S.334) wird durch dieses Ideal bestimmt. Denn die melancholische Intention nimmt sie „in ihre Kontemplation auf, um sie zu retten." (I.1, S.334) Diese „Sorge" (I.1, S.397) treibt die Trauer an. Die melancholische Intention will die Dinge „ins Ewige (...) retten" (I.1, S.397). Das kann sie aber nur in der Fixierung ihrer „Bedeutung" (I.1, S.319), die dem Betrachter als zeitlos erscheint. Wissen ist dem Melancholiker das Medium des Ewigen als dem zeitlos Dauernden. Das „Wissen des Grüblers" (I.1, S.319) sucht nach Dauer. Dieses Verlangen erklärt seine mediale Form - es geht sein „Sinnen" (I.1, S.319) vor allem „in die Buchform ein." (I.1, S.319) ein. Denn „(`)nichts Tauerhafftters vnd vnsterblichers ist, als eben die Bücher.'" (I.1, S.320)

Die Flucht in die Welt der Natur kann der Zeit aber nicht entkommen - das ist die naturgeschichtliche Erfahrung der Trauer. In dieser setzt sich die Zeit ironisch gegen die melancholische „Landschaftsschwärmerei( )" (I.1, S.270) durch. Die melancholische Intention erkennt sie im Inneren der scheinbar zeitlos dauernden Natur. In der Trauer scheitert die innerweltliche Utopie. Denn in der Natur erkennt der melancholische Blick die Geschichte - sie wird zu ihrem Schauplatz. Das Ewige der Natur ist nicht die Antithese zum Vergänglichen der Geschichte - sie stellt ein Bild der ewigen Vergängnis. Denn im melancholischen Blick wird alles scheinbar Ewige seiner Sehnsucht wieder zum Vergänglichen. In der allegorischen Fixierung der Bedeutung der Dinge wird Vergänglichkeit selbst als ewige Bedeutung der Natur bestimmt. In der Trauer stellt sich ein Bild des ewigen - immer sich wiederholenden - Untergangs heraus. In dessen Betrachtung aber findet die melancholische Intention ihr seltsames „Genügen" (I.1, S.298). Im Bild der Naturgeschichte ist deswegen die eigentliche Welt der Trauer zu erkennen. Diesen ersten Sprung in der melancholischen Intention stellt Benjamin nicht deutlich heraus. Wenn diese aber zuletzt das Hoffnungslose sucht und dennoch auf die Erlösung trifft, dann sucht sie zuerst Trost in der Natur und trifft dennoch auf das Hoffnungslose der Geschichte. In dessen Darstellung wird die melancholische Intention ihren eigentlichen Trost finden können, der durch die Einsicht in die Notwendigkeit des Hoffnungslosen bestimmt wird. Denn „(d)ie trostlose Verworrenheit der Schädelstätte, wie sie als Schema allegorischer Figuren aus tausend Kupfern und Beschreibungen der Zeit herauszulesen ist, ist (...) das Sinnbild von der Öde aller Menschenexistenz." (I.1, S.405) Naturgeschichte ist in der melancholischen Intention erschlossene Geschichte - sie steht im Zeichen von „Finsternis, Hoffart und Gottferne" (I.1, S.405). Des „Verworfnen (...) sich zu versichern" (I.1, S.406) - das bedeutet nichts anderes, als sich einen Begriff von der Welt zu machen, in welcher die Trauer sich selbst unausweichlich wird. Das ist der Begriff der Geschichte als Naturgeschichte, in der die Welt zur Hölle wird. Er kann deswegen als die Lehre der Verzweiflung verstanden werden.

Die Erkenntnis der Geschichte im Begriff der Verzweiflung aber ist „Selbsttäuschung" (I.1, S.405). Denn in dieser hat Verzweiflung nicht das „letzte Wort" (I.1, S.257). Das deutsche Trauerspiel „vergräbt (...) sich ganz in die Trostlosigkeit der irdischen Verfassung" (I.1, S.260) - und „(k)ennt es eine Erlösung, so liegt sie (...) in der Tiefe dieser Verhängnisse" (I.1, S.260). Die Einsicht in die Erlösung ist aber ein Sprung im Bewußtsein der Verzweiflung. Denn wer verzweifelt, versteht sich erst „richtig, wenn ihm zu Bewußtsein kommt, daß er immer schon verzweifelt war und ohne Eingriff von außen für immer verzweifelt sein wird." (THEUNISSEN: 1993, S.138) Diese Einsicht aber erscheint dem melancholischen Blick erst im Grunde der Verzweiflung. Das Trauerspiel repräsentiert die Geschichte - und im Barock wird das „(`)Eingreifen Gottes ins Kunstwerk (...) als möglich vorausgesetzt.'" (I.1, S.408)

Die Bindung an das Objekt des rettenden Gottes kommt im deutschen Drama deswegen am Ende in neuer Form zum Ausdruck. Das Problem der Trauer und des barocken Dramas besteht darin, eine „auf das Unbedingte gerichtete( ) Intensität"

(I.1, S.261) in der Welt der Verzweiflung zum „Ausdruck" (I.1, S.261) zu bringen. Die Lösung dieses Problems aber stellt sich im deutschen Trauerspiel - im Gegensatz zum spanischen Drama - gegen dessen eigene Intention ein. Denn die melancholische Intention ist in ihrer besinnungslosen Weltflucht - anders als die spielerische der Romantiker - eben nicht „auf das Unbedingte gerichtet( )" (I.1, S.261). Sie ist sich deswegen ihrer objektiven Darstellungsleistung nicht bewußt. Denn sie sucht ihren Trost durch die Einsicht ins Negative. Deswegen ist sie - und die Idee des deutschen Trauerspiels - im Medium der allegorischen Form „zu Ende zu denken" (I.1, S.409). Die „trostlose Verworrenheit der Schädelstätte" (I.1, S.405) ist „nicht allein das Sinnbild von der Öde aller Menschenexistenz" (I.1, S.405) - sie ist „Allegorie der Auferstehung" (I.1, S.406). Das ist im deutschen Trauerspiel das Resultat des „Durchgang(s) durch alle Stationen dieses intentionalen Raums" (I.1, S.334). Das barocke Drama bringt in diesem das Gefühl der Trauer zur Auseinandersetzung mit sich selbst - der „Künstler (...) wirkt nur in den Stoff hinein, indem er ihm gehorcht. Heißt `dichten´ einen Stoff zur Auseinandersetzung mit sich selber zu bringen, so führt es oft durch eine Reihe von Stationen." (III, S.29) Das deutsche Trauerspiel bringt in diesen den Stoff der Geschichte so zur Darstellung, wie er in der Trauer erschlossen wird.

II. Deduktion der Trauer

A. Inspiration der Trauer

Die Erfahrung der herrschenden Zeit ist die historische Voraussetzung des barocken Dramas. Geschichte ist als Weltgeschichte absolut - sie ist „unendlich in jeder Richtung" (II.1, S.134). Geschichte nimmt kein Ende - sie ist ohne eschatologische Perspektive ein unendlicher Strom historischen Werdens. Das Leben in dieser Welt ist vom Gefühl der Trauer bestimmt, in der sich die zeitliche Dimension der historischen Erfahrung herausstellt. Weil im Gefühl der Horizont der Zeit erschlossen wird, die das eigentliche „Maß des Lebens" (IV.1, S.139) ist, erscheint in der Trauer das (Sinn-)Verhältnis der Menschen zu der Zeit, in der sie leben. Dieses Leben drängt in die Zukunft und wird „im Ausgriff auf die Zukunft zum Existieren" (THEUNISSEN: 1991, S.230) - es ist ein „Nach-vorn-Leben( ) und Von-vorn-Leben( )" (ebd.). Denn wir existieren so, „daß wir je und je von der Zukunft her auf unser faktisches Dasein zurückkommen." (Ebd., S.224) Diese lebensphilosophisch-existenzialistische Prämisse bestimmt auch Benjamins Theorie des Gefühls. Die Bedeutung der Trauer ist nicht zu verstehen, wenn nicht vor allem das Bild der Zukunft in der Trauer erschlossen wird. Die Menschen transzendieren die unmittelbare Gegenwart - im Blick auf die kommende Zeit stellt sich heraus, ob das Leben der Menschen im Augenblick sinnvoll ist. Das Gefühl erschließt in der Zeit, wie es um den Sinn menschlichen Lebens bestellt ist. Sinnerwartungen bestimmen deswegen den Blick in die Zukunft. Denn sinnvoll wird das Leben nicht aus eigener Macht. Es ist nur dann sinnvoll, wenn im Augenblick des Todes das Ewige als das Andere der herrschenden Zeit erscheint - wenn im „Leben" (I.1, S.261) eine „auf das Unbedingte gerichtete( ) Intensität" (I.1, S.261) zum „Ausdruck" (I.1, S.261) kommen kann. Das ist die Formel der messianischen Intensität des Herzens. Die Frage, die das Gefühlsleben in seiner existenziellen Perspektive bestimmt, ist die Frage nach dem, was wir hoffen können. Im Blick auf die Zukunft aber wird das Gefühl des barocken Menschen enttäuscht.

Geschichte steht im Zeichen der „Katastrophe" (I.1, S.246) - deren „Idee" (I.1, S.246) bestimmt das Gefühl nach dem Ende der abendländischen Eschatologie. Denn der „Mensch des Barock (...) fühlt" (I.1, S.246) - im Strom der Geschichte - „sich einem Katarakt entgegentreiben" (I.1, S.246). Die „Katastrophe" (I.1, S.246) aber ist eine „Idee" (I.1, S.246) im strengen Sinne - die kommende Zeit ist kein Gegenstand der Erfahrung, sondern wird aus dem Augenblick heraus im Gefühl erschlossen. Das Gefühl ist so der Schauplatz barocker Geschichtserfahrung. Die Idee ist aber nicht mit dem „Ideal" (I.1, S.246) zu verwechseln. Denn das Ideal leitet das Denken an. Das Ideal der barocken Theorie ist die Einheit einer bestimmten „Denkweise" (I.1, S.246). Das Gefühl ist zunächst zu beschreiben, um die barocke „Denkweise" (I.1, S.246) untersuchen zu können, die selbst vom Gefühl der Katastrophe bestimmt wird. Benjamin „kennt Riepenhausens berühmten Stich nach Hogarths Bild `Das Ende aller Dinge´. Es ist jenes berühmte Werk, das bestimmt war, gegen den Geist der allegorischen Malerei sich zu wenden, und ihn doch nur großartig ausspricht. Auf einer Trümmerstätte von Emblemen ruht Saturn, und in der Hand hält er ein Testament, in welchem er verfügt: `Alles und jedes Atom hievon (d.h. der Welt) vermache ich dem Chaos, das ich als meinen einzigen Testamentsvollzieher ernenne. Zeugen: Klotho, Lachesis, Atropos, die drei Parzen.´" (IV.1,2, S.531f) Die barocke Idee der Katastrophe ist aber nicht im Geist der Apokalypse zu verstehen, dem die Katastrophe am Ende der Geschichte willkommen ist. Es gibt ein eschatologisch(-apokalyptisches) Interesse am Zerfall - das Barock kennt aber nur eine negative Apokalypse. Die Vorzeichen des Endes werden zu Beginn der Neuzeit vertauscht. Denn das Barock kennt durchaus eine „Endzeit" (I.1, S.259) im individuellen und historischen Sinne - aber nicht deren „Erwartung" (I.1, S.259). Denn das Ende ist kein „Zeitenumschwung" (I.1, S.259) - es bringt nur „Chaos" (IV.1,2, S.531) hervor. Der „Untergang( )" (I.1, S.343) steht deswegen nicht länger im Zeichen seiner „Verklärung" (I.1, S.343). Die historische Menschheit wird unter der Herrschaft der Zeit vom „nackten Schrecken( )" (I.2, S.658) heimgesucht. Denn sie steht vor einem „Abgrund( )" (I.3, S.1140) - die Menschen erschrecken vor der „Leere des Zeitverlaufes" (V.1, S.444). Diese hat das „Gesicht des Abgrunds, der alten Nacht (...), in der das Leben mit dem Tode identisch ist" (I.3, S.1143). In dieser Welt kann niemand mehr „heimisch" (I.2, S.658) werden. „Hoffnungslosigkeit in das Kommende" (I.2, S.586) beherrscht deswegen das Fühlen des barocken Menschen. Weil das Leben in der leeren Zeit sich nur im Widerstand gegen die Zeit behaupten kann, wird sie selbst zu dessen Bedrohung. Die „Drohung" (I.2, S.589) der kommenden Zeit tritt im Gefühl an die Stelle der eschatologischen Hoffnung. Die „Welt" (I.1, S.246) erscheint einer „Katastrophe (...) vorbestimmt" (I.2, S.589), deren schwarze Wolken an die Stelle des „Lichte(s) der Erlösung" (I.1, S.343) treten. Der „Tag" (I.1, S.406

u. S.409) der Geschichte geht zu Ende. Die Werke der Menschen erscheinen in dieser Dämmerung als Ruinen - noch bevor sie wirklich zu Trümmern geworden sind (vgl. V.1, S.59). In dieser Erfahrung hat die Rede von den „toten" (I.1, S.334) - und als solchen allegorischen - „Dinge(n)" (I.1, S.334) ihr sachliches Fundament. Aber nicht nur die Dinge, sondern alles Lebendige ist im Barock eigentlich schon tot - so wie es sich im Licht der Erlösung schon hier und heute verklärt. In diesem Augenblick ist die Welt eine, die zwar „(´)noch vorhanden(´)" (I.2, S.589) ist, aber bald schon nicht mehr sein wird. Sie stellt ein Bild des Untergangs - das ist die „Inspiration" (I.2, S.590), die als Antithese zur symbolischen Erfahrung die Darstellung der Geschichte als eines Trauerspiels bestimmt

Benjamin erkennt sie in Baudelaire wieder. Paris wird „Ruine" (I.2, S.661) sein - das ist die „Inspiration" (I.2, S.590) seiner Dichtung. Die Stadt stellt ihm ein Bild der „Gebrechlichkeit" (I.2, S.661). Es ist die Erfahrung der „Hinfälligkeit und Gebrechlichkeit dieser großen Stadt" (I.2, S.674), die im Ursprung seiner Idee der Moderne steht. Denn „(d)ie Stadt Paris trat in dies Jahrhundert in der Gestalt ein, die ihr Haussmann gegeben hat. Seine Umwälzungen des Stadtbildes hat er mit den denkbar bescheidensten Mitteln ins Werk gesetzt: Spaten, Hacken, Brecheisen und dergleichen. Welches Ausmaß von Zerstörung hatten nicht schon diese beschränkten hervorgerufen! Und wie wuchsen seither mit den großen Städten die Mittel, sie dem Erdboden gleichzumachen! Welche Bilder vom Kommenden rufen sie nicht hervor." (I.2, S.589) Und in den Augen Léon Daudets „spiegelt die Geschichte der `Moderne´ bis auf den gegenwärtigen Augenblick sich in schreckenerregender Kontraktion: `Man sieht von oben her auf diese Ansammlung von Palais, Monumenten, Häusern und Baracken und bekommt das Gefühl, sie seien einer Katastrophe oder mehreren vorbestimmt - metereologischen oder gesellschaftlichen (...) Was von diesen Anhöhen aus am deutlichsten erkennbar wird, ist die Drohung. (...) So wundert man sich (...), daß Paris, Lyon, Marseille noch vorhanden sind.´" (I.2, S.588f) Maxime Du Camp erkennt in einem „(`) jener Augenblicke, in denen der Mann, sein verflossenes Leben überdenkend, in allem seinen eigene Melancholie gespiegelt sieht(´)" (I.1, S.589), das „(´)Gesetz der unvermeidlichen Hinfälligkeit aller menschlichen Dinge(´)" (I.2, S.589) - denn „(´)auch diese Stadt (...) würde einst sterben müssen(´)" (I.2, S.589). Paris sollte schon „bald von Trümmerfeldern durchsetzt werden" (I.2, S.592). Und so stellt im Barock die Ruine das Bild der Geschichte. Immer wieder wird im Barock das Bild der Geschichte als Schädelstätte beschworen - es liegt im Gefühl „die facies hippocratica der Geschichte (...) dem Betrachter vor Augen." (I.1, S.343) Geschichte ist als solche ein Bild der Trauer.

B. Intention der Trauer

Trauer ist eine „Apperzeption der Zeit" (V.1, S.455) - so stellt Benjamin ihre zeitliche Dimension heraus. Sie ist das „Bewußtsein des Zeitverlaufs" (I.2, S.641), der als ein rein historischer leer ist. Trauer ist deswegen „(d)as Bewußtsein der leer verrinnenden Zeit" (V.1, S.444), in dem die unausweichliche Vergänglichkeit aller Dinge erschlossen wird. In der Trauer ist der Mensch der „völlige(n) Leere des Zeitverlaufs (...) ausgeliefert" (V.1, S.444). Der Traurige kann an nichts anderes mehr denken als an die „leer verrinnende( ) Zeit" (V.1, S.444). Trauer - das ist die „Obsession der Zeit" (I.2, S.637). Im Zentrum des Trauerspielbuchs steht deswegen eine durchaus „pathologische( ) Verfassung" (I.1, S.319) des Lebens. Melancholie ist im Barock nicht nur eine „Leidenschaft, sondern eine( ) schwere( ) Geistesstörung" (I.1, S.323), die ihren historischen Ursprung in der Erfahrung der herrschenden Zeit hat. Trauer kann deswegen die Stimmung der Epoche sein (vgl. I.1, S.320) - das barocke Drama ist als ein „Spiel vor Traurigen" (I.1, S.298) zu verstehen, die auf der Bühne des Dramas das Bild ihrer Welt erkennen.

Trauer ist ein „Gefühl" (I.1, S.318) - und Gefühle sind „Intentionen" (I.1, S.318, vgl. VI, S.49). Ist das Verhältnis des Menschen zur Wirklichkeit „vorgezeichnet durch die (...) Konstellation zwischen Wirklichkeit und Subjektivität" (ADORNO: 1995, S.53), dann ist jede „Intention eine bestimmte Antwort des Menschen auf einen bestimmten Anruf der Wirklichkeit" (ebd., S.53). In diesem Sinne ist Trauer die Reaktion des Geschichte erleidenden Subjekts auf die Herrschaft der Zeit - in der Trauer kommt ein „tiefes, affektives Verhalten des Menschen dem Geschichtsablauf gegenüber" (V.1, S.114) zum Ausdruck.[45] Das Gefühl der Trauer ist durch seine Genese nicht zu bestimmen, weil Trauer eine „affektive Reaktionsform" (SPETH: 1991, S.297) ist. In diesem Gefühl wird eine neue „Welt" (I.1, S.318) erschlossen, die Benjamin den „intentionalen Raum( )" (I.1, S.334) der Trauer nennt. In ihm wird die Welt als eine Welt der Trauer erschlossen. Denn „(i)n den Stimmungen liegt, daß das Dasein auf bestimmte Weise von Dingen in der Welt angegangen werden kann - z.B. kann man sich nur, wenn man in der Befindlichkeit die Welt auf Bedrohliches erschlossen hat, fürchten bzw. furchtlos sein." (WOLF: 1993, S.120) Denn die *Stimmung hat je schon das In-der-Welt-sein als Ganzes erschlossen.* (HEIDEGGER: 1986[16], S.137) Das ist die eigentliche „Kraft" (I.1, S.324) der Intention. Sie bestimmt, wo der Blick sich „hingezogen fühlt( )" (I.2, S.684). Im Gefühl der Trauer wird der Gegenstand der Erfahrung als Gegenstand der Erkenntnis erschlossen. Trauer ist „das lebendige Auffassen" (HÖLDERLIN: 1988, S.285) des Gegenstandes „im lebendigen Sinne" (ebd.). Denn „im Herzen der Trauer" (I.1, S.318) liegen die „Gesetze" (I.1, S.318) der barocken Geschichtsauffassung beschlossen. Diese kommen im Trauerspiel zum Ausdruck - das barocke Drama ist die Darstellung der „Welt, die unterm Blick des Melancholischen sich auftut" (I.1, S.318). Das Trauerspiel ist das „Weltbild" (I.1, S.407) der Trauer - und dessen Darstellung ist die „Phänomenologie" (I.1, S.318) dieses Gefühls.

Die „Idee" (I.1, S.246) der Trauer ist die der „Katastrophe" (I.1, S.246). Die Welt der Trauer ist aber eine in sich dialektische Welt - in der Spannung zwischen Idee und Ideal sind ihre Extreme zu ermessen. Denn im Gefühl der Katastrophe wird Zeit als eine solche erschlossen, die Angst macht. Die Angst vor der kommenden Zeit bestimmt den Willen der Epoche. So kann Trauer eine „Gesinnung" (I.1, S.318) heißen. Die Polarität der Trauer ist die zwischen Fühlen und Wollen. Diesem Wollen aber kommt eine bestimmte „theologisch-juristische( ) Denkweise" (I.1, S.246) zu, die sich um ein Ideal dreht, das „antithetisch" (I.1, S.246) aus der „Idee der Katastrophe" (I.1, S.246) hervorgeht. Denn der Traurige will sich „die Obsession der Zeit von der Seele" (I.2, S.637) nehmen. In der Trauer ist die „Gesinnung" (I.1, S.318) zu erkennen, der „unentrinnbare(n) Anschauung" (I.1, S.397) der „Vergänglichkeit" (I.1, S.397) standhalten zu können. Der Sinn der „theologisch-juristische( ) Denkweise" (I.1, S.246) des Barock läßt sich nur aus dieser Gesinnung erschließen.

Die Theorie der Geschichte ist im Barock eine „Geschichtsphilosophie der Restauration" (I.1, S.259) - oder besser: „Restaurationstheologie" (I.1, S.308). Denn das Ideal der Restauration ist die Wiederherstellung „paradiesischer Zeitlosigkeit" (I.1, S.271). Das Paradies aber ist im „trostlosen Laufe der Weltchronik" (I.1, S.271) die Natur. Die „Gesinnung" (I.1, S.384) der Epoche ist eine „extreme Natursehnsucht" (I.1, S.384). Sie ist nichts anderes als ein extremes Glücksverlangen. Denn in der Natur will das Barock „dem Menschen die Obsession der Zeit von der Seele" (I.2, S.637) nehmen. Weil der barocke Mensch von der Zeit nichts erwarten kann, wünscht er sich „Zeitlosigkeit" (I.1, S.271). Der Wille zur Restauration setzt sich der Zeit „entgegen" (I.1, S.271). Er will - wie Josua in seinem Gebet an die Sonne von Gibeon - nichts als „Einhalt gebieten dem natürlichen Verlauf der Dinge" (II.3, S.1103). Der Sinn der „gegenreformatorische(n) Reaktion" (I.1, S.334) ist deswegen nicht zu verstehen, erkennt man allein die Restauration der politischen Ordnung, ohne zu sehen, welche „Gegenkräfte" (I.2, S.640) es sind, denen sie sich im absoluten Staat zu widersetzen sucht. Sie sind nicht in den Parteien des konfessionellen Bürgerkrieges auszumachen, sondern in den Kräften der rein historischen Zeit, in der die Menschen einem „Katarakt entgegentreiben" (I.1, S.246). Die Angst vor dem Chaos, das die Zeit unausweichlich bringen wird, treibt den Willen zur Restauration an.

So ist „Zeitlosigkeit" (I.1, S.271) in der Geschichtsphilosophie der Restauration die einzige Bedeutung der Ewigkeit, die nach dem Ende der Eschatologie nur noch als unendliche Dauer vorstellbar ist. Es ist das Glück der Dauer, das der Traurige in der Natur sucht. In dieser Wendung zur Natur leistet er „Widerstand" (II.1, S.249) gegen die Herrschaft der Zeit - er „will nichts als dauern" (I.1, S.356) und „hält an der Welt (...) fest" (I.1, S.246).[46] Dieser konservative Gestus bestimmt auch den Begriff der Rettung im Rahmen melancholischen Geistes. Denn die Trauer „nimmt die toten Dinge in ihre Kontemplation auf, um sie zu retten." (I.1, S.334). Das sind sie in den Augen des Melancholikers dann, wann immer sie nur dauern. Deswegen sucht er durch die Fixierung ihrer Bedeutung die Zeit aus ihnen zu vertreiben. Diese „Intention der Trauer" (I.1, S.334) sucht ihren Ausdruck in der barocken Kunst. Denn „(d)as barocke Kunstwerk will nichts als dauern und klammert sich mit allen Organen ans Ewige." (I.1, S.356) Dem Willen zur Herrschaft über die Zeit liegt so die Einsicht ins Vergängliche aller Dinge zu Grunde. Die Angst vor der kommenden Zeit aber gibt dem barocken Menschen die Energie zum Handeln. Denn der Traurige „hält" (I.1, S.246) deswegen „an der Welt so fest, weil er mit ihr sich einem Katarakt entgegentreiben fühlt." (I.1, S.246). In diesem Gestus ist die eigentliche Zeitlichkeit des menschlichen Lebens beschlossen. Denn „(w)ir existieren (...) so, daß wir die Zeitrichtung umkehren: Als Lebewesen auf unseren Tod hin lebend, leben wir als die, die ihr Leben führen, von unserem Tod her. Das ist nur möglich, weil unserem realen Lebensvollzug eine ebenso eigentümliche Vorwegnahme des Todes im Bewußtsein vorausgeht und zugrunde liegt" (THEUNISSEN: 1991, S.207f). Die „Ohnmacht des Auf-den-Tod-hin-Lebens" (ebd., S.208) soll „durch dessen Umkehrung zu einem Vom-Tod-her-Leben" (ebd.) in „Macht" (ebd.) verwandelt werden. Es kommt aber immer die „Macht aus Ohnmacht (...). Wir trotzen sie dem Sturm ab, der uns auf den Tod zutreibt, indem wir uns mit dem Rücken dagegenstellen." (Ebd.) So wird aus der Erfahrung der Ohnmacht unter der Herrschaft der Zeit der Wille zur Macht über die Zeit geboren. Und doch steht am Ende des Trauerspielbuchs nicht die Erfüllung, sondern die Destruktion dieser melancholischen Intention.

III. Protestantismus und Trauer

A. Trauer im Protestantismus

Die Erfahrung des Ausfalls aller Eschatologie haben die deutschen Literaten als Protestanten gemacht. Denn „(d)ie großen deutschen Dramatiker des Barock waren Lutheraner" (I.1, S.317) - mit dieser Einsicht setzt Benjamins Theorie der Trauer ein. Doch was hat das Gefühl der Trauer, das auf den letzten Seiten geschichtsphilosophisch als Reaktionsbildung auf die Herrschaft der Zeit verstanden worden ist, mit der konfessionellen Einstellung der barocken Dramatiker zu tun? Und auch das katholische Spanien kennt die Stimmung der Trauer. Deswegen kann das Gefühl der Trauer nicht einzig und allein in der protestantischen Tradition beschlossen sein. Sie wird durch die Erfahrung der Welt nach dem Ende der Eschatologie geweckt. Denn „Melancholie ist (...) im Werk Benjamins nirgendwo ein zeitloses Existential." (GARBER: 1992[1], S.130)[47] Wenn nun Benjamin in der Trauer den „Rückschlag auf den Sturm gegen das Werk" (I.1, S.317) sehen will, dann scheint das die historische Deduktion der barocken Trauer in Frage zu stellen. Denn die leere Welt des Barock ist nicht das Resultat protestantischen Geistes. Aber nicht um deren Deduktion geht es an dieser Stelle, denn Benjamin will die Eigenart der Trauer im Zusammenhang protestantischen Geistes herausarbeiten. Die Herrschaft der Zeit erzeugt die Trauer. Deswegen ist die Trauer - der „spleen, das teaedium vitae" (I.2, S.658) - durchaus „uralt" (I.2, S.659). Die Herrschaft der Zeit kann also keine ausschließlich barocke Erfahrung sein. Es gibt in der Geschichte immer wieder Epochen, in denen die Melancholie im Gefühl der Menschen zur trostlosen Herrschaft kommt. Deswegen aber ist auch im Trauerspielbuch die historische Signatur dieser Erfahrung zu bestimmen - der Zusammenbruch der Eschatologie und „die verhängnisvolle Rezeption Luthers" (GARBER: 1987, S.113) bilden die „Eckpfeiler" (ebd.) der Benjaminschen Melancholie-Konzeption. Denn die Erfahrung der unausweichlichen Vergänglichkeit macht das deutsche Barock im Rahmen der protestantischen Geisteswelt. In den Ausführungen zur „wittenbergische(n) Philosophie" (I.1, S.317), die auf den ersten Seiten der „Theorie der Trauer" (I.1, S.318) zu finden sind, will Benjamin zeigen, wie sich den deutschen Dramatiker als Protestanten die Erfahrung der Geschichte im Gefühl der Trauer darstellt. Wie ist der Spielraum zu ermessen, den sie in der Auseinandersetzung mit der historischen Erfahrung haben? In der Lutherschen Rechtfertigungslehre erkennt Benjamin den geistigen Horizont, der die Stellung der protestantischen Dramatiker zur Erfahrung der Geschichte bestimmt, welche in der Wucht ihrer Negativität durchaus den Vorrang vor dem Geist der Tradition und seiner barocken Rezeption hat. Der Protestantismus - in seinem Ernst und Moralismus - ist die Bedingung der Erkenntnis der historischen Erfahrung im Gefühl der Trauer.

Im deutschen Barock kann erst aus der protestantischen Stellung zur Geschichte das Gefühl der Trauer in seiner historisch einmaligen Signatur erschlossen werden. Denn „(i)n ihrer nachmittelalterlichen barocken Version wird sie hervorgetrieben, wo Geschichte - ganz im Gegensatz zum theokratischen Gedanken des Calvinismus wie zum neuscholastischen Gradualismus des Katholizismus - als Wirkungsfeld politischer Aktion (im Hegelschen Sinne: Substantieller Sittlichkeit) preisgegeben und zwischen diesseitiger und jenseitiger Welt eine unüberbrückbare Kluft aufgerissen wird, die jedwede innerweltliche Utopie und jedwede heilsgeschichtliche Hoffnung gleichermaßen desavouiert, wie in der lutherischen Orthodoxie nur allzu manifest." (GARBER: 1992[1], S.130) Die Trauer der Protestanten steht im Gegensatz zu der der katholischen Welt nach dem Ende der Eschatologie. Denn während der Katholizismus die Trauer spielerisch überwinden und zerstreuen kann, bleibt sie im Protestantismus herrschend. Als Folge protestantischen Geistes ist deswegen auch zu verstehen, warum sich die deutschen Dramatiker in der trostlosen Welt der Geschichte einrichten. Denn das ist in der spielerischen Haltung, wie sie das katholische Spanien entwickelt, nicht der Fall. In ihr bleibt eine innerliche Reserve der Welt gegenüber, die es wiederum ermöglicht, diese spielerisch zu durchdringen (vgl. I.1, S.317). Im Protestantismus aber verkümmert mit dem innerlichen Leben die Praxis und die „Kontemplation" (I.1, S.320) selbst. Trauer wird im deutschen Barock zu einem „Starrkrampf" (I.1, S.319). Um diesen zu beleuchten, ist zunächst der Geist der lutherischen Orthodoxie in den Elementen darzustellen, die im deutschen Barock wieder aktuell wurden.

Exkurs zur wittenbergischen Philosophie

Im Zentrum der „wittenbergische(n) Philosophie" (I.1, S.317) steht Adams absoluter Fall. Denn „(d)er Fall Adams hat `über alle Menschen einen solchen greulichen Fluch gebracht und geerbet, dass sie in Sünden empfangen und geboren werden, und dadurch des Todes, des Teufels, ewiglich verdammt und verloren sind. Dieser Fluch heisset *peccatum orginale*, die Erbsünde oder Natursünde, ... daraus andere wirkliche Sünden der Menschen entspringen und herkommen'" (HARNACK: 1886, S.59). Die „alte Trennung zwischen dem Reich der Kreatur und dem Reich der Gnade" (BLOCH: 1985, Bd.2, S.141) tritt bei Luther wieder in Erscheinung. Denn es ist „weder das Böse geistig tilgbar noch das Heil kreatürlich vermittelbar (...) oder tauglich, die Macht der Sünde zu brechen." (Ebd.) Die „Natur wird (...) Lastträgerin der Schuld" (ebd., S.137) - die Sünde wird verwandelt „aus einem moralischen in ein

bloß physisches, keiner Zuredung fähiges, keiner Rechtfertigung bedürftiges Übel."
(Ebd.) Es ist die „Natur im Sündenfall derart verdorben worden, daß die gegenwärtige Natur der Menschen nicht bloß, sondern die Natur überhaupt nur ausnahmsweise Gott offenbart; im ganzen offenbart sie vielmehr die Bosheit und Verführungskunst des Teufels und das Elend der Sündenstrafe." (TROELTSCH: 1994, S.444) Der freie Wille ist „von unten an bis oben hinauf verdorben" (BLOCH: 1985, Bd.2, S.123). Es ist deswegen „alles Tun an sich gleich schlecht" (ebd.) - der Mensch ist „gebunden, Böses zu tun (non potest non peccare)" (ebd., S.137).

Der Glaube allein ist „nackt, absolut, wirksam" (I.1, S.318). Denn der Mensch wird „umsonst gerechtfertigt aus purer Barmherzigkeit Gottes" (BLOCH: 1985, Bd.2, S.142). Der Protestantismus ist so die „Wiedererhebung der paulinischen und augustinischen Gnadenreligion gegen die katholische Gesetzesreligion" (TROELTSCH: 1994, S.434f). Denn auch „der Katholizismus war Gnadenreligion. Aber er hatte die Gnade als sakramentale Gnade der Uebernatur angesehen, als ein durch die Hierarchie einzuflößendes, höheres und mystisches, der Kirche anvertrautes Wunderwesen mit der Doppelwirkung der Sündenvergebung und der mystischen Wesensüberhöhung des Menschen." (Ebd., S.436) Doch die Gnade mußte „vorbereitet sein durch ethische Prüfung und durch ernstes Heiligkeitsstreben, die beide sich am Gesetz maßen; sie mußte aus demselben Grunde bewährt werden in guten Werken" (ebd.). Im Zentrum der wittenbergischen Philosophie aber steht die „Abkehr von den `guten Werken´" (I.1, S.317). Luther hat das „Leben ernüchtert( ) und ihm jeden Weg, erst Recht den Weg der Heiligen nach drüben" (BLOCH: 1985, Bd.2, S.130) versperrt - indem er nach Adams Fall den Werken die „besondere, geistliche Wunderwirkung (...) absprach, die Seele auf die Gnade des Glaubens verwies und weltlich-staatlichen Bereich zur Probstatt eines religiös nur mittelbaren, zum Ausweis bürgerlicher Tugenden bestimmten Lebens machte" (I.1, S.317).

Max Weber konnte deswegen in der Lutherschen Berufsidee die „klare( ) Durchführung des `sola-fide´ Gedankens" (WEBER: 1988, S.71) erkennen. Denn dem „Abkehr von den `guten Werken´" (I.1, S.317) steht im Luthertum die „rigorose( ) Sittlichkeit (...), die es lehrte, (...) gegenüber" (I.1, S.317). Gerade „(i)ndem" (I.1, S.317) Luther die „geistliche Wunderwirkung" (I.1, S.317) den Werken abgesprochen hat, hat er „im Volke (...) den strengen Pflichtgehorsam angesiedelt" (I.1, S.317). Die „sittliche Qualifizierung des weltlichen Berufslebens" (WEBER: 1988, S.72) war „eine der folgenreichsten Leistungen der Reformation" (ebd.). Denn „(u)nbedingt neu war (...): die Schätzung der Pflichterfüllung innerhalb der weltlichen Berufe als des höchsten Inhaltes, den die sittliche Selbstbetätigung überhaupt annehmen konnte." (Ebd., S.69). Es ist nicht die „Ueberbietung der inner-weltlichen Sittlichkeit durch mönchische Askese" (ebd.), sondern die „Erfüllung innerweltlicher Pflichten unter allen Umständen der einzige Weg (...), Gott wohlzugefallen" (ebd., S.71). Deswegen kann Benjamin die Welt des Protestantismus als die „Probstatt eines religiös (...) mittelbaren (...) Lebens" (I.1, S.317) bestimmen. Der „Pflichtgehorsam" (I.1, S.317) als „Moral der kleinen Leute" (I.1, S.318) ist die „Antwort" (I.1, S.318) auf die Frage welchen „Sinn (...) das Menschenleben" (I.1, S.317) noch hat, wenn es allein durch den Glauben seine Rechtfertigung finden kann. Dieser Sinn aber ist kein religiöser. Im Protestantismus ist „(j)eder Wert (...) den menschlichen Handlungen genommen" (I.1, S.317). Denn nur „Religion garantiert uns ein Ewiges in unserer täglichen Arbeit" (II.1, S.20) - so Benjamin in seinem `Dialog über die Religiosität der Gegenwart` (1912). So wird auch verständlich, warum er von der Lutherschen Lehre als von einer „Philosophie" (I.1, S.317) spricht. Denn der Philosophie ist die Welt immer nur eine immanente - eine Welt des Schicksals, in der die Moderne die Geschichte erkennt. Ein neuer „Vorsehungsglaube( ), der den bedingungslosen Gehorsam gegen Gott mit der bedingungslosen Fügung in die gegebene Lage identifiziert." (WEBER: 1988, S.76f) tritt an die Stelle der „paulinischen eschatologischen Indifferenz" (ebd., S.75) gegen das Gesetz dieser Welt. Der „einzelne soll grundsätzlich in dem Beruf und Stand bleiben, in den ihn Gott einmal gestellt hat" (ebd., S.76). Denn es gilt „jeder erlaubte Beruf vor Gott schlechterdings gleich viel" (ebd., S.71). Das Leben wird zum Schicksal - „(w)ir dürfen (...) nicht die Arbeit, zu der wir geboren" (BLOCH: 1985, Bd.2, S.124) sind, aus reiner Willkür und „abenteuerlich (...) quittieren" (ebd.).

Der „Sturm gegen das Werk" (I.1, S.318) hat „im Volke (...) den strengen Pflichtgehorsam angesiedelt" (I.1, S.317) - das ist der Sinn des „lutherischen Moralismus" (I.1, S.267), der noch im „Ernst" (I.1, S.265) des deutschen Trauerspiels zu erkennen ist. In der Welt zählt einzig und allein der „Ausweis bürgerlicher Tugenden" (I.1, S.317) und die „rigorose( ) Sittlichkeit der bürgerlichen Lebensführung" (I.1, S.317). Denn der „Moralismus des Luthertums" (I.1, S.263) ist „immer bestrebt, wie so nachdrücklich seine Berufsethik es bekundet, die Transzendenz des Glaubenslebens an die Immanenz des täglichen zu binden" (I.1, S.263). Diese Formulierung aber kann leicht mißverstanden werden. Denn im „profane(n) Leben" (I.1, S.317) kann gerade nicht der „Glaube bewährt werden" (I.1, S.317). In der Welt herrscht allein - wie später bei Kant - der moralische Ernst der Pflicht. Die protestantische Moral aber ist Doppelmoral - die „eigentümliche Spitzfindigkeit Luthers, bewußt oder unbewußt, kulminiert mithin darin, daß er das werktätige Leben, diese ganze arge, total gefallene Welt noch tiefer als die alte Kirche zu verachten angab und sie demgemäß, als geistig unangreifbar, von jeder christlichen Leitung, von jedem überhaupt nur möglichen gradweisen Bezug auf Rechtfertigung losgelöste. Dadurch wurde aller Geist der Macht untergeordnet" (BLOCH: 1985, Bd.2, S.134). Der „Dialektik von rigoroser Sittlichkeit der bürgerlichen Lebensführung und ebenso rigoroser Abkehr von der Werktheologie korrespondiert die von striktem Obrigkeitsgehorsam und Preisgabe jedweder utopischen Bestimmung des staatlichen Lebens, wie sie die Zwei-Reiche-Lehre ungeachtet aller Wandlungen zeitigte, aufs genaueste." (GARBER: 1987, S.112). Der Protestantismus hat deswegen den „Ausfall( ) motivierter, wahrhaft politisch inspirierter und das heißt zugleich von Hoffnung beflügelter Aktion" (ebd., S.115) zur Folge. Denn „(d)em 17. Jahrhundert in seiner protestantischen Version ist die säkulare Geschichts-Utopie ebenso fremd wie die ruhige Gewißheit göttlicher Lenkung und Vollendung aller weltlichen Aktion." (ebd., S.107). Und weil der freie Wille „von unten an bis oben hinauf verdorben" (BLOCH: 1985, Bd.2, S.123) ist, muß er „äußerlich geregelt werden" (ebd., S.124). Der „Staat, das ist wesenhaft ein Fluch und die irdische Ordnung wesenhaft Strafe unseres Falls, Repression gegen die Sünde" (ebd., S.125). Er ist „Repressalie gegen die Bosheit und Nullität des Menschentums" (ebd., S.133). Am Protestantismus kann der Fortschritt des europäischen Staatenwesens ermessen werden. Denn „(d)urch diese Auffassung wird das Luthertum ein Helfer in der Umbildung des ständischen Staates zum territorialen Absolutismus, und, indem es ihm vollends noch die Kirchengewalt in die Hände gibt, steigert es die Machtmittel dieses Absolutismus im höchsten Grade. (...) Das Luthertum ist dem Absolutismus politisch förderlich, im übrigen aber wesentlich konservativ und politisch apathisch" (TROELTSCH: 1911, S.56f).

Der protestantische Glaube „entleert( )" (I.1, S.318) die Welt von allem „Sinn" (I.1, S317). Denn „(j)eder Wert war den menschlichen Handlungen genommen. Etwas Neues entstand: eine leere Welt." (I.1, S.317) Zu dieser steht der innerliche Glaube im Gegensatz - es ist „Christus allein `die Himmelsleiter (...), denn durch ihn hat Gott die Erde mit Erbarmen angesehen und ist auf ihr herabgestiegen; und auf dieser Leiter müssen wir hinauf zu Gott steigen.'" (HARNACK: 1886, S.79) Das „Ideal der Christförmigkeit weicht schließlich (...) in den Stand der unrealisierbaren Inwendigkeit" (BLOCH: 1985, Bd.2, S.125). Das Reich Gottes wird ein rein innerliches. Denn „(i)n der lutherischen Reformation liegt aller Ton auf der Individual-eschatologie, denn die Sozietät ist der Welt anheimgestellt. Mit deutlicher Spitze gegen den täuferischen Chiliasmus, der in der Augsburger Konfession ausdrücklich, wie einst der frühchristliche Chiliasmus vom Konzil zu Ephesus, als jüdische Lehre verworfen wird, wird das Reich Christi als rein innerliches gelehrt." (TAUBES: 1991, S.119f) Aber so „trug" (I.1, S.317) im Reformationszeitalter doch „noch der Glaube" (I.1, S.317) über die leere Welt hinüber. Es ist das Leben der Schrift, das an die Stelle der guten Werke tritt - sie „allein als Trägerin der reinen Lehre von der sündenvergebenen Gnade bewirkt das Heil in voller Wunderkraft und Objektivität; wo das Wort ist und nur, wo das Wort ist, herrscht die Kirche, die reine Predigt- und Schriftkirche; es gibt keine göttliche Wirkungen und Offenbarungen außerhalb der Schrift als der einzig autoritativen Vermittlung" (BLOCH: 1985, Bd.2, S.142). Der Sinn der Schrift aber verwirrt sich im allein innerlichen Leben - „(d)ie *Reformation* hatte das Ich gelöst vom Kult der Kirche, die außerseelischen Maßstäbe zerbrochen und ein sichtbares Gottesgefüge ersetzt durch eine nur innerliche Beziehung und ein vieldeutiges Buch." (GUNDOLF: 1970, S.107)

B. Trauer als Starrkrampf

„Religion garantiert uns ein Ewiges in unserer täglichen Arbeit" (II.1, S.20) - das ist im Horizont der Zeit die Definition religiösen Lebens. Im Zentrum der wittenbergischen Philosophie aber steht der Dualismus von Welt und Gnade. Der Protestantismus steht „antinomisch zum Alltag" (I.1, S.317) - der Glaube ist „nackt, absolut, wirksam" (I.1, S.318). Das Leben ist nach der Abkehr von den guten Werken „leer( )" (I.1, S.317) - dem Moralismus des Luthertums ist die entzauberte Welt nur „Probstatt eines (...) zum Ausweis bürgerlicher Tugenden bestimmten Lebens" (I.1,

S.317). Aber schon im Protestantismus erkennt Benjamin einen anti-bürgerlichen Affekt. Denn der Weg der „reichen Naturen" (I.1, S.318) geht - im Gegensatz zur protestantischen Religiosität - nicht nach Innen. Die „tiefer Schürfenden" (I.1, S.318) wollen - wie Hamlet - in der Welt handeln. Im „Dasein" (I.1, S.318) und in den „Menschenhandlungen" (I.1, S.318) suchen sie nach „Sinn" (I.1, S.317). Diese aber sind ohne „Wert" (I.1, S.317), weil in ihnen keine „auf das Unbedingte gerichtete( ) Intensität" (I.1, S.261) zum „Ausdruck" (I.1, S.261) kommen kann. Deswegen sehen sich unter den Protestanten die „tiefer Schürfenden (...) in das Dasein als in ein Trümmerfeld halber, unechter Handlungen hineingestellt." (I.1, S.318) Weil der Glaube in ihm nicht „bewährt" (I.1, S.317) werden kann, hat das „Menschenleben" (I.1, S.317) keinen wirklichen „Sinn" (I.1, S.317).[48] Denn im rein innerlichen Leben verkümmert die Innerlichkeit - Shakespeare bringt diese Erfahrung in Hamlet so zur Sprache: „`Was ist der Mensch, | Wenn seiner Zeit Gewinn, sein höchstes Gut | Nur Schlaf und Essen ist? Ein Vieh, nichts weiter. | Gewiß, der uns mit solcher Denkkraft schuf | Voraus zu schauen und rückwärts, gab uns nicht | Die Fähigkeit und göttliche Vernunft, | Um ungebraucht in uns zu schimmeln´ - dies, Hamlets, Wort ist witten-bergische Philosophie und ist Aufruhr dagegen." (I.1, S.317)

Denn gegen die Sinnleere der Welt „schlug das Leben selbst aus." (I.1, S.318) Dem Ernst und der „Moral der kleinen Leute" (I.1, S.318) widersetzt sich das „taedium vitae der reichen Naturen" (I.1, S.318), in dem die Basis der Trauer er-kennbar wird - das „Grauen" (I.1, S.318) vor einer leeren Welt. Es ist der unmittel-bare „Rückschlag" (I.1, S.317) des „Leben(s)" (I.1, S.318) nach dem „Sturm gegen das Werk" (I.1, S.317). Die „Natur( )" (I.1, S.318) des Menschen ist es, die gegen die Sinnleere der Welt protestiert. Das „Leben selbst" (I.1, S.318) ist aber nicht naturalistisch zu verstehen. Denn gerade gegen seine Erniedrigung zum reinen Leben schlägt das Leben in den „Hochgestellten" (I.1, S.320) aus - es ist „dazu nicht da (...), um durch den Glauben bloß entwertet zu werden. Tief erfaßt es ein Grauen bei dem Gedanken, so könne sich das ganze Dasein abspielen. Tief entsetzt es sich vor dem Gedanken an den Tod." (I.1, S.318) Das Grauen aber hat angesichts der leeren Welt nicht das letzte Wort. Trauer ist die Reaktion des „Leben(s) selbst" (I.1, S.318) auf seine Entwertung. In der Trauer ist der Widerstand des Lebendigen gegen seine „Verödung" (I.1, S.319) zu erkennen. Es geht Benjamin nicht um die Residuen des innerlichen Glaubens. Denn in der Trauer ist die Reaktion des Lebendigen auf seine Annihilierung zu erkennen. Der Widerstand gegen die Herrschaft der Zeit ist in der melancholischen Pathologie selbst beschlossen. Das Gefühl ist deswegen nicht als Verzweiflung über den Verlust des Sinnes zu verstehen, sondern als „Gesinnung" (I.1, S.318), in der leeren Welt zu (über-)leben. Denn der Traurige „( )belebt" (I.1, S.318) in der „Kontemplation" (I.1, S.320) die leere Welt - „um ein rätselhaftes Genügen an ihrem Anblick zu haben" (I.1, S.318).

Trauer ist die Signatur des bürgerlichen Lebens im Reformationszeitalter - sie ist der „Rückschlag auf den Sturm gegen das Werk" (I.1, S.317). In der leeren Welt kommt der Trübsinn in den „Großen" (I.1, S.317) und „reichen Naturen" (I.1, S.318) unter den Protestanten zur Herrschaft, die sich als „Hochgestellte( )" (I.1, S.320) nicht durch Arbeit und moralischen Ernst betäuben müssen. Deswegen können sie

„tiefer Schürfende( )" (I.1, S.318) sein. Was aber macht die melancholische Kontemplation zum „Starrkrampf" (I.1, S.319)? Denn ein solcher ist die Trauer nicht schon als Einsicht in die Vergänglichkeit aller Dinge. Erst die Trauer, in der keine „auf das Unbedingte gerichtete( ) Intensität" (I.1, S.261) zum Ausdruck kommen kann, wird zum Starrkrampf. Der protestantische Antinomismus hat aber genau das zur Folge - die „messianische Intensität des Herzens" (II.1, S.204) verkümmert innerlich. Der melancholische Blick erstarrt in der Kontemplation dieser Welt. Die Intensität dieses Gefühls konzentriert sich allein auf das Bedingte und als solches Endliche. Denn der Moralismus und der Ernst des Protestantismus erlauben keine spielerische Einstellung zum Dasein - und doch kann nur eine solche in der leeren Welt eine „auf das Unbedingte gerichtete( ) Intensität" (I.1, S.261) zur Sprache bringen. Der Glaube wird im artistischen Nihilismus romantischen Geistes nur im Negativen bewährt. In der spielerischen Durchdringung der Welt löst sich der melancholische Starrkrampf. Die Trauer wird einer spielerischen Haltung unterstellt - so aber wird sie nicht in sich selbst überwunden, sondern im Medium der Reflexion zerstreut. Die Trauer aber wird zum Starrkrampf, die sich nicht nur einer leeren Welt gegenübersieht, sondern in dieser auch noch ernst bleiben muß. Das ist die geistesgeschichtliche Lage der barocken Protestanten. Die „tiefer Schürfenden" (I.1, S.318) unter den Protestanten bleiben im Bann einer leeren Welt, den am Ende der Eschatologie nur eine spielerische Einstellung brechen kann.[49] So ist der Ausfall der Eschatologie die Voraussetzung des Dramas „in ganz Europa" (I.1, S.260). Das Wesen der Dramatik aber, das in den Formen des Trauerspiels und des Schicksalsdramas zum Ausdruck kommt, stellt sich in der intentionalen Stellung zum Ausfall der Eschatologie heraus. In der antinomischen Stellung des Protestantismus zum profanen Leben liegt der Unterschied zwischen dem deutschen und dem spanischen Barock beschlossen. Denn „(w)ährend in den Jahrzehnten der gegenreformatorischen Restauration der Katholizismus mit der gesammelten Macht seiner Disziplin das profane Leben durchdrang" (I.1, S.317), stand im Barock wie „von jeher das Luthertum antinomisch zum Alltag" (I.1, S.317). Benjamin unterscheidet deswegen zwischen der spielerisch-katholischen und der melancholisch-protestantischen Stellung zum Profanen. In der spielerischen Betrachtung des Lebens wird die Trauer in der Reflexion zerstreut. Liegt die „beispiellose" (I.1, S.263) und als solche ideale „Geltung" (I.1, S.260) des spanischen Dramas in der „Genauigkeit, mit der 'Trauer' und 'Spiel' aufeinander sich stimmen können" (I.1, S.260), so steht im deutschen Barock das Drama vor allem im Zeichen der Trauer.

IV. Geschichte der Theorie der Trauer

A. Theorie der Trauer

Benjamin stellt das Gefühl der Trauer ins Zentrum seiner Darstellung des Trauerspiels.[50] Trauer ist die Intention auf die Welt der Geschichte - erst in ihrem Blick wird diese Welt zum Trauerspiel. Im barocken Drama kommt deswegen die Stimmung der Epoche zum Ausdruck. In der Genese der Trauer (I.1, S.317-320) hat Benjamin die historischen Bedingungen beschrieben, die den „kontemplativen Starrkrampf" (I.1, S.319) der protestantischen Dramatiker zur Folge haben. Sein eigentliches Interesse aber gilt der „Theorie der Trauer" (I.1, S.318). Sie ist als Darstellung des Bildes zu verstehen, das die melancholische Intention sich von der Welt macht. Die Theorie der Trauer beschreibt die „Welt, die unterm Blick des Melancholischen sich auftut" (I.1, S.318). Sie ist Inbegriff der „philosophischen Gedanken und (...) politischen Überzeugungen (...), welche der Darstellung der Geschichte als eines Trauerspiels zugrunde liegen." (I.1, S.321) Diese kommen im barocken Drama aber nicht als solche zur Sprache. Denn die Theorie der Trauer hat sich in einer „Anzahl alter Sinnbilder kristallisiert" (I.1, S.329). Die Darstellung des barocken Dramas kann deswegen als Hermeneutik der melancholischen Bilderwelt verstanden werden. Diese aber orientiert sich an einer bestimmten Fragestellung. Denn das Bild der Trauer soll aus der „Theorie der melancholischen Veranlagung" (I.1, S.320) erschlossen werden. In dieser aber werden die „Ursache(n)" (I.1, S.323) der Melancholie „erklärt" (I.1, S.324), die im Bild der Trauer selbst beschlossen sind. Denn die Bilderwelt der Trauer ist auch eine Deutung der Trauer und ihrer Welt. Die Trauer versucht immer auch sich selbst zu verstehen. Von der realhistorischen Ursache der Trauer in der Zeit nach dem Ausfall aller Eschatologie ist deswegen das Selbstverständnis der Trauer zu unterscheiden. Die Frage ist aber, ob die Trauer sich selbst richtig versteht. Denn einzig und allein in Hamlet kommt die Trauer zu sich selbst. Die Frage nach den Ursachen der Trauer ist deswegen auch die Frage nach ihrem wahren Begriff.

Die Darstellung der Theorie der melancholischen Veranlagung ist der „Entwurf einer Wirkungsgeschichte" (THEUNISSEN: 1996, S.41). Denn die Theorie der Melancholie ist dem Barock von der Renaissance als „Erbstück" (I.1, S.320) übergeben worden, „an dem fast zwei Jahrtausende gemodelt hatten" (I.1, S.320). Und auch das Barock hat an dem „großen Deutungsprozeß" (I.1, S.330) teil, dem die „melancholische( ) Veranlagung" (I.1, S.320) in ihrer Geschichte unterworfen ist. In diesem Deutungsprozeß soll die Ursache der Melancholie erklärt werden. Die Theorie der Trauer setzt deswegen ihre Wirklichkeit voraus - sie ist ein Versuch, diese zu erklären. Die „Allmacht" (I.1, S.324) der Trauer ist im Barock ein Faktum der Erfahrung. Wie aber die Herrschaft der Trauer zu „erklär(en)" (I.1, S.324) ist, das „lehrt die Theorie der melancholischen Veranlagung" (I.1, S.320). Die Frage nach Universalität der Melancholie ist ihr Zentrum. In der Perspektive dieser Frage ist auch die Geschichte der Melancholie zu betrachten. Denn das Erbe der Theorie ist fürs Barock nur deswegen von Interesse, weil das Zeitalter in ihr „sich selbst" (I.1, S.335) (wieder-)erkennen kann. Die historische Erfahrung der Trauer bestimmt die „Sinnbilder" (I.1, S.329) der traditionellen Theorie, die für das Barock „höchst eindrucksvoll" (I.1, S.324) waren. Bilder, die in der Renaissance noch aktuell waren, können also im Barock durchaus vergessen werden. Denn in der Absicht, das Gefühl der Trauer zu verstehen, orientiert sich der barocke Geist vor allem am „mittelalterlichen Schulbild der Melancholie" (I.1, S.334), das diese in den „Tiefen des kreatürlichen Bereiches" (I.1, S.324) erkannt hat. Und „(i)n der Tat ist sie unter den kontemplativen Intentionen die eigentlich kreatürliche" (I.1, S.324). Diese Erkenntnis ist nicht die Benjamins - denn das hat man „von jeher (...) bemerkt" (I.1, S.324). Die Theorie der Trauer spricht deswegen aus, was die Trauer in ihrer historischen Wirklichkeit ist. Im Prozeß ihrer Deutung stellt sich die Geschichte der Sache selbst dar.

Weil aus der „Theorie der melancholischen Veranlagung" (I.1, S.320) erschlossen werden kann, was dem Betrachter des Trauerspiels in dessen Bildern bedeutsam erscheint, ist sie als „Kommentar" (I.1, S.320) des Dramas zu verstehen. In dieser Theorie „besitzt die Nachwelt einen geraderen Kommentar des Trauerspiels als die Poetiken ihn bieten konnten" (I.1, S.320f), weil aus ihr nicht nur die „Typenbildung" (I.1, S.334) der Trauerspiele, sondern auch dessen „Stil und Sprache" (I.1, S.334) erschlossen werden kann. Im Barock ist die Theorie der Melancholie, deren Elemente Benjamin „durch die Brille von Panofsky und Saxl" (THEUNISSEN: 1996, S.49) nicht weniger als durch die von Giehlow und Warburg gesehen hat, „durch drei Faktoren determiniert: die `neuantike´, durch die Renaissance vermittelte Melancholie-Tradition, die Nachwirkung des mediävalen Acedia-Gedankens und die (...) Umgestaltung, welche die antike Theorie der melancholischen Veranlagung ebenfalls im Mittelalter erfahren hatte." (Ebd., S.49) Die Geschichte dieser Theorie wird von Benjamin in der Perspektive ihrer barocken Aktualität beschrieben, um darzustellen, wie im Barock die „Allmacht" (I.1, S.324) der melancholischen Stimmung „erklärt" (I.1, S.324) wird.

B.1 Melancholie in der Antike

Die „(u)rsprünglich(e) (...) Auffassung der Melancholie" (I.1, S.325) ist in der Antike zu suchen. Sie will die Ursachen der melancholischen Veranlagung erforschen. Die Frage, auf die in dem berühmten Text aus dem Corpus Aristotelicum, in dem Benjamin noch eine „Aristotelesstelle" (I.1, S.325) und nicht das „Exzerpt aus einer Schrift Theophrasts" (THEUNISSEN: 1996, S.3) sehen konnte, eine Antwort gegeben wurde, ist die nach dem Grund melancholischen Bewußtseins - „(a)us welchen Grunde sind alle hervorragenden Männer, sei es, daß sie sich in der Philosophie, der Politik, der Poesie oder den bildenden Künsten ausgezeichnet haben, offenbar Melancholiker; ein Teil von ihnen in der Art, daß er sogar von krankhaften Erscheinungen, die von der schwarzen Galle ausgehen, ergriffen wurde, wie man es unter den Heroen von Herakles erzählt?" (zit. PANOFSKY, SAXL: 1923, S.93) In dem antiken Text sollen die bekannten und alten melancholischen Symptome neu erklärt werden. Diese Erklärung ist ihre Lehre - und „(m)ehr als zwei Jahrtausende lang hat die Symptomenlehre der Melancholie, wie sie im XXX. Kapitel der `Problemata´ entwickelt ist, gewirkt." (I.1, S.325)

Die Anschauung des Aristoteles nennt Benjamin deswegen „(u)rsprünglich" (I.1, S.325), weil die Melancholie „in der Antike dialektisch gesehen worden" (I.1, S.325) ist. Sie ist „in dem genauen Sinne dialektisch, daß sie ein Drittes im Grunde ausschließt." (THEUNISSEN: 1996, S.15) Denn die aristotelischen Einsichten basieren auf der Erkenntnis der „seelische(n) Doppelheit der melancholischen

Gemütsanlage" (I.1, S.328). In diesem dialektischen Sinne spricht Benjamin auch von einer „Ambivalenz" (I.1, S.330) des melancholischen Temperaments. Denn bekanntlich bindet unter „dem Begriff der Melancholie (...) eine kanonische Aristotelesstelle die Genialität an den Wahnsinn" (I.1, S.325). Es ist dort „Herculus Aegyptiacus (...) der Prototyp des vor seinem Zusammenbruch im Wahnsinn zu den höchsten Taten beflügelten Ingeniums." (I.1, S.325) Diese „Taten" (I.1, S.325) liegen in einer „eher göttlich als menschlich zu nennende Veranlagung des Melancholikers auf jedem Gebiete des Wissens" (GIEHLOW: 1904, S.14). Das melancholische Genie bekundet sich - so Benjamin - nach der antiken Einsicht „besonders im Divinatorischen" (I.1, S.325). Doch „dialektisch" (I.1, S.325) ist der Zusammenhang von Genie und Wahnsinn als einer „Nachbarschaft" (I.1, S.325) von Gegensätzen, weil in der „seelische(n) Doppelheit der melancholischen Gemütsanlage" (I.1, S.328) die Kräfte des Wahns mittels ihres somatischen Substrats auch die des Genies sind. Die Polarität des melancholischen Temperaments ist eine immanente - Trübsinn und Genialität sind „die extremen Erscheinungsformungen einer einzigen seelischen Anlage" (PANOFSKY, SAXL: 1923, S.71). Denn es ist „ein und derselbe `humor´ (...), der die natürlich-temperamentliche und die unnatürlich-krankhafte Melancholie erzeugt, (...) die, unter günstigen Bedingungen, den menschlichen Geist zu seinen größten Leistungen befähigt" (ebd., S.16). Dieselbe „schwarze Galle, die, richtig dosiert und temperiert, den Menschengeist zu seinen größten Leistungen befähigt, verwandelt sich sowohl durch übernormale Vermehrung als durch übernormale Erkältung oder Erhitzung in ein furchtbares Gift." (Ebd., S.17) Im „Raume dieser Dialektik" (I.1, S.328) von Genie und Wahnsinn „spielt die Geschichte des Melancholieproblems sich ab." (I.1, S.328) Die aristotelische Lehre ist also auch deswegen "(u)rsprünglich( )" (I.1, S.325), weil sie durch ihre dialektische Einsicht in das Problem der Melancholie deren Geschichte schon *in nuce* enthält. Die „Umdeutungen" (I.1, S.327) der antiken Einsichten, die der „Wandlung jener Lehren ihren faszinierenden Charakter geben" (I.1, S.327), sind in der Melancholie selbst beschlossen, treten aber erst im „Deutungsprozeß" (I.1, S.330) dieses Gefühls ans Licht.

In diesem stellt sich heraus, wie es um die Dialektik zwischen dem Negativen und dem Positiven in der Melancholie bestellt ist - das Problem des melancholischen Bewußtseins ist das Problem dieser Dialektik. Denn das Dialektische der Melancholie liegt in der „Begründung des Positiven durch das Negative" (THEUNISSEN: 1996, S.10). Um die Bilder der Trauer deuten zu können, müssen die historischen Lösungen des Melancholieproblems verstanden werden. Die Melancholie kann humoralpathologisch, astrologisch oder geschichtstheologisch erklärt werden - immer aber ist sie vor allem der Begriff einer negativen Erfahrung. Denn auch den Griechen ist Melancholie „zunächst einmal eine Krankheit" (ebd., S.8). Deswegen ist es „voreilig, die Überragenden selbst so eindeutig positiv zu werten, wie es der Begriff der Genialität nahelegt." (Ebd., S.9) Das gilt auch in der Renaissance, die um eine „Veredlung der Melancholie" (I.1, S.329) bemüht ist. Denn immer ist das „Negative (...) der Ermöglichungsgrund des Positiven" (THEUNISSEN: 1996, S.9) - um die Frage, ob und wie aus dem Negativen ein Überstieg ins Positive möglich ist, dreht sich die Deutung seit ihrem antiken Ursprung. Benjamin erkennt ihre Antwort in der Erklärung der Ursachen des melancholischen Gefühls - die Chance ihrer Heilung besteht einzig und allein in der Einsicht ins Warum der Melancholie.

B.2 Melancholie im Mittelalter

Die Theorie der Melancholie ist ihre Lehre - als solche ist sie historisch zu bestimmen. Denn „(p)hilosophische Lehre beruht auf historischer Kodifikation." (I.1, S.207) Die „Kodifikation dieses Symptomkomplexes geht ins hohe Mittelalter zurück, und die Form, welche im XII. Jahrhundert die Ärzteschule von Salerno in ihrem Haupte Constantinus Africanus der Temperamentenlehre gegeben hat, ist bis zur Renaissance in Kraft geblieben." (I.1, S.323) Erst in seiner Deutung aber kann der Sinn dieses „Symptomkomplexes" (I.1, S.323) erschlossen werden. Denn die „Sinnbilder" (I.1, S.329) sind ohne ihre Theorie leer. Diese bestimmt vor allem ihre Ursachen - und „(d)ie Ursache dieser Erscheinungen fand die Humoralpathologie im Überfluß des trockenen und kalten Elements im Menschen. Als dieses Element galt die schwarze Galle (...). Des weiteren war nach dieser Theorie die Milz von ausschlaggebender Bedeutung für die Bildung der unheilvollen schwarzen Galle." (I.1, S.323f). In der Schule von Salerno überlebt so die antike Humoralpathologie, die die Melancholie „physiologisch( )" (I.1, S.324) begründet hat. Sie ist aber „vermittelt durch die Wissenschaft Arabiens" (I.1, S.326). Doch die mittelalterliche Theorie kann in der Melancholie nichts Gutes mehr erkennen. Die medizinischen Schriften des Mittelalters „enthalten (...) kaum noch eine Spur der peripatetischen Auffassung, daß Melancholie und Genie innig zusammenhängen, und auch dieser Rest findet sich nur in den ältesten Schriften des Mittelalters, während die jüngeren den Melancholiker lediglich als den trübseligen und unnützen Gesellen zu schildern wissen." (GIEHLOW: 1904, S.31) Im Mittelalter liegt die „psychopathologische Relevanz (...) allein auf der Seite der Depression. (...) Sie ist Depression im wörtlichen Sinne einer Niedergeschlagenheit, der sich nichts Erhebendes zugesellt." (THEUNISSEN: 1996, S.27) Und „(d)en Ärzten (...) mußte die Melancholie vornehmlich die schreckhaft - bösartige Seite ihres Doppelantlitzes zeigen: für sie bedeutete sie nichts als eine krankhafte Störung des normalen Körper- und Seelenzustandes, die man (...) bekämpfen mußte" (PANOFSKY, SAXL: 1923, S.21). Die „Daten der Humoralpathologie" (I.1, S.332) sind im Mittelalter aber im Zusammenhang der „christlichen Spekulation" (I.1, S.328) zu verstehen. Denn erst in der christlichen Perspektive kann deutlich werden, warum sich den Ärzten das melancholische Bewußtsein ausschließlich in seiner Negativität darstellen mußte.

Im Mittelalter hat die Dialektik der Melancholie einer „rein dämonischen Darstellung (...), wie sie der christlichen Spekulation sich fügte, Platz gemacht" (I.1, S.328). Ein Überstieg aus der Negativität des melancholischen Bewußtseins ist nicht mehr möglich. Denn in die Negativität der melancholischen Intention wird auch ihr Positives eingeschlossen - wenn in der Antike das melancholische Genie sich „besonders im Divinatorischen" (I.1, S.325) bekundet hat, dann kommt ein „unverdrängte(r) Rest antiker Theoreme (...) in der mittelalterlichen Überlieferung von den just Melancholischen beschiedenen Seherträumen an den Tag." (I.1, S.325) Im Mittelalter aber sind diese „ins Düstere" (I.1, S.325) gewandelt. Wie später im Barock ist „'(a)llgemeine Traurigkeit (...) eine Wahrsagerin alles künftigen Unheils.'" (I.1, S.325) Der Traurige sieht die Welt in der Perspektive der unausweichlichen Katastrophe. Denn im melancholischen Bewußtsein wird die „Zeit" (I.1, S.328) vom Tod - und nicht vom rettenden Gott - „beherrscht" (I.1, S.328). Wer melancholisch geworden ist, kann die „Gnadensonne" (I.1, S.308) nicht mehr sehen. Die Träume des Melancholikers sind aber nicht nur in ihrem Inhalt „ins Düstere" (I.1, S.325) gewandelt. Denn sie sind dämonischen Ursprungs - das melancholische Wissen ist als solches dämonisches Wissen. Das Christentum nimmt die „Enttheologisierung und Neutralisierung" (THEUNISSEN: 1996, S.4) der Platonischen *mania* durch die antike Humoralpathologie zurück. Denn das melancholische Genie ist vom Teufel besessen. Die melancholischen „Seherträumen" (I.1, S.325) vor allem sind „(')Lügen, so der Teufel ihm ins Gehirn malet und in die Ohren bläst, bis er am letzten Ende anhebt zu rasen und in Verzweiflung vergeht.'" (I.1, S.323) Noch in „Tschernings schöne(m) Gedicht" (I.1, S.325) 'Melancholey Redet selber' muß diese sich dem „(')Argwohn(')" der „(')Welt(')" (I.1, S.325) gegenüber verteidigen: „(')Als ob vom Höllengeist ich etwas wolt' ergründen/ | Sonst könt' ich vor der Zeit/ was noch nicht ist/ verkünden(')" (I.1, S.325). Denn das ist das Zeichen dämonischen Geistes - Einsicht in die kommenden Dinge. Der Dämon der Melancholie macht sich zum Herrn über die Zeit, indem er nicht allein ihren Verlauf, sondern selbst die letzten Dinge zu erkennen meint. Im mittelalterlichen Christentum aber ist die Welt der Melancholie keine wirkliche Welt. In der Welt der Trauer erkennt das Mittelalter eine Scheinwelt - es ist „der Teufel ein warer Gauckler, der die Menschen durch vierlerley verwirrungen deß Verstandts und seltzame Fantaseyen und Einbildungen betreugt." (ALBERTINUS: S.343)[51] Der Ursprung seines Wissens richtet den Trübsinnigen. Es sprengt das menschliche Erkenntnisvermögen, dessen Grenzen christlich genau zu bestimmen sind - es kann „(')vor der Zeit/ was noch nicht ist/ verkünden(')" (I.1, S.325). In der christlichen Spekulation ist es also gerade die divinatorische Gabe des Melancholischen, die ihn verdächtig macht. Denn Wissen über die Zukunft ist den Menschen nicht gegeben. Dem Mittelalter steht der Satan als der „Initiator" (I.1, S.402) eines übermenschlichen Wissens vor Augen, das in der Antike den Melancholiker gerade unter den Menschen herausragen läßt. So tritt neben das erkenntnistheoretische Argument gegen melancholische Divinatorik ein moralisches. Denn dem Christentum ist sein Grübeln vor allem ein „lebensfremdes Spekulieren" (I.1, S.404). Er zieht sich um des Wissens willen aus der „Gemeinschaft der Frommen" (I.1, S.404) zurück. Der Melancholiker macht sich durch seine wissenschaftliche Neugierde verdächtig. Denn „(s)ein (...) Spekulieren (...) trifft schließlich auf das Wissen der Dämonen." (I.1, S.404) Das Verdikt des Mittelalters über die Melancholie ist deswegen eigentlich ein Verdikt über den Spiritualismus. Dämonen - so schreibt Augustinus im 'Gottesstaat' - werden nämlich so genannt, weil „(')dieses griechische Wort ausdrückt, daß sie Wissenschaften besitzen.'" (I.1, S.404) Und „höchst spiruell ging das Verdikt fanatischer Spiritualität vom Munde des Franciscus von Assisi. Er weist von seinen Jüngern einem, der in allzu tiefes Studium sich verschloß, den rechten Weg: `Unus solus daimon plus scit quam tu.'" (I.1, S.404)

Der dämonische Ursprung des melancholischen Wissens ist auch sein Gegenstand. Denn der Gegenstand der melancholischen Betrachtung ist die Natur - und „das Mittelalter hat in der Gestalt des Satan fest die Verknotung zwischen Materialischem und dem Dämonischen geschürzt." (I.1, S.400) Das dämonische Wissen ist deswegen ein *chtonisches* - die „Eingebungen der Muttererde dämmern aus der Grübelnacht dem Melancholischen auf wie Schätze aus dem Erdinnern" (I.1, S.330). Es ist „nicht das innere Licht, kein lumen naturale, das in der Nacht der Traurigkeit als dieses Wissen sich auftut, sondern ein unterirdisches Leuchten dämmert aus dem Erdschoß hervor." (I.1, S.403) Im Mittelalter ist der Melancholiker also nicht selbst das Licht der Erkenntnis. Er steht in einem Licht, um dessen Schätze er sich bringt, sobald er sich selbst als dessen Subjekt setzen würde. Das melancholische Wissen ist mittelalterlich also nicht dämonisch, weil es seinen Ursprung in autonomer Erkenntnis hat, die hier noch gar nicht zur Diskussion steht. Denn die Natur ist die Quelle melancholischen Wissens - ein „unterirdisches Leuchten dämmert aus dem Erdschoß hervor." (I.1, S.403). Und dieses ist dämonisch. Denn in dem „*einen* theologisch streng umrissenen Antichrist" (I.1, S.400) war der „Materie die finstere, überragende Erscheinung zugedacht. Und nicht nur kam das Mittelalter dergestalt dazu, die Forschung über die Natur in enge Grenzen zu verweisen; sogar die Mathematiker verdächtigt dies teufelhafte Wesen der Materie. `Was immer sie denken', erklärt der Scholastiker Heinrich von Gent, `ist etwas Räumliches (Quantum), oder besitzt einen Ort im Raume wie der Punkt. Daher sind solche Leute melancholisch und werden die besten Mathematiker, aber die schlechtesten Metaphysiker.'" (I.1, S.400) Doch was ist das „teufelhafte Wesen der Materie" (I.1, S.400)? Heinrich von Gent ist kein Gnostiker - die Materie wird nicht in ihrer Materialität, sondern in ihrer Räumlichkeit zum Problem. Denn der Melancholiker kann einzig und allein denken, was „(`)einen Ort im Raume(')" (I.1, S.400) besitzt. Er kann also die Zeit nicht denken, die im eschatologischen Denken einen „sprunghaften Verlauf" (I.1, S.274) nimmt. Der Mathematiker aber ist deswegen ein schlechter Metaphysiker, weil er die Zukunft als eine solche, die vom „Verlauf( ) (a)rtverschieden( )" (I.1, S.409) ist, nicht erkennen kann. Was in der Astronomie deutlich wird, bestimmt erst recht das mathematische Denken, das dessen Kernbestand ausmacht - sie „ist durch exakte Voraussage stellarer Phänomene und durch die Verwendung der Zahl, also durch Messen im weitesten Sinne, charakterisiert. Indem der menschliche Wissensanspruch sich in der phoronomischen Astronomie die Dimension der Zukunft verfügbar macht, setzt er eine unwandelbare *Gesetzmäßigkeit* der Natur voraus. Das heißt (...), daß die freie und selbstherrliche Verfügung Gottes über seine Schöpfung als durch einen Akt der Selbstbeschränkung ausgeschlossen gedacht wird." (BLUMENBERG: 1996, S.371). Die wissenschaftliche Erkenntnis der „Regelmäßigkeiten der Erscheinungen" (ebd., S.375) wird auch „Gott an diese Regel (...) binden (...), als könnte er nicht auch einen ganz anderen als den der Erkenntnis gesetzmäßig erscheinenden Zustand herbeiführen." (Ebd.) Deswegen spricht zuletzt ein eschatologisches Argument gegen das mathematische Denken. Denn dieses hat einen Naturbegriff, „der die Welt nicht als eine zwischen Anfang und Ende, zwischen Schöpfung und Zerstörung eingespannte metaphysische Episode zugestehen will." (Ebd., S.376) So ist auch das antidivinatorische Argument der christlichen Spekulation zu verstehen. Denn die melancholischen „Seherträume( )" (I.1, S.325), die im Tod eine die Zeit beherrschende Macht erkennen, setzen die Zukunft als unausweichliches Schicksal voraus. In der Geschichte ist dann kein Platz für einen vom Tod rettenden Gott. Ist das die Tendenz der melancholischen Neugierde, daß der Mensch „in der Schrankenlosigkeit des Erkenntniswillens seine Endlichkeit" (BLUMENBERG: 1996, S.369) aus den Augen verliert, so ist der Gegenstand seines Denkens selbst unendlich. Das ist der genaue Sinn des „teufelhafte(n) Wesen(s) der Materie" (I.1, S.400). Der Teufel ist im Mittelalter das Prinzip der schlechten Unendlichkeit, die an die Stelle ewigen Lebens tritt.

Albertinus richtet deswegen mit der mittelalterlich-christlichen Tradition den Melancholiker - denn „(d)ie einfältigen reissen den Himmel zu sich, aber die Gelerten fahren mit aller ihrer gelehrtheit zur Höllen." (ALBERTINUS: S.335) Denn „(d)ie Lieb Christi ist der fewrige Wagen Eliae, der die Menschen hinauff gen Himmel erhebet, aber die Lieb der Welt ist der Wagen, auff deme alle Lawe, Politische und Maul-Christen (...) hinab zur Höllen fahren" (ALBERTINUS: S.329). Die Hölle ist aber nicht nur der Preis der Melancholie - im Mittelalter stellt das Bild der Melancholie selbst ein „Bild der Hölle, welche ja die Stätte der ewigen Traurigkeit genannt wird." (I.1, S.322) Der „Teufel" (I.1, S.322) ist deswegen der herrschende „(`)Trauergeist(´)" (I.1, S.322), der in der Hölle herrscht, in der der Melancholiker schon lebt wie der Christ in der erlösten Welt.[52] Die „christliche( ) Spekulation" (I.1, S.328) hat so den „eigentlich theologischen Begriff der Melancholie" (I.1, S.332) hervorgebracht. Er liegt in „dem einer Todsünde" (I.1, S.332), in dem das Mittelalter die eigentliche Ursache des melancholischen Bewußtseins erkennt - „(d)as ist die Acedia, die Trägheit des Herzens" (I.1, S.332), die „bei den Theologen des Mittelalters als der Urgrund der Traurigkeit" (I.2, S.696) galt.[53] Erst aus ihrem theologischen Begriff kann deswegen im mittelalterlichen Rahmen die wahre Ursache der melancholischen Stimmung erschlossen werden.

Die „Beziehung" (I.1, S.332) zwischen antiker Melancholie und christlicher Acedia stellt Benjamin vor allem in ihrer Bilderwelt heraus. Denn die christliche Bilderwelt „weist auf die Daten der Humoralpathologie (...) zurück" (I.1, S.332) - und auf die „astrologisch(e) Grundlage" (I.1, S.332) der Theorie der Melancholie. So wird die „Trägheit des Herzens" (I.1, S.332) auf den „schleichende(n) Umlauf des matten Saturnlichts" (I.1, S.332) bezogen. Denn „Saturn macht `apathisch, unentschlossen, langsam´." (I.1, S.333). In der christlichen Spekulation erscheinen die alten Bilder in einem neuen Rahmen. Das wird noch in der Renaissance deutlich. Denn „(b)ei Dante ist die Acedia das fünfte Glied in der Ordnung der Hauptsünden. In ihrem Höllenkreise herrscht die eisige Kälte und das weist auf die Daten der Humoralpathologie, die kalt trockene Beschaffenheit der Erde zurück." (I.1, S.332) Die Theorie der Melancholie wird im Mittelalter aber auf theologischer „Grundlage" (I.1, S.332) erstellt. Wie diese zu verstehen ist, ist schwer zu erklären, weil Benjamin den Unterschied zwischen der mittelalterlichen und der barocken Acedia nicht deutlich machen kann, der durch die Stellung zur Sündentheologie bestimmt wird. Die „charakteristische( ) Haltung gegenreformatorischer Reaktion" (I.1, S.334) ist aber nicht als Wiederholung der mittelalterlichen Geisteswelt zu verstehen. Denn das eigentliche Barocke im Begriff der Acedia kommt bei Albertinus zur Sprache - „`(a)rtlich wird die Accidia oder Trägheit dem Biß eines wütigen Hundts verglichen(´)" (I.1, S.333). Erst in der „saturnische(n) Acedia" (I.1, S.333) herrscht eine bestimmte Indifferenz zwischen theologischer und astrologischer Bedeutung. Denn im Barock wird die mittelalterlich-theologische Betrachtung naturalisiert. Wenn die Melancholie des Tyrannen im Barock „(a)ls Acedia (...) in neue, geschärfte Beleuchtung" (I.1, S.332f) gestellt werden kann, dann wird auch die Acedia selbst neu beleuchtet. Die „Trägheit des Herzens" (I.1, S.333) wird zum natürlichen Stand des Menschen - sie ist eine konstitutionelle Schwäche und kein Phänomen der Freiheit.

Im Mittelalter ist Acedia die Gestalt der Verzweiflung - schon Thomas von Aquin „führt *desperatio* auf *acedia* zurück." (THEUNISSEN: 1993, S.126) Denn „(d)ie desperatio gehört (...) in seinen Augen zu den Lastern, in denen die theologischen Tugenden verlorengehen. Da die theologischen Tugenden die größten sind, rechnet Thomas die Preisgabe der Hoffnung sogar zu den größten Sünden." (Ebd.) Durch die Preisgabe der Hoffnung bestimmt Trägheit das Herz dessen, dem alles Handeln sinnlos wird. Sie ist die Quelle der Verzweiflung am göttlichen Gnadenwerk. Ist in der Verzweiflung der „Ausgang des Melancholikers" (I.1, S.323) zu erkennen, so ist das ein Werk des Teufels, der in der Welt der Freiheit herrscht. Denn „(z)u solchem End jaget er den Gemütern ein so grosse Bitterkeit und forcht ein, daß sie das Leben für ein Qual, und das sterben für ein Gewinn halten, und derowegen bißweilen am Leben deß Leibs unnd der Seelen verzagen, und vermainen, daß sie von Gott gantz und gar verlassen seyn" (ALBERTINUS: S.351) - weil „sie der Gütigkeit und Barmhertzigkeit Gottes nicht trawen, unnd sagen, das Sacrament der Bueß nutze ihnen zum Heil ihrer Seelen nichts, und daß Gottes Gerechtigkeit nicht verwillige, sich der Bußfertigen zu erbarmen" (ebd., S.342) - und „damit sie sambt dem Cain sprechen: Mein Boßheit ist grosser, dann daß sie mir vergeben werden mag." (Ebd., S.357) Deswegen geraten sie in „Verzweiflung, werden derwegen der Göttlichen Gnad beraubt, und sterben gar bald in der Seelen, wofern ihnen nit geholfen wird durch geistliche Mittel" (ebd., S.325) - „wann er aber in die ängst des Todts gerathet, alsdann ists auß mit ihm" (ebd., S.355). Denn „(w)ir haben verzweifelt und wollen unsern Gedancken nachgehen, Inmassen Judas gethan, der an Gottes barmhertzigkeit verzweifelte, und sich selbst an einen Baum erhenckte." (Ebd., S.348) Seligkeit wird im Gegensatz dazu - wie in Hamlet - als Todesbereitschaft deutlich. Denn „selig ist die Seel, welche ihre Feind im Thor deß Todts nicht förchtet, dann sie wird nicht zu schanden werden, wann sie mit ihren Feinden reden wird in der Porten." (Ebd., S.359)

In der Melancholie des Mittelalters gibt es deswegen keine Dialektik des Negativen - das melancholische Bewußtsein als solches ist absolut negativ. Ihm kommt aber keine Universalität zu wie in der barocken Naturalisierung des Gefühls. Als theologische Kategorie wird die Acedia in der Perspektive der Erlösung betrachtet.

Diese aber ist von der Melancholie aus nicht in den Blick zu bekommen. Denn der Melancholiker geht in seiner Verzweiflung zu Grunde. Doch die Welt ist nur dem Melancholiker ohne Hoffnung. Denn in der Perspektive der christlichen Spekulation ist Melancholie nichts als eine Phantasmagorie - eine Gestalt realen Scheins. Die Selbstdeutung der melancholischen „Allmacht" (I.1, S.324) ist im Rahmen der christlichen Spekulation ein Blendwerk, das als solches immer schon durchschaut wird. Aber anders als bei Dante und am Ende des Trauerspielbuchs, das sich diesen Konstruktion der Melancholie zum Modell nimmt, hat der Schein keine dialektische Funktion. Denn die Hölle, in der der Melancholiker leben, ist erst bei Dante als „(`)Werk der höchsten Weisheit und der ersten Liebe(´)" (I.1, S.407) der „göttlichen Allmacht" (I.1, S.407) unterworfen.

Der kritische Punkt in der Theorie der Trauer aber ist die Erklärung ihrer barocken „Allmacht" (I.1, S.324), die im Gegensatz zu der Gottes steht. In der Perspektive einer solchen Erklärung steht die Darstellung ihrer Geschichte - sie wird in der Humoralpathologie durch ihre „physiologische Herleitung" (I.1, S.324) bestimmt. Ist Melancholie ein Phänomen der Freiheit, dann kann die Allmacht der Melancholie nicht erklärt werden. Wie aber kann dann verstanden werden, daß das barocke Drama „überall dem mittelalterlichen Schuldbild der Melancholie" (I.1, S.334) folgt? Seine „charakteristische( ) Haltung" (I.1, S.334) ist vor allem in der Erledigung des sündentheologischen Arguments zu erkennen. Wie die „gegenreformatorische( ) Reaktion" (I.1, S.334) genau zu verstehen ist, wird an anderer Stelle zu bestimmen sein. Im Grunde besteht sie in der naturhistorischen Darstellung der (Heils-)Geschichte. Die Dimension der Geschichte wird vom Argument der Sündentheologie aber nicht erreicht. Wenn die Melancholie als Acedia eine Todsünde ist, dann kann die für das Barock charakteristische Einstellung zu diesem Gefühl nicht verstanden werden. Die barocke Pointe wird erst deutlich, erkennt man die christliche Konstruktion der Geschichte in der Melancholie. Denn ist Melancholie im Rahmen der mittelalterlichen Theorie wirklich ein Phänomen der Freiheit? Ist die Trägheit des Herzens wirklich die Ursache der Trauer? Wenn auch die „Allmacht" (I.1, S.324) der Melancholie mittelalterlich noch kein Problem ist, so scheint doch der „theologische( ) Begriff" (I.1, S.332) deren Ursache nicht erklären zu können. Denn das sündentheologische Argument nimmt die Trauer nicht ernst. Das melancholische Bewußtsein ist ihm nichts als eine Phantasmagorie. Die Melancholie wird in der christlichen Spekulation nie von innen betrachtet. Wenn also die Sündentheologie die Ursachen der Melancholie erklären kann, so doch nicht in der Perspektive der Melancholie selbst. Denn in der theologischen Perspektive ist ein Akt der Freiheit, was in der Erfahrung des Melancholikers unausweichlich ist. Die Perspektive der Freiheit ist deswegen auch im Mittelalter nicht die des Melancholikers. Benjamin stellt die mittelalterliche Trauer zu sehr in die barocke Perspektive, um die „charakteristische( ) Haltung gegenreformatorischer Reaktion" (I.1, S.334) wirklich als solche deutlich machen zu können. Die „saturnische Acedia" (I.1, S.333) ist aber von der mittelalterlich-christlichen genau zu unterscheiden, wenn der sündentheologische Begriff der Melancholie in seiner geschichtstheologischen Bedeutung erkannt wird.

Exkurs zur Acedia bei Thomas von Aquin

Den eigentlich „theologische(n) Begriff des Melancholikers" (I.1, S.332) hat Theunissen in Thomas von Aquin erkennen können - und auch Benjamins These über die charakteristische Haltung der Gegenreformation wird „wohl erst dann durchsichtig, wenn wir sie auf die Folie des Thomas-Textes abziehen" (THEUNISSEN: 1996, S.50). In diesem ist „Acedia (...) eine *tristitia de bono divino*, ein Traurigsein über das Gut, das als göttliches alle geistlichen Güter umfaßt." (Ebd., S.31) Denn die „Acedia selbst versteht sich so, daß ihr die Freude an Gott abhanden gekommen ist, als eine Gotteserfahrung im Modus der Negation." (Ebd., S.28) Die Acedia kann deswegen nur in einem dialektischen Zusammenhang mit der in ihr nicht länger realisierbaren Freude an Gott begriffen werden. Der Sinn dieser Dialektik aber ist nicht der antike einer immanenten Polarität - „Melancholie (...) ist zwar im Unterschied zur Acedia in sich zwiefältig, aber ohne einen außerhalb ihrer liegenden Gegenpol. Acedia hingegen ist, was sie ist, nur zusammen mit der von ihr ausgeschlossenen Freude." (Ebd., S.27) Aber der „Gemütszustand dessen, der über ein Gut traurig ist, hat (...) eine selbstwidersprüchliche Struktur." (Ebd., S.31) Wie ist dieser Widerspruch in der Acedia zu verstehen? Warum hat der Melancholiker die Freude an Gott verloren? Die Antwort auf diese Frage, zu der Thomas von Aquin „in seiner Auseinandersetzung mit der Tradition gelangt" (ebd., S.26), geht über die „von den Prinzipien seiner Moralphilosophie abgedeckte Strategie einer Auflösung des Widerspruchs" (ebd., S.35f) hinaus, indem sie zum geschichtstheologischen Kern der melancholischen Intention vordringt.

Thomas begreift - im Gegensatz zum griechischen Ursprung des Wortes - das *a-cedere* als „Wegfliehen von Gott" (ebd., S.36). Der erste von drei Akten im Drama der Acedia ist diese Flucht vor Gott in die Welt. Die Freude an Gott ist in der Trauer deswegen verloren, weil der Melancholiker sein Heil in der Welt sucht - das ist der sündentheologische Versuch, den Grund des melancholischen Bewußtseins zu erhellen. Im Mittelalter gilt die Trägheit des Herzens als Sorglosigkeit - das ist aber nicht „die zugelassene, zu der Jesus aufruft, sondern eine, die als Unbekümmertheit um das, worum wir uns eigentlich kümmern sollten" (ebd., S.26) zu verstehen ist - eine „selbstverschuldete( ) Oberflächlichkeit" (ebd., S.32), die nicht mehr zum Quell der Freude vordringt. Der „Leichtsinn schlägt in Trübsinn um, weil gerade er die Freude verhindert, die das Leben im Angesicht Gottes eigentlich gewährt. So wird er zum Indiz der Sünde" (ebd., S.31f). Er aber „erklärt (...) ihr eigentümliches (...) Wesen. Acedia ist keine Tat-, sie ist eine Herzenssünde" (ebd., S.32). Auf das „Wegfliehen von Gott" (ebd., S.36) im ersten Akt des Dramas folgt im zweiten „ein völliger Stillstand, die ʾunerlaubteʿ Ruhe, an der die Symptome der Schlaffheit und des Stumpfsinns abgelesen sind." (Ebd.) Diese Trägheit ist von der ursprünglichen Trägheit der Sünde zu unterscheiden. Denn sie „resultiert aus der leichtsinnigen Selbstabscheidung vom Quell der Freude. Sie stellt sich dadurch ein, daß der, den sie überkommt, ebensowohl sich selbst träge macht. Mit anderen Worten: Die Sündentheologie identifiziert Acedia als ein Phänomen der Freiheit." (Ebd., S.32) So kommt in der sündentheologischen Betrachtung die mittelalterliche Acedia in den Gegensatz zur antiken „Melancholie, die als Naturanlage jedem freien Akt vorausliegt." (Ebd.) Die Flucht vor Gott hat die Trauer zur Folge - das ist das sündentheologische Argument. So aber wird „Traurigkeit auf Freudlosigkeit reduziert, auf den Mangel an einer Freude, die nicht einmal gänzlich fehlte, da sie ja durch eine alternative ersetzt würde" (Ebd., S.35), die der Traurige in der Welt sucht. Der „dritte Akt (...), das Hinfliehen zur Welt, gehört, genau genommen, nicht mehr zu ihr selbst. Er ist kein Akt der Traurigkeit, sondern der Versuch, ihr zu entkommen. Die weltlichen Freuden, die von der Freudlosigkeit erlösen sollen, sind also im Grunde nur ein Nachspiel, niemals das unmittelbar Gegebene, das den freudlosen Umgang mit Gott verursachen könnte." (Ebd., S.36f) Weltflucht, die nicht als Flucht aus der Welt, sondern als Flucht in die Welt zu verstehen ist, ist deswegen nicht Grund der Trauer, sondern ein Versuch, ihr zu entkommen. Die Frage nach dem Grund der Trauer kann also durch die „Eingenommenheit von den Freuden der Welt" (ebd., S.36) nicht beantwortet werden.

Aber auch „Thomas gibt die imaginierte Antwort (...) nicht. Wieso? Weil er seinen Begriff der Acedia aus der Urszene entwickelt. Die von den Prinzipien seiner Moralphilosophie abgedeckte Strategie einer Auflösung des Widerspruchs setzt voraus, daß der zur Freude an Gott Unfähige in einer Welt lebt, die andere Freuden bietet. Diese Welt hat der Einsiedler jedoch verlassen. In seiner Einöde sucht er allein Freude an Gott. Findet er sie nicht, so entfällt die Möglichkeit, dafür seine Eingenommenheit von den Freuden der Welt verantwortlich zu machen." (Ebd., S.35f) Es ist deswegen der „Selbstentzug Gottes" (ebd., S.34) der eigentliche Grund der Trauer. Denn Gott macht sich in der Erfahrung der Wüstenheiligen, die im Begriff der Acedia bewahrt ist, „dadurch geltend, daß er die Freude, die das Leben in seinem Angesicht bereitet, aus freien Stücken (...) vorenthält." (Ebd., S.33) Nicht der Traurige wendet sich von Gott ab, sondern Gott von den Menschen. Aber „Thomas nimmt den Selbstentzug Gottes nur in Umrissen wahr, weil er sich weit von den originären Erfahrungen derer entfernt hat, für die der Begriff das Wanken der Grundfesten ihres Daseins anzeigte. Die Wüstenheiligen, denen Acedia in Leib und Seele eingebrannt war, (...) hatten durchaus das Gefühl, dem Willen eines sich ihnen zu- oder abwendenden Gottes preisgegeben zu sein." (Ebd., S.34) Die Trägheit des Herzens ist deswegen kein Resultat der Sünde - der Begriff der Acedia ist nicht aus den Prinzipien der Sündentheologie, sondern geschichtstheologisch zu erschließen. Trauer versteht sich selbst aus der geschichtlichen Erfahrung der „Verbergung Gottes" (ebd., S.35), von der die christlich-mittelalterlich Spekulation nichts mehr zu wissen scheint. Sie kennt im Fall der Melancholie nur ein Entweder-Oder, weil die Perspektive der Rettung nie die der Melancholie selbst ist. Was als Flucht aus freien Stücken erscheint, ist aber in der melancholischen Erfahrung die unausweichliche Einsicht in geschichtliche Wirklichkeit, die als solche gottverlassen ist. Das geschichtstheologische Argument transzendiert deswegen die mittelalterlich-christliche (Sünden-)Theologie, indem es das melancholische Bewußtsein von innen betrachtet. In der Erinnerung des verborgenen Gottes aber bleibt dieser lebendig. Deswegen ist gerade die geschichtliche Betrachtung der Melancholie eine theologische im Sinne

Benjamins. Denn im Bewußtsein des verborgenen Gottes kann der Melancholiker diesem treu bleiben. Melancholie ist eine „Gotteserfahrung im Modus der Negation." (Ebd., S.28). Erst in der geschichtstheologischen Deutung öffnet sich deswegen die Perspektive der Transzendenz in der Melancholie selbst.

B.3 Melancholie in der Renaissance

Die Renaissance ist ein „Wendepunkt" (I.1, S.328) in der „Geschichte des Melancholieproblems" (I.1, S.328). Denn seit Ficino gibt es eine „neue Anschauung von dem Wesen der Melancholie" (GIEHLOW: 1904, S.35). Es kommt zum „Kampf des sich wiederbelebenden Altertums mit den aus ihm hervorgegangenen, aber fast unkenntlich gewordenen mittelalterlichen Vorstellungen" (ebd., S.34). In der Renaissance tritt nach der mittelalterlich-christlichen Dämonisierung des melancholischen Geistes „aus den Quellen der ganze Reichtum alter Grübeleien neu zutage" (I.1, S.328). Erst in der Renaissance wird die Melancholie wieder zu einem dialektischen Problem - und erreicht in ihrer Dialektik ein Extrem. Denn wenn heute der antike Begriff der Melancholie dialektisch erscheint, so hat in die „alte(n) Sinnbilder" (I.1, S.329) der Melancholie eigentlich „erst die Renaissance mit beispielloser interpretativer Genialität die imposante Dialektik jener Dogmen hineingedeutet" (I.1, S.329), die sowohl ihrem Inhalt als auch ihrer Form nach mit Magie zu tun hat. Denn in der Geschichte der Melancholie „führt die Magie der Renaissance den Höhepunkt herauf." (I.1, S.328) Aber schon „(i)m ersten Viertel des XVI. Jahrhunderts wandelt sich in Deutschland die landläufige Auffassung von der Melancholie als der unbedingt unedelsten Komplexion." (GIEHLOW: 1904, S.41) Man erkennt ihren Zusammenhange „mit der Fähigkeit zum philosophischen Denken" (ebd., S.6) wieder und ihr „Besitz beginnt (...), als eine Eigentümlichkeit der Gelehrten und Weisen zu gelten" (ebd., S.41). So glaubt Ficino zu wissen, daß der Melancholiker „nicht nur stets etwas Neues erdenke, sondern auch die Zukunft (...) ergründen" (ebd., S.14) kann.[54] Die Diskussion der Melancholie betritt so neues Terrain. Denn „(m)ochten die kaiserlichen Gelehrten verschiedener Meinung sein, ob das der Melancholie und dem Saturn eigentümliche, erdige Element seine den menschlichen Geist zu den größten Leistungen befähigenden Eigenschaften erst unter Mitwirkung eines günstigen Planeten, besonders des Jupiter, oder sogar selbständig zu entfalten vermöge, so bewegte sich ein solcher Streit doch bereits auf dem Boden der von Marsiglio Ficino vertretenen, neuen Auffassung vom Wesen des melancholischen Temperamentes. Für die Hofhumanisten hatte es aufgehört, lediglich böse Eigenschaften zu besitzen." (Ebd., S.57) Die Frage aber war, ob die guten Eigenschaften in der Melancholie unmittelbar saturnische sind, oder ob sie erst unter jovialischem Einfluß in Erscheinung treten können. Von deren Beantwortung hängt es ab, ob die Dialektik der Melancholie eine immanente oder transzendente ist. Im Zentrum steht deswegen nicht die barocke Frage nach der Ursache ihrer Universalität, sondern die nach dem Mittel einer „Veredlung der Melancholie" (I.1, S.329). An die Stelle der Dämonisierung der Melancholie im Mittelalter tritt in der Renaissance ihre Bonisierung in Form einer extremen Dialektisierung ihrer Phänomene.

In der historischen Darstellung der Melancholie geht Benjamin über den Stand der Forschung seiner Zeit hinaus. Denn seine „Theorie der Trauer (...) gewinnt ihre eigentümliche Prägnanz in der Verlängerung der geistesgeschichtlichen Perspektiven, die Giehlow, Warburg und Panofsky/Saxl in ihren kunsthistorischen Studien zu Dürers *Melencolia I* eröffnet haben" (STEINER: 1989, S.680). Das Bild stellt eine Allegorie der Melancholie dar - die „Gestalt, nicht ohne Absicht als eine geflügelte dargestellt, ist keine Person, sondern eine Personifikation" (PANOFSKY, SAXL: 1923, S.68). Die Forscher eint vor allem der astrologische Horizont der Betrachtung.[55] Dieser aber ist in der historischen Deutung der Sache selbst beschlossen. Denn die „Theorie der Melancholie steht in genauem Zusammenhang mit der Lehre von den Gestirneinflüssen" (I.1, S.326), die in der Renaissance wieder aktuell wird. Arabien hat nicht nur die „antike Humoralpathologie" (I.1, S.326) bewahrt, sondern war auch „der Konservator der anderen hellenistischen Wissenschaft, aus der die Lehre vom Melancholiker sich nährte: der Astrologie." (I.1, S.326) Sie soll nach der christlich-mittelalterlichen Spekulation die Ursachen der melancholischen „Veranlagung" (I.1, S.320) neu erklären. „Als Hauptquelle mittelalterlicher Sternenweisheit hat man die Astronomie des Abû Ma sar, die ihrerseits von spätantiken abhängt, aufgewiesen." (I.1, S.326) Und „(s)chon das Mittelalter hatte des saturnischen Anschauungskreises in mannigfachen Umbildungen sich bemächtigt." (I.1, S.328) Weil aber die Melancholie im Mittelalter als wesentlich böse Erscheinung verstanden wurde, war auch die Bilderwelt, in der sie beschrieben wurde, stets eine düstere. Unter den Gestirnseinflüssen konnte im Mittelalter deswegen „nur der unheilvollste, jener des Saturn, der melancholischen Gemütsart vorgesetzt sein." (I.1, S.326) Die „Umbildungen" (I.1, S.328) der melancholischen Phänomene bewahrten stets den Zusammenhang mit der christlichen Spekulation. So war „(d)er Monatsbeherrscher, `der griechische Zeitgott und der römische Saatendämon´ (...) zum Schnitter Tod mit seiner Sense geworden, die nun nicht mehr der Saat, sondern dem Menschengeschlecht gilt, so wie es nicht mehr der Jahresumlauf mit seiner Wiederkehr von Aussaat, Ernte, Winterbrache ist, der die Zeit beherrscht, sondern das unerbittliche Abrollen jedes Lebens zum Tode." (I.1, S.328) Unterm Saturn ist Natur deswegen nicht im antiken Sinne als Bild einer Wiederkehr des Gleichen zu verstehen. Denn „(c)harakteristisch ist, daß (...), was dem Mythos noch Stabilität bedeutet hatte; nämlich: dieser ewige Umschwung und Kreislauf des Jahres" (HEINRICH: 1987[2], S.62), im Mittelalter zum Bild der herrschenden Zeit geworden ist, in der der Melancholiker zu leben hat. Im Bann des Saturns hat er den Glauben an das göttliche Gnadenwerk verloren. In der melancholischen Stimmung „beherrscht" (I.1, S.328) der Tod die „Zeit" (I.1, S.328). Und auch der Renaissance stand „(`)die Saturnfürchtigkeit ... im Mittelpunkt des Sternglaubens´" (I.1, S.328). Die mittelalterliche Lehre war stets aktuell - die Negativität der melancholischen Erfahrung wurde nicht verdrängt. Und das nicht zufällig. Denn „(d)er Leidensdruck war auf dem Wege von der Antike zur Renaissance noch gewachsen, weil der Melancholiker sich nicht mehr bloß von seiner leiblichen Konstitution geknechtet fühlte, sondern zudem überzeugt war, dem Diktat eines Gestirns, des Saturn, gehorchen zu müssen." (THEUNISSEN: 1996, S.22f)

In der Astrologie beansprucht die Dialektik der Melancholie nach ihrer mittelalterlichen Dämonisierung wieder ihr Recht. In der Renaissance wird der Saturn aber nicht einzig und allein „im bösen Sinne" (I.1, S.326) betrachtet - in der astrologischen Dialektik schlägt wieder die Antike durch. Denn der „dialektische( ) Zug der Saturnvorstellung" (I.1, S.327) entspricht „aufs erstaunlichste der Dialektik des griechischen Melancholiebegriffs" (I.1, S.327). Die Renaissance hat aber die „Umdeutung der saturnischen Melancholie im Sinne einer Lehre vom Genie mit einer auch im Denken der Antike niemals erreichten Rücksichtslosigkeit" (I.1, S.328) vollzogen. Denn erst der Renaissance stellte das antike „Bild des Melancholischen die Frage, wie es gelingen könne, dem Saturn die Geisteskräfte abzulauschen und doch dem Wahnsinn zu entgehn" (I.1, S.329), der in der Antike der Preis des Genies zu sein schien. An die Stelle der „gemeinen und verderblichen" (I.1, S.329) sollte um einer „Veredlung der Melancholie" (I.1, S.329) willen die „erhabene Melancholie, Melencolia `illa heroica´ des Marsilius Ficinus, des Melanchthon" (I.1, S.329) treten. Sie sollte buchstäblich über den „Wahnsinn" (I.1, S.329) erhaben sein. Vor diesem Hintergrund „konnte Dürer zu dem Vorhaben gelangen, `in den saturnischen Geisteszügen auch die divinatorische Geisteskonzentration auszudrücken´" (I.1, S.329). Die Distanz zwischen Erde und Saturn stellt das Argument bereit - es ist der Saturn, „der `als höchster und dem täglichen Leben fernstehender Planet, als der Urheber jeder tiefen Kontemplation die Seele von Äußerlichkeiten ins Innere ruft, sie immer höher steigen läßt und schließlich mit dem höchsten Wissen und prophetischen Gaben beschenkt´" (I.1, S.327). Die Melancholie auf Dürers Bild ist aus diesem Grund die „geflügelte( )" (I.1, S.335).

Die „Dialektik des Saturn" (I.1, S.327) und mit ihr die „lebendigste Funktion des Saturnbildes aufgedeckt zu haben, darin beruht wohl die Vollendung, welche Panofsky und Saxl in ihrer schönen Studie über `Dürers Melencolia I´ den Entdeckungen ihres außerordentlichen Vorbildes, den Studien Giehlows über `Dürers Melencolia I und den maximilianischen Humanistenkreis´ gegeben haben." (I.1, S.327) Diese Dialektik ist die einer immanenten Polarität. Denn der Saturn stellt das Bild einer seelischen Ambivalenz - „`(w)ie die Melancholie, so verleiht auch der Saturn, dieser Dämon der Gegensätze, der Seele auf der einen Seite die Trägheit und den Stumpfsinn, auf der andern die Kraft der Intelligenz und Kontemplation, wie sie bedroht auch er die ihm Unterworfenen, mögen sie an und für sich noch so erlauchte Geister sein, stets mit den Gefahren des Trübsinns oder der irren Ekstase - er, der um ... Ficino zu zitieren, `selten gewöhnliche Charaktere und Schicksale bezeichnet, sondern Menschen, die von den andern verschieden sind, göttliche oder tierische, glückselige oder vom tiefsten Elend darniedergebeugte.´" (I.1, S.327) In der astrologischen Deutung binden Panofsky und Saxl die Melancholie an den Mythos zurück. Denn sie wollen nicht die Ursachen der melancholischen Geisteslage verständlicher machen, sondern das Bild, das sich die astrologische Vorstellung von dieser macht. Diese dialektische Struktur „verlangt (...) nach einer Erklärung, `die nur in der inneren Struktur der mythologischen Kronosvorstellung als solcher gesucht werden kann'" (I.1, S.327). Denn Kronos ist ein „(`)Gott der Exreme (...). Auf der einen Seite ist er der Herrscher des goldenen Zeitalters ... - auf der andern ist er der traurige, entthronte, geschändete Gott ...; auf der einen Seite erzeugt (und verschlingt) er unzählige Kinder - auf der andern Seite ist er zu ewiger Unfruchtbarkeit verdammt; auf der einen Seite ist er ... ein durch plumpe List zu übertölpelnder Unhold - auf der andern ist er der alte weise Gott, der als höchste Intelligenz, als ein prometheus und promantis verehrt wird ... In dieser immanenten Polarität des Kronosbegriffs ... findet der besondere Charakter der astrologischen Saturn-Vorstellung seine letzte Erklärung - jener Charakter, der letzten Endes durch einen ganz besonders ausgeprägten und grundsätzlichen Dualismus bestimmt wird.'" (I.1, S.328)

Doch Benjamin arbeitet seine dialektische Struktur heraus, indem er die basale Negativität der Melancholie unterstreicht. Denn „(d)er Renaissance (...) stand nach dem Ausdruck Warburgs `die Saturnfürchtigkeit ... im Mittelpunkt des Sternenglaubens'. (...) Dem Zeitalter aber (...) stellte das Bild des Melancholikers die Frage, wie es gelingen könne, dem Saturn die Geisteskräfte abzulauschen und doch dem Wahnsinn zu entgehn." (I.1, S.328f) Die Überwindung der Melancholie vollzieht sich im Geist der Magie - es ist die „Magie der Renaissance" (I.1, S.328) der „Preis" (I.1, S.329), den das Zeitalter für die Überwindung der „Allmacht" (I.1, S.324) melancholischen Geistes zu zahlen bereit war.[56] Gegenstand der Betrachtung ist auch in der Renaissance die Natur, die durchaus noch nicht von allem Dämonischen entzaubert ist. Das Zeitalter legitimiert bekanntlich die wissenschaftliche Neugierde - man will „die Quellen okkulter Natureinsicht (...) sich (...) erschließen" (I.1, S.329). So ist die „niemals erreichten Rücksichtslosigkeit" (I.1, S.328) in der „Umdeutung der saturnischen Melancholie im Sinne einer Lehre vom Genie" (I.1, S.328) in der magischen Geisteshaltung melancholischen Bewußtseins zu erkennen. Die „Veredlung der Melancholie" (I.1, S.329) ist deswegen ein Akt der „Magie" (I.1, S.328). Denn „(z)u einer präzisen Diätetik des Leibes und der Seele tritt der astrologische Zauber" (I.1, S.329). Dieser beschwört als Mittel gegen die saturnische Melancholie den jovialischen Einfluß. Und „(g)egen den verderblichen Einfluß des Saturns vermögen sich (...) die Menschen derart zu schützen, daß sie (...) die dem Saturn entgegengesetzte Eigenart des Jupiters auf sich einwirken lassen." (GIEHLOW: 1904, S.37) Denn „(d)as magische Quadrat, welches auf der Tafel zu Häupten der Dürerschen `Melancholie' sich eingezeichnet findet, ist das Planetensiegel des Jupiter, dessen Einfluß den trüben Kräften des Saturns sich widersetzt. Neben dieser Tafel hängt als Hinweis auf das Sternbild Jupiters die Waage." (I.1, S.329) Denn „(u)nter dem jovialischen Einfluß wandeln die schädlichen Eingebungen sich in segensreiche, Saturn wird zum Protektor der erhabensten Forschungen; die Astrologie selber gehört ihm zu. So" (I.1, S.329) - und nur so: nämlich durch die Macht „astrologische(n) Zauber(s)" (I.1, S.329) - konnte „Dürer zu dem Vorhaben gelangen, `in den saturnischen Gesichtszügen auch die divinatorische Geisteskonzentration auszudrücken.'" (I.1, S.329) Damit aber ist die immanente Dialektik des Negativen durchbrochen, das nicht mehr die Bedingung des Positiven ist. Denn eine magische Geisteshaltung will das Negative durch das Positive beherrschen. Sie rechnet mit dem Widerstreit der - in diesem Falle: astrologischen - Mächte, deren Balance an die Stelle der inneren Dialektik des Saturns tritt.

Mit seiner Einsicht in die Rettung der Melancholie durch Magie scheint Benjamin die Pointe der Giehlowschen Deutung in ihr Gegenteil zu wenden, die die jovialische Macht beschneiden will, um den saturnischen Geist sich selbst retten zu lassen. Denn die „Tatsache, daß das in Zinn oder Silber eingeschnittene Zauberquadrat eingemauert ist und nicht von der Melencolia als Amulett getragen wird, könnte allerdings zunächst Zweifel erwecken, ob auf diese Weise nicht doch der Einfluß des Jupiters als von außen kommend dargestellt sein sollte, um so die durch ihn erst vor sich gehende Auslösung der in dem saturnischen humor melancholicus vorhandenen, wohltätigen Kräfte anzudeuten. Aber das trifft nicht zu. Denn ein auf den Tod des Paracelsus (1541) erschienener Kupferstich bildet hinter der Halbfigur des berühmten Jatrochemikers die tabula Jovis in der von Dürer befolgten Ziffernfolge, (...) nur auf eine andere Seite gestellt, aber gleichfalls in eine Mauer eingelassen ab, ohne daß damit auf etwas anderes, als seine astrologisch-medizinischen Kenntnisse hingewiesen wäre." (GIEHLOW: 1904, S.75) Und „(d)ie Mensula kennzeichnet demnach die astrologische Medizin als eins der Fächer, worin der außergewöhnliche Verstand des Melancholikers Neues ersinnt, während gleichzeitig ihre schwierige, arithmetische Aufgabe sein Wissen auch auf diesem Felde versinnlicht. Dieser kennt die mystischen Kräfte, welche die immateriellen Zahlen beherbergen, und weiß sich ihrer zum eigenen Wohle zu bedienen. Denn der Siegel des Jupiters besitzt (...) die Macht, durch seine den Blutfluß fördernden Eigenschaften die Überhandnahme der Schwarzgalligkeit zu `temperieren´. Es stellt daher ein neues Heilmittel gegen die bösen Erscheinungsformen der Melancholie dar und vertritt somit die auf Einzeldarstellungen übliche Symbolisierung der Musik." (Ebd., S.75f) Denn „(a)nstatt (...) ein Verhalten des Jupiter anzudeuten, dem der saturnische Melancholiker überhaupt erst seine geistige Begabung zu danken hat, ist die tabula Jovis auf dem Dürer-Blatt in erster Linie als ein Ergebnis der erfinderischen Genialität des vom Saturn beeinflußten Geistes aufgefaßt, der demzufolge die entsprechenden Verstandeskräfte schon vorher aus seiner ihm eigentümlichen, `irdischen Natur´ haben muß." (ebd., S.76) Deswegen konnte es Dürer gelingen, im „Verhalten des saturnischen humor melancholicus ebensosehr die höchste sibyllinische Geistestätigkeit, wie die traurigste Geistesentfremdung (...) in ein Bild zu fassen" (ebd., S.77) Und auch nach Ficino, der vom „Vorhandensein günstiger Eigenschaften im erdigen Elemente" (ebd., S.12) ausgeht, ist der Saturn in der Lage, „aus eigenem Vermögen günstig auf den Menschen einzuwirken" (ebd., S.11). Denn wie „alle diese Gegenmittel bei Ficino schließlich doch zurücktreten gegenüber der selbstlosen und bedingungslosen Ergebung in den Willen des Saturn, die gleichsam die ultima und optima ratio des geistig schöpferischen Menschen ist, so ist auch Dürers `Melencolia´ - und gerade das hebt dieses Blatt vielleicht am meisten über alle früheren und späteren Erzeugnisse heraus - ein Wesen, an dem sich, aller natürlichen und magischen Palliative ungeachtet, sein traurig-erhabenes Schicksal erfüllt (...): der `kosmische Konflikt´ zwischen Saturn und Jupiter hat, wenn er überhaupt je zum Austrag gebracht wurde, mit einem Sieg des Saturn geendet, - des Saturn, der der Dämon der Schwermut und der Kontemplation in einem ist." (PANOFSKY, SAXL: 1923, S.53f)

Aber auch Benjamin erkennt in der Kontemplation einen Weg aus der „Nacht der Traurigkeit" (I.1, S.403). Der aber wird trotz aller Divinatorik von keinem astrologischen Zauber erhellt, dessen Macht nicht nur Giehlow, sondern auch seine Schüler im Geist der Renaissance erkennen. Denn Divinatorik ist zwar das „Vorrecht des Melancholikers" (I.1, S.330) - er kann „(`)vor der Zeit/ was noch nicht ist/ verkünden(')" (I.1, S.325). Der Melancholiker denkt sich „nicht nur stets etwas Neues" (GIEHLOW: 1904, S.14) aus - er kann „die Zukunft (...) ergründen" (ebd.). Die „Kraft" (I.1, S.331) des melancholischen „Genius" (I.1, S.331) ist aber seine „(`)divinatorische Geisteskonzentration(')" (I.1, S.329), als welche seine „Konzentrationskraft" (I.1, S.331) eigentlich zu verstehen ist. Sie ist die Bedingung des melancholischen „Genius" (I.1, S.329). Giehlow vermuten aus diesem Grund, die „Kugel des Dürerschen Blattes sei ein Denksymbol des Grübelnden" (I.1, S.331). Denn schon nach Ptolemäus verdankt die Erde „ihre Kugelgestalt und damit (...) ihre Vollendung und zentrale Stellung im Weltraum der Konzentrationskraft." (I.1, S.331) Ist es das „Saturnische" (I.1, S.330) selbst, das in die „Erdtiefe" (I.1, S.330) weist, dann ist hier das entscheidende Argument für die immanente Bonisierung der Melancholie zur Stelle. Denn „(d)ie Konzentrationskraft, welche der Erde gemäß Claudius Ptolemäus ihre Kugelgestalt und centrale Stellung im Weltall verdankt, ist (...) dem erdigen Element als solchem immanent und teilt sich allem mit, was sich daraus hauptsächlich zusammensetzt; sie ist es daher, die als wesentliches Vermögen der melancholischen Flüssigkeit den Geist des Menschen befähigen kann, sich zu konzentrieren und zu denken; in ihr liegt die Hauptursache der Genialität." (GIEHLOW: 1904, S.36) Ficino wollte in diesem Sinne „die neuen Kräfte des erdigen Elements (...) erkennen, die bei der Einheit der melancholischen und saturnischen Natur auch das günstige Verhalten der Planeten bedingen mußte." (Ebd.) Das erdige Element wird ihm in diesem Vorhaben eine „zur Sammlung zwingende Kraft" (ebd., S.37).

Die divinatorische Geisteskonzentration will Benjamin aber nicht magisch-astrologisch verstanden wissen. Hier zieht er die Grenze einer immanenten Bonisierung des Gefühls. Das Wissen des Melancholikers kommt aus seinen Träumen. In deren Medium versenkt er sich in die Welt der Kreatur und ist selbst in sie versunken. Denn die „Wahrträume" (I.1, S.330) des Melancholikers sind „aus geomantischem Traumschlaf im Schöpfungstempel, nicht als erhabene oder gar heilige Einflüsterung zu verstehen. Denn alle Weisheit des Melancholikers ist der Tiefe hörig; sie ist gewonnen aus der Versenkung ins Leben der kreatürlichen Dinge (...). Alles Saturnische weist in die Erdtiefe, darin bewährt sich die Natur des alten Saatengottes. (...) Der Blick nach unten kennzeichnet (...) den Saturnmenschen, der den Grund mit den Augen durchbohrt. (...) Die Eingebungen der Muttererde dämmern aus der Grübelnacht dem Melancholischen auf wie Schätze aus dem Erdinnern; blitzschnell einschlagende Intuition ist ihm fremd." (I.1, S.330) Es ist „nicht das innere Licht, kein lumen naturale, das in der Nacht der Traurigkeit als dieses Wissen sich auftut, sondern ein unterirdisches Leuchten dämmert aus dem Erdschoß hervor." (I.1,

S.403)[57] Die Welt der Kreatur - das *Chtonische* - ist deswegen der reale Gegenstand der melancholischen Intention. Sie geht als solche in die „Tiefe" (I.1, S.330) des „Erdinnern" (I.1, S.330). Die Erde ist auch die Mutter des Melancholikers - sie, deren Wissen aus dem „Erdschoß" (I.1, S.403) dämmert, sind selbst „Erdgeborne" (I.1, S.246). Die Kraft der immanent-melancholischen Konzentration aber macht es, daß in der Renaissance der Genius zwar durchaus dem „Leben der kreatürlichen Dinge" (I.1, S.330) und der „Tiefe hörig" (I.1, S.330) ist. Er ist ihr aber nicht mit Haut und Haaren verfallen. Der melancholische Geist kann die „Schätze" (I.1, S.330) seines Wissens aus der „Tiefe" (I.1, S.330) ans Licht bringen. Das vor allem macht den Geist der Renaissance aus.

Die Idee der melancholischen Konzentration ist ein durchaus neuer Beitrag zum Problem der Melancholie, das in der „Begründung des Positiven durch das Negative" (THEUNISSEN: 1996, S.10) liegt. Wie kann aus dem Negativen das Positive erschlossen werden? Sieht man von der astrologischen Deduktion der Konzentration ab, so liegt in ihr eine neue Antwort auf diese Frage beschlossen. Denn die Konzentration tritt sowohl an die Stelle der antiken Temperierung als auch der magischen Balancierung des Negativen. Sie ist die Kraft des Traurigen selbst - ein Akt der (Selbst-)Disziplinierung in der Kontemplation, die als Besonnenheit verstanden werden kann. Weil der melancholische Geist besonnen ist, kann er aus der „Tiefe" (I.1, S.330) seiner Träume wieder ans Licht kommen. Der Genius „( )bändigt" (I.1, S.331) durch seine „Besinnung" (I.1, S.333) die Melancholie. Es scheint dieses das nüchterne Erbe der Renaissance zu sein, an dessen Rettung Benjamin interessiert ist. Im Medium des deutschen Barock wird sie nicht zu vollziehen sein. Denn diese Kraft des Genius ist es, die er in der barocken Melancholie nicht mehr erkennt. Die „Kugel" (I.1, S.331) als die - so Warburg - „`reifste, geheimnisvollste Frucht der maximilianeischen kosmologischen Kultur'" (I.1, S.331) ist nämlich der „Keim (...), in dem die Allegorienfülle des Barock, noch gebändigt von der Kraft eines Genius zu sprengender Entfaltung bereit liegt." (I.1, S.331)

B.4 Melancholie im Barock

Im Barock ist die „Allmacht" (I.1, S.324) der Trauer ein Faktum der Erfahrung - das Barock hat es mit der Universalität des Negativen zu tun, dessen Erklärung deswegen nur eine immanente sein kann. Denn unterm Bann des Negativen kann dieses selbst nicht in einer transzendenten Perspektive betrachtet werden. Trotzdem versucht das Barock sich die Ursachen des Gefühls zu erklären.[58] In der „Theorie der Trauer" (I.1, S.318) folgt man mit der „charakteristischen Haltung gegenreformatorischer Reaktion (...) dem mittelalterlichen Schulbild der Melancholie" (I.1, S.334). So sieht Liliencron die Schrift des Jesuiten Aegidus Albertinus „noch vollständig innerhalb des alten Schemas der scholastischen Encyklopädie" (ALBERTINUS: S.V). Und auch das deutsche Trauerspiel „hat den Melancholiker nur mit den grellen Farben der mittelalterlichen Komplexionsbücher zu malen gewußt." (I.1, S.334) Die mittelalterliche „Beurteilung der Melancholie (war) eine wesentlich negative, und selbstverständlich mußte diese Auffassung - die, immer holzschnittmäßiger vergröbert, schließlich in den Komplexionsbüchlein und Schäferkalendern ihren Niederschlag fand - die populäre Vorstellung weit stärker beeinflussen als die Artistoteles-Reminiszenzen der esoterischen Gelehrtenliteratur" (PANOFSKY, SAXL: 1923, S.23). Aber was ist das Charakteristische an der „Haltung gegenreformatorischer Reaktion" (I.1, S.334)?

Im Trauerspiel ist der Fürst das „Paradigma des Melancholischen" (I.1, S.321) - aber Benjamin beschreibt nicht nur „das Gefühl, von dem die Personen des barocken Trauerspiels selbst beseelt sind. Den Schritt zurück in den Grund solchen Bewußtseins tut er dort, wo er die Acedia (...) als den 'eigentlich theologischen Begriff des Melancholikers' offeriert" (THEUNISSEN: 1996, S.51). Der „theologische Begriff des Melancholikers spricht über das vorgefundene Konglomerat die Wahrheit aus" (ebd.), die nur scheinbar die der mittelalterlichen Todsünde ist. Denn im Barock wird die Acedia als „saturnische Acedia" (I.1, S.333) verstanden. Es geht Benjamin nicht darum, in der Acedia einen „anderen Zug des Saturnmenschen" (I.1, S.333) herauszustellen. In der saturnischen Acedia soll die Ursache des melancholischen Bewußtseins eine Erklärung finden - „(a)usdrücklich ordnet Albertinus den Symptomenkomplex des Melancholischen der Acedia zu" (I.1, S.333). Denn erst als „Acedia rückt die Melancholie des Tyrannen in neue, geschärfte Beleuchtung" (I.1, S.332f). Benjamin hat sie vor allem in seiner „Unentschlosenheit" (I.1, S.333, vgl. S.250f) erkannt. Er fragt aber nach ihrem Grund - nach dem, was unentschlossen macht. Und diesen bringt er auf den Begriff der „saturnische(n) Acedia" (I.1, S.333) - die „Unentschlossenheit des Fürsten ist nichts als saturnische Acedia" (I.1, S.333). Denn „Saturn macht 'apathisch, unentschlossen, langsam'" (I.1, S.333). Die „Grundlage" (I.1, S.332) des melancholischen Bewußtseins aber ist nicht die „astrologische( )" (I.1, S.332). Denn „(a)n der Trägheit des Herzens geht der Tyrann zugrunde." (I.1, S.333) Doch was ist in der Betrachtung der saturnischen Melancholie als Trägheit des Herzens eigentlich „neu( )" (I.1, S.333)? Wieso ist das eine „neue, geschärfte Beleuchtung" (I.1, S.333)? Sie scheint den Gegenstand nur durch eine Metapher zu umschreiben, nicht aber sachlich neu zu beleuchten.

Die Trägheit des Herzens ist aber keine Metapher, sondern eine neue Deutung des melancholischen Bewußtseins. Denn als saturnische wird die Melancholie einer astrologischen Betrachtungsweise unterstellt. Diese kann aber nicht als Einsicht in den Grund solchen Bewußtseins verstanden werden, will man nicht den astrologischen Schein für die Wahrheit nehmen. Und schon das „Mittelalter hatte des saturnischen Anschauungskreises" (I.1, S.328) nur „in mannigfachen Umbildungen sich bemächtigt" (I.1, S.328). So bleibt auch die Erklärung der Ursache saturnischen Bewußtseins nicht unverändert. Im Zusammenhang der christlichen Spekulation finden die saturnischen Einflüsse eine neue Theorie. Denn eines ist es, unter dem Einfluß des Saturns zu stehen - und ein anderes „(a)n der Trägheit des Herzens (...) zugrunde" (I.1, S.333) zu gehen. Die Trägheit des Herzens ist im Mittelalter eine „Todsünde" (I.1, S.332). Deswegen ist Dante an dieser Stelle - wie auch am Schluß des Trauerspielbuchs - der eigentliche Zeuge im Streit um den theologischen Begriff der Melancholie - bei ihm „ist die Acedia das fünfte Glied in der Ordnung der

Hauptsünden. In ihrem Höllenkreise herrscht die eisige Kälte und das weist auf die Daten der Humoralpathologie, die kalte trockene Beschaffenheit der Erde zurück." (I.1, S.332) Die antike Bilderwelt wird aber neu gedeutet. Denn in den Betrachtungen der christlichen Spekulation ist sie ein Phänomen der Freiheit. Doch so kann das Barock die Trauer nicht betrachten. Denn im Bann ihrer Allmacht können deren Ursachen nur immanent erklärt werden. Der Begriff der Acedia als einer saturnischen nimmt deswegen die sündentheologische Betrachtung zurück. Das Barock zeichnet das Bild des Melancholikers nur in den Farben der christlichen Spekulation, die das melancholische Bewußtsein selbst beschreibt. Die christliche Spekulation aber wird allein im Rahmen der Natur wieder aktuell. Denn in der astrologischen Perspektive ist die Erklärung der Melancholie eine naturalistische. Dem hat sich die christliche Sündentheologie zu widersetzen versucht. Doch die Sünde der Acedia ist im Barock kein Phänomen der Freiheit - im Barock ist Sünde nur als „Erbsünde" (I.1, S.308) vorstellbar. Diese aber meint keine als solche individuell zurechenbare „sittliche Verfehlung des Handelnden" (I.1, S.308). Melancholie ist als saturnische in der barocken Theorie eine Veranlagung - und nicht Sache des Willens.

Durch die Erbsünde können die Menschen den „Laut der Offenbarung" (I.1, S.320) nicht mehr vernehmen. Sie ist im Barock eine Chiffre der Gottesfinsternis - die saturnische Acedia ist die objektive Gestalt des Bewußtsein in einer Welt ohne Gott. Denn die Abwesenheit Gottes ist im Barock eine epochale. Der Gottesverlust, um den sich die christliche Bestimmung in den Ursachen melancholischen Bewußtseins dreht, ist ein Faktum des natürlichen Standes der Menschen. In den Sinnbildern der Trauer wird dieser beschrieben - die „physiologische Herleitung der Melancholie (...) mußte für das Barock, dem das Elend des Menschen in seinem kreatürlichen Stande so genau vor Augen stand, höchst eindrucksvoll sein." (I.1, S.324) Denn sie allein kann die Allmacht der Melancholie erklären. Die „Male der Acedia" (I.1, S.335) die das Barock in den Zügen des Saturnmenschen erkennt, haben ihre Ursache in keiner Sünde. Die saturnische Acedia ist eine Sache der Natur - die Trägheit des Herzens ist die Krankheit des natürlichen Menschen. Deswegen ist „(v)on der mit einer dämonisierten Melancholie ins Barock eingegangenen Acedia (...) die originale zu unterscheiden." (THEUNISSEN: 1996, S.49f) Ist die Trägheit des Herzens der Grund der Sünde, dann ist diese kein Akt der Freiheit, sondern in einem schon melancholischen Bewußtsein beschlossen. Sie kann deren Ursache nicht erklären, die im natürlichen Stande des Menschen beschlossen sind. Der „theologische( ) Begriff" (I.1, S.332) der Melancholie wird im Barock zu einem natürlichen. Das melancholische Bewußtsein ist sich selbst absolut. So ist die saturnische Acedia auch keine christliche. Einzig und allein in Hamlet wird es zu ihrer „Überwindung im christlichen Geiste" (I.1, S.335) kommen. Die Welt der Trauer ist im deutschen Drama ohne christliche Hoffnung. Das Bild, das das deutsche Barock mit „der charakteristischen Haltung gegenreformatorischer Reaktion" (I.1, S.334) vom Melancholiker zeichnet, ist also nicht im Zusammenhang des Christentums zu verstehen. Es hat mit „religiösen Konzeptionen" (I.1, S.253) nichts mehr zu tun. Trauer ist die Gestalt des Bewußtsein in einer Welt ohne Gott. Erst im Rahmen der Natur kann von einer „Allmacht" (I.1, S.324) der Melancholie die Rede sein. Das Mittelalter kennt

eine solche nicht. Die Universalität der Melancholie kann auch durch das geschichtstheologische Argument nicht erklärt werden. Denn christlich-mittelalterlich
ist die Melancholie eine „Gotteserfahrung im Modus der Negation."
(THEUNISSEN: 1996, S.28). Die Abwesenheit Gottes im natürlichen Stand der
Menschen wird im Barock aber nicht mehr negativ-theologisch verstanden. Die
göttliche Perspektive ist mit der Ökonomie der saturnischen Acedia nicht vermittel-
bar. In der historischen Erfahrung des Barock scheint es sich deswegen um den
„Nihilismus eines bleibenden Gottverlustes" (ebd., S.37) zu handeln. Denn die
„geschichtlich vorgerückte Acedia des Barock reagiert auf eine entleerte Welt: Die
`leere Welt' ist das Neue an der dem deutschen Trauerspiel des 17. Jahrhunderts
vorgegebenen und in ihm sich darstellenden Lage" (ebd., S.50).

Das Barock hat den Melancholiker aber in einem „Zwiespalt neuantiker und
medievaler Beleuchtung" (I.1, S.334) gesehen. Denn das Drama folgt zwar „dem
mittelalterlichen Schulbild der Melancholie. Doch die von dieser Typik grundver-
schiedene Gesamtform dieses Dramas: Stil und Sprache, sind nicht zu denken ohne
jene kühne Wendung mit der die Renaissancespekulationen in den Zügen der weinenden Betrachtung den Widerschein eines fernen Lichtes gewahrten, das aus dem
Grunde der Versenkung ihr entgegenschimmerte." (I.1, S.334) Dieses Licht ist der
„christliche( ) Funken" (I.1, S.334) der Hoffnung, der „aus dem Grunde der Versenkung" (I.1, S.334) leuchtet. Das Modell der melancholischen Utopie ist im Geiste
der „Renaissancespekulationen" (I.1, S.334) zu verstehen. Denn „(d)ie Treue ist der
Rhythmus der emanatistisch absteigenden Intentionsstufen, in welcher die aufsteigenden der neuplatonischen Theosophie beziehungsvoll verwandelt sich abspiegeln."
(I.1, S.334)[59] Das deutsche Trauerspiel aber „ist sich selbst erstaunlich dunkel
geblieben und hat den Melancholiker nur mit den grellen Farben der mittelalterlichen
Komplexionenbücher zu malen gewußt." (I.1, S.335) Die Perspektive der Transzendenz kann aus dem Selbstverständnis der Melancholie deswegen nicht erschlossen
werden. Denn der Melancholiker kennt im deutschen Drama nicht die Perspektive
der Erlösung - er kann sich selbst in seiner Verzweiflung nicht verstehen. Denn er
versteht die wahre Bedeutung dessen nicht, was er meint. Die Theorie der Trauer
handelt auch von der melancholischen „Selbsttäuschung" (I.1, S.405). Die Darstellung des deutschen Trauerspiels hat als eine „Phänomenologie" (I.1, S.318) der
Trauer deswegen die Aufgabe, im barocken Drama den „christlichen Funken" (I.1,
S.335) zu entzünden. Denn diesen „Widerschein eines fernen Lichtes" (I.1, S.334)
kann erst die Betrachtung erkennen, die in „Stil und Sprache" (I.1, S.334) des
Trauerspiel dessen „Gesamtform" (I.1, S.334) untersucht - um sie zu „denken" (I.1,
S.334). Denn der allegorische Ausdruck des barocken Dramas ist zwar der eines
melancholischen Bewußtseins. In der Darstellung des allegorischen Ausdrucks und
seiner Form aber kommt zur Sprache, was das melancholische Bewußtsein als
solches transzendiert. Die Konstruktion der Hoffnung im Medium der Form tritt an
die Stelle der Verzweiflung, die Index des kreatürlichen Lebens ist.

Exkurs zum Begriff der Kreatur

Der Melancholiker lebt im „kreatürlichen Stande" (I.1, S.324) - und in den „Tiefen des kreatürlichen Bereiches" (I.1, S.324) ist die Trauer beschlossen. Deswegen ist die „physiologische Herleitung der Melancholie" (I.1, S.324) im Mittelalter von Interesse, weil die Menschen in der christlichen Spekulation als Kreatur verstanden werden. Im Begriff der Kreatur kann die Wirklichkeit der Trauer erklärt werden. Denn „(i)n der Tat ist sie unter den kontemplativen Intentionen die eigentlich kreatürliche" (I.1, S.324). Doch was zeichnet sie als eine kreatürliche aus? Was ist „kreatürliche Traurigkeit" (I.1, S.324)? Im Stand der Kreatur dringt vom „Laut der Offenbarung (...) nichts" (I.1, S.330) an das Ohr des Menschen - die Welt der Schöpfung ist nicht die Geschichte der Offenbarung. Der Stand der Kreatur „erklärt" (I.1, S.324) so die Trauer. Denn das melancholische Bewußtsein registriert in der historischen Erfahrung den Gottesverlust. In der Trauer wird die Welt in der Abwesenheit des sich offenbarenden Gottes erschlossen. Denn das Barock war zwar an den „kreatürlichen Bereich( ) (...) mit den Banden der Kirche selber (...) gefesselt" (I.1, S.324). Der Begriff der Kreatur ist aber ein eigentümlicher. Der barocke Geist stellt das Weltliche aus dem theologischen Begriff heraus. Denn man betrachtet die Kreatur - wie das melancholische Bewußtsein - von innen. Erst im Barock ist - in der Perspektive der melancholischen Selbsttäuschung - die Kreatur ohne Hoffnung. Denn im Begriff der Kreatur ist die „gefallene( )" (I.1, S.378) von der „seligen" (I.1, S.378) durchaus zu unterscheiden.[60]

Jacob Taubes hat deswegen die „erstaunliche Parallele" (TAUBES: 1993, S.101) zwischen Benjamin und Paulus betonen können - Benjamin „hat einen paulinischen Begriff der Schöpfung; er sieht die Wehen der Schöpfung, die Vergeblichkeit der Schöpfung. Das steht ja alles in Römer 8: das Seufzen der Kreatur" (ebd.) - das „engstliche harren der Creatur wartet auff die offenbarung der kinder Gottes. Sintemal die Creatur vnterworffen ist der Eitelkeit / on jren willen / Sondern vmb des willen / der sie vnterworffen hat auff die Hoffnung. Denn auch die Creatur frey werden wird von dem Dienst des vergenglichen wesens / zu der herrlichen Freiheit der kinder Gottes. Denn wir wissen / das alle Creatur sehnet sich mit vns / vnd engstet sich noch jmer dar. NJcht alleine aber sie / Sondern auch wir selbs / die wir haben des Geistes erstling / sehnen vns auch bey vns selbs / nach der Kindschafft / vnd warten auff vnsers Leibes erloesung. Denn wir sind wol selig / Doch in der hoffnung. Die Hoffnung aber / die man sihet / ist nicht hoffnung / Denn wie kan man des hoffen / das man sihet? So wir aber des hoffen / das wir nicht sehen / So warten wir sein durch gedult." (RÖMER 8, 19-25)

Natur ist nach Paulus eine „eschatologische Kategorie. Sie stöhnt, sie seufzt unter der Vergängnis, der Vergeblichkeit." (TAUBES: 1993, S.102). Im Barock ist der Stand der Kreatur zunächst nicht im Sinne einer negativen Theologie zu verstehen. Das melancholische Bewußtsein versteht sich selbst nicht dialektisch - „gerade das Nicht-Wissen dessen, was Gott weiß, ist das Wissen *von* Gott" (BARTH: 1989[15], S.321). Auch im Begriff der Kreatur ist deswegen eine „gänzliche Umwälzung des Lebensgehaltes unter orthodoxer Wahrung der kirchlichen Formen" (I.1, S.258) zu erkennen.[61] Denn am „kreatürlichen Schöpfungsstand von Natur wie von Geschichte hat das 17. Jahrhundert noch gar nicht zu rütteln gewagt." (GARBER: 1992[1], S.242) Aber das Barock „hat daran resigniert, so Benjamin, Spuren von Verheißung, von Sinn, von Erfüllung im Geschichtsprozeß ausfindig zu machen." (Ebd.) Auch der Begriff der Kreatur hat „(m)it religiösen Konzeptionen (...) nichts gemein" (I.1, S.253). Er ist nicht im Rahmen der „Religion" (I.1, S.265) zu verstehen - und nicht „(t)heologisch gewendet" (I.1, S.324), sondern eine durch und durch „( )zweideutige Bekundung des epochalen Willens" (I.1, S.258). Seine Interpretation muß deswegen vor allem den neuen Gehalt in den theologischen Formen erkennen. Der Begriff der Kreatur „ist die Vorstellung der Schöpfung als Vergängnis, wenn sie ohne Hoffnung ist." (TAUBES: 1993, S.101) Die melancholische Intention hat nicht Gott zu ihrem Gegenstand - die Welt des „Kreatürlichen" (I.1, S.333) ist die des „Schuldgesetze(s)" (I.1, S.333). Trauer bedeutet den Verlust des Gnadenstandes. Der immanenten Perspektive stellt das Barock in der Betrachtung der Kreatur keine transzendente in Aussicht. Denn im Gegensatz zur mittelalterlichen Betrachtung ist Hoffnung einzig und allein auf dem „Grunde der Versenkung" (I.1, S.334) möglich - in den „Tiefen des kreatürlichen Bereiches" (I.1, S.324). Das Leiden der Menschen ist im Stand der Kreatur deswegen ein „Rätsel" (I.1, S.343) - und nicht das Geheimnis der Erlösung. Es ist kein Mysterium. Der barocke Mensch kennt weder die Bedeutung des Leidens noch die theologische Bestimmung des Menschen - das ist in der melancholischen Intention der „Kern der allegorischen Betrachtung" (I.1, S.343).

V. Dialektik der Rettung

A. Treue

Der „Unentschlossenheit" (I.1, S.333) des Fürsten stellt Benjamin in der „Treulosig-keit" (I.1, S.333) des Intriganten „einen anderen Zug des Saturnmenschen" (I.1, S.333) zur Seite - der „Verrat ist sein Element" (I.1, S.333). Es sind die Intriganten, die in „kritischen Augenblicken (...), kaum daß sie Zeit zur Besinnung sich gönnen, den Herrscher verlassen, zur Gegenpartei übertreten." (I.1, S.333) So hat auch Albertinus vor allem im „politicos" (ALBERTINUS: S.327) den Melancholiker erkannt - „immerdar den Mantel nach dem Wind hengen" (ebd.) – und „GOtt dem HErrn das seinige, wegen deß Weltlichen resepcts, ubergeben" (ebd.). Das aber ist kein böser Wille, sondern eine konstitutionelle Schwäche - denn „(n)ichts Schwan-kenderes ist vorstellbar als der Sinn des Hofmanns" (I.1, S.333). Denn seine „Gesin-nungslosigkeit" (I.1, S.333) ist nur zu einem „Teil bewußte Geste des Machiavellis-mus, zu einem anderen aber ein trostloser und schwermütiger Anheimfall an eine für undurchdringlich erachtete Ordnung unheilvoller Konstellationen (...), welche einen geradezu dinglichen Charakter annimmt" (I.1, S.333). Die Welt ist also nicht an sich unverständlich, sondern nur im Blick des Melancholischen, der sie als solche „er-achtet( )" (I.1, S.333). Denn der Melancholiker ist der Welt verfallen, die in seinem

Blick als ein Rätsel erscheint, das ihn in seinen Bann zieht. Dem melancholischen Blick erschließt sich die Welt aber vor allem in ihrer Bedeutsamkeit - als Schrift. Er will im Zentrum der „für undurchdringlich erachtete(n)" (I.1, S.333) Welt ihre „Bedeutung (...) enträtseln" (I.1, S.319), die immer im Horizont der Zukunft steht. Denn in der allegorischen Bedeutung der Welt wird die Bestimmung menschlichen Lebens als Schicksal erschlossen, das sich als solches im „unheilvolle(n)" (I.1, S.333) Sinne erfüllen wird. So hat der Intrigant als Melancholiker politische Visionen - er ist im politischen Betrieb der „Augur" (I.1, S.333).

Die melancholische Treulosigkeit „gegen den Menschen" (I.1, S.333) wird deswegen durch keine machiavellistischen Zwecke motiviert. Denn das melancholische Bewußtsein ist immer schon der Welt der bedeutsamen Dinge verfallen. Die politische Ordnung nimmt im Blick des Intriganten einen „geradezu dinglichen Charakter an( )" (I.1, S.333) - er sieht ihre Bestimmung in „Krone, Purpur, Szepter" (I.1, S.333) beschlossen. In den „Requisiten" (I.1, S.333) des Politischen erkennt er dessen Bestimmung - diese Dinge haben im melancholischen Blick „ein Fatum an sich, dem der Höfling als sein Augur am ersten sich unterwirft" (I.1, S.333). Der Intrigant ist - wie Hamlet - der „Herr( )" (I.1, S.315) und „Kundige( )" (I.1, S.315) der „schicksalshaften Requisiten" (I.1, S.315). Der „Untreue" (I.1, S.333) des Intriganten „gegen den Menschen" (I.1, S.333) steht deswegen die „in kontemplativer Ergebenheit geradezu versunkene Treue gegen diese Dinge" (I.1, S.333) und die „Dingwelt" (I.1, S.333) als solche zur Seite. Denn er bleibt den Dingen treu, indem er die Bedeutung menschlichen Lebens in ihnen zu „enträtseln" (I.1, S.319) versucht. Die Dinge repräsentieren in seinem Blick das Schicksal, in dem die „Schuldgesetze" (I.1, S.333) des natürlichen „Lebens" (I.1, S.333) beschlossen sind. Die Welt des Schuldgesetzes ist die des „Kreatürlichen" (I.1, S.333). Deswegen werden auch die „Dinge" (I.1, S.333) in die Welt der Kreatur einbezogen. Denn die Schuld der Menschen zieht auch die Dinge ins Reich des Schicksals, in dessen Zeichen sie zu Requisiten werden. Deswegen haben sie „ein Fatum an sich" (I.1, S.333). Und der Intrigant bleibt den „Requisiten" (I.1, S.333), in denen die „Schuldgesetze seines Lebens" (I.1, S.333) als Rätsel zur Darstellung kommen, treu, indem er sie zu „enträtseln" (I.1, S.319) versucht. Doch deren Bedeutung ist immer „unheilvoll( )" (I.1, S.333). Der Melancholiker bleibt deswegen, indem er das Schicksal aus den Dingen liest, seinem Schicksal treu. Diese Treue aber ist deswegen „hoffnungslos( )" (I.1, S.333), weil sie in Wahrheit dem Tode treu bleibt.

Doch der „Begriff" (I.1, S.333) der Treue steht erst „mit dieser hoffnungslosen Treue" (I.1, S.333) des Melancholikers „zum Kreatürlichen und zu dem Schuldgesetze seines Lebens (...) am Ort seine adäquaten Erfüllung" (I.1, S.333), der durch den „apriorischen Gegenstand" (I.1, S.318) der Treue bestimmt wird. Denn „(a)lle wesentlichen Entscheidungen vor Menschen (...) können gegen die Treue verstoßen, in ihnen walten höhere Gesetze. Restlos angemessen ist sie einzig dem Verhältnis des Menschen zur Dingwelt. Sie kennt kein höheres Gesetz und die Treue keinen Gegenstand, dem sie ausschließlicher gehörte als der Dingwelt." (I.1, S.333) Und auch wo der Melancholiker an Menschen „aus Treue" (I.1, S.334) denken will, da „umgibt" (I.1, S.334) er sich nur „mit den Bruchstücken der Dingwelt" (I.1, S.334), die ihm zu Andenken werden. Denn in der Welt der Menschen ist die melancholische Intention „überforder(t)" (I.1, S.334). Die melancholische Treue ist zwar „zur besondern Steigerung, kontinuierlichen Vertiefung ihrer Intention befähigt. Tiefsinn eignet vor allem dem Traurigen." (I.1, S.318). Er hat aber sein Motiv in der Treue zur Dingwelt. Denn „(d)ie Beharrlichkeit, die in der Intention der Trauer sich ausprägt, ist aus ihrer Treue zur Dingwelt geboren" (I.1, S.334), die ihr ein Rätsel ist. Das Motiv der melancholischen Intention ist also nicht aus Freiheit „geboren" (I.1, S.334). Denn der Treue liegt keine Entscheidung zu Grunde. Sie widerspricht auch nicht der melancholischen „Unentschlossenheit" (I.1, S.333). Denn diese ist erst durch den „Anheimfall an eine für undurchdringlich erachtete Ordnung unheilvoller Konstellationen" (I.1, S.333) auf ihren Begriff zu bringen. Es ist „Gesinnungslosigkeit" (I.1, S.333) kein „andere(r) Zug des Saturnmenschen" (I.1, S.333), sondern vollendet dessen „Unentschlossenheit" (I.1, S.333) *in extremis*. Die Treue des Traurigen ist deswegen eigentlich Ohnmacht - eine „Treue, die unfreiwillig, nur aus Schwäche kommt" (BRIEFE III, S.100).[62]

B. Intention der Rettung

Die „Liebe" (I.1, S.318) des Traurigen gehört allein der Dingwelt - die melancholische Intention „umgibt sich mit Bruchstücken der Dingwelt als ihren eigensten, sie nicht überfordernden Gegenständen." (I.1, S.333) Der Melancholiker lebt in der Welt der Dinge, die ihm eine Welt des Wissens ist - die „Melancholie verrät die Welt um des Wissens willen." (I1, S.334) Während die Welt nämlich mehr als nur Wissen braucht, „überfordern( )" (I.1, S.334) die Dinge den Melancholiker deswegen nicht, weil er in ihnen das Wissen hat, das er sucht. Aber der Wunsch nach Wissen hat ein Motiv - er ist in der „Intention" (I.1, S.334) der Rettung beschlossen, die das melancholische „Verhalten( )" (I.1, S.333) bestimmt. Denn seine „ausdauernde Versunkenheit nimmt die toten Dinge in ihre Kontemplation auf, um sie zu retten" (I.1, S.334). Die Dinge sind dem melancholischen Geist die Gegenstände einer „Sorge" (I.1, S.397), die sich um ihre Bedeutung kümmert. Denn die Rettung der Dinge ist die „Rettung durchs Bedeutete" (I.1, S.401). Diese soll die Dinge „ins Ewige (...) retten" (I.1, S.397). Weil die Dinge „bedeutend (...) nur in den Stationen ihres Verfalls" (I.1, S.343) sind, will der Melancholiker die „Bedeutung" (I.1, S.343) der Dinge fixieren. Durch ihre Bedeutung entrinnen sie dem Lauf der Zeit - sie werden zu Sinnbildern oder Emblemen.

Die Rettung der Dingwelt durch ihre Bedeutung ist die „Sehnsucht" (I.1, S.401) der melancholischen Intention. Es ist deren „Treue" (I.1, S.333) und „Beharrlichkeit" (I.1, S.334) aber „hoffnungslos( )" (I.1, S.333). Doch das liegt nicht an den Dingen. Denn ihr vergängliches Wesen ist nicht durchaus hoffnungslos - die Dinge können „auf Rettung durchs Bedeutete hoffen" (I.1, S.401). Sie können aber deswegen nicht gerettet werden, weil der Melancholiker sie niemals in ihrem „schlichten Wesen" (I.1, S.402) erkennt. Die Dinge sind also objektiv durchaus bedeutend. Es ist aber das „Sinnen, dem, wenn es nicht sowohl geduldig auf Wahrheit, denn unbedingt und zwanghaft mit unmittelbarem Tiefsinn aufs absolute Wissen geht, Dinge nach ihrem schlichten Wesen sich entziehen, um als rätselhafte allegorische Verweisungen weiterhin als Staub vor ihm zu liegen." (I.1, S.402) Dem Melancholiker werden die Dinge zur allegorischen Darstellung seines subjektiven Wissens vom Schicksal. Sie dienen der melancholischen Intention als Bilder, die sie durch willkürliche Bedeutungen unterschreiben kann. Die Welt der Dinge ist nichts als eine Projektionsfläche melancholischen Tiefsinns. In ihr kann man lesen, wie es um die Subjektivität des Melancholischen bestellt ist, nicht aber das Wesen der Dinge erkennen. Weil aber die „Dinge nach ihrem schlichten Wesen sich entziehen" (I.1, S.402) müssen, kommt das melancholische Sinnen zu keinem Ende. Die Bedeutung der Dinge wird immer wieder zum Rätsel.[63]

Die Melancholiker kann das „Wesen" (I.1, S.402) der Dinge nicht erkennen. Denn in der Bedeutungen, die er in ihnen erkennt, kommt nicht zur Sprache, was die Dinge in „Wahrheit" (I.1, S.402) sind. Und doch ist das melancholische „Verhalten( )" (I.1, S.333) nicht ohne die Idee der „Wahrheit" (I.1, S.334) zu verstehen. Denn die melancholische Intention, welche die „toten Dinge (...)retten" (I.1, S.334) will, „spricht (...) auf ihre Weise eine Wahrheit aus" (I.1, S.334). Der melancholische Ausdruck der Wahrheit ist aber nicht nur „(u)nbeholfen" (I.1, S.334), sondern vor allem „unberechtigt" (I.1, S.334), weil er aus dem falschen Mund kommt. Denn das Recht eine Wahrheit zur Sprache zu bringen, hat nicht, wer in seinem Verhalten der Intention auf Wahrheit widerstrebt. Das Verhalten scheint dann die Wahrheit als solche zu denunzieren. Die melancholische Intention aber spricht als eine „unberechtigt(e)" (I.1, S.334) doch eine Wahrheit aus. Denn die Intention der Rettung ist als solche durchaus im Recht. In der melancholischen Intention kommt also das Recht im Unrecht zur Sprache - das Unrecht des melancholischen Verhaltens ist ein dialektisches Bild des Rechts. Die Wahrheit, die in der Melancholie zum Ausdruck kommt, ist deswegen nicht die Wahrheit der Melancholie selbst. Denn die Intention der Trauer ist deswegen nicht wahr, weil die Dinge in der Trauer gar nicht „zu retten" (I.1, S.334) sind. Der Wahrheitsgehalt der melancholischer Intention ist ein allegorischer. Denn er ist von der Melancholie selbst verschieden - er steht im Widerspruch zu ihrer Intention, die um der Wahrheit willen erlöschen muß. So wird die Melancholie zum Spiegelbild des Wahren. Denn in der „Hierarchie der Intentionen" (I.1, S.318) - so das Theorem - „( )spiegeln" (I.1, S.334) sich in den „absteigenden Intentionsstufen (...) die aufsteigenden (...) beziehungsvoll verwandelt sich ab( )" (I.1, S.334). Die „Intentionsstufen" (I.1, S.334) zeichnen sich durch einen bestimmten „Rhythmus" (I.1, S.334) aus - die „Treue ist der Rhythmus der (...) absteigenden Intentionsstufen, in welcher die aufsteigenden (...) beziehungsvoll verwandelt sich abspiegeln." (I.1, S.334) Die Welt der „absteigenden Intentionsstufen" (I.1, S.334) ist die der Dinge. Denn die Treue ist „angemessen (...) einzig dem Verhältnis zur Dingwelt" (I.1, S.333). Ist die Trauer zu einer „kontinuierlichen Vertiefung ihrer Intention befähigt" (I.1, S.318), dann ist Trauer die letzte Stufe der „absteigenden Intentionsstufen" (I.1, S.334). Die „ausdauernde Versunkenheit nimmt die toten Dinge in ihre Kontemplation auf, um sie zu retten" (I.1, S.334). Der „Welt"

(I.1, S.334) der „Menschen" (I.1, S.333) aber sind die aufsteigenden Intentionen „angemessen" (I.1, S.333). Was aber macht deren „Rhythmus" (I.1, S.334) aus?

In der „Beharrlichkeit" (I.1, S.318) der Trauer spiegelt sich die der „Liebe" (I.1, S.318). Denn in der „Hierarchie der Intentionen" (I.1, S.318) wird der Ort der Trauer bestimmt „durch die (...) Beharrlichkeit der Intention, die unter den Gefühlen außer diesem vielleicht - und das nicht spielweis - nur der Liebe eignet." (I.1, S.318) Im „Verhalten" (I.1, S.333) zur Dingwelt spiegelt sich deswegen eines, das als Liebe dem Verhältnis zu „Menschen" (I.1, S.333) angemessen wäre. Denn der wahre Gegenstand der Liebe ist nicht die Dingwelt, sondern die Welt der Menschen. Wie die Treue zu den Dingen ist auch die Liebe durch „Beharrlichkeit" (I.1, S.318 u.S.334) zu bestimmen. Die „Beharrlichkeit" (I.1, S.318 u.334) der Liebe aber ist aus „Entscheidung( )" (I.1, S.333) - und so aus in Freiheit - geboren. Sie ist kein Zeichen von Schwäche. Deswegen kann sie auch „gegen die Treue verstoßen" (I.1, S.333). Ist die Intention der Treue die Rettung der Dinge, dann ist die der Liebe die Rettung der Menschen. Und ist die Intention der Treue sowohl „unberechtigt" (I.1, S.334) als auch „hoffnungslos( )" (I.1, S.333), dann ist die der Liebe sowohl im Recht als voller Hoffnung. So ist das Hoffnungslose der Treue zu den Dingen ein dialektisches Bild der Hoffnung und der Liebe zu den Menschen. Dialektisch ist dieses Bild, weil Hoffnung einzig und allein in der Treue zum Negativen zum Ausdruck kommt. Als dialektisches Phänomen widerstrebt sie der melancholischen Intention, die sich in der Welt der Kreatur einrichten will.

Doch wer ist das Subjekt dieser Liebe, die die Menschen retten will? Es spiegelt sich nämlich in der Treue zur Dingwelt zuletzt nicht sowohl die Liebe zwischen Menschen, sondern die Gottes zu den Menschen. Die Schwäche des Menschen ist ein Bild der „Allmacht" (I.1, S.407) Gottes. Und das Wissen des Melancholikers, das immer nur unausweichliches Schicksal sehen will, läßt die Weisheit der Vorsehung erkennbar werden. Die Geschichte des Melancholischen mit den Dingen wird zur Allegorie der Geschichte Gottes mit den Menschen. So dürfen die Dinge zwar nicht auf Rettung durch den Melancholiker hoffen, wohl aber die Menschen auf Erlösung durch Gott. Die melancholische Subjektivität kommt in der göttlichen des Gerichts zu ihrem „Recht" (I.1, S.407). Sie ist in ihrem bösen Wesen die „wirkliche Spiegelung der leeren Subjektivität im Guten" (I.1, S.407). Der Melancholiker sieht sich zuletzt der göttlichen „Allmacht" (I.1, S.407) unterstellt. Die Theorie der Melancholie ist deswegen ein dialektischer Beitrag zur „Theosophie" (I.1, S.334), als welche die Lehre der Kreatur eigentlich zu verstehen ist. Denn die Intention der Treue wird auf dem „Grunde der Versenkung" (I.1, S.334) - in dem „bodenlosen" (I.1, S.404) und „leeren Abgrund" (I.1, S.404) und in ihrer „grundlosen Tiefe" (I.1, S.405) - „treulos" (I.1, S.406) - in einer „Wendung" (I.1, S.334) und in dem „einen Umschwung" (I.1, S.406) - „zur Auferstehung (...) überspring(en)" (I.1, S.406). Die Intention erkennt am Ende die „Ökonomie des Ganzen" (I.1, S.407). Die Welt der Trauer ist die des Wissens. Dessen Bedeutung liegt theologisch auf der Hand. Denn „(d)ie Bibel führt das Böse unter dem Begriff des Wissens ein." (I.1, S.407) Und im Wissen als dem „schlechthin Bösen greift die Subjektivität ihr Wirkliches und sieht es als die bloße Spiegelung ihrer selbst in Gott." (I.1, S.407)

C. Idee der Renaissancespekulation

Benjamin stellt die dialektische Logik der Intentionsstufen in einen historischen Rahmen - die „Treue ist der Rhythmus der emanatistisch absteigenden Intentionsstufen, in welcher die aufsteigenden der neuplatonischen Theosophie beziehungsvoll verwandelt sich abspiegeln." (I.1, S.334) Die „absteigenden Intentionsstufen" (I.1, S.334) sind also nicht als solche der „neuplatonischen Theosophie" (I.1, S.334) zu verstehen, die in der Renaissance wieder aktuell wurde - an „einer Stelle hat die späte Antike für die Polarität des Kronosbegriffes eine so klare und einprägsame Formel gefunden, daß sie der abendländischen Welt nie wieder aus dem Gedächtnis entschwinden konnte: in der späthellenistischen Lehre von der `Himmelsreise der Seelen´, in jener Theorie, laut welcher die menschliche Seele vor ihrem irdischen Dasein in einer höheren `Sphäre´ existierte und bei ihrer Inkarnation, durch die Planetenhimmel hindurch zur Erde hinabsteigend, von jedem Wandelstern bestimmte Gaben erhält, die sie beim Wiederaufstieg in denselben Himmel wieder von sich abstreift. Diese Lehre begegnet (...) in einer ausgesprochen optimistischen und in einer ausgesprochen pessimistischen Version. Die pessimistische Version berührt sich mit den Gedankengängen der Gnosis, für die die Welt im Sinn des altiranischen Dualismus in ein sündenloses Jenseits und ein unreines und schuldvolles Diesseits zerfällt, und die demgemäß den Abstieg der Seele vom Himmel zur Erde nur als einen Sündenfall auffassen kann, in dessen Verlauf der Seele von jedem Planeten eine Unheilgabe zuteil wird. Die andere, optimistische Version dagegen hat ihre entscheidende Formulierung im Neoplatonismus gefunden, der (...) bei aller Geringschätzung der Materie doch nie zu einer ausgesprochenen `Zweiweltentheorie´ gelangt ist, und für den auch der Einfluß der Sterne nicht anders als segensreich wirken kann." (PANOFSKY, SAXL: 1923, S.11f) Vor allem in der Saturnauffassung der Renaissance kommt es zur Neubelebung der „neuplatonische(n) Anschauung" (ebd., S.29) gekommen. Es war die „ungeheure Autorität Dantes, die (...) der Vorstellung des Saturn als eines Gestirnes erhabener Kontemplation zum Siege verhalf: im XXI. Gesang des Paradieses ist es ja die Saturnsphäre, in der dem Dichter die erlauchtesten Vertreter der Vita contemplativa erscheinen (Piero Damiano und der heilige Benedikt), aus der die leuchtende Stufenleiter der Kontemplation bis zur Anschauung des Göttlichen emporsteigt, wo Beatrices Lächeln erstirbt, und selbst die Musik der Sphäre verstummt, weil das Absolute zu nahe ist" (ebd., S.29f). Die Renaissance will so „dem Saturn die Geisteskräfte ab( )lauschen und doch dem Wahnsinn (...) entgehn" (I.1, S.329).

Im Barock aber geht die melancholische Intention in die „Tiefe" (I.1, S.330) - das Wissen des Melancholischen ist „nicht als erhabene oder gar heilige Einflüsterung zu verstehen. Denn alle Weisheit des Melancholikers ist der Tiefe hörig; sie ist gewonnen aus der Versenkung ins Leben der kreatürlichen Dinge (...). Alles Saturnische weist in die Erdtiefe" (I.1, S.330). Das Barock kennt nicht die „Vorstellung des Saturn als eines Gestirnes erhabener Kontemplation" (PANOFSKY, SAXL: 1923,

S.30), in der der „Saturnmensch( )" (I.1, S.333) selbst „bis zur Anschauung des Göttlichen emporsteigt" (ebd.). Das deutsche Barock will aber auch von der magischen Balancierung der „Saturnkindschaft" (I.1, S.335) nichts wissen, sondern erkennt in der Melancholie allein den Rhythmus des Untergangs. Denn die Einsicht in die „absteigenden Intentionsstufen" (I.1, S.334) der Melancholie ist ein Werk des Barock. Und erst im Barock wird das Negative selbst dialektisch. Das ist der eigentliche Ertrag der barocken Theorie. Denn in der Renaissance wird die Polarität des Kronos entweder in der „Konzentrationskraft" (I.1, S.331) immanent überwunden, indem Saturn selbst zum Gott der „(`)Intelligenz und Kontemplation(´)" (I.1, S.327) wird, oder magisch durch Jupiter balanciert. Sie wird aber niemals dialektisch(-allegorisch) verstanden. Das Positive ist in der Magie die unvermittelbare Antithese zum Negativen - oder das Negative selbst wird durch Konzentration im Positiven überwunden. Im Barock aber ist das Negative das dialektisch-allegorische Bild des Positiven.

So deutet das Zeitalter die Melancholie der Renaissance um - die „Vorstellung des Saturn als eines Gestirnes erhabener Kontemplation" (PANOFSKY, SAXL: 1923, S.30) ist nicht mehr zu halten. Das Barock sieht in der saturnischen Acedia die in die Welt der Kreatur „absteigenden Intentionsstufen" (I.1, S.334). Aber gerade diese sind nicht ohne Hoffnung. Die barocke Melancholie ist nicht nur die Antithese zur „erhabne(n) Melancholie" (I.1, S.329) der Renaissance. Denn wenn die „Treue (...) der Rhythmus der emanatistisch absteigenden Intentionsstufen (ist), in welcher die aufsteigenden der neuplatonischen Theosophie beziehungsvoll verwandelt sich abspiegeln" (I.1, S.334), dann ist im Barock die Melancholie negativ-dialektisch verstanden worden. Wenn also Benjamin die barocke Melancholie in einem „Zwiespalt neuantiker und medievaler Beleuchtung" (I.1, S.334) sieht, dann ist das leicht mißzuverstehen. Denn weder spätantike noch mittelalterliche Elemente der Melancholie bleiben im Barock, das deren „Allmacht" (I.1, S.324) verstehen will, ohne Deutung. Und mit der Einsicht in die vollendete Negativität der Melancholie im Zuge einer Aktualisierung mittelalterlichen Geistes wird im Zuge der Aktualisierung humanistischen Geistes auch die Gestalt der Hoffnung neu verstanden. Das Barock nimmt das Negative in seiner „Allmacht" (I.1, S.324) ernst - ein Überstieg aus dem Negativen ist nur in dessen Vollendung denkbar. Das aber setzt einen neuen Sinn christlichen Lebens voraus. Denn die barocke „Überwindung" (I.1, S.335) der Melancholie ist allein „im christlichen Geiste (zu) erblicken." (I.1, S.335) - Hamlet ist deren „einzigartige(s) Schauspiel" (I.1,S.335) und dessen „kühne Wendung" (I.1, S.334) barocken Geistes.

D. Hamlet

Das Beste an diesem Stück ist die Szene auf dem Kirchhof, wenn Hamlet mit dem Schädel des Spaßmachers in der Hand über die Vergänglichkeit des Lebens spricht. (Walter Benjamin)

A. Idee der Form

Der König ist im deutschen Trauerspiel das „Paradigma des Melancholischen" (I.1, S.321). Dessen Bild wird im Zusammenhang der mittelalterlichen Geisteswelt deutlich. Denn „(m)it der charakteristischen Haltung gegenreformatorischer Reaktion folgt die Typenbildung im deutschen Trauerspiele überall dem mittelalterlichen Schulbild der Melancholie." (I.1, S.334) Seine „Typik" (I.1, S.334) steht in „medievaler Beleuchtung" (I.1, S.334) - das barocke Drama hat auf seiner „rohe(n) Bühne" (I.1, S.335) den „Melancholiker nur mit den grellen und verbrauchten Farben der mittelalterlichen Komplexionenbücher zu malen gewußt." (I.1, S.335) Aber Benjamin geht es nicht nur um die „Typenbildung" (I.1, S.334) und „Typik" (I.1, S.334), sondern um die „Gesamtform dieses Dramas" (I.1, S.334), die keine „Abstraktion am Leibe der Dichtung" (I.1, S.230) ist. Denn die Darstellung des Trauerspiels hat „mit der in ihrer Fülle und konkret erfaßten Metaphysik dieser Form allererst einzuhalten" (I.1, S.228). Die „Gesamtform" (I.1, S.334) des Dramas ist deswegen nur in ihrer „Bestimmtheit durchs Detail ins Auge zu fassen" (I.1, S.240). Und in seinen stilistischen und sprachlichen Einzelheiten ist das Drama von seiner „Typik grundverschieden( )" (I.1, S.334) - es ist die „stilistische Originalität (...) in den Einzelheiten ungleich größer als im ganzen" (I.1, S.239). Und wie die „Typik" (I.1, S.334) ist auch die „Gesamtform" (I.1, S.334) nur im historischen Rahmen zu verstehen. Denn in den Einzelheiten wendet man sich von der mittelalterlichen Struktur ab. Vor allem das Bild des Melancholikers erscheint nicht in seiner absoluten Negativität, sondern im neu verstandenen Rahmen der humanistischen Geisteswelt. So sind „Stil und Sprache" (I.1, S.334) des Trauerspiels sind „nicht zu denken ohne jene kühne Wendung, mit der die Renaissancespekulationen in den Zügen der weinenden Betrachtung den Widerschein eines fernen Lichtes gewahrten, das aus dem Grund der Versenkung ihr entgegenschimmerte." (I.1, S.334)

Der Begriff der „Gesamtform" (I.1, S.321) ist durch diese Perspektive erst richtig zu verstehen. Denn ihrer Betrachtung geht es nicht um die lückenlose Erfassung aller Einzelheiten. Sie ist dann vollendet, wenn in der Konstruktion der Details die „Spannung einer eigenen Dramenwölbung" (I.1, S.257) erwiesen werden kann. Die „Totalität" (I.1, S.409) der Form meint aber nichts anderes als die Perspektive der Transzendenz im Drama. Erst durch diese kommt es zu einer „sinnvollen Konstellation des Ganzen" (I.1, S.408). Der „Kommentar" (I.1, S.320) der stilistischen und sprachlichen Einzelheiten des Trauerspiels ist deswegen erst dann abgeschlossen, wenn dessen Bühne vom „Funken" (I.1, S.335) der „christlichen" (I.1, S.335) Hoffnung beleuchtet wird. Das deutsche Trauerspiel aber verkennt seine konstruktive Leistung, indem es die objektiven Tendenzen der Form verstellt. Weil das deutsche Trauerspiel „sich selbst erstaunlich dunkel geblieben" (I.1, S.335) ist, wird es von Benjamin durch Interpretation erleuchtet. Die Perspektive der Transzendenz im deutschen Drama ist aber, weil sie zu „denken" (I.1, S.334) ist, keine allegorische Unterstellung seiner Deutung. Denn das deutsche Barock hat den Melancholiker durchaus in „dem Zwiespalt neuantiker und medievaler Beleuchtung (...) gesehen" (I.1, S.334). Die „Typenbildung" (I.1, S.334) des barocken Dramas aber bleibt im Bann des „mittelalterlichen Schulbild(es)" (I.1, S.334). Denn den protestantischen Autoren ist es nicht „gelungen" (I.1, S.334), die „Gestalt" (I.1, S.334) des Melancholikers in diesem „Zwiespalt" (I.1, S.334) auch zu „beschwören" (I.1, S.334) und so in Szene zu setzen. Deswegen ist der „Entwurf dieser Form (...) zu Ende zu denken" (I.1, S.409). Denn die Interpretation des barocken Dramas hat auch die Möglichkeiten der Darstellung zu betrachten, die in ihm nicht verwirklicht worden sind. In diesem Sinne ist sie sowohl spekulativ als auch archäologisch. Den „(w)eil aus den Trümmern großer Bauten die Idee von ihrem Bauplan eindrucksvoller spricht als aus geringen noch so wohl erhaltenen, hat das deutsche Trauerspiel des Barock den Anspruch auf Deutung." (I.1, S.409) Den nicht realisierten „Bauplan" (I.1, S.409) des deutschen Trauerspiels aber erkennt Benjamin „vorbildlich" (I.1, S.335) und „einzigartig( )" (I.1, S.335) in Hamlet.[64]

B. Überwindung der Trauer im christlichen Geist

Hamlet ist das Sinnbild der barocken Theorie der Trauer - nicht Dürers `Melencolia I´ (vgl. STEINER: 1989, S.681). In der Darstellung des dänischen Prinzen kommt die Theorie der Trauer zu sich selbst. Sie beleuchtet das Ganze der Darstellung - Hamlet ist „vorbildlich" (I.1, S.335). Denn „(e)inmal zumindest ist es dem Zeitalter gelungen, die menschliche Gestalt zu beschwören, die dem Zwiespalt neuantiker und medievaler Beleuchtung entsprach, in welchem das Barock den Melancholiker gesehen hat. Aber nicht Deutschland hat das vermocht. Es ist der Hamlet." (I.1, S.334) Denn die „Gesamtform" (I.1, S.334) des deutschen Trauerspiels ist nur zu „denken" (I.1, S.334) - in der „Gestalt" (I.1, S.334) des dänischen Prinzen aber ist sie auch zu „erblicken" (I.1, S.335). In der Interpretation dieser „Gestalt" (I.1, S.334) erreicht die Theorie der Trauer ihren Gehalt. Denn „(i)m deutschen Trauerspiel des Barockzeitalters nur unvollkommen verwirklicht und noch weniger durchdacht, kann die Intention der Trauer doch in seiner Deutung zu sich selbst gebracht werden." (THEUNISSEN: 1996, S.41)

Der „Tiefblick" (I.1, S.335) des selber melancholischen Rochus von Liliencron[65] hat „Saturnkindschaft und Male der Acedia in Hamlets Zügen" (I.1, S.335) lesen können. Hamlet stellt deswegen als Typus das säkularisierte „mittelalterliche( ) Schulbild" (I.1, S.334) der „saturnische(n) Acedia" (I.1, S.333). Der aber wird um seinen „besten Gegenstand (...) betrogen" (I.1, S.335), der wie Liliencron in Hamlet nur die „Allmacht" (I.1, S.324) des Negativen sieht. Denn in Hamlet kommt es zur „Überwindung" (I.1, S.335) der „barocken (...) Starre des Melancholikers" (I.1, S.335). Der „beste( ) Gegenstand" (I.1, S.335) des melancholischen „Tiefblick(s)"

(I.1, S.335) ist der „christliche( ) Funke( )" (I.1, S.335). Die Überwindung der Melancholie ist deswegen eine „im christlichen Geiste" (I.1, S.335). Der „Geist( ) der Allegorie" (I.1, S.409) ist der Geist der historischen Form des barocken Christentums - denn „(d)ie Fundierung der Form im Drama Shakespeares weist einen im christlichen Geiste möglichen Ausweg." (STEINER: 1989, S.696) Denn „Shakespeare allein vermochte aus der barocken, unstoischen wie unchristlichen, pseudoantiken wie pseudopietistischen Starre des Melancholikers den christlichen Funken zu schlagen." (I.1, S.335) In seinem Drama „begründet" (III, S.101) Hamlet die „Welt der christlichen Trauer" (III, S.101). Denn „(n)ur in diesem Prinzen kommt die melancholische Versenkung zur Christlichkeit." (I.1, S.335) Er hat eine christliche Seele - es ist „die Offenbarung, indem sie etwas in der Schöpfung erweckt, was stark ist wie der Tod, diesem und mit ihm der ganzen Schöpfung ihre Neuschöpfung, die Seele, im Leben selber das Überirdische, entgegenstellt" (ROSENZWEIG: 1988, S.362). Hamlet aber hat sich selbst „zu beseelen, den Silberblick der Selbstbesinnung in seinem Inneren (...) zu erwecken vermocht." (I.1, S.335) Doch wie kann Shakespeare „aus der barocken (...) Starre des Melancholikers den christlichen Funken (...) schlagen" (I.1, S.335)? Wie wird die Melancholie christlich? Was ist christlicher Geist in einer Welt, die „von dem Laut der Offenbarung" (I.1, S.330) nichts hören kann?

Der Begriff der christlichen Trauer setzt die Erkenntnis der geschichtlichen Situation der Epoche voraus. Denn in Hamlet sind die Elemente der protestantischen Geisteswelt nach dem Ausfall aller Eschatologie zur „menschliche(n) Gestalt" (I.1, S.334) geworden. In seiner protestantischen Trauer ist der „Rückschlag auf den Sturm gegen das Werk" (I.1, S.317) zu erkennen. Hamlet vor allem sieht sich „in das Dasein als in ein Trümmerfeld halber, unechter Handlungen hineingestellt" (I.1, S.318). Hamlet christliche Seele leistet Widerstand gegen die „wittenbergische Philosophie" (I.1, S.317). Seine Trauer steht nicht nur im Zeichen des Protestantismus, sondern ist „Aufruhr dagegen" (I.1, S.317). Der Geist der Christlichkeit ist in Hamlet ein neuer - er widersetzt sich im Namen einer gewissen „(`)Denkkraft(´)" (I.1, S.317) und „(`)göttliche(n) Vernunft(´)" (I.1, S.317), die in der Unbesonnenheit des deutsch-protestantischen Melancholikers nicht zu erkennen ist. Er unterscheidet sich so von der melancholischen „Gesinnung" (I.1, S.318), die eine „besinnungslose(n) Flucht in eine unbegnadete Natur" (I.1, S.260) treibt. So wird in Hamlet ein neuer Begriff christlichen Lebens entwickelt.[66] Wie die Renaissance war das Barock im Grunde nicht bereit, den Melancholiker der säkularisierten Hölle zum Opfer zu bringen. Die barocke Interpretation der Melancholie ist aber keine humanistische. Denn in Hamlet wird der „Zwiespalt neuantiker und medievaler Beleuchtung" (I.1, S.334), der im Gegensatz der transzendent-magischen Rettung der Melancholie und ihrer Dämonisierung besteht, in einer Dialektik des Negativen überwunden. Im dialektischen Begriff der christlichen Melancholie ist die Erkenntnis „selige(n) Dasein(s)" (I.1, S.335) unter der „Allmacht" (I.1, S.324) des Negativen möglich. Denn die christliche „Überwindung" (I.1, S.335) der Melancholie setzt die Universalität des Negativen voraus. Deswegen ist die Melancholie nicht durch Umkehr zu überwinden. Einzig und allein im „Durchgang durch alle Stationen dieses intentionalen Raums" (I.1, S.334) kann sie überwunden werden - die Überwindung der Melancholie ist nur in der Melancholie selbst realisierbar.

Der „Durchgang durch alle Stationen dieses intentionalen Raums" (I.1, S.334) ist ein Gang in den „Grund( )" (I.1, S.334) der Melancholie. Denn in Hamlet ist der „Widerschein einer fernen Lichtes (...) aus dem Grunde der Versenkung" (I.1, S.334) zu erkennen. Das Barock überwindet die Allmacht des Negativen im Grunde des Negativen selbst. Weil die Überwindung der Melancholie nur in der Melancholie selbst realisierbar ist, steht im Zusammenhang der barocken Melancholie-Rezeption die mittelalterliche Auffassung, welche sündentheologisch die Melancholie als Gegensatz der Freude an Gott versteht, nicht zur Diskussion. Denn die historische Erfahrung des Negativen in der barocken Melancholie „übt eine Gewalt (...) aus, der mit äußerer Negation nicht beizukommen ist." (THEUNISSEN: 1996, S.30) In der vollendeten Negativität aber kommt das Rettende in den Blick der melancholischen „Selbstbesinnung" (I.1, S.335) - in Hamlet kommt die Melancholie zu sich selbst. Sie wird zu dem, was sie an sich ist - die Melancholie „löst (...) sich ein" (I.1, S.335). Der neue christliche Begriff der Trauer bringt zur Sprache, was diese selbst in Wahrheit ist. Die Überwindung der Trauer im christlichen Geist ist deswegen als „Antizipation" (STEINER: 1989, S.683) des Endes des Trauerspielbuches zu verstehen - und „(a)uf diese Weise würde das Melancholiekapitel als ein Miniaturmodell der gesamten Abhandlung lesbar." (Ebd.) Wie aber ist die christliche Überwindung der Melancholie zu vollziehen?

C. Geheimnis des Spielerischen

In Hamlet kommt es zum „einzigartige(n) Schauspiel" (I.1, S.335) einer „Überwindung" (I.1, S.335) der Melancholie „im christlichen Geiste" (I.1, S.335) - diese Überwindung macht sowohl das „Geheimnis seiner Person" (I.1, S.334) als auch das „Geheimnis seines Schicksals" (I.1, S.334) aus. Denn in seinem Schicksal liegt als Mysterium die „christliche Vorsehung" (I.1, S.335) beschlossen - und in seiner Person die christliche Seele. In der Überwindung der Melancholie tritt das Geheimnis dieser Gestalt in Erscheinung. Sie ist aber nur im Untergang realisierbar - im „Erlöschen" (I.1, S.335). Wenn in Hamlet der „Durchgang durch alle Stationen dieses intentionalen Raums" (I.1, S.334) zu betrachten ist, dann scheint Benjamin nur dessen letzte Station zu betrachten. Denn im Erlöschen sieht Hamlet die „traurigen Bilder" (I.1, S.335) seines „Leben(s)" (I.1, S.335). Der Augenblick des Todes wird zum Fokus der Totalität, in dem der christliche Sinn des Lebens erscheint. Was aber ist das Geheimnisvolle dieser Gestalt? In Hamlet bleibt - nach seinen letzten Worten - ein „Rest" (I.1, S.335). Dieser Rest kommt nicht zur Sprache. Er bleibt im „Schweigen" (I.1, S.335) dieses Lebens - in seinem Schicksal und in seiner Person - beschlossen. Der Rest ist nicht das Geheimnis - und doch kommt in Hamlet „seliges Dasein" (I.1, S.335) als das Andere melancholischen Lebens zur Darstellung. In seinem Blick erscheint der „Widerschein eines fernen Lichtes" (I.1, S.334). Das Andere des traurigen Lebens erscheint aber in den Bildern seines „Leben(s)" (I.1,

S.335) nicht als solches. Denn dessen „traurige( ) Bilder (...) verkehren" (I.1, S.335) sich im Augenblick des Todes „in seliges Dasein" (I.1, S.335). Sie verklären sich und werden zu Symbolen.

Benjamin will den Grund erkunden, in dem das Geheimnis „beschlossen" (I.1, S.334) liegt - und es ist das Spielerische seiner Haltung, die aus Hamlets Gestalt ein Geheimnis macht. „Das Geheimnis seiner Person ist beschlossen im spielerischen (...) Durchgang durch alle Stationen dieses intentionalen Raums" (I.1, S.334). Wie aber ist das Spielerische hier zu verstehen? Denn es kann „alles Mögliche und Entgegengesetzte unter den Begriff *Spiel* gebracht werden." (SCHMITT: 1993[2], S.41) Und weitere Elemente des Spielerischen werden von Benjamin in Calderons Dramen untersucht. Im „Momente des Spielerischen und der Reflexion konstatiert Benjamin die eminente Bedingung des Gelingens bei Calderon und Shakespeare." (STEINER: 1989, S.683). Denn „(i)ndem es sich im emphatischen Sinne als ein Spiel darstellt, wahrt das profane Drama den transzendenten Bezug." (Ebd., S.684). Und „(d)ementsprechend gilt ihm der mehrfach beobachtete Übergang des Trauerspiels in das Lustspiel als ein Indiz für die gelungene Vollendung der Form." (Ebd., S.683) Doch wie kommt Transzendenz ins Spiel? Wie können sich Schicksal und Person durchs Spielerische in utopische Bilder verwandeln?

In einer spielerischen Haltung ist die „Unmittelbarkeit des Ausdrucks (...) aufgehoben, das Bewußtsein hat sich eingeschaltet." (SZONDI: 1991[2], S.22) Das Spiel wird deswegen durchaus nicht durch „Absichtslosigkeit" (SCHMITT: 1993[2], S.46) bestimmt. Und sein unermüdliches Bewußtsein macht Hamlet zum Heros der Moderne. Die spielerische Einstellung steht deswegen im Gegensatz zum melancholischen Typus, der in seinem „Anheimfall" (I.1, S.333) an die Dingwelt der „Tiefe hörig" (I.1, S.330) ist, die nichts ist als die Tiefe seiner chthonischen „Subjektivität" (I.1, S.407). Die melancholische Geisteslage ist die eines Träumenden. So kann verständlich gemacht werden, daß der Melancholiker in Hamlet „erweck(t)" (I.1, S.335) wird. Hamlet taucht aus der objektlosen Innerlichkeit der „leeren Subjektivität" (I.1, S.407) seiner Melancholie an das Licht dieser Welt. Die Dinge seiner Betrachtung werden erst ihm - und nur ihm - zum „Gegenstand" (I.1, S.335). Hamlet - das ist die melancholische „Selbstbesinnung" (I.1, S.335). Das Trauerspiel seines Lebens ist auch ihm ein „Spiel (...) über dem die Trauer ihr Genügen findet." (I.1, S.298) Aber „nicht was sie ihm spielen, sondern einzig und allein sein eigenes Schicksal kann ihm genügen." (I.1, S.335) In Hamlet wird deswegen das Leben des Melancholikers selbst zum „Gegenstand" (I.1, S.335) einer immer noch melancholischen Betrachtung. Denn vor allem zieht die Dingwelt den Melancholiker in ihren Bann - das ist die „pathologische Verfassung, in welcher jedes unscheinbarste Ding (...) als Chifffer einer rätselhaften Weisheit auftritt" (I.1, S.319). So bleibt er „sich selbst (...) dunkel" (I.1, S.335). Hamlet aber durchläuft „alle Stationen" (I.1, S.334) der Trauer. Er nimmt nicht nur die Dinge, sondern auch sein melancholisches „Leben" (I.1, S.335) selbst in den „Blick" (I.1, S.334). Die „allegorische Intention (...) richtet" (I.1, S.400f) sich zuletzt auf den „Mensch(en)" (I.1, S.401). Er „tritt (...) in ihren Blickkreis" (I.1, S.401).

In Hamlet kommt der Melancholiker zum Selbstbewußtsein - er vollzieht seine Melancholie nicht „im Fallen sich überschlagen(d)" (I.1, S.405). Sein Blick ist der „Silberblick der Selbstbesinnung" (I.1, S.335), die unter den „Stationen" (I.1 S.334) der Trauer die letzte ist. In diesem Sinne ist sein „Durchgang" (I.1, S.334) durch den „intentionalen Raum( )" (I.1, S.334) der Trauer „gemessen( )" (I.1, S.334). Denn er nimmt sich „Zeit zur Besinnung" (I.1, S.333), die an die Stelle der „besinnungs-lose(n) Flucht in eine unbegnadete Natur" (I.1, S.260) tritt, die den Melancholiker im deutschen Trauerspiel auszeichnet. So gibt Benjamin dem durch „Reflexionen gehemmten Melancholiker" (SCHMITT: 1993[2], S.22) eine überraschende Wendung. Denn die Selbstreflexion ist es, die den melancholischen „Anheimfall" (I.1, S.333) an die Dingwelt hemmt. Wenn sein „Durchgang" (I.1, S.334) durch die Welt der Trauer ein „spielerischc(r)" (I.1, S.334) ist, so ist er das durch ein gewisses Pathos der Distanz. Denn „(i)ndem (...) das Subjekt sich gegenständlich wird, gewinnt es Distanz zu sich und der Welt, schaut sich und der Welt zu" (SZONDI: 1991[2], S.18). Hamlet ist der „Zuschauer" (I.1, S.335) seines Lebens. Die spielerische Haltung ist nämlich eine, die sich über die Welt des Bedingten unendlich erhebt. Sie ist aber der melancholischen „Selbstbesinnung" (I.1, S.335) als solcher zu eigen. Dem „Beson-nenen" (II.3, S.1253) ist es *per definitionem* „nicht ganz ernst" (II.3, S.1253). Denn der „Geist entbindet ihn davon, den Bereich des Weltlichen ganz ernst zu nehmen." (TAUBES: 1996, S.221)

Hamlet betrachtet aus dem archimedischen Punkt seines „Inneren" (I.1, S.335) das „eigene( ) Schicksal" (I.1, S.335). In dessen Perspektive aber ist das Schicksal nur ein Spiel. Er wird zum Schauspieler seines Lebens - die Gebärden seiner Trauer setzt er in Szene.[67] Hamlet muß „einen Wahnsinnigen, dann einen Melancholischen spielen" (IV.1,2, S.798). So wird auch seine Melancholie zu einem Schauspiel - „(i)st dies schon Tollheit, hat es doch Methode" (SHAKESPEARE: 1986, S.41). So wird der Sinn des Spielerischen deutlich - in „Benjamins Lektüre des *Hamlet* gelingt dem Protagonisten die Selbstüberwindung der Trauer in der schauspielerischen Selbstinszenierung" (STEINER: 1989, S.694). Denn in der „Distanz zum Bedingten" (SZONDI: 1991[2], S.24) kommt der Sinn für das Unendliche zum Ausdruck. Im Durchschreiten der Melancholie wird das „Innere( )" (I.1, S.335) zum „Geheimnis" (I.1, S.334). Der Grund des Geheimnisvollen liegt in dem innerlichen Punkt, der eine spielerische Darstellung der Melancholie erlaubt. Denn „(d)as Leben wird auf einen *tiefen, unendlichen Sinn*, der ihm nicht immanent ist, bezogen und unter dessen Gesichtspunkt betrachtet. So entsteht die Vorstellung des Spiels. Spiel ist Leben, das aus einem ihm äußerlichen archimedischen Punkt heraus gelebt und gedeutet wird." (SZONDI: 1991[2], S.23) In Hamlet kommt es deswegen zur Entdeckung des „Inne-ren" (I.1, S.335). Die Welt der Trauer aber wird im Blick der melancholischen „Selbstbesinnung" (I.1, S.335) zu einer Scheinwelt - „Gestalt des Grames / Ist das, was wahr mich kundgibt; dies scheint wirklich: / Es sind Gebärden, die man spielen könnte. / Was über allen Schein, trag' ich in mir; / All dies ist nur des Kummers Kleid und Zier." (SHAKESPEARE: 1986, S.13) Der Traurige ist nicht mehr der *chtonischen* „Tiefe hörig" (I.1, S.330), sondern kann „sich (...) beseelen" (I.1, S.335)

- Hamlet kann sich über das „Schuldgesetz( ) seines Lebens" (I.1, S.333) unendlich erhaben fühlen.

Die spielerische Haltung kommt in Hamlet aber nicht zur Herrschaft - die Trauer über sein melancholisches Leben ist ernst. Deswegen sind Calderons Dramen und nicht Hamlet extreme Fälle romantischen Geistes. Hamlet zerstreut seine Trauer nicht spielerisch. Denn sein Leben ist ein „vorbildlich seiner Trauer dargeliehener Gegenstand" (I.1, S.335). Es ist das die einzige Stelle im Trauerspielbuch, die den Begriff der Trauer nicht im Sinne einer Intention auf Wissen verwendet. Trauer ist hier nicht der pathologische Zustand, in dem „jedes unscheinbarste Ding (...) als Chiffer einer rätselhaften Weisheit auftritt" (I.1, S.319), sondern die „weinende( ) Betrachtung" (I.1, S.334). In diesem Sinne ist sein Leben der Trauer „dargeliehen( )" (I.1, S.335) - der „Starrkrampf" (I.1, S.319) der Melancholikers löst sich in den Tränen, die er über die „traurigen Bilder" (I.1, S.335) seines Leben weint. So kann verstanden werden, daß die „Melancholie, indem sie sich begegnet, sich ein(löst)." (I.1, S.335) Der Melancholiker klammert sich am Ende nicht mehr an die Welt, sondern löst sich im „Erlöschen" (I.1, S.335) weinend von dieser Welt.

Das Selbstbewußtsein des Melancholischen aber ist nur in einer spielerischen Haltung realisierbar - ohne den Funken der Innerlichkeit kann sich die Trauer nicht „beseelen" (I.1, S.335). Der archimedische Punkt seines „Inneren" (I.1, S.335) ist das Apriori in Benjamins Hamlet-Deutung - ohne diesen wird romantisches Bewußt-sein dämonisch. Die spielerische Distanz ist in Hamlet nicht das Siegel der inneren Sicherheit unter den herrschenden Schicksalsmächten. Denn sie überschreitet nicht die Schranken der Endlichkeit, sondern leitet nur die Einsicht in die Negativität des eigenen traurigen Daseins an.[68] Hamlet ist deswegen nicht das „verantwortungslos reflektierende Genie" (I.1, S.263) der Romantik.[69] Sein Spielen dient der Selbster-kenntnis und nicht der Zerstreuung der Trauer durch unendliche Reflexionen. Die Erkenntnis der Trauer aber ist die ihrer Negativität. Sein Inneres kommt einzig und allein in der spielerischen Darstellung des Negativen als eines Negativen zum Aus-druck. Es ist die Erkenntnis des Negativen selbst, die seine Tränen löst. Das Spiel schlägt deswegen im Augenblick der Selbstbegegnung in Ernst um.

In der Romantik wird Hamlet zur Figur der unendlichen Reflexion - in dieser nimmt „(d)ie Scheinhaftigkeit der Welt und des eigenen Seins (...) zu, die Reflexion wird immer leerer." (SZONDI: 1991[2], S.19) Denn die „innere Spaltung, die das Sich-zum-Objekt-Werden bedeutet, kann nur in einer zweiten Reflexion aufgehoben werden. Da diese in gleicher Weise nicht *aufgeht*, wird der Prozeß als *ein immer wieder Potenzieren der Reflexion*, fortgeführt." (Ebd., S.18f) Hamlet aber durch-bricht den „Teufelskreis der lebensfremden Spekulation." (STEINER: 1989, S.694) Die „Objektivität" (I.1, S.407) der Trauer stellt sich ihm vorbildlich als eine „trüge-rische" (I.1, S.407) heraus. Er erkennt das „Wirkliche( )" (I.1, S.407) seine Lebens als dessen „Spiegelung (...) in Gott" (I.1, S.407). Im „Weltbild" (I.1, S.407) der Trauer kommt es deswegen wie am Ende des Trauerspielbuchs zu einem Wechsel der „Perspektive" (I.1, S.407). Die Welt der Trauer wird mit der Entdeckung der Innerlichkeit zur Welt der „christliche(n) Vorsehung" (I.1, S.335), in deren „Schoß" (I.1, S.335) Hamlet erwacht. Die Bilder seines traurigen Lebens werden „vor dem

Erlöschen" (I.1, S.335) zu Allegorien - es „verkehren" (I.1, S.335) sich die „traurigen Bilder (...) in seliges Dasein" (I.1, S.335).

D. Geheimnis der Vorsehung

In Hamlet tritt die „christliche(n) Vorsehung" (I.1, S.335) an die Stelle der „blutige(n) Fatalität des vorshakespearischen Dramas" (III, S.101). Er findet sich in deren „Schoß" (I.1, S.335) wieder. Das Leben und Sterben des dänischen Prinzen ist so in die „Ökonomie des Ganzen" (I.1, S.407) einbezogen und wird „sinnvoll( )" (I.1, S.408). Der Begriff der „christliche(n) Vorsehung" (I.1, S.335) widerspricht durchaus nicht der spielerischen Einstellung.[70] Denn „(e)s hat (...) stets eine echte Frömmigkeit gegeben, die sich selbst und ihr irdisches Dasein in der Abhängigkeit von Gott als ein Spiel Gottes empfindet, gemäß dem evangelischen Kirchenlied: *In ihm sind alle Dinge in ihrem Grund und Ziel, / Was auch der Mensch vollbringe, ist Gottes großes Spiel.*" (SCHMITT: 1993[2], S.40) Und es ist die „Denkkraft(')" (I.1, S.317) des Prinzen - „(')(v)oraus zu schauen und rückwärts(')" (I.1, S.317) - als Erkenntnis der Vorsehung in seinem „gelebte(n)" (I.1, S.335) Leben zu verstehen. Als eine solche ist sie „(')göttliche Vernunft(')" (I.1, S.317). So hat auch die melancholische Divinatorik ihren christlichen Sinn. Der melancholische „Genius" (I.1, S.335) nämlich „beflügelt( )" (I.1, S.325) zur „(')intensivsten, geistigen Tätigkeit(')" (I.1, S.325). Sie ist „Weisheit" (I.1, S.335) als Einsicht in die Vorsehung. Hamlet selbst - und nicht nur sein „Leben" (I.1, S.335) - „weist (...) auf die christliche Vorsehung" (I.1, S.335) - „(l)aßt uns einsehn, / Daß Unbesonnenheit uns manchmal dient, / Wenn tiefe Plane scheitern; und das lehr' uns, / Daß eine Gottheit unsre Zwecke formt, / Wie wir sie auch entwerfen." (SHAKESPEARE: 1986, S.111) Die Einsicht in die Vorsehung ist keine melancholische Vision - „(i)ch trotze allen Vorbedeutungen" (ebd., S.117). Das Wissen hat seine Grenze im Nicht-Wissen der Zukunft im menschlichen Leben. Deswegen ist „(d)er Rest (...) Schweigen." (I.1, S.335) Und doch gibt das Tabu über die Zukunft dieser erst Raum. Das „Wort der Weisheit (..) geistert" (I.1, S.335) dann nicht mehr „trügerisch" (I.1, S.335) durch den intentionalen Bereich der Trauer. Denn „alles nicht Gelebte verfällt unrettbar in diesem Raume" (I.1, S.335). Die melancholische Angst vor der Zukunft hat im „Schoß" (I.1, S.335) der Vorsehung ein Ende. Denn die Einsicht in die Vorsehung zieht die bereitwillige Ergebung ins Schicksal mit sich. Hamlet bereitet sich mit dem Evangelisten auf den Tod vor - „(i)ch trotze allen Vorbedeutungen: es waltet eine besondere Vorsehung über den Fall eines Sperlings" (SHAKESPEARE: 1986, S.117).[71]

In seiner Einsicht in die Vorsehung zeigt sich Gottes Gnade wirksam - Hamlet ist „Zuschauer von Gottes Gnaden" (I.1, S.335). Er kann sich aber selbst „beseelen" (I.1, S.335). Die Fähigkeit der „Selbstbesinnung" (I.1, S.335) ist deswegen als die eigentliche Gnade zu verstehen. Dem Besonnenen zeigt sich die Welt der Trauer in einem ganz anderen Licht. Denn „(i)mmer wieder, bei Shakespeare, bei Calderon füllen Kämpfe den letzten Akt und Könige, Prinzen, Knappen und Gefolge `treten fliehend auf'. Der Augenblick, da sie Zuschauern sichtbar werden, läßt sie einhalten. Der Flucht der dramatischen Personen gebietet die Szene halt. Ihr Eintritt in den Blickraum unbeteiligter und wahrhaft Überlegener läßt den Preisgegebenen aufatmen und umfängt sie mit neuer Luft. Daher hat die Bühnenerscheinung der `fliehend' Auftretenden ihre verborgene Bedeutung. In das Lesen dieser Formel spielt die Erwartung von einem Ort, einem Licht oder Rampenlicht herein, in welchem auch unsere Flucht durch das Leben vor betrachtenden Fremdlingen geborgen wäre." (IV.1, S.143) Es ist dieses Licht, in dem Hamlet sein Leben erscheint. Als einem „Zuschauer von Gottes Gnaden" (I.1, S.335) ist es seinem Blick „ganz homogen" (I.1, S.334). Das macht dessen „Geheimnis" (I.1, S.334) aus. Wie für Gott ist für Hamlet alles „Geschehen" (I.1, S.334) als solches „Vorsehung" (I.1, S.335). Während Gott aber der Urheber der Vorsehung ist, macht Hamlet seine Geschichte nicht selbst. Sie betrifft ihn als „blutige Fatalität" (III, S.101). Sein Tod steht deswegen auch „`in absolut gar keiner Beziehung zum Konflikt. Hamlet, der innerlich daran zu Grunde geht, daß er keine andere Lösung des Daseinsproblems finden konnte als die Negierung des Lebens, stirbt an einem vergifteten Rapier! Also an einer durchaus äußerlichen Zufälligkeit(')" (I.1, S.315). Es ist aber gerade der „Tod des Hamlet, der mit dem tragischen nicht mehr gemein hat als der Prinz mit Aiax, (...) in seiner vehementen Äußerlichkeit fürs Trauerspiel charakteristisch" (I.1, S.315). Der dänische Prinz will, „wie das Gespräch mit Osrik es erkennen läßt, die schicksalsschwere Luft wie Stickstoff in einem tiefen Zuge atmen (...). Er will am Zufall sterben" (I.1, S.315). Ein Geheimnis ist das Schicksal deswegen als allegorisches Bild der Vorsehung.

E. The Readiness is all

Todesbereitschaft - das ist der Sinn der Einsicht in die christliche Vorsehung. Sie tritt an die Stelle der melancholischen Weltflucht - dem Willen zur Dauer in der Welt. Der „kontemplative( ) Starrkrampf" (I.1, S.319) des Melancholikers löst sich. Hamlet ist in seinem Willen zu sterben nicht mehr das „Subjekt der romantischen Ironie" (SZONDI: 1991[2], S.24) - das ist „der isolierte, sich gegenständlich gewordene Mensch, dem das Bewußtsein die Fähigkeit zur Tat genommen hat." (Ebd.) Der dänische Prinz überwindet die Trägheit seines Herzens. Denn es ist die Deutung von „Vorzeichen" (IV.1, S.141), deren Bann sich Hamlet entzieht, ein Symptom der „Trägheit" (IV.1, S.141) - aber „(i)ch trotze allen Vorbedeutungen: es waltet eine besondere Vorsehung über den Fall eines Sperlings: Geschieht es jetzt, so geschieht es nicht in Zukunft; geschieht es nicht in Zukunft, so geschieht es jetzt; geschieht es jetzt nicht, geschieht es doch einmal in Zukunft. In Bereitschaft sein ist alles. Da kein Mensch weiß, was er verläßt, was kommt darauf an, frühzeitig zu verlassen? Mag's sein." (SHAKESPEARE: 1986, S.117) So zitiert er wieder den Evangelisten - „(d)arumb wachet / Denn jr wisset nicht / welche stunde ewer Herr komen wird. Das solt jr aber wissen / Wenn ein Hausuater wüste / welche stunde der Dieb komen wolt / So würde er ja wachen /vnd nicht in sein haus brechen lassen. Darumb seit jr auch

bereit / Denn des menschen Son wird komen zu einer stunde / da jr nicht meinet."
(Mat. 24, 42-44) Doch Hamlet deutet die Schrift um.[72] Denn von eschatologischer
Erwartung - und der Plötzlichkeit ihrer Erfüllung - ist nicht mehr die Rede. Hamlet
erwartet den Tod - sein Tod steht bereit und nicht die Stunde des Herrn.[73] Die Stunde
der Erlösung - das Wann der Rettung - ist in der eschatologischen Erwartung nicht
berechenbar. Und Hamlet kann nicht wissen, was nach dem Tod kommen wird. Er
weiß nicht, ob der Tod die Stunde des Herrn bedeutet. Denn das Ob der Rettung
steht in Hamlet durchaus in Frage. Dessen Todesbereitschaft hat deswegen nicht
Hoffnung zum Motiv. Sie ist aber auch nicht das Produkt eines heroischen und
tragischen Willens zum Tode. Denn sie ist ein bereitwilliger Abschied - und kein
Trotz. Weil kein „(`)Mensch weiß, was er verläßt(´)" (III, S.99), weiß auch kein
Mensch, was seine Bestimmung ist. Deswegen ist die Todesbereitschaft des Prinzen
nicht von Hoffnung bestimmt. Was er aber weiß, ist, daß er das Leben „(`)verläßt(´)"
(III, S.99). Und ist dieser Untergang ohne Sinn: „(`)was kommt darauf an, frühzeitig
zu verlassen?´" (III, S.99) Und ist dieser Untergang voll des Sinnes: „(`)was kommt
darauf an, frühzeitig zu verlassen?´" (III, S.99)

In der Melancholie bestimmt Treue die „absteigenden Intentionsstufen" (I.1,
S.334). Hamlets Leben ist aber ein „Durchgang durch alle Stationen dieses intentionalen Raums" (I.1, S.334). Man kann deswegen auch in Hamlet die
„hoffnungslose( ) Treue zum Kreatürlichen und zu dem Schuldgesetze seines
Lebens" (I.1, S.333) erkennen. Er aber versucht nicht mehr dessen Bedeutung zu
erkennen. Die Treue des Melancholischen wird in Hamlet dialektisch. Denn treu ist
Hamlet dieser Welt nur im Untergang - und nicht im Willen zur Dauer. Der Blick
des Melancholischen springt in Hamlet zwar nicht „treulos" (I.1, S.406) zur
„Auferstehung (...) über( )" (I.1, S.406). Er „verharrt" (I.1, S.406) er aber auch nicht
„im Anblick der Gebeine (...) treu" (I.1, S.406) in einem melancholischen
„Starrkrampf" (I.1, S.319). Hamlet löst sich von der Welt - er „hat nichts mehr
festgehalten" (II.2, S.611). Doch „verkehren" (I.1, S.335) sich im „Erlöschen" (I.1,
S.335) des Lebens dessen „traurige( ) Bilder (...) in seliges Dasein" (I.1, S.335).
Hamlet kümmert sich nicht mehr um diese Welt - aber auch um keine andere. Er hat
es wie Shakespeare „erreicht, ohne Sehnsucht zu sein" (II.2, S.611). Seine Seligkeit
liegt im Verschwinden - sie besteht im Loslassen(-können). Hamlet hängt nicht mehr
an seinem Leben. Das ist der Sinn der spielerischen Betrachtung - und wenn im
„Verscheiden" (III.1, S.99) des Sigismund aus Hofmannsthals `Turm´ „über seine
Lippen die Worte: `mir ist viel zu wohl zum Hoffen´ kommen, was heißt das anderes
als Hamlets: `In Bereitschaftsein ist alles. Da kein Mensch weiß, was er verläßt, was
kommt darauf an, frühzeitig zu verlassen?´" (III, S.100)

F. Der Rest ist Schweigen

Hamlets Ende kann deswegen nicht „positiv religiös" (II.2, S.610) verstanden
werden. Denn „(d)er Rest ist Schweigen." (I.1, S.335) Dieses Schweigen macht die
Spannung der dramatischen Form des Trauerspiels aus. Denn „(d)as Trauerspiel ist

in sich ungeschlossen, auch liegt die Idee seiner Auflösung nicht mehr innerhalb des dramatischen Bezirks" (II.1, S.137), sondern transzendiert diesen. Denn der „Rest des Trauerspiels heißt Musik" (II.1, S.137) - das Trauerspiel steht am „Übergang der dramatischen Zeit in die Zeit der Musik." (II.1, S.137)[74] Diese „(s)chließt eigentliche Mysterien" (I.1, S.201). Und das Trauerspiel ist das säkularisierte Mysterienspiel. Die Sprache des Trauerspiel „geht (...) über (...) in Musik." (II.1, S.139) Diese ist ein „Pfand der Hoffnung" (II.2, S.416). Denn Musik ist die „letzte( ) Sprache aller Menschen nach dem Turmbau" (I.1, S.388). Die Utopie der Musik aber ist auch eine der Zeit. Denn die „Verschränkung der Zeiten (...) kann nur musikalisch zum Ausdruck kommen." (IV.1, S.369)[75] Und in der Tat spielt Musik im Ende des dänischen Prinzen eine Rolle. Denn „(z)uletzt, bevor die Musik kam, gab es ein allgemeines Gemetzel; die Königin wurde vergiftet, der Prinz erstach seinen Feind, der Feind erstach den Prinzen. Aber der König wurde erstochen, dann wurde ihm der giftige Wein in die Gurgel gegossen, und dann wurde er noch erwürgt. Es ging gut aus. Es kam ein ausländischer Prinz mit Musik, der Hamlet begraben ließ." (IV.1,2, S.800f)

Im Trauerspielbuch aber tritt das Schweigen an die Stelle der Musik - „(d)as heißt, der metaphysische Horizont wird nunmehr ausgespart." (WITTE: 1976, S.118) Shakespeares Drama muß „an der Grenze der Transzendenz innehalten" (I.1, S.260). Die barocke Kunst nimmt nicht die „Bilder des tausendjährigen Reiches vorweg." (III, S.417) Denn „(d)ie Kunst ist nicht das Forum der Utopien." (II.2, S.619) In diesem Sinne versteht Benjamins die letzten Worte des dänischen Prinzen. Deswegen ist sein Drama in der Darstellung der Transzendenz ein Vorbild der barocken Idee der Form. Denn „(w)enn andere herrlich wie am ersten Tag erstrahlen, hält diese Form das Bild des Schönen an dem letzten fest." (I.1, S.409)

E. Der barocke Staat

I. Theorie der Souveränität

ABER WUNDER UND POLITIK - WIE VERTRAGEN SIE SICH? (HUGO BALL)
WER GOTT SAGT, WILL BETRÜGEN. (PROUDHON)

A. Der König im Trauerspiel

Geschichte ist als Weltgeschichte der Gegenstand des Trauerspiels - doch wie kommt Geschichte im Trauerspiel zur Darstellung? Wie sieht die Welt der Geschichte im Spiegel des Trauerspiels aus? Im Zentrum des Trauerspiels steht der König. Geschichte ist „um den König gruppiert" (II.2, S.718) - das ist die „hierarchische, feudale Maxime" (II.2, S.718), unter der das Drama zu betrachten ist. Es handelt - so Opitz in seiner bekannten Definition - von „(`)königlichem willen(´)" (I.1, S.242). Und auch Benjamin wählt den Willen des Herrschers zum ersten Gegenstand seiner Betrachtungen. Denn er will in dessen Bild den geschichtlichen Gehalt des Dramas beschreiben. Im Bild des Königs hat das historische Interesse des

Barock seinen wahren Gegenstand - ihm gilt der „Anteil am welthistorischen Verlauf" (I.1, S.243).

Im Trauerspiel ist der König ein Gegenstand des Wissens und dessen Darstellung - es ist „(i)m Sinn des Opitz (...) die Bewährung der fürstlichen Tugenden, die Darstellung der fürstlichen Laster, die Einsicht in den diplomatischen Betrieb und die Handhabung aller politischen Machinationen, welche den Monarchen zur Hauptperson des Trauerspiels bestimmt." (I.1, S.243) Der Hof ist das Zentrum politisch-anthropologischer „Einsicht(en)" (I.1, S.243) ins Wesen der Historie, die als solche die Geschichte von Staaten und deren Herrschern ist. Sie ist nichts als Politik. Denn in der „weltgeschichtliche(n) Dynamik" (I.1, S.274) kann das Barock nur die „staatspolitische Aktion" (I.1, S.274) erkennen, deren Motor der König ist. Das Trauerspiel ermöglicht so den Einblick in „(')Welt- und Staats-Händel/ als worinn die eigentliche Politica bestehet(')" (I.1, S.243). Deren „Fabrikationsgeheimnis" (SCHMITT: 1989[5], S.14f) wird im Drama zur Schau gestellt - „Arcana Reipublica sind (...) die innern Triebkräfte des Staates. Das sind nach der Auffassung der damaligen Zeit nicht irgendwelche überpersönliche soziale und wirtschaftliche Kräfte, sondern der Motor der Weltgeschichte ist die Berechnung des Fürsten und seines geheimen Staatsrates, der wohlüberlegte Plan der Regierenden, die sich und den Staat zu erhalten suchen" (SCHMITT: 1989[5], S.14f). Die Autoren müssen deswegen „(')wissen/ wie einem Könige oder Fürsten zu muthe sey/ so wol zu Krieges- als Friedens-Zeiten/ wie man Land und Leute regieren/ bey dem Regiment sich erhalten/ allen schädlichen Rathschlägen steuren/ was man für Griffe müsse gebrauchen/ wann man sich ins Regiment dringen/ andere verjagen/ ja wol gar auß dem Weg räumen wolle. In Summa/ die Regier-Kunst muß er so fertig/ als seine Mutter-Sprache verstehen.'" (I.1, S.243) Denn Politik organisiert als „Wissenschaft" (SCHMITT: 1989[5], S.13) den Betrieb des Staates - und nicht mehr die „Kraft der Theologie" (ebd.).

Weil der Motor der „politischen Machinationen" (I.1, S.243) der König ist, steht sein Wille im Zentrum des barocken Dramas. Der König ist im Barock aber nur der „Mandatar historischen Vollzuges" (I.1, S.244). Er handelt im Namen der geschichtlichen Menschheit. Denn „(d)er Souverän als erster Exponent der Geschichte ist nahe daran für ihre Verkörperung zu gelten." (I.1, S.243) Wenn das eine Übertreibung zu sein scheint, so stellt Benjamin das barocke Extrem heraus. Denn der Souverän „repräsentiert" (I.1, S.245) in seiner „Rolle" (I.1, S.251) die Geschichte der historischen Menschheit.[76] So wird im Bild des Königs die Geschichte anschaulich - in seinem Bild wird Geschichte zum Trauerspiel. Er ist deren „Verkörperung" (I.1, S.243). So wird das Bild der Geschichte im Trauerspiel zum Bild des Souveräns - der König wird zum „Modell" (I.1, S.322f) oder „Paradigma" (I.1, S.321) der „geschichtlichen Menschheit" (I.1, S.251), die in dessen Drama das ihre erkennen kann. Doch was ist sein Mandat? Und kann er ihm gerecht werden? In der Perspektive dieser Frage ist der Stoff des barocken Dramas zu betrachten.

B. Der absolute Staat

Der König steht im Zentrum des Trauerspiels - er ist Herr über die Geschichte. Doch kommt alles darauf an zu verstehen, wie er deren „Szepter" (I.1, S.245) in der Hand hält. Denn „(d)er Souverän repräsentiert die Geschichte. Er hält das historische Geschehen in der Hand wie ein Szepter. Diese Auffassung ist alles andere als ein Privileg der Theatraliker." (I.1, S.245) Denn die Stellung des Fürsten im barocken Drama liegt in der Geschichtsauffassung der Epoche beschlossen, die in einer bestimmten „theologisch-juristischen Denkweise" (I.1, S.246) zur Sprache kommt. Der Stellung des Fürsten liegen vor allem „(s)taatsrechtliche Gedanken (...) zugrunde" (I.1, S.245) - die „erhabne Stellung des Kaisers" (I.1, S.252) geht aus dem „neue(n) Souveränitätsbegriff" (I.1, S.245) des 17. Jahrhunderts hervor.[77] Sie ist Ausdruck einer neuen Staatsidee - der Idee des neuzeitlichen Staates.[78] So ist das „17. Jahrhundert (...) die erste Periode der modernen Geschichte, wo wir Land sehen. In den Konstellationen dieses Jahrhunderts erkennen wir uns und unsere Probleme wieder." (TAUBES: 1985[2], S.11) Das sind solche, die im Problem der Geschichte nach dem Ende des eschatologischen Geistes bestehen. Denn „im Rückblick wird deutlich, daß es (...) Machiavelli, Bodin und Hobbes waren, die den frühmodernen Staat auf die säkularisierte Linie gebracht haben, die ihn mit der Autonomie politischen Handelns nach `Staatsräson´ ausgestattet, ihm das juristische Konzept des legitimen Gewaltmonopols (Souveränität) gegeben und ihn mit der grundlegenden rationalen Vertragskonstruktion ausgestattet haben." (STOLLEIS: 1996, S.28). Bodin vor allem hat den „Souveränitätsbegriff des modernen Staatsrechts begründet" (SCHMITT: 1989[5], S.26), der aus der barocken Geisteslage selbst entstanden ist. Denn Bodin „ist aus der Verzweiflung der Religionskriege heraus zum Dezisionisten im Sinne der Entscheidung einer souveränen Staatsgewalt geworden." (SCHMITT: 1982, S.66) Er „konzentriert die Hoheitsrechte im Souveränitätsbegriff (Maiestas) als absolute, zeitlich unbegrenzte, unteilbare Herrschaftsmacht. Der Herrscher mußte in der Lage sein, `de donner loy à tous en general, & à chacun en particulier´." (STOLLEIS: 1996, S.26). Der absolute Fürst erkannte keine Instanz über sich an als Gott, dessen Attribute im politischen und geschichtlichen Raum zu den seinen wurden. Der absolute Staat ist deswegen absoluter Obrigkeitsstaat.[79] Denn „(d)ie absolute Verantwortlichkeit des Souveräns erfordert die absolute Beherrschung aller Subjekte und setzt sie voraus." (KOSELLECK: 1959, S.14) Um aber den Begriff der Souveränität zu verstehen, muß das Problem der historischen Wirklichkeit verstanden werden, in dem die „Ursprünge( )" (I.1, S.245) dieses Begriffs sich entwickeln. Sie machen das Mandat des Souveräns deutlich, dessen Idee Benjamin von Carl Schmitt übernommen zu haben scheint. In Wahrheit setzt er sich im Medium des barocken Dramas mit diesem auseinander.[80]

Denn die „ganze Konstruktion der Funktion des Souveräns im Drama des Barock ist transponiert aus der *Politischen Theologie* Carl Schmitts." (TAUBES: 1987, S.26) Wie Benjamin sie liest, wird an anderer Stelle besonders deutlich. In der 8. der Thesen zur Geschichtsphilosophie stellt er den Begriff der Geschichte in der „Tradition der Unterdrückten" (I.2, S.697) heraus. Dieser soll der Tatsache gerecht werden, daß der „`Ausnahmezustand´, in dem wir leben, die Regel ist." (I.2, S.697) Im Gegensatz zu diesem ist Benjamin am echten Ausnahmezustand der Revolution interessiert. Carl Schmitt aber denkt den Ausnahmezustand nur von oben. In der „Tradition der Unterdrückten" (I.2, S.697) erkennt er einzig und allein das Chaos. Sicherlich kann man von strukturellen Analogien sprechen (vgl. DERRIDA: 1991, S.60-125), wenn sie den polemischen Kern nicht verdrängen, der erst die echte Verwandtschaft dieser extremen Theoretiker des Staates bestimmt. Denn „(d)ie grundlegenden Vokabeln von Carl Schmitt werden von Walter Benjamin hier einge-führt, aufgenommen und in ihr Gegenteil verkehrt." (TAUBES: 1987, S.28) Und das ist auch im Trauerspielbuch der Fall. Benjamin „übernimmt dessen Souveränitäts-lehre" (FULD: 1990, S.138) durchaus nicht - „wieviel" (I.3, S.887) also „verdankt" (I.3, S.887) ihm das Buch „in seiner Darstellung der Lehre von der Souveränität" (I.3, S.887) eigentlich, wenn diese in Wahrheit eine Korrektur der Politischen-Theologie ist?

Die Theorie der Souveränität, die auch die Rolle des Königs barocken Drama bestimmt, hat ihren Ursprung in einem „Jahrhundert der Religionskämpfe" (I.1, S.245). Das Ende der „Christenheit oder Europa" (I.1, S.257) im europäischen Bürgerkrieg hat die Proklamation des modernen Staats zur Folge - der Bürgerkrieg soll ein Ende haben. In ihm erkennt Hobbes nur die Verwüstungen der Politik. Denn im *bellum omnium contra omnes* will „jede Partei natürlich nur das allgemeine Beste" (SCHMITT: 1990[5], S.15). Die politischen Denker der Epoche sehen nüchtern den Machtwillen der Kirchen - und stellen ihn im Namen der „öffentliche(n) Ord-nung und Sicherheit" (ebd.) in Frage. Vor allem Thomas Hobbes hat angesichts der europäischen Erfahrung von Gewalt und Terror die Logik des absoluten Staates auf den Punkt gebracht. Und als einem exemplarischen Denker des Politischen ist ihm an dieser Stelle schon deswegen zu gedenken, weil er, wie Benjamin an deren Ende, „zu jenen verwegenen Geistern am Anfang der Moderne (gehörte), die vor der Konse-quenz ihres Gedankens nicht zurückschrecken und eine Logik des Extrems wagen." (TAUBES: 1985[2], S.11) Er nämlich „hat den rein politischen Sinn jedes geistlichen Entscheidungsanspruchs erkannt. Die geistliche Gewalt ist nicht weniger politisch als die weltliche. Deshalb muß auch sie durch den Engpaß der Sanktion des Souveräns hindurch" (TAUBES: 1985[2], S.14). Der Staat wird ihm zur Gewalt über den streiten-den Konfessionen - Hobbes „kommt es darauf an, durch den Staat die Anarchie des feudalen, ständischen oder kirchlichen Widerstandsrechts und den daraus fortwäh-rend neu entbrennenden Bürgerkrieg zu überwinden" (SCHMITT: 1982, S.113). Denn „(s)eit Gott (in einer Art zweiten Sündenfall) als König abdanken mußte, sind religiöse Führer nicht mehr befugt, Politik zu machen. (...) Hobbes unterstützt den monarchischen Absolutismus und lehnt es ab, den sich widersprechenden Parteien politischen Einfluß einzuräumen." (LANG: 1987, S.13) Der Staat hat das Gewaltmo-nopol. Er verwaltet sowohl Religion als auch Politik. Das macht die Legitimität seiner Gewalt aus - sie steht über den Parteien. Das Recht wird staatlich gesetztes - und als solches positives - Recht. Denn „(n)ach Hobbes bestimmt der Souverän, was dem Staate nützlich und was ihm schädlich ist, und da die Menschen durch ihre Vorstellungen von Gut und Böse, Nutzen und Schaden motiviert werden, so muß der

Souverän auch über die Meinungen der Menschen die Entscheidung haben, weil sonst der Streit Aller mit Allen, den der Staat ja gerade beenden soll, nicht aufhören kann. Darum ist der Staat bei Hobbes seiner Konstitution nach in dem Sinne eine Diktatur, als er, aus dem bellum omnium contra omnes entstehend, den Zweck hat, diesen Krieg, der sofort wieder ausbrechen würde, wenn der Druck des Staates von den Menschen genommen wird, beständig zu verhindern." (SCHMITT: 1989[5], S.23f) So ist der Staat das politische Ideal der Epoche. Und wenn es im Barock auch das „Ideal der Weltherrschaft" (I.1, S.247) gibt, so ist es doch „unvereinbar (...) mit seiner staatspolitischen Vernunft" (I.1, S.247). An dessen Stelle tritt das Völkerrecht. Denn „(d)ie Christenheit oder Europa ist aufgeteilt in eine Reihe von europäischen Christentümern" (I.1, S.257). Europa ist zum Europa der Staaten geworden. Und „(i)m Völkerrecht stehen die Staaten, wie Hobbes als Erster exakt gesagt hat, `im Naturzustand´ einander gegenüber." (SCHMITT: 1982, S.75) Deswegen müssen „Fürsten ihre gegenseitige Nähe meiden" (I.1, S.248) - sonst herrscht „Sonnenfinsternis" (I.1, S.247) und der Bürgerkrieg bricht wieder aus. Denn die „(`)Fürstliche zusammenkunfft vnd gegenwart ist ein immerwehrender krieg(´)" (I.1, S.248).

C. Kritik der Theokratie

Die Theorie von der Souveränität ist eine „extreme Lehre von der fürstlichen Gewalt" (I.1, S.245). Der Begriff der Souveränität aber ist ein „neuer" (I.1, S.245). Denn die absolute Stellung des Fürsten steht im Gegensatz zum „theokratischen Anspruch" (I.1, S.245) des Mittelalters. In diesem Gegensatz wird auch die Modernität des Barock deutlich. Denn „(d)er Staat und die Staatslehre sind die Signatur der Modernität; wo Staatlichkeit ist, da ist Neuzeit." (SCHMIDT-BIGGEMANN: 1991, S.107). So stellt Benjamin den Begriff der Souveränität in seiner Geschichte heraus - „(i)n einer letzten Auseinandersetzung mit den juristischen Lehren des Mittelalters bildete sich im XVII. Jahrhundert ein neuer Souveränitätsbegriff" (I.1, S.245), der am Ende nicht mehr „theokratisch fundiert( )" (I.1, S.248) ist. Denn die mittelalterliche Staatslehre ist „theokratische( ) Staatslehre" (I.1, S.245). Sie hat sich selbst aber nicht als solche verstanden. Der Begriff der Theokratie ist eine Kategorie ihrer Darstellung - „(ü)berhaupt hält der Ausdruck zunächst einen langen Winterschlaf, bis er im 17. und vor allem im 18. Jahrhundert Karriere zu machen beginnt." (LANG: 1987, S.12) Er ist durch den „theokratische( ) Anspruch" (I.1, S.245) dessen zu bestimmen, der den göttlichen Willen auf Erden repräsentieren will. Im Mittelalter zeigt er sich in der „Tendenz, das Reich Gottes mit der Amtskirche zu identifizieren." (MIETHKE: 1987, S.273) Das regnum dei tritt „in Konkurrenz" (ebd., S.274) zum Imperium Romanum, die schließlich im Investiturstreit ihren Höhepunkt erreicht. Aber schon seit Innozenz III. ist der Papst der Stellvertreter Christi. Er kann als vicarius Christi „über Könige und Reiche (...) richten." (Ebd.) Denn „alle Gewaltenfülle" (ebd.) hat er von diesem erhalten und seine „Wirkungsmöglichkeiten sind denen Gottes ähnlich" (ebd., S.275). So „kann der Papst in der Kirche kraft der ihm gegebenen plenitudo potestatis alles unmittelbar selber anordnen und bewirken, ohne andere Instanzen beteiligen zu müssen. (...) Solche unmittelbare Wirkung freilich mag selten sein wie die göttlichen Wunder, jederzeit möglich aber bleibt sie" (ebd.). Schließlich kann unter Bonifaz VIII. „jegliche weltliche Herrschaft allein durch ihre (...) Unterordnung unter den Papst Legitimität gewinnen (...), der damit zum absoluten Herrscher über die Welt erhoben wird." (Ebd.) Der Papst nimmt „auf dem erhabenen Thron des Stuhles Petri" (ebd. S.274) Platz - und ihm ist „heilsnotwendig alle menschliche Kreatur unterworfen" (ebd.).

Im Barock aber stehen die „juristischen Lehren des Mittelalters" (I.1, S.245) zur Diskussion. Denn im Mittelalter ist Gott der Souverän - die mittelalterliche Lehre von der Souveränität ist eine Lehre von der göttlichen Gewalt und vom göttlichen Recht. In der theokratischen Staatslehre kann der weltliche Souverän deswegen nicht unverletzlich sein. So stellt sich in der barocken Perspektive das Widerstandsrecht als das zentrale Problem der mittelalterlichen Lehre heraus. In deren Kritik wird die Idee der Theokratie wieder aktuell. Denn das Widerstandsrecht ist im europäischen Bürgerkrieg die eigentliche „Waffe" (I.1, S.245) der Kirchen. Der „alte Schulfall des Tyrannenmordes" (I.1, S.245) steht deswegen auch im Zentrum der barocken „Auseinandersetzung mit den juristischen Lehren des Mittelalters" (I.1, S.245). Das Extrem des Tyrannen ist des „Usurpator( )" (I.1, S.245) - und „(u)nter den Arten der Tyrannis, welche die frühere Staatslehre unterschied, ist die des Usurpators von jeher besonders kontrovers erörtert worden." (I.1, S.245) Wenn aber die mittelalterliche „Debatte" (I.1, S.245) sich um die Frage dreht, von wem das „Signal, ihn zu beseitigen, gegeben werden könne" (I.1, S.245), dann steht immer schon fest, daß dieses Signal möglicherweise auch geben werden kann. Denn „(f)ür ein mittelalterliches Gemeinwesen versteht sich ein feudales oder ständisches `Recht zum Widerstand' gegen einen unrechtmäßigen Herrscher ganz von selbst. Der Vasall oder der Stand kann sich hier ebensogut auf ein göttliches Recht berufen wie sein Feudalherr oder sein Landesherr." (SCHMITT: 1982, S.71) Das Widerstandsrecht kann deswegen nicht nur vom „Klerus" (I.1, S.245) oder von der „Kurie" (I.1, S.245), sondern auch vom „Volk" (I.1, S.245) oder vom „Gegenkönig" (I.1, S.245) in Anspruch genommen werden. Deren „theokratische(r) Anspruch" (I.1, S.245) nimmt sich das Recht, gegen das herrschende Unrecht das göttliche Recht auf Erden zu repräsentieren. Im Mittelalter hat das theokratische Denken deswegen einen durchaus politischen Sinn, der sich erst in der barocken Perspektive als Übel erweist. Denn der souveräne Gott ist eine Einspruchsinstanz gegen irdische Herrschaft. In der Perspektive des Rechts auf Widerstand kommt zwar die legitimierende Funktion des theokratischen Anspruchs nicht in den Blick. Das aber trifft durchaus den politischen Kern der theokratischen Staatslehre. Denn in dieser ist die weltliche Herrschaft nie von Dauer. Der Begriff der mittelalterlichen Theokratie ist gerade deswegen ein christlicher - und kein „heidnisch(er) (I.1, S.245). Das ist der kritische Punkt in der barocken Stellung zum mittelalterlichen Begriff der Souveränität. Denn im Barock hatte die „kirchliche Stellungnahme (...) ihre Aktualität nicht verloren; gerade in einem Jahrhundert der Religionskämpfe hielt der Klerus an einer Lehre fest, welche Waffen gegen feindliche Fürsten ihm in die Hand gab. Deren theokratischen Anspruch verwarf der Protestantismus; in der Ermordung Heinrichs IV. von Frankreich stellte er die Folgen dieser Lehre an den Pranger. Und mit dem Erscheinen der galikanischen Artikel im Jahr 1682 fiel die letzte Position der theokratischen Staatslehre: die absolute Unverletzlichkeit des Souveräns war vor der Kurie durchgefochten worden." (I.1, S.245) Denn im absoluten Staat gibt es kein „Widerstandsrecht, weder unter Berufung auf ein höheres oder anderes Recht, noch aus Gründen und Argumenten der Religion." (SCHMITT: 1982, S.80)

Die Politik treibt das Wunder aus der Geschichte aus. Denn in der Frage des Widerstands gegen einen Tyrannen spielt das Wunder eine große Rolle - „(d)ie protestantischen Monarchomachen, die es im äußersten Falle zuließen, daß ein `a Deo excitatus´ sich erhob und die bestehende Obrigkeit stürzte, hatten die Frage, wie sich der Auserwählte legitimiert, damit beantwortet, daß sie ein göttliches Zeichen und Wunder verlangten." (SCHMITT: 1989[5], S.128) In der Lehre von der Souveränität aber wird das Wunder zum Staatsakt. Denn „(n)ichts ist hier wahr, alles ist hier Befehl. Wunder ist das, woran die souveräne staatliche Gewalt als an ein Wunder zu glauben befiehlt; aber auch (...) umgekehrt: die Wunder hören auf, wenn der Staat sie verbietet. Die radikal-agnostizistische Kritik am Wunderglauben, die Warnungen vor Betrug und Schwindel enden damit, daß jeder Souverän für seinen Staat endgültig entscheidet, was ein Wunder ist." (SCHMITT: 1982, S.82f)[81]

D. Begriff der Gegenreformation

Die „Ursprünge( )" (I.1, S.245) des absoluten Staates sind „gegenreformatorische( )" (I.1, S.245). Denn der Geist der Gegenreformation ist der des „Weltlich-Despotische(n)" (I.1, S.246). Diesen erkennt Benjamin in beiden „Parteien" (I.1, S.245) am Werk - er betrifft das protestantische wie das katholische Barock. Denn in den europäischen Staaten nach dem Ende des christlichen Europas wird „uneingeschränkte, die Religion zu einem abgeleiteten Zweiten herabsetzende Souveränität das summum bonum politischen Denkens und Handelns." (GARBER: 1992[1], S.203) In diesem Sinne ist das Barock das Zeitalter der Gegenreformation. Der Begriff meint im Trauerspiel nichts anderes als absolute Herrschaft. Es ist diese, die in ganz Europa im Zeichen der Katholizität steht. Denn die Lehre von der absoluten Gewalt des Fürsten „stellt (...) die eigentliche Reaktion des Gallikanismus gleichermaßen gegenüber dem rebellierenden Hugenottentum wie gegenüber dem ungebrochenen kurialen Interventionsanspruch dar." (GARBER: 1992[1], S.203) Und „(i)nmitten des voll entfesselten konfessionspolitischen Bürgerkrieges von der gemäßigt katholischen humanistischen noblesse de robe (...) erstmals gedacht, macht es das hervorstechendste Merkmal postkonfessioneller moderner Souveränität aus, daß sie oberhalb aller konfligierender Parteiungen und also auch der konfessionellen Antagonismen situiert ist." (GARBER: 1987, S.90) Denn „(n)icht die eine Religion, sondern der eine Staat behauptet sich nach dem Willen der Parlaments-Juristen als das einigende Band zwischen seinen divergierenden Gliedern." (ebd., S.91) Das ist „zunächst eine spezifische Antwort Frankreichs, zersetzt von innerstaatlichem Bürgerkrieg. Gleichwohl tendiert die Staatslehre allerorten zur Statuierung und

Proklamation unantastbarer monarchischer Gewalt." (GARBER: 1992[1], S.203) Denn im Zeitalter der Gegenreformation soll „(e)ine neue und andere unfehlbare Instanz (...) die alte Katholizität - im formalen, also wörtlichen Sinne - wiederherstellen. Es ist die Instanz der neuen - konfessionellen Zeit selbst: das absolute Fürstentum, womit sich - um Hobbes in diesem Zusammenhang zu charakterisieren - das Prinzip des `cuius regio, eius religio´ `vollendet´ im Prinzip des `papa in suis terris´. Und zwar ist der `papa´ dabei nicht wie im Luthertum eine Art `Notbischof´, der nur für eine nochmals aus der Kirche herausdifferenzierte `weltliche´ Ordnung zuständig wäre: die `Kirchenordnung´, sondern er ist `die klare staatliche Antithese zum rö-misch-kirchlichen´ und damit jedem kirchlichen `Entscheidungsmonopol´. (FABER: 1975, S.123f) Deswegen wird „(e)ine staatsrechtliche Betrachtung (...) den Übergang vom Mittelalter zum Begriff des modernen Staates darin erblicken können, daß der Begriff der päpstlichen plenitudo potestatis zur Grundlage einer großen reformatio, einer Umgestaltung der gesamten kirchlichen Organisation wurde. (...) Die päpstliche Souveränität innerhalb der Kirche hat den mittelalterlichen Lehnsstaat bereits im 13. Jahrhundert überwunden." (SCHMITT: 1989[5], S.43)

Der Geist des „Weltlich-Despotische(n)" (I.1, S.246) tritt im Zeitalter der Ge-genreformation aber an die Stelle des „theokratischen Anspruch(s)" (I.1, S.245) des Mittelalters. Denn der Staat wird im Zeitalter des Absolutismus zum Gnadenstand nach dem Naturstand des Bürgerkrieges. Der Bürgerkrieg, der als tödliche Bedro-hung erlebt wird, kommt im Staat zur Ruhe. Dieser Staat ist als ein irdischer Staat der sterbliche Gott. Und bekanntlich lautet die Formel, in der Hobbes das Wesen des absoluten Staates erkennt: „This is the generation of that great LEVIATHAN, or rather, to speak more referently, of that *mortal god*, to which we owe under the *immortal God*, our peace and defence. For by this authority, given him by every particular man in the commonwealth, he hath the use of so much power an strength conferred on him, that by terror thereof, he is enable to perform the wills of them all, to peace at home, and mutual aid against their enemies abroad, and in him consisteth the essence of the commonwealth." (HOBBES: 1839, S.158) Die politisch-theologische zentrale Formel des Thomas Hobbes - `Jesus is the Christ´ - hat „den Sinn, alle politischen Heilslehren, die das Reich Gottes auf Erden einführen wollen, abzuwehren. Der Satz bedeutet, daß es nur *einen* Heiland gibt, daß dieser schon da war, und daß niemand sonst berechtigt ist, sich in politischen Fragen auf eine übermenschliche, göttliche Legitimation zu berufen. Christlich ist daher der Staat als sterblicher Gott und als Leviathan, das heißt als rationale und (abgesehen von einer religion civile) religiös neutrale Institution der Friedenssicherung. Der unsterbliche Gott ist im Politischen nicht direkt involviert, sondern nur vermittelt über den sterblichen Gott Leviathan-Staat, zu dessen Konstitution durch menschliche Vernunft er den Auftrag gegeben hat." (MAURER: 1985[2], S.120)

Wenn das Barock aber von der „sakrosankten Gewalt" (I.1, S.251) des Fürsten überzeugt ist, dann stellt sich die Frage, wie nach dem Ende des „theokratischen Anspruch(s)" (I.1, S.245) die weltliche „Gewalt" (I.1, S.245) beschaffen ist. Die eigentlich barocke Frage ist, ob dieser Staat wirklich ein christlicher ist. Denn „(i)n dieser Epoche geht es in der Politik um `Matter, Form and Power of A Common

Wealth, Ecclesiasticall and Civil', wie der Untertitel des 'Leviathan' das Thema des Werks bestimmt, also um die Grenzziehung zwischen spiritualer und weltlicher Gewalt und um sonst nichts." (TAUBES: 1985[2], S.13) Denn auch in der Religion erkennt das Barock den politischen Willen zur Macht. Die Grenze zwischen geistlicher und weltlicher Gewalt ist deswegen immer schon eine im Raum des Politischen. Das Barock erkennt das Politische als das Totale - der Begriff der weltlichen Gewalt ist in der politischen Theorie der Epoche ein „totalitäre(r)" (TAUBES: 1987, S.73). Wenn die „Gewaltentrennung zwischen weltlich und geistig" (ebd.) auch *absolut notwendig*" (ebd.) ist, so scheint sie mit der barocken Staatslehre doch nicht mehr vollzogen werden zu können. Denn das Barock erkennt im Bild des Fürsten eine „sakrosankte( ) Gewalt" (I.1, S.251). Die Theorie der Souveränität muß deswegen genauer betrachtet werden. Sie kann aus einer gewissen „theologisch-juristischen Denkweise" (I.1, S.246) erschlossen werden, die im Begriff der Säkularisierung zu sich selbst kommt. Wie dieser zu verstehen sein wird, kann schon aus dem politischen Mandat der barocken Staatslehre erschlossen werden. Denn der „Jurist muß die Welt, wie sie ist, legitimieren" (TAUBES: 1987, S.72) - und zu diesem Zwecke nutzt er das Arsenal der Theologie.

E. Zum Begriff des Ausnahmezustandes

In der „Theorie der Souveränität" (I.1, S.249) - und nicht nur in ihrer dialektischen Darstellung - ist der „Sonderfall (...) exemplarisch" (I.1, S.249). Denn der Begriff der Souveränität „entwickelt (...) sich aus einer Diskussion des Ausnahmezustandes" (I.1, S.245). Es können „Krieg, Revolte oder andere Katastrophen" (I.1, S.246) ihn „heraufführen" (I.1, S.246) und real werden lassen. Aber durch Fakten kann seine Realität nicht beschrieben werden. Denn der Ausnahmezustand ist der in einer „geltenden Rechtsordnung nicht umschriebene Fall" (SCHMITT: 1990, S.12). Er kann „als Fall äußerster Not, Gefährdung der Existenz des Staates oder dergleichen bezeichnet, nicht aber tatbestandsmäßig umschrieben werden" (ebd.). Im „Jahrhundert der Religionskämpfe" (I.1, S.245) aber ist der Ausnahmezustand die „Regel" (I.2, S.697) - und „(d)er von Stände- und Klassenkämpfen erschütterte Staat ist seiner Konstitution nach in einem fortwährenden Ausnahmezustand und sein Recht bis ins letzte Element Ausnahmerecht." (SCHMITT: 1989[5], S.18).[82] Doch wer entscheidet über den Ausnahmezustand? Denn im Zentrum der barocken „Diskussion" (I.1, S.245) steht die Frage, „wer für den Fall zuständig sein sollte, für den keine Zuständigkeit vorgesehen war" (SCHMITT: 1990, S.16). Es ist der König, der in der Beantwortung dieser Frage zur absoluten Macht wird. Denn „(k)anno der König allein darüber entscheiden, wann das der Fall ist, so ist er (...) absoluter Herr." (SCHMITT: 1989[5], S.24) So wird der weltliche Herrscher zur „entscheidenden Instanz" (I.1, S.247). Bei ihm ist die „Entscheidung über den Ausnahmezustand" (I.1, S.250), der immer nur „von oben diktiert" (TAUBES: 1987, S.28) wird.

Die Lehre von der Souveränität aber ist dialektisch - sie „macht zur wichtigsten Funktion des Fürsten" (I.1, S.245) den Ausnahmezustand „auszuschließen. Wer herrscht ist schon im vorhinein dafür bestimmt, Inhaber diktatorischer Gewalt im Ausnahmezustand zu sein" (I.1, S.245f). Die „Suspendierung der gesamten bestehenden Ordnung" (SCHMITT: 1990, S.18) ist deswegen durchaus das „eigentliche Kennzeichen der Souveränität" (ebd., S.15). Sie kann aber nur durch ihren Zweck verständlich werden. Denn im „Ausnahmefall suspendiert der Staat das Recht, kraft eines Selbsterhaltungsrechtes" (ebd., S.19). Die Lehre von der Souveränität ist deswegen in einem sehr genauen Sinne als Lehre der Reaktion zu verstehen. Denn „(d)im Diktatur ist wie die Notwehrhandlung immer nicht nur Aktion sondern auch Gegenaktion." (SCHMITT: 1989[5], S.136) Die barocke Staatslehre - und der Theoretiker in ihrer Tradition - „legitimiert die Diktatur als Verteidigung der Ordnung durch Notwehrhandlungen" (BOLZ: 1989, S.77). Denn „(e)ebenso wie bei der Notwehr, wenn die Voraussetzung, nämlich ein gegenwärtiger rechtswidriger Angriff, gegeben ist, Alles geschehen darf, was zur Abwehr des Angriffes erforderlich ist, und keine inhaltliche Angabe darüber, was geschehen darf, in der rechtlichen Regelung liegt, weil diese nicht tatbestandsmäßig umschreibt, sondern nur einen Hinweis an das, was zur Abwehr *erforderlich* ist, enthält, so tritt auch, wenn jene Voraussetzungen der Aktion des Ernstfalles einmal eingetreten sind, die nach Lage der Sache *erforderliche* Aktion ein. Wie aber ferner das Wesen des Notwehrrechtes darin besteht, daß durch die Tat selbst über seine Voraussetzung entschieden wird, daß also nicht eine Instanz geschaffen werden kann, die vor der Ausübung des Rechts justizförmig prüft, ob die Voraussetzungen der Notwehr gegeben sind, so kann auch hier im wirklichen Notfall derjenige, der die Nothandlung ausübt, nicht von demjenigen unterschieden werden, der entscheidet, ob der Notfall gegeben ist." (SCHMITT: 1989[5], S.179)

Die Wiederherstellung von Recht und Ordnung ist der Sinn der Diktatur - „Sache des Tyrannen ist die Restauration der Ordnung im Ausnahmezustand: eine Diktatur" (I.1, S.253). Durch einen „königlichen Machtspruch" (I.1, S.266) hat die Ordnung „wieder sich aufzurichten" (I.1, S.266). Denn „(d)im Ordnung muß hergestellt sein, damit die Rechtsordnung einen Sinn hat. Es muß eine normale Situation geschaffen werden, und souverän ist derjenige, der darüber entscheidet, ob dieser normale Zustand wirklich herrscht." (SCHMITT: 1990[5], S.20) Der Bestand der Ordnung ist ich aber nicht das eigentliche Problem. Denn der absolute Herrscher muß „nicht nur Ordnung gewährleisten, sondern alleeerst Ordnung setzen." (MAKROPOULOS: 1989, S.31) Die souveräne Diktatur *„suspendiert* nicht eine bestehende Verfassung (...), sondern sucht einen Zustand zu schaffen, um eine Verfassung zu ermöglichen, die sie als wahre Verfassung ansieht." (SCHMITT: 1989[5], S.137) Der Souverän ist deswegen „nicht *Defensor Pacius* eines auf Gott zurückgehenden Friedens; er ist Schöpfer eines nichts als irdischen Friedens, *Creator Pacius.*" (SCHMITT: 1982, S.50) Er sucht eine „widerhistorische Neuschöpfung" (I.1, S.253). Der König ist deswegen „absoluter Herr" (SCHMITT: 1989[5], S.24). Denn „(d)im Gesetz liegende Entscheidung ist (...) aus einem Nichts geboren." (Ebd., S.23) Der Staat und eine jede „staatliche Machtäußerung" (ebd., S.40) ist im „Willen des Fürsten" (ebd.) beschlossen. Der „( )königliche( ) willen( )(´)" (I.1, S.242) steht deswegen im Zentrum des Trauerspiels. Er entscheidet über den Ausnahmezustand - die „Geste der Vollstreckung" (I.1, S.249) gibt den König als souveräne Gewalt zu erkennen.

F. Transzendenz des Fürsten

Der Kern der Staatsphilosophie des 17. Jahrhunderts ist „die Transzendenz des Souveräns gegenüber dem Staat" (SCHMITT: 1990[5], S.63) - die „erhabne Stellung des Kaisers" (I.1, S.252). Denn der Souverän „steht außerhalb der normal geltenden Rechtsordnung" (SCHMITTT: 1990[5], S.13) - er „schafft und garantiert die Situation als Ganzes in ihrer Totalität." (ebd., S.20) Der „persönliche Wille des Herrschers" (ebd., S.36) ist aber nicht nur über das bürokratische Getriebe des Staates, sondern über die Welt der „geschichtlichen Menschheit" (I.1, S.251) erhaben. Der Souverän ist der „Gipfel der Kreatur" (I.1, S.250). Denn die „letzte konkrete entscheidende Instanz" (SCHMITT: 1990[5], S.61) wird im Barock „personalistisch" (ebd.) gedacht. Es ist die Person des Herrschers, die die „Maschine des Staates montiert und in Gang bringt" (SCHMITT: 1989[5], S.128). Er kann „nach dem okkasionalistischen Bilde des waltenden Gottes jederzeit unmittelbar ins Staatsgetriebe eingreif(en)" (I.1, S.275). Es ist also „nicht der Staat als Ganzes Person; die souverän-repräsentative Person ist nur die Seele des 'großen Menschen' Staat." (SCHMITT: 1982, S.54). Aber auch „(d)ie souverän-repräsentative Person konnte (...) die im Laufe des folgenden Jahrhunderts sich vollziehende völlige Mechanisierung der Staatsvorstellung nicht aufhalten. Sie ist ein zeitgeschichtlich an das 17. Jahrhundert gebundener Ausdruck der Repräsentationsidee des Barock und dem Staat des fürstlichen Absolutismus zugeordnet." (Ebd., S.53) Doch der barocke Geist selbst wird zum eigentlichen „Bahnbrecher moderner Naturwissenschaftlichkeit und des ihr zugehörigen Ideals technischer Neutralisierung" (ebd., S.66).

Denn auch der „Dualismus des Cartesius ist barock" (I.1, S.391). Descartes erscheint „der menschliche Körper als Maschine und der aus Leib und Seele bestehende Mensch im ganzen als ein Intellekt auf einer Maschine" (SCHMITT: 1982, S.59). Denn „Geist" (I.1, S.391) ist ihm „an sich pure, sich selbst treue Vernunft" (I.1, S.391). So ist der Herrscher vor allem durch seine Vernunft über den Untertan erhaben. Wie der „überlegne Intrigant" (I.1, S.274) ist der Souverän „ganz Verstand und Wille" (I.1, S.274). Und „(d)arin entspricht er einem Ideal, das Machiavelli zum ersten Mal gezeichnet hatte" (I.1, S.274). Er sieht die „menschlichen Affekte als berechenbares Triebwerk der Kreatur" (I.1, S.274). In Machiavelli ist vor allem das „Weltlich-Despotische( )" (I.1, S.246) der Renaissance, das im Barock wieder aktuell wird, zu erkennen. Er hat Politik als ein technisches Problem verstanden. Am Staat hat er ein „rein technisches Interesse (...), wie es für die Renaissance charakteristisch war und in dessen Folge auch große Künstler der Renaissance mehr den technischen als den ästhetischen Problemen ihrer Kunst nachgingen." (SCHMITT: 1989[5], S.8) Denn „(d)ie politische Machtorganisation (...) ist (...) immer etwas, das sachtechnisch herbeigeführt werden kann, wie der Künstler nach der rationalistischen Auffassung ein Kunstwerk schafft." (Ebd., S.9) Das hat zur Folge, „daß der konstruierende Staatskünstler die staatlich zu organisierende Menschenmenge als ein zu gestaltendes Objekt, als Material, ansieht. (...) Ist das Volk aber das Irrationale, so kann man nicht mit ihm verhandeln und Verträge schließen, sondern muß es durch List oder Gewalt meistern. Der Verstand kann sich hier nicht verständigen, er räsoniert nicht, sondern diktiert. Das Irrationale ist nur das Instrument des Rationalen, weil nur das Rationale wirklich führen und handeln kann." (Ebd., S.10) Der Herrscher ist deswegen in den „moralischen Vorstellungen, die bis zum Ende des 18. Jahrhunderts geherrscht haben (...), der Weise, der eine rationale Herrschaft über seine Triebe und Leidenschaften ausübt und seine Affekte meistert" (ebd., S.10). Er sucht die Selbstbeherrschung als höchstes Ziel zu erreichen. So ist der König der „Herr der Kreaturen, aber er bleibt Kreatur." (I.1, S.264) Denn er entkommt „nicht (...) der Immanenz." (I.1, S.247) In dieser Ambivalenz zwischen transzendentem Anspruch und realer Ohnmacht wird er im deutschen Trauerspiel zur Schau gestellt.

II. Zum Problem der Säkularisierung

A. Überzeugung von der sakrosankten Gewalt des Fürsten

Im Barock herrscht die „Überzeugung von der sakrosankten Gewalt" (I.1, S.251) des Fürsten. Der Lehre von der Souveränität liegen zwar „(s)taatsrechtliche Gedanken (...) zugrunde" (I.1, S.245). Diese können aber die barocke „Überzeugung" (I.1, S.251) nicht erklären. Denn die barocke Staatslehre, die historisch aus der „Auseinandersetzung mit den juristischen Lehren des Mittelalters" (I.1, S.245) entwickelt worden ist, bestimmt die Stellung des Souveräns nicht religiös, sondern durch das Faktum der Macht. Denn „(w)er herrscht ist (...) bestimmt, Inhaber diktatorischer Gewalt im Ausnahmezustand zu sein" (I.1, S.245f). Aber was macht dann die „hierarchische( ) Würde" (I.1, S.250) des König aus? Wie ist diese zu verstehen, wenn der Begriff der Souveränität nicht mehr „theokratisch fundiert( )" (I.1, S.248) werden kann? Aber auch die „juristische( ) Fixierung der Herrscherstellung" (I.1, S.247) ist im Barock durchaus keine im „Nüchternen" (I.1, S.408). Denn die Bilder des Königs als einer „Heilsgewalt" (I.1, S.260) sind zahlreich. Die Fürsten sind Birken „( )fromme( ) ErdGötter( )( )" (I.1, S.247). Deren Bild kann deswegen aus dem Staatsrecht nicht erschlossen werden. Denn der Fürst ist von „Gott (...) investiert" (I.1, S.250) - seine „Gewalt" (I.1, S.251) und „unbeschränkte( ) hierarchische Würde" (I.1, S.250) kommt sonst nur der „Sonne" (I.1, S.247) zu. Der König ist wie Adam der Herr der Schöpfung (vgl. I.1, S.264) - und nach dem „okkasionalistischen Bilde des waltenden Gottes" (I.1, S.275) kann er „jederzeit unmittelbar ins Staatsgetriebe eingreif(en)" (I.1, S.275). Dem Fürsten wird so eine gewissen „( )Vergottung zuteil( )" (I.1, S.247). Wie aber ist es dann um die Trennung zwischen dem Geistigen und dem Weltlichen im Barock bestellt? Von welcher Göttlichkeit ist hier die Rede? Und wie kann der Zusammenhang dieser „Überzeugung" (I.1, S.251) mit den „(s)taatsrechtliche(n) Gedanken" (I.1, S.245) zu erklärt werden?

Will man die barocke Faszination verstehen, können „juristische( ) Lehren" (I.1, S.245) nicht das letzte Wort haben. Denn die Überzeugung von der heiligen Gewalt kommt sowohl in einer „theologischen Hyperbel" (I.1, S.247) als auch in einer bestimmten „kosmologische(n) Argumentation" (I.1, S.247) zum Ausdruck. Und doch ist auch der Vergleich des Fürsten mit der Sonne eine „Metaphorik" (I.1, S.247). Diese aber ist nicht nur ein Ornament an der „juristischen Fixierung der Herrscherstellung" (I.1, S.247). Denn in ihr spricht sich das „Ideal" (I.1, S.247) der Herrschaft aus. Die Rhetorik der Glorifikation ist Ausdruck barocker „Überzeugung" (I.1, S.251). Und sie widerspricht den „(s)taasrechtliche(n) Gedanken" (I.1, S.245) durchaus nicht. Denn diese sind im Barock nur als Ausdruck einer bestimmten „theologisch-juristischen Denkweise" (I.1, S.246) zu verstehen. Will man die Stellung des Fürsten, wie sie in der barocken „Überzeugung" (I.1, S.251) beschlossen ist, verstehen, dann nur durch die Bedeutung dieser „Denkweise" (I.1, S.246), die im Souverän das Bild eines „waltenden Gottes" (I.1, S.275) sehen will.

Es ist aus dem „okkasionalistischen Bilde des waltenden Gottes" (I.1, S.275) zu erschließen. Die „(s)taatsrechtliche(n) Gedanken" (I.1, S.245) können sich also nicht selbst verstehen. Denn „(m)an muß diese Metaphysik kennen um die Argumentation (...) zu verstehen." (SCHMITT: 1989⁵, S.108) Es ist der Souverän, der nach diesem Modell „jederzeit unmittelbar ins Staatsgetriebe eingreift, um die Daten des historischen Verlaufs in einer gleichsam räumlich auszumessenden, regelrechten und harmonischen Abfolge anzuordnen." (I.1, S.275) Das barocke „Staatsgetriebe" (I.1, S.275) läuft also nicht von alleine. Auch in dem „berühmten Uhrengleichnis des Geulincx, das den psychophysischen Parallelismus nach Art des Ganges zweier fehlerloser und gleichgestellter Uhren schematisiert" (I.1, S.275), ist dieser nicht der Lauf einer immanenten Kausalität, sondern das Werk ihres Schöpfers. Und wie der Gott von Geulincx und Malebranche bei Gelegenheit eines psychischen Zustands im Menschen „unmittelbar" (I.1, S.275) einen bestimmten physischen oder bei Gelegenheit eines physischen Zustands einen bestimmten psychischen Zustand bewirken kann, so kann der Souverän „jederzeit" (I.1, S.275) in den „historischen Verlauf( )" (I.1, S.275) eingreifen, um dessen Daten harmonisch zu ordnen. Der Zweck des souveränen Eingriffs in den Staat ist durch das Bild der in Gott prästabilierten Harmonie zu verstehen. Der Staat aber ist nicht durch die göttliche Vorsehung, sondern durch Politik stabilisiert. Der barocke Staat ist deswegen eine „Neuschöpfung" (I.1, S.253).

Das Bild des waltenden Gottes aber ist ambivalent. Benjamin erkennt in ihm nämlich auch den cartesischen Gott - „`(l)e Prince développe toutes les virtualités de l'Etat par une sorte de création continue. Le prince est le Dieu cartésien transposé dans le monde politique.'" (I.1, S.275) Der cartesische Gott aber ist vom okkasionalistischen zu unterscheiden. Geulincx und Malebranche lehnen nämlich die „Lehre von der psychophysischen Beeinflussung" (I.1, S.391) ab. Deswegen muß Gott in den „Dualismus des Cartesius" (I.1, S.391) als ein Dritter unmittelbar eingreifen (*concursus dei*). Er realisiert durch seinen Eingriff die harmonische Wechselwirkungen zwischen Leib und Seele. Und auch an der Stelle bei Schmitt, dem Benjamin das Zitat von Atger wahrscheinlich entnommen hat (vgl. SCHMITT: 1990⁵, S.60), ist vom okkasionalistischen Gott nicht die Rede, wenn er bemerkt, daß „der Monarch in der Staatslehre des 17. Jahrhunderts mit Gott identifiziert wird und im Staat die genaue analoge Position hat, die dem Gott des kartesianischen Systems in der Welt zu kommt" (ebd.). Er ist nämlich „persönliche Einheit und letzte(r) Urheber" (ebd.). Denn „ein einziger Gott regiert die Welt" (ebd., S.61). Und „(z)u dem Gottesbegriff des 17. und 18. Jahrhunderts gehört die Transzendenz Gottes gegenüber der Welt, wie eine Transzendenz des Souveräns gegenüber dem Staat zu seiner Staatsphilosophie gehört." (Ebd., S.63)

Benjamin aber stellt das „okkasionalistische( ) Bild( ) des (...) Gottes" (I.1, S.275) nicht in die cartesische Perspektive der Transzendenz. Denn der barocke Gott ist vor allem der „waltende( ) Gott( )" (I.1, S.275). Die Transzendenz des Souveräns ist deswegen nicht im „deistische(n) Gottesbegriff" (SCHMITT: 1990[5], S.62f) beschlossen - dessen Gott waltet nicht mehr in der Geschichte. Der Souverän aber ist im Barock die „Offenbarung" (I.1, S.250) der den historischen „Wechselfällen Einhalt tuende( ) Instanz" (I.1, S.250). Er ist nicht nur der „Monteur der großen Maschine" (SCHMITT: 1990[5], S.62), sondern der als „Heilsgewalt" (I.1, S.260) in der Geschichte waltende Gott. Er ist im Barock vor allem Macht. So kann Schmitt auch die „Analogie des Souveränitätsbegriffes von Bodinus zum Gottesbegriff Calvins" (SCHMITT: 1982, S.49) herausstellen. Denn im Souveränitätsbegriff des modernen Staats erscheint der „Gottesbegriff Calvins und dessen *legibus solutus* in säkularisierter Form" (ebd.). Und auch der Leviathan des Hobbes ist der „Gott des Calvinismus (...) mit einer weder durch Recht, noch Gerechtigkeit, noch Gewissen eingeschränkten Allmacht." (Ebd., S.50) Der Souverän ist der mit der „Gewalt" (I.1, S.245) des calvinistischen Gottes ausgerüstete scholastische *secundus deus*. Denn man „brauchte nur Schwert und Bischofsstab des magnus homo zu vertauschen, also ihm den Bischofsstab in die Rechte und das Schwert in die Linke zu geben, so gewinnt man eine perfekte Symbolisierung der mittelalterlich-theokratischen Lehre von der societas christiana als dem einzigen Corpus, dessen Haupt Christus ist und dem beide Gewalten, die geistliche wie die weltliche, unterstehen." (TAUBES: 1985[2], S.13) Um aber die „Überzeugung von der sakrosankten Gewalt" (I.1, S.251) des Fürsten im Trauerspiel erschließen zu können, ist die Beziehung zwischen seinem Bilde und dem theologischen Urbild genau zu verstehen. Erst dann kann auch die „theologisch-juristische( ) Denkweise" (I.1, S.246) der Epoche verstanden werden. Denn was heißt das: „(`)transposé dans le monde politique'" (I.1, S.275, zit. nach SCHMITT: 1990[5], S.60)? Was wird aus dem waltenden Gott in der Geschichte? Wie wird der waltende Gott zum Fürsten dieser Welt?

B. Zum Begriff der Säkularisierung (nach Carl Schmitt)

Im europäischen Barock ist der Souverän seinem Bilde nach eine „säkularisierte Heilsgewalt" (I.1, S.260). Benjamin scheint diese These von Carl Schmitt übernommen zu haben, der im Bild des Souveräns eine „säkularisierte Vorstellung" (SCHMITT: 1989[5], S.130) erkennt. Es sind „(a)lle prägnanten Begriffe der modernen Staatslehre (...) säkularisierte theologische Begriffe. Nicht nur ihrer historischen Entwicklung nach, weil sie aus der Theologie auf die Staatslehre übertragen wurden, (...) sondern auch in ihrer systematischen Struktur, deren Erkenntnis notwendig ist für eine soziologische Betrachtung dieser Begriffe." (SCHMITT: 1990[5], S.49) Die Frage ist aber, ob Benjamin im Begriff der Säkularisierung dasselbe meint wie Carl Schmitt. Denn beide wollen in ihm vor allem einen Prozeß der Begriffsübertragung verstanden wissen - die entscheidenden Begriffe der modernen Staatslehre werden durch ihre theologische Herkunft bestimmt. Sie wurden aus der Theologie in das Staatsrecht übernommen. Benjamin zitiert diesen Prozeß in seinem zentralen Element - „(`)(l)e prince est le Dieu cartésien transposé dans le monde politique.'" (I.1, S.275) So meint der Begriff der Säkularisierung vor allem einen Prozeß der „Verweltlichung" (I.1, S.258). Die Begriffe, die aus der Theologie in das Reich des Staates und der Politik übernommen werden, müssen neu interpretiert werden, weil sie nicht mehr im Zusammenhang der Religion und der Erlösung verstanden werden können. Im barocken Prozeß der Verweltlichung aber stellt sich gerade die „Überzeugung von der sakrosankten Gewalt" (I.1, S.251) des Fürsten heraus. Der Prozeß der Säkularisierung ist im Politischen ein Prozeß der Sakralisierung und keine Rettung des Sakralen im „Nüchternen" (I.1, S.408), von der am Ende des Trauerspielbuchs die Rede sein wird. Denn zuletzt wird die „glühende Ekstase, ohne daß von ihr ein Funken verloren ginge, gerettet, säkularisiert im Nüchternen, wie sie's bedarf." (I.1, S.408) Um aber diesen Begriff verstehen zu können, in dem Benjamin die objektiven Tendenzen des Trauerspiels erkennt, ist er vom juristischen Begriff der Säkularisierung zu unterscheiden, dessen Bedeutung allein es ist, die Benjamin mit Carl Schmitt herausstellt. Und nur durch diesen kann die Überzeugung von der heiligen Gewalt des Fürsten erklärt werden.

Carl Schmitt will die „systematische( ) Struktur" (SCHMITT: 1990[5], S.49) der „prägnanten Begriffe der modernen Staatslehre" (ebd.) untersuchen - und ihre „historische( ) Entwicklung" (ebd.), in welcher die Pointe des Säkularisierungsbegriffes beschlossen ist, wenn man ihn als Ausdruck eines Prozesses der Verweltlichung versteht. Aber gerade die „stärkste Form des Säkularisierungstheorems" (BLUMENBERG: 1996: S.102), die den historischen Ursprung zentraler Kategorien der Staatslehre zum Gegenstand hat, scheint Schmitt nach dem WKII revidiert zu haben - „(a)lles, was ich zum Thema *Politische-Theologie* geäußert habe, sind Aussagen eines Juristen über eine rechtstheoretisch und rechtspraktisch sich aufdrängende, systematische Struktur-Verwandtschaft von juristischen und theologischen Begriffen." (SCHMITT: 1970, S.101) In diesem Sinne hat Schmitt die Politische-Theologie als eine „Soziologie juristischer Begriffe" (SCHMITT: 1990[5], S.50) verstanden.[83] Sie untersucht die „systematische Analogie theologischer und juristischer Begriffe" (ebd. S.55). Denn „(d)as metaphysische Bild, das sich ein bestimmtes Zeitalter von der Welt macht, hat dieselbe Struktur wie das, was ihr als Form ihrer politischen Organisation ohne weiteres einleuchtet. Die Feststellung einer solchen Identität ist die Soziologie des Souveränitätsbegriffs. Sie beweist, daß (...) die Metaphysik der intensivste und klarste Ausdruck einer Epoche ist." (Ebd., S.59f) Und sie bestimmt die Forschungsweise seiner Soziologie. Denn „(d)a er die Metaphysik als den intensivsten und klarsten Ausdruck einer Epoche ansehen zu dürfen glaubte, ging es ihm darum, die zunächst an praktischen Interessen des Rechtslebens orientierte juristische Begrifflichkeit bis zu dem Punkt zu radikalisieren, an dem sich ihre strukturelle Identität mit der ihrem Wesen nach radikaleren metaphysisch-theologischen Begrifflichkeit ganz von selbst herausstellen mußte." (HÜBENER: 1985[2], S.57) So hat der „Ausnahmezustand (...) für die Jurisprudenz eine analoge Bedeutung wie das Wunder für die Theologie." (SCHMITT: 1990[5], S.49) Denn das Wunder ist die „durch einen unmittelbaren Eingriff eine Ausnahme statuierende Durchbrechung der Naturgesetze" (ebd.). Deswegen kann es mit dem „unmittelbaren Eingriff des Souveräns in die geltende Rechtsordnung" (ebd.) verglichen werden. Denn „(i)n der Ausnahme durchbricht die Kraft des wirklichen Lebens die Kruste einer in Wiederholung erstarrten Mechanik." (Ebd., S.22) Und an der „Ausnahme geht (...) das ganze naturwissenschaftliche Gesetz zugrunde" (TAUBES: 1993, S.118). Das Recht kann sich deswegen nicht selbst verstehen - „(m)it juristischen Kategorien ist dieser Vorgang überhaupt nicht zu fassen. Man hat von der Diktatur gesagt, sie sei ein Wunder und das damit begründet, daß man sie als Suspendierung der staatlichen Gesetze mit der Suspendierung der Naturgesetze beim Wunder verglich. In Wahrheit ist nicht die Diktatur dieses Wunder, sondern die Durchbrechung des rechtlichen Zusammenhangs, die in einer solchen neubegründeten Herrschaft liegt." (SCHMITT: 1989[5], S.138f)

Aber die Soziologie juristischer Begriffe reduziert das Säkularisierungstheorem auf die „Aussagen eines Juristen" (SCHMITT: 1970, S.101). Sie „impliziert (...) keine Behauptung mehr über die Herkunft der einen Struktur aus der anderen" (BLUMENBERG: 1996, S.105). Doch die soziologische Perspektive setzt die Säkularisierung als einen Prozeß der Begriffsübertragung voraus, auch wenn sie diesen selbst nicht mehr betrachten will. Denn die „juristische Gestaltung der historisch-politischen Wirklichkeit" (SCHMITT: 1990[5], S.59), die Gegenstand soziologischer Untersuchung ist, hatte erst „einen Begriff (zu) finden (...), dessen Struktur mit der Struktur metaphysischer Begriffe übereinstimm(en)" (ebd.) konnte. Die Begriffe der modernen Staatslehre sind deswegen auch und vor allem in ihrer „historischen Entwicklung" (ebd., S.60) säkularisierte theologische Begriffe. Erst am Ende eines solchen Prozesses kann überhaupt von einer „systematische(n) Struktur-Verwandtschaft von theologischen und juristischen Begriffen" (SCHMITT: 1970, S.101) die Rede sein.

Die Frage nach der Überzeugung von der sakrosankten Gewalt des Fürsten muß deswegen als das Zentrum der Politischen-Theologie verstanden werden. Denn die Soziologie juristischer Begriffe dreht sich um deren „Evidenz" (SCHMITT: 1990[5], S.59) - es gehört „zur Soziologie des Souveränitätsbegriffes jener Epoche, zu zeigen, daß der historisch-politische Bestand der Monarchie der gesamten damaligen Bewußtseinslage der westeuropäischen Menschheit entsprach und die juristische Gestaltung der historisch-politischen Wirklichkeit einen Begriff finden konnte, dessen Struktur mit der Struktur metaphysischer Begriffe übereinstimmte. Dadurch erhielt die Monarchie für das Bewußtsein jener Zeit dieselbe Evidenz, wie für eine spätere Epoche die Demokratie." (Ebd., S.59) Die Frage nach der Legitimität wird so zur zentralen Frage der Politischen-Theologie. Denn „(f)ür den Staatstheoretiker Carl Schmitt ist die Säkularisierung eine Kategorie der Legitimität." (BLUMENBERG: 1996, S.108). Was aber legitimiert die absolute Herrschaft? Wodurch kann die Monarchie die „Evidenz" (SCHMITT: 1990[5], S.59) erhalten, die sie im Barock hatte? Dem 17. Jahrhundert - so Carl Schmitt - „( )leuchtet" (ebd., S.60) die „Form" (ebd., S.59) seiner „politischen Organisation ohne weiteres ein( )" (ebd.), weil diese mit der „Struktur" (ebd.) seiner aktuellen „metaphysische(n) Begriffe übereinstimmte" (ebd.). Erst die Analogie legitimiert die „juristische Gestaltung der historisch-politischen Wirklichkeit" (ebd.). Das Säkularisierungstheorem ist deswegen ein „Kontinuitäts- und damit Traditions-Theorem, dessen Prinzip (...) der Ursprung ist." (FABER: 1985[2], S.86) Die Idee der Säkularisierung setzt in dieser Gestalt voraus, daß die „religiöse Ursprungssphäre in hohem Maße fortgilt" (ebd.). Denn „(s)ie eröffnet die Tiefendimension der Geschichte für die durch ihre Kontingenz gefährdeten Gegenwarten. Sie verschafft historische Identität" (BLUMENBERG: 1996, S.108) durch die Bindung an den Ursprung. So ist „Legitimität (...) für Schmitt ein diachronischer, historisch-horizontaler Fundierungszusammenhang, gleichsam aus der Tiefe der Zeit die Unverbrüchlichkeit von Ordnungen produzierend" (ebd., S.107).

Die Säkularisierung theologischer Begriffe wird so als ihre „Politisierung" (SCHMITT: 1990[5], S.60) kenntlich. Benjamin zitiert den Prozeß als einen solchen, wenn er im Fürsten den cartesischen Gott erkennt. Sie ist in der Tat keine „Herkunftsbehauptung, die einen Kausalnexus und eine Transformationsrichtung (HÜBENER: 1985[2], S.58) zu erschließen hat. Denn die Übertragung theologischer Begriffe in das Reich des Staates hat ihre Ursache im politischen Interesse. Die „Politisierung theologischer Begriffe" (SCHMITT: 1990[5], S.60) macht die immanente Struktur des juristischen Denkens aus - alle legitimen Begriffe der modernen Staatslehre sind in Wahrheit politisierte theologische Begriffe. Die Politisierung der Theologie aber kommt nicht in den Blick, wo nur die „systematische Struktur-Verwandtschaft von theologischen und juristischen Begriffen" (SCHMITT: 1970, S.101) betrachtet wird. Denn diese kann erst zum Gegenstand der Untersuchung werden, nachdem sich im Barock das juristische Denken in der Politisierung des theologischen Bestandes durchgesetzt hat. Das unterscheidet die barocke Konstellation von ihrer Deutung - die „beneidenswerte Lage, in die sich der `politische Theologe´ durch das Instrument der behaupteten Säkularisierung versetzt, besteht darin, daß er den Bestand seiner Figuren vorfindet und sich dadurch den Zynismus einer offen `theologischen Politik´ erspart." (BLUMENBERG: 1996, S.112). So ist es das „methodisch Merkwürdige an der `Politischen-Theologie´ Carl Schmitts (...), daß sie überhaupt Wert auf diesen Säkularisierungsnexus legt; denn es wäre ihrer Intention näherliegend, wie ich meine, den umgekehrten Begründungszusammenhang herzustellen, indem sie die theologische Phänomenalität der politischen Begriffe als Folge der absoluten Qualität politischer Realitäten interpretierte. Der Griff ins sanktionierte Vokabular wäre der Ausdruck der akuten Sorge um die Verständlichkeit der Erfordernisse, die es auszusprechen verhelfen sollte" (BLUMENBERG: 1996, S.112).

Es ist das theologisch-juristische Denken der „Inbegriff einer Metaphorik, deren Wahl näher auf den Charakter der Situationen schließen läßt, in denen sie ergriffen wird, als auf die Herkunft der Vorstellungen und Begriffe, die zur Bewältigung solcher Situationen eingeführt werden" (ebd., S.104). Und „(d)abei ist die Wahl der sprachlichen Mittel nicht bestimmt durch das System des Verfügbaren, sondern durch die Bedürfnisse der Wahlsituation." (Ebd., S.103) Unter den Bedingungen des profanen Lebens wird das theologische Urbild zitiert. Denn die moderne Staatslehre kann „aus der sakralen Sprache der Theologie nur zurückhol(en), was ihr die *profane* überlassen hat" (FABER: 1985², S.85). Sie schreibt das Interesse an den theologischen Gegenständen vor - bei „den Phänomenen der sprachlichen Säkularisierung kann es also nicht auf den umfassend belegbaren Rückgriff auf die Theologie als solchen ankommen, sondern auf die Wahl der Elemente unter dem selektiven Aspekt des je aktuellen Bedarfs an Hintergrund und Pathos." (BLUMENBERG: 1996, S.104) Die theologische Denkweise wird als ein „Ausdrucksreservoir" (ebd.) deutlich. Das politisch-theologische Denken ist in seiner „metaphorische(n) Interpretation der Lage" (ebd., S.103) eine „Rhetorik der großen Legitimationen" (ebd.). In dieser liegt die „Evidenz" (SCHMITT: 1990⁵, S.59) der juristischen Begriffe, die nur dem Schein nach „ohne weiteres einleuchtet" (ebd., S.59f). Aber dieser Schein der Legitimität bestimmt das Interesse der Politik, die bei Carl Schmitt zu einer „metaphorische(n) Theologie" (BLUMENBERG: 1996: S.112) wird. Schmitt ist also politischer Theologe in dem Sinne, daß er theologische Ideen „politisch funktionalisiert" (FABER 1975, S.3) und „Ideologien *fabriziert*( )." (Ebd.) Der Monarch hat nicht nur die „analoge Position (...), die dem Gott des kartesianischen Systems in der Welt zukommt" (SCHMITT: 1990⁵, S.60). Er wird - und das ist etwas ganz anderes - „in der Staatslehre des 17. Jahrhunderts mit Gott identifiziert" (ebd.). Nach dem Ende der abendländischen Eschatologie wird im Barock der weltliche Herrscher von der geschichtlichen Menschheit mit göttlicher Macht investiert. Der geschichtliche Mensch glaubt nicht mehr an Gott, sondern an die weltliche Macht. Es geht Schmitt um eine „vollkommene systematische und methodische Analogie" (SCHMITT: 1989⁵, S.142) im barocken Geist, die den Zusammenbruch der religiösen Erfahrung vergessen macht. Er verrät das Geheimnis des modernen Staatsrechts, wenn er bemerkt, daß „Ende des 15. Jahrhunderts (...) die Kraft der Theologie sich erschöpft hatte und die patriarchalische Anschauung von der Entstehung des Königtums den Menschen wissenschaftlich nicht mehr genügte" (ebd., S.13). An deren Stelle hat die „Politik sich als eine Wissenschaft entwickelt( )" (ebd.). Sie bestimmt den Gehalt der „theologisch-juristische(n) Denkweise" (I.1, S.246). Alles kommt auf den „Effekt" (FABER: 1975, S.146) der „Analogie" (ebd.) an - sie soll sakrale Gewalt als Wesen der weltlichen Macht selbst „fingieren." (ebd.). Denn erst die Legitimität der nur noch legalen Institutionen stabilisiert den neuen Staat nach dem Ende des christlichen Europas.

Der Begriff der Säkularisierung meint in seiner juristischen Dimension deswegen die Sakralisierung der Welt. Das Reich dieser Welt wird das Reich Gottes - und die Welt der Immanenz wird Totalität. Denn „(d)ie Utopie des ´himmlischen Reiches´ (...) bleibt selbst nicht mehr stehen als Möglichkeit des Entrinnens aus organisiertem Gehorsam, sondern wird gerade in Funktion genommen, ihn zu stimulieren: (....) Gehorsam ist die Eintrittsbedingung ins Gottesreich, in die es sich ohne Rest auflöst." (KRÜGER: 1965, S.30) So ist der totale Staat das Programm der politischen Theologie - „(w)orum es ihr von jeher geht, ist die Sakralisierung der (ungeteilten) Macht, und zwar ganz gleich wie sie inhaltlich bestimmt ist, der Macht als solcher." (FABER: 1975, S.172) In der Politischen Theologie Carl Schmitts aber kommt barocker Geist zum Ausdruck. Denn die „Übernahme absoluter Begrifflichkeit durch das Staatsrecht zeigt die Tendenz des eben neuzeitlichen Staates zum Totalitarismus." (SCHMIDT-BIGGEMANN: 1991, S.107). Und das ist durchaus das barocke Programm. So hat vor allem Hobbes die „natürliche Einheit von geistlicher und weltlicher Macht verteidigt( )" (SCHMITT: 1982, S.127). Es ist „Transzendenzlosigkeit" (FABER: 1975, S.128) die Signatur des absoluten Staates.[84] An die Stelle des Gottes in der Geschichte tritt in der politischen Theorie des Barock die absolute Herrschaft. Der Souverän waltet in seinem Staat wie ein *Deus in terris*. Er ist „sterblich, weil radikal immanent, aber solange der lebt, ist Gott allein er." (FABER: 1975, S.128). Der „wahre Souverän erkennt keinen andern über sich als Gott." (SCHMITT: 1989[5], S.27) Dieser Gott aber ist in der Welt der Geschichte ohne Macht.[85] Hobbes vor allem hat in der Idee der Souveränität die „Sakralität selbst von Grund auf zerstört." (FABER: 1975, S.143) - und doch ist es ihm auch mit der „Vergöttlichung des Staates (...) ernst" (SCHMITT: 1982, S.31). Die Überzeugung von der heiligen Gewalt des Souveräns ist objektiv-funktional eine ideologische. Denn „(w)er das Recht des Staates gegen die auf Gott sich berufenden Ansprüche, der Presbyterianer und der Puritaner verteidigt, kann die Göttlichkeit nicht einfach seinen Gegnern und der Kirche überlassen." (Ebd., S.49) Die Religionen werden zu Waffen der Politik - sie werden in den Dienst der Herrschaft des Staates über die Gesellschaft gestellt. Hobbes sieht den Nutzen der Religion ganz nüchtern in der politischen Funktion, die Menschen so am leichtesten leiten zu können und selbst die Macht zu gewinnen. Der theologischen Argumentation ist deswegen ein extremer Pragmatismus zu eigen. Denn wahr ist, was dem Staat dient. Das ist die Lektion der barocken Staatstheorie, in welcher der König zum Stellvertreter Gottes auf Erden wird. Denn es hat „Gott" (I.1, S.250) ihn mit seiner „unbeschränkten hierarchischen Würde (...) investiert" (I.1, S.250). Diese Vorstellung aber ist ambivalent. Hobbes „gebrauchte diese ganz mittelalterlichen Begriffe (...). Aber indem er die Monarchie zur bloßen Erscheinungsform eines staatlichen Legalitätssystems machte, vernichtete er alle ihre traditionellen und legitimen Fundamente göttlichen Rechts." (SCHMITT: 1982, S.126) Schon im Ursprung des Staates hat „(e)in solcher irdischer Gott (...) nur noch den Schein und die *simulacra* der Göttlichkeit auf seiner Seite." (Ebd., S.94)

Die „sakrosankte" (I.1, S.251) Gewalt des Fürsten ist deswegen in weltlicher Perspektive zu beschreiben - man versteht Hobbes und das barocke Denken nicht, sieht man im Politischen nicht den „Gegensatz zu aller religiös bestimmten Argumentation" (SCHMITT: 1982, S.66). So „verwendet" (ebd., S.50) Hobbes zwar „die aus dem christlichen Mittelalter überkommene Formel `Statthalter Gottes auf Erden´ für den staatlichen Souverän" (ebd.). Aber der „`göttliche´ Charakter der `souveränen' und `allmächtigen´ Staatsgewalt liefert hier (...) nicht etwa eine Begründung im Sinne der gedanklichen Beweisführung. Der Souverän ist nicht *Defensor Pacis* eines auf Gott zurückgehenden Friedens; er ist Schöpfer eines nichts als irdischen Friedens, *Creator Pacis*. Die Begründung verläuft also umgekehrt wie in den Gedankengängen `göttlichen´ Rechts: weil die Staatsgewalt allmächtig ist, hat sie göttlichen Charakter." (Ebd., S.50f) Es ist die „Gewalt" (I.1, S.251) des Fürsten deswegen „sakrosankt( )" (I.1, S.251), weil sie in der Welt absolut ist. So ist zu verstehen, daß im Gefühl der Epoche „Gott" (I.1, S.250) den Fürsten mit seiner „unbeschränkten hierarchischen Würde (...) investiert" (I.1, S.250). Der geschichtliche Mensch betet die Macht an. Ist der Fürst dieser Welt von Gottes Gnaden, dann weist ihn vor allem seine Macht aus. In seiner Macht erweist er sich als legitimer Erbe des waltenden Gottes. Kann er aber seine Macht nicht beweisen, dann steht auch seine Göttlichkeit in Frage. Macht wird zum alles entscheidenden Kriterium - das Bild des Fürsten ist nicht als Bild des Gottes, sondern als Bild der „Herrschermacht" (I.1, S.250) zu durchschauen. So bringt Benjamin das Schema der Säkularisierung abschließend auf eine prägnante Formel: „Geist - so lautet die These des Jahrhunderts - weist sich aus in Macht" (I.1, S.276). Die Überzeugung von der „sakrosankten Gewalt" (I.1, S.251) des Fürsten hat deswegen mit christlichen Anschauungen nichts zu tun. Das Theologische ist „Hyperbel" (I.1, S.247) - und als solche nichts als Rhetorik. Das Bild des Souveräns ist zwar aus dem des waltenden Gottes zu erschließen. Die christlichen Bilder und Formeln sind aber im heidnischen Sinne zu deuten - sie spielen eine kosmologische Rolle. Ist das Theologische nur als „Hyperbel" (I.1, S.247) zu verstehen, erscheint das Kosmologische durchaus als „Argumentation" (I.1, S.247). Die „kosmologische Argumentation" (I.1, S.247) bestimmt die Idee heidnischer Geschichtsphilosophie. Denn die „(`)Vergottung(´)" (I.1, S.247) des Fürsten ist „heidnisch. Monarch und Märtyrer entgehen nicht im Trauerspiel der Immanenz." (I.1, S.247) Das barocke Drama spricht so das Urteil über die „theologisch-juristische( ) Denkweise" (I.1, S.246) der Epoche.

C. Restauration der Ordnung

Das Bild des barocken Fürsten zeigt diesen im Augenblick der Entscheidung über den Ausnahmezustand - die „Geste der Vollstreckung" (I.1, S.249) charakterisiert den Souverän. Im Barock zeigt sich „Herrschermacht" (I.1, S.250) in der Entscheidung über den Ausnahmezustand. Der Ausnahmezustand ist nach Carl Schmitt das Resultat souveräner Entscheidung - das „Kennzeichen der Souveränität" (SCHMITT: 1990[5], S.15) ist die „Befugnis, das geltende Recht aufzuheben" (ebd.). Es „darf (...) im konkreten Fall ohne Rücksicht auf die Rechte gehandelt werden, wenn das nach Lage der Sache zur Durchführung der Aktion erforderlich ist. Es wird auch nicht positiv ein Gesetz erlassen, welches jene Eingriffe als Zuständigkeit des Diktators tatbestandsmäßig generell umschreibt, vielmehr werden `Ausnahmen nach Lage der Sache´ zugelassen, ein Begriff, der einer generellen Regelung durch Gesetz logisch widerspricht." (SCHMITT: 1989[5], S.39) Benjamin aber stellt den Ausnahmezustand als Signatur der Wirklichkeit heraus. Er herrscht dann, „wenn Krieg, Revolte oder andere Katastrophe ihn heraufführen." (I.1, S.246). Der Ausnahmezustand ist deswegen im Barock die Regel - und steht nicht zur Entscheidung. So dreht Benjamin die Definition der Souveränität um. Denn die „wichtigste( ) Funktion des Fürsten" (I.1, S.245) ist die, den „Ausnahmezustand( ) (...) auszuschließen." (I.1, S.245) Die Perspektive des echten und revolutionären Ausnahmezustandes ist deswegen keine barocke. Das Kriterium der Herrschermacht aber ist auch nicht die Entscheidung über den Ausnahmezustand. Denn der Souverän ist *creator pacis*. Es geht im Barock um die „Restauration der Ordnung im Ausnahmezustand" (I.1, S.253) - um das Ende des realen Ausnahmezustandes durch die rechtsetzende Gewalt des Souveräns, der in Ewigkeit den Ausnahmezustand verhindern soll. In der barocken Staatslehre ist sie das Wunder eines göttlichen Eingriffs in die Geschichte. Das Wunder ist im Barock deswegen nicht die Durchbrechung der natürlichen Ordnung, sondern Ordnung selbst wird zum Wunder. Geschichte aber ist der reale Ausnahmezustand - und der Souverän der „dialektische Gegenpol zum Ausnahmezustand" (GARBER: 1987, S.91) der Geschichte.

Im Barock geht es nach dem „Wandel der mit dem Anspruch des Ewigen ausgestatteten Rechtsnormen" (I.1, S.397) um das Recht selbst - das Recht der Natur soll im Barock an die Stelle des historischen Ausnahmezustandes treten. Das Zeitalter erträumt sich die Restauration einer natürlichen Ordnung des gesellschaftlichen Lebens. Die barocke Sehnsucht ist die nach dem „goldene(n) Zeitalter" (I.1, S.259) - und die nach „paradiesischer Zeitlosigkeit" (I.1, S.271). Der Fluchtpunkt der Restauration ist deswegen durchaus zweideutig. Das aber ist in der Sache selbst beschlossen. Benjamin stellt nämlich die Indifferenz zwischen dem „Schöpfungsstand( )" (I.1, S.271) und dem „goldene(n) Zeitalter" (I.1, S.259) heraus - beide sind in sich geschlossene Ordnungen menschlichen Lebens, die sich durch „Zeitlosigkeit" (I.1, S.271) auszeichnen. Der Begriff der Restauration ist deswegen von dem der Revolution genau zu unterscheiden, deren Kategorie das *Novum* ist. Die Restauration aber will die Wiederherstellung des Ursprungs in seiner scheinbar natürlichen „Zeitlosigkeit" (I.1, S.271). Denn das Bild der Natur stellt in Wirklichkeit ein Bild zeitloser Herrschaft. Der König des Paradieses ist Adam (vgl. I.1, S.264) - und Sol (oder Saturnus) ist der König des goldenen Zeitalters. Natur ist in Wirklichkeit die herrschende Konvention des neuen Rechts. Mit dieser „charakteristischen Haltung gegenreformatorischer Reaktion" (I.1, S.334) kommt es im Barock zur Wiederbelebung der Antike, deren römische Variante den Sinn der barocken Restauration deutlich macht.

Bruno Snell hat bemerkt, daß „nie vor Vergil (...) in der griechischen oder römischen Dichtung dieses Wunschbild (der goldenen Zeit) so direkt mit der geschichtlichen Wirklichkeit verknüpft" (SNELL: 1966, S.352) wurde. Aber gerade in der Auseinandersetzung des Wunschbildes mit der historischen Wirklichkeit handelt es sich um eine Stellungnahme gegen die Geschichte. Denn in der Äneis gibt Vergil ein Votum „für die Zeit höchster staatlicher Macht nach innen wie außen" (FABER: 1975, S.23) ab. Vergil hat Rom zum Mythos gemacht. Denn „erst nach der Veröffentlichung der Äneis wurde Rom die `urbs aeterna´ genannt und Augustin als zweiter Gründer der Stadt (nach Romulus) proklamiert." (ELIADE: 1984, S.112) Er „hat den Bürgerkrieg beendet und urbi et orbi den Frieden gegeben (der jetzt (...) mit dem des goldenen Zeitalters in eins gesetzt wird)." (FABER: 1975, S.24) Denn die „Neugründung Roms kann in Analogie zu der des Kosmos verstanden werden" (FABER: 1975, S.24). In Latium hat „(e)inst Saturnus geherrscht" (VERGIL: 1991, VI, 788-794) - „(d)a denn als Erster Saturn, vom luftigen Sitz des Olympus / Flüchtend vor Juppiters Blitz, ein vertriebener König ins Land kam, / Der dann aus Berg und Schluft und Wald unschlächtiger Völker / Sammelte, Recht und Satzung gab und wollte, die Mark sei / Latium, `Berge´, genannt: sie barg, sie schirmte den Flüchtling. / Unter dem Zepter Saturns, hat, wie sie rühmen, das goldne / Zeitalter gewährt: so mild, so friedsam herrschte der König. Bis hernach der Glanz verblich und ärgere Zeiten / Folgten" (ebd., VIII, 319-327). Es ist das Reich des Augustus aber die Wiederkehr des goldenen Zeitalters. Denn so stellt der tote Anchises seinem Sohn die kommenden Generationen vor - „(u)nd nun blick mit Augen zwein nach jenen - du siehst sie, / Römer sind´s, sind dein! Schau Caesarn, schau des Iulius / Heilig Haus, das einst hinauf ans lichte Gewölb steigt. / Er ist´s, Er, der oft der Verheißungen Spruch dir geweissagt, Caesar August, des Halbgotts Sohn; das Alter, das goldne, / Führt er gen Latium heim, daselbst auf friedlichen Fluren / Einst Saturnus geherrscht" (ebd., VI, 788-794). Sein Imperium ist ohne Ende - so ist Geschichte „ein einziges Mal im Kreise gegangen (...), um im Augenblick, wo sich Anfang und Ende berührten, in ihrer Zeitlosigkeit oder reinen Gegenwart zu verweilen" (FABER: 1975, S.28).

Vergil stellt die römische Herrschaft unter „solare Vorzeichen" (ebd., S.32f). Denn „(b)ereits in der 4.Ekloge ist Sol-Apollo der Gott des goldenen Zeitalters" (ebd., S.32) - die Sonnenreligion wird in Rom zur Staatsreligion. Der Kaiser ist Herrscher - und Gott. Und noch die Inschrift des Triumphzugs Kaiser Maximilians I. lautet bekanntlich: Qoud in caelis sol, hoc in terris Caesar est. So wird auch im Barock die Antike wieder aktuell - das Ideal der *civitas solis* tritt mit der „gegenreformatorische(n) Reaktion" (I.1, S.334) an die Stelle der *civitas dei*. Die Säkularisierung der mittelalterlichen Theologie ist deswegen deren Naturalisierung. Denn im Barock „durchzieht der Vergleich des Fürsten mit der Sonne die Literatur (...). Dabei ist es zumal auf die Einzigartigkeit dieser entscheidenden Instanz abgesehen." (I.1, S.247) Das solare Vorzeichen tritt mit der „beliebte(n) kosmologischen Argumentation" (I.1, S.247) in der christlichen Konvention hervor. Louis XIV. ist der Sonnenkönig - und Schloß und Park sind seine Kultstätte. Sein Hof ist der „Höhepunkt in der Entwicklung des Absolutismus (...), die Person des Königs, umgeben von der großen, sorgfältig nach Rang abgestuften Gesellschaft des einstigen Feudaladels, der, seiner Macht und seiner ursprünglichen Funktion beraubt, eben nur noch Umgebung des Königs ist, zeigt das vollendete Bild des barock überhöhten, absoluten Fürsten" (AUERBACH: 1953, S.367). Das Bild des Fürsten geht zuletzt ein in das antike Bild des „Cäsaren" (I.1, S.250).

Exkurs zur Theologie des absoluten Staates (Pascal)

Im Zentrum der absolutistischen Staatslehre steht der Fall der Kreatur - die Ordnung des Staates liegt in der Erbsünde beschlossen. Denn im Sündenstand erkennt das Barock den geschichtlichen Menschen. Der Mensch ist böse geworden. Und aus dem bösen Dasein des Menschen ist das Wesen des Politischen zu erschließen - „tous les hommes voulant dominer" (PASCAL: 1951, Nr. 304). Der Wille zur Macht treibt die Menschen nach dem Ende ihrer christlichen Bestimmung an. Politik ist das Dasein des natürlichen Menschen - das Böse ist kein Phänomen der Freiheit, sondern „(i)n jeder Argumentation, die den politischen oder staatlichen Absolutismus rechtfertigt, ist die natürliche Bosheit des Menschen ein Axiom, um die staatliche Autorität zu begründen." (SCHMITT: 1989[5], S.9)

Die Legitimität des Staates liegt in der Schuld des Menschengeschlechts beschlossen. Denn nach dessen Fall stellt sich die Frage nach der Möglichkeit der gesellschaftlichen Ordnung selbst. In ihrer Revolte gegen Gott haben die Menschen alle göttlichen und natürlichen Gesetze widerrufen. Deswegen müssen sie sich der Faktizität einer Ordnung überhaupt unterwerfen. In der gesellschaftlichen Ordnung ist also die gerechte Strafe des sündigen Menschen zu erkennen - „(t)ous les hommes se haïssent naturellement l'un l'autre. On s'est servi comme on a pu de la concupiscence pour la faire servir au bien public; mais ce n'est que feindre, et une fausse image de la charité; car au fond ce n'est que haine" (PASCAL: 1951, Nr.451) - „(o)n a fondé et tiré de la concupiscence des règles admirables de police, de morale, et de justice; mais dans le fond, ce villain fond de l'homme, ce *figmentum malum*, n'est que couvert: il n'est pas oté." (Ebd., Nr. 453) Eine Ordnung ist besser als keine - das ist ihre Legitimation in der Logik der Erbsünde. Denn der Wahrheitsanspruch des Rechts ist Schein - „(l)a coutume fait toute l'équité, par cette seule raison qu'elle est reçue; c'est le fondement mystique de son autorité. Qui la ramène à son principe, l'anéantit." (Ebd., Nr. 294) Die Gesetze sind deswegen zu achten, weil sie Gesetze sind - „(c)'est là que ne pouvent trouver le juste, on a trouvé le fort, etc." (Ebd., Nr.297) Die Autorität ist gut, weil sie den Zweifel besiegt und die ewige Diskussion beendet. Ihre Rechtfertigung „liegt darin, daß in der bloßen Existenz einer obrigkeitlichen Autorität eine Entscheidung liegt und die Entscheidung wiederum als solche wertvoll ist, weil es gerade in den wichtigsten Dingen wichtiger ist, daß entschieden werde, als wie entschieden wird." (SCHMITT: 1990[5], S.71) Die Gerechtigkeit des Gesetzes weist sich in der Repression der bösen Menschen aus - der Staat der Gegenreformation ist ein „Staatsparallelogramm von Bosheit und Repression" (BLOCH: 1985, Bd. 2, S.132).

Eine Welt der Konventionen überzieht den natürlichen Stand des Menschen - denn die Ordnung des Staates ist Schein. Und ihre Dauer ist ein Resultat der Gewalt ihres Scheins, den Pascal Aug' in Aug' mit der Zerstörung der gesellschaftlichen Ordnung im Bürgerkrieg verteidigt hat. Die Bosheit des Menschen im Sündenstand kann durch ihre Eigenliebe in Staatstreue verwandelt werden. Der Schein der Ordnung gestattet den Menschen im Sündenstand zu leben. Denn die Menschen wollen getäuscht zu werden - „(l)'union qui est entre les hommes n'est fondée que sur cette mutuelle tromperie (...). L'homme n'est donc que déguisement, que mensonge et hypocrisie" (PASCAL: 1951, Nr.100). Der Schein der Ordnung wird zur zweiten Natur, die den bösen Willen der Menschen bezwingen soll - „(c)ette superbe puissance, ennemie de la raison, qui se plaît à la contrôler et à la dominer, pour montrer combien elle peut en toutes choses, a établi dans l'homme une seconde nature." (ebend, Nr. 82) Der barocke Staat ist also nichts als „Zwangsanstalt in einer entgöttlichten (...) Welt, alle künstlerische Repräsentation hat als ausgesprochen herrschaftsorientierte auch den Zweck, diese Blöße zu kaschieren. Daher der nirgends von innen sich verklärende Schein, das martialisch Blendende der grell eingesetzten Mittel." (GARBER: 1992[1], S.204) Denn „(i)m Staat (...) sind immer gewisse Veranstaltungen, die einen Schein von Freiheit erwecken, notwendig, schon um das Volk zu beruhigen, simulacra, dekorative Einrichtungen." (SCHMITT: 1989[5], S.14) Der Staat ist im Barock das Simulacrum theokratischer Ordnung - aber „(h)inter dem Barock der Bilder verbirgt sich die graue Eminenz der Politik." (BAUDRILLIARD: 1978, S.14)

III. Utopie des Staates

A. Das Ideal des Staates (Zeitlosigkeit)

Das „Bild( )" (I.1, S.249) des Königs steht im Zentrum barocker Faszination - ihm neigt das „Gefühl (...) sich (...) bewundernd zu" (I.1, S.249). Was aber ist das Faszinosum der Souveränität? Theorie der Souveränität - unter diesem Titel stellt Benjamin die barocke Staatslehre vor. Er ist mit Bedacht gewählt. Theorie ist diese nämlich im Sinne einer Sollensforderung an die geschichtliche Wirklichkeit. Der Souverän stellt das „Idealbild des Monarchen" (I.1, S.253) und die „Norm des Herrschertums" (I.1, S.249). Deren Gehalt kann leicht aus dem barocken Ideal der Geschichte erschlossen werden. Denn das „Geschichtsideal" (I.1, S.246) des Barock - die „Utopie" (I.1, S.253) oder das „geschichtsphilosophische( ) Ideal" (I.1, S.259) - ist die „Restauration der Ordnung im Ausnahmezustand" (I.1, S.253). Der Fürst in seiner „erhabene(n) Stellung" (I.1, S.252) ist die den „Wechselfällen" (I.1, S.250) der Geschichte „Einhalt tuende Instanz" (I.1, S.250). Der Sinn der barocken Staatslehre kann deswegen aus der geschichtlichen Wirklichkeit erschlossen werden. Denn die Utopie der Selbstbehauptung des Menschen im Staat liegt in der Erfahrung der Geschichte als Weltgeschichte beschlossen - „(d)em trostlosen Laufe der Weltchronik tritt (...) die Restauration paradiesischer Zeitlosigkeit entgegen." (I.1, S.271).

Die Utopie der Herrschaft ist die einer „völligen Stabilisierung, einer ebenso kirchlichen als staatlichen Restauration" (I.1, S.246). Die Ordnung soll nicht erschüttert werden. Denn aller Wechsel ist sinnlos geworden - die Stabilisierung des Staats ist eine „Fixierung" (I.1, S.253) der Ordnung wider die Herrschaft der Zeit. Deswegen ist „Zeitlosigkeit" (I.1, S.271) das Ideal des absoluten Staates - die „Forderung eines Fürstentums, dessen staatsrechtliche Stellung die Kontinuität jenes in Waffen und Wissenschaften, Künsten und Kirchentum blühenden Gemeinwesen verbürgt." (I.1, S.246) Das „geschichtsphilosophische( ) Ideal war die Akme: ein goldenes Zeitalter des Friedens und der Künste, dem alle apokalyptischen Züge fremd sind, verfaßt und in aeternum garantiert durchs Schwert der Kirche." (I.1, S.259) So ist das Ideal des Leviathan das „zeitlose(r) Dauer" (TAUBES: 1985[2], S.10). Sein Bestand allein macht die Legitimität des Staates aus - „(d)arum ist der Staat bei Hobbes seiner Konstitution nach in dem Sinne eine Diktatur, als er, aus dem bellum omnium contra omnes entstehend, den Zweck hat, diesen Krieg, der sofort wieder ausbrechen würde, wenn der Druck des Staates von den Menschen genommen wird, beständig zu verhindern." (SCHMITT: 1989[5], S.23) Die Selbsterhaltung des Staates ist das Ziel der Politik. So ist auch der „Herrscher des Trauerspiels (...) mit allen Vollmachten absoluten Regententums versehen, ohne daß diese von einer durchgebildeten politischen Philosophie hinsichtlich der Zwecke und Ziele politischen Handelns begleitet wären." (GARBER: 1992[1], S.205) Denn die Ordnung ist „gut, wenn sie nur besteht" (SCHMITT: 1990[5], S.71).

Der Staat ist seiner Idee nach eine „widerhistorische" (I.1, S.253) Einrichtung - er soll der trostlosen Geschichte der Menschen ein Ende setzen. Der Staat ist als die den „Wechselfällen" (I.1, S.250) der Geschichte „Einhalt tuende Instanz" (I.1, S.250) der *Kat-echon* der „geheimnisvollen Paulus-Stelle" (FABER 1975, S.159f), die im Zentrum der barocken Theologie steht.[86] Im Barock wird der Staat als *Kat-echon* zur Heilsgewalt - er hält „das Ende (auf), das in den Religionskriegen drohend vor der Tür zu stehen schien" (FABER: 1975, S.160). Die *kat-echontische* Funktion des Staates ist deswegen eine säkularisierte. Der Strom der Zeit ist ohne messianische Energie - und so ist auch der Sturz des Souveräns nicht als Eingriff der göttlichen Zeit in die Geschichte zu verstehen. Der Staat soll nicht „das Erscheinen des Antichrist und das Ende des gegenwärtigen Äon auf( )halten" (SCHMITT: 1974, S.29), sondern im Chaos der historischen „Wechselfälle( )" (I.1, S.250) eine neue Ordnung herstellen. Der „Staat ist der Katechont, der Aufhalter, der den endgeschichtlichen Kampf zwischen Gut und Böse verhindert, der die Wiederkunft des Herrn verzögert. Das hat der Staat mit der katholischen Kirche gemeinsam, daß der apokalyptische Kampf zwischen Gut und Böse, der das 1000jährige Reich einleiten soll, durch Institutionalisierung verhindert wird. Im Kampf um das Ende der Welt sind Staat und Kirche die doppeldeutigen Institutionen, die nicht durch Zweckmäßigkeit oder Vernunft, nicht durch erkennbaren Auftrag sich ihre Rechtsform geben, sondern deren Legitimität allein in ihrer Stabilität liegt. Sie stabilisieren mit Macht irdische   Verhältnisse,   halten   das   himmlische   Glück   auf" (SCHMIDT-BIGGEMANN: 1991, S.74). Der Auftrag des Staates wird aber erkennbar, betrachtet man das sinnlose Leben unter der Herrschaft der Zeit, an dessen Stelle im Staat das Glück der Dauer treten soll. Der Staat ist das säkulare Reich - es „bedeutet hier die geschichtliche Macht, die das Erscheinen des Antichrist und das Ende des gegenwärtigen Äon aufzuhalten vermag, eine Kraft, qui tenet, gemäß den Worten des Apostel Paulus" (SCHMITT: 1974[2], S.29). Macht über die Geschichte ist das zentrale Kriterium dieser Haltung, die im eschatologischen Geist nur eine Lähmung dieser Macht erkennen kann - „(d)ieser Reichsgedanke läßt sich (...) durch Äußerungen Otto von Freisings und andere Belege bis zum Ende des Mittelalters dokumentieren. Man darf hier sogar das Kennzeichen einer geschichtlichen Epoche erblicken. Das Reich des christlichen Mittelalters dauert solange, wie der Gedanke des Kat-echon lebendig ist. Ich glaube nicht, daß für einen ursprünglich christlichen Glauben ein anderes Geschichtsbild als das des Kat-echon überhaupt möglich ist. Der Glaube, daß ein Aufhalter das Ende der Welt zurückhält, schlägt die einzige Brücke, die von der eschatologischen Lähmung alles menschlichen Geschehens zu einer so großarti-gen Geschichtsmächtigkeit wie der des christlichen Kaisertums der germanischen Könige führt." (Ebd.) Im Barock ist der *Kat-echon* aber keine anti-apokalyptische Macht. Denn an die Stelle der eschatologischen Lähmung der Praxis ist die durch die „Katastrophe( )" (I.1, S.246) getreten. Der Staat wird zur widerhistorischen Macht - das ist der eigentliche Sinn des barocken Willens zur Macht über die Geschichte. Der Staat ist eine „widerhistorische Neuschöpfung" (I.1, S.253) - durch den „königlichen Machtspruch" (I.1, S.266) soll die Ordnung „wieder sich aufrichten" (I.1, S.266). Es ist aber die „diktatorische Verfassung des Tyrannen von dem harmlosen ersten Schöpfungsstande entfernt" (I.1, S.253). Denn die „Restauration paradiesischer Zeitlosigkeit" (I.1, S.271) ist nur dem Schein nach eine Wiederherstellung der alten Ordnung.

B. Gesetz der Natur

Das Ideal des Staates liegt im Gesetz der Natur beschlossen - im 17. Jahrhundert beginnt die „Mathematisierung des Kosmos" (TAUBES: 1996, S.312). Der Staat ist „eine Diktatur, deren Utopie immer bleiben wird, die eherne Verfassung der Natur-gesetze an Stelle schwankenden historischen Geschehns zu setzen." (I.1, S.253) Das Gesetz der Natur ist ein Ende der Zeit. Die mathematischen Naturwissenschaften haben im Barock nicht nur dasselbe Pensum zu bewältigen wie der absolute Staat, sondern bestimmen dessen Idee. Das naturwissenschaftliche Denken wird zum Instrument der Selbstbehauptung. Nach dem Ende der Offenbarung hat der Mensch die Garantien seiner Welt verloren. Die Rationalität der instrumentellen Vernunft aber konstruiert eine neue Ordnung wider die Herrschaft der Zeit. So tritt im Barock die *necessitas rerum* an die Stelle der göttlichen Vorsehung - die „Idee der Notwen-digkeit wird zuerst in der Rechtswissenschaft entwickelt, und erst aus diesem Bereich der immanenten Gerechtigkeit wandert er in die Naturwissenschaften ein. Der Begriff der Ordnung wird allmählich von der Idee der Schöpfung befreit und wird am Ende des Mittelalters zu einer eigenständigen Grundlage der menschlichen Orientierung" (TAUBES: 1996, S.310). Das ist zuletzt die Bedeutung der „widerhi-storische(n) Neuschöpfung" (I.1, S.253) des Staates - und die historische Signatur des „goldene(n) Zeitalter(s)" (I.1, S.259). Ohne diese kann das Wunschbild des Staates nicht verstanden werden. Denn die Idee des harmonischen Kosmos wird erst mit der neuzeitlichen Mathematisierung des Kosmos wieder aktuell. Benjamin erkennt im Barock deswegen die Sehnsucht der Aufklärung. Denn das Barock will den Staat nach dem Modell naturwissenschaftlichen Denkens herstellen. In der Aufklärung aber wird seit Kant die Katastrophe vergessen, die das Barock noch im

Grunde der Ordnung erkannt hat. Denn „(f)ür die Aufklärung war die Verwerfung des Ausnahmezustandes primär auf das Naturgesetz bezogen, das nicht mehr als über die Natur verhängte Gesetzgebung, sondern als aus der Natur der Dinge hervorgehende Notwendigkeit keine Ausnahme, keinen Eingriff der Allmacht möglich bleiben lassen konnte." (BLUMENBERG: 1996, S.102)

Der Staat erlöst von den „Wechselfällen" (I.1, S.250) der Geschichte - seine Institutionen sistieren die als solche sinnlose Veränderung. So ist „*Posthistoire* (...) die Pointe der säkularen Souveränitätstheorie: Die Vorstellung des vollkommenen funktionierenden Staates liefert das Argument, daß das transzendente Ende der Geschichte, die Apokalypse, überflüssig ist. (...) Posthistorie wäre die institutionelle begriffliche Erlösung vom absoluten Begriff Geschichte" (SCHMIDT-BIGGEMANN: 1991, S.109f) als Weltgeschichte. Der Staat wird zum „Idealstaat fern aller historischen Kontingenz" (TAUBES: 1985[2], S. S.10). Denn nach dem Ausfall aller Eschatologie beherrscht heilloser Zufall die Geschichte, weil in den historischen Ereignissen der Heilsplan nicht mehr zu erkennen ist. Die Zeit der Geschichte ist „unerfüllt in jedem Augenblick. Das heißt es ist kein einzelnes empirisches Ereignis denkbar, das eine notwendige Beziehung zu der bestimmten Zeitlage hätte, in der es vorfällt." (II.1, S.134) Kontingenzbewältigung ist deswegen das zentrale Pensum des Staates, der zur Maschine zu werden scheint. Denn den Staat umgibt eine „Aura des Künstlichen" (TAUBES: 1985[2], S.10) - der Leviathan ist schon bei Hobbes „kein natürliches Wesen. Er wird von ihm gleich zu Anfang des Werkes eingeführt als `übernatürlich´. Übernatürlich, weil `künstlich´. Als ein animal artificiale wird der Leviathan von Hobbes vorgestellt." (Ebd., S.12) Der Staat ist ihm eine *machina machinorum*. Die Maschine aber läuft noch nicht von selbst - denn noch ist in der Theorie der Souverän der „Monteur der großen Maschine" (SCHMITT: 1990[5], S.62), die das Ende der Geschichte in Gang setzen soll.

Diese Utopie ist das Wunschbild der „geschichtlichen Menschheit" (I.1, S.251), das nur zu verstehen ist, wenn man die basale Erfahrung der herrschenden Zeit erkennt, in der das Ideal ihres Endes beschlossen ist. In der Lehre von der Souveränität stellt das Barock gegen die Erfahrung der Weltgeschichte die „Norm des Herrschertums" (I.1, S.249). In der Utopie der Restauration spiegelt sich deswegen die Erfahrung der herrschenden Zeit wieder. Denn auch der Theoretiker der Souveränität - so Benjamin an anderer Stelle über Bergson - „meidet (...) vor allem und wesentlich, derjenigen Erfahrung näherzutreten, aus der seine eigene Philosophie entstanden ist oder vielmehr gegen die sie entboten wurde. (...) Dem Auge, das sich vor dieser Erfahrung schließt, stellt sich eine Erfahrung komplementärer Art als deren gleichsam spontanes Nachbild ein." (I.2, S.609) Ein solches ist das barocke Wunschbild des *Posthistoire*, das im Zentrum der politisch-theologischen Anschauungen der Epoche steht. In der Darstellung des Trauerspiels stellt Benjamin aber die „Frage, wie die Herausformung des absoluten Staats in der zeitgleichen Dichtung (...) verarbeitet wird." (GARBER: 1992[1], S.204) Der geschichtliche Gehalt des Trauerspiels liegt nicht in der Widerspiegelung der theologisch-politischen Theorie beschlossen. Es ist Benjamins Darstellung der politisch-theologischen Lehre von der Souveränität nicht „toto coelo" (GARBER: 1987, S.92) von der Schmitts verschieden, deren Geist der barocke ist, wohl aber die Wirklichkeit des Souveräns auf der Bühne des Dramas. Denn das barocke Drama ist eine Kritik der Souveränität. Der König ist keine „säkularisierte Heilsgewalt" (I.1, S.260) - im „Vollzug" (I.1, S.253) des Trauerspiels kommt der Souverän aus seiner „erhabne(n) Stellung" (I.1, S.252) zu Fall.

F. Das Bild des Königs im Trauerspiel

I. Tyrann und Märtyrer

A. Dialektik der Souveränität

Das Bild des Königs kann in seiner Totalität nicht aus der barocken Theorie des Staates erschlossen werden. Denn es ist ein dialektisches - „Tyrann und Märtyrer sind im Barock die Janushäupter des Gekrönten" (I.1, S.249).[87] Der König ist Tyrann und Märtyrer „zugleich" (I.1, S.250). Die „Struktur" (I.1, S.253) oder der „Geist" (I.1, S.250) des Dramas ist durch diese Dialektik zu bestimmen, die das barocke Staatsrecht nicht kennt. Denn im Bild des Tyrannen kommt zwar die „Theorie der Souveränität" (I.1, S.249) zu sich selbst. Dessen Bild ist „leicht" (I.1, S.249 u. S.253) durch die Lehre des absoluten Staates zu erhellen. Denn sie „drängt geradezu darauf, das Bild des Souveräns im Sinne des Tyrannen zu vollenden." (I.1, S.249) Doch was hat der Tyrann mit dem Märtyrer zu tun? Kann dessen Bild aus dem „juristischen Aspekt barocken Fürstentums" (I.1, S.249) erschlossen werden? Und wie steht das Bild des Märtyrers zu den „Hinweisen der Ideologie" (I.1, S.249)? Kann die barocke Staatstheorie überhaupt das „Opfer" (I.1, S.253) des Souveräns erklären, das am Ende des Trauerspiels steht?

Die Rolle des Märtyrers wird in den barocken Poetiken verständlich, in denen die „Fürstenrolle" (I.1, S.249) in einem anderen Licht erscheint. Sie hat genau „an Schablone und Extrem (...) sich zu binden." (I.1, S.249) Denn „`Könige mißt man nach keinem Mittelmaße. Man rechnet sie entweder unter die gar guten/ oder unter die gar bösen.`" (I.1, S.249) In der Gattung des Trauerspiels sind deswegen - der Sache und ihrer Wirkung nach - zwei Arten des Dramas zu unterscheiden. Denn „(d)en `gar bösen` gilt das Tyrannendrama und die Furcht, den `gar guten` das Märtyrerdrama und das Mitleid." (I.1, S.249) Dieses Schema wird aber in der „genauere(n) Betrachtung" (I.1, S.252) der barocken Dramen von Benjamin „außer Kurs" (I.1, S.253) gesetzt. Denn das Bild des Königs kann aus dieser im Grunde unvermittelten Antithese nicht erschlossen werden. Er ist beides „zugleich" (I.1, S.250). Deswegen kann allein die Wirkungsabsicht des Dramas aus den Poetiken erschlossen werden, während seine tatsächliche Wirkung zu revidieren ist. Denn die „Formen" (I.1, S.249) des Dramas „wahren ihr „kurioses Nebeneinander" (I.1, S.249) nur dann, wenn man sie nicht „als strenges Komplement" (I.1, S.249) im Wesen des Fürstentums erkennt. Tyrann und Märtyrer sind „die notwendig extremen Ausprägungen des fürstlichen Wesens" (I.1, S.249). Es geht Benjamin aber nicht nur darum, das „kuriose( ) Nebeneinander" (I.1, S.249) in ein „strenges" (I.1, S.249) Nebeneinander zu überführen. Denn die „extremen Ausprägungen des fürstlichen Wesens" (I.1, S.249) stehen nicht „(n)ebeneinander" (I.1, S.249), sondern schlagen in einer „dialektischen Bewegung" (I.1, S.337) um. Diese ist „in dem genauen Sinne dialektisch, daß sie ein Drittes im Grunde ausschließt." (THEUNISSEN: 1996, S.15) Die Dialektik im Bild des „fürstlichen Wesens" (I.1, S.249) steht deswegen im Gegensatz zu dessen „stoffliche(r) Schablone" (I.1, S.253). Denn sie bringt das Schema in „Bewegung" (I.1, S.337). Der Betrachter des Königs im Trauerspiel wird von der barocken Poetologie vor ein Entweder-Oder gestellt. Denn die „Debatte" (I.1, S.253) soll entweder „unter dem Terminus des Tyrannendramas" (I.1, S.253) oder unter dem „Begriff der Märtyrertragödie" (I.1, S.254) geführt werden. Es ist aber nicht nur im „Tyrannendrama ein Element der Märtyrertragödie" (I.1, S.253), sondern auch ein „Moment des Tyrannendramas in der Märtyrerhistorie" (I.1, S.253) zu erkennen. Tyrann und Märtyrer stehen deswegen nicht nebeneinander, sondern „spielen (...) ineinander" (I.1, S.252). Die Poetiken sehen aber von der tatsächlichen Dialektik der Sache ab. Denn das Trauerspiel ist seiner „Struktur" (I.1, S.253) nach „zugleich" (I.1, S.250) Tyrannendrama und Märtyrerdrama - zum barocken Drama gehören beide als „Moment(e)" (I.1, S.253). Es ist deswegen „im Grunde unentschieden, ob ein Tyrannendrama oder eine Märtyrerhistorie vorliegt." (I.1, S.252) Benjamin will die Unterscheidung aber durchaus nicht streichen - er instrumentiert sie als Kategorien der Betrachtung im Trauerspiel selbst. Die Arten der Gattung werden zu dialektischen Momenten der Idee dieser Form. Indem er die Struktur des Dramas aus diesem selbst erschließt, läßt Benjamin sowohl die staatsrechtlichen Anschauungen der Epoche als auch die stoffliche Schablone der Poetik hinter sich. Erst in der dialektischen Betrachtung des Fürsten stellen sich die „Janushäupter des Gekrönten" (I.1, S.249) heraus. Doch wie kann der König zum Tyrann und Märtyrer „zugleich" (I.1, S.250) werden? Wie ist diese „dialektischen Bewegung" (I.1, S.337) zu verstehen?

Der König ist Tyrann - und „(d)as ist (...) leicht ersichtlich." (I.1, S.249) Denn das Bild des Königs als Tyrann kann aus dem „juristischen Aspekt barocken Fürstentums" (I.1, S.249) erschlossen werden. Die „Theorie der Souveränität, für die der Sonderfall mit der Entfaltung diktatorischer Instanzen exemplarisch wird, drängt geradezu darauf, das Bild des Souveräns im Sinne des Tyrannen zu vollenden." (I.1, S.249). Im Zentrum dieses Bildes steht eine bestimmte Geste - die „Geste der Vollstreckung" (I.1, S.249) zeigt den Souverän als „Inhaber diktatorischer Gewalt im Ausnahmezustand" (I.1, S.245f). In ihr ist das extreme - und deswegen vollendete - „Bild des Souveräns im Sinne des Tyrannen" (I.1, S.249) zu erkennen. Denn das Drama „läßt sich angelegen sein, die Geste der Vollstreckung zum Charakteristikum des Herrschenden zu machen und ihn mit Worten und Gehaben des Tyrannen selbst dort einzuführen, wo die Verhältnisse darauf nicht drängen; genau wie der volle Ornat, Krone und Szepter nur ausnahmsweise der Bühnenerscheinung des Herrschenden wird gefehlt haben." (I.1, S.249) Sie zeigt den Souverän auf der Höhe seiner Macht - in dem Augenblick, in welchem die Entscheidung über den Ausnahmezustand fallen muß. Das ist der Augenblick, in dem sich die Souveränität zu

bewähren hat. Denn „(s)ouverän ist, wer über den Ausnahmezustand entscheidet."
(SCHMITT: 1990[5], S.11) So ist „Machtentfaltung" (I.1, S.248) das Gesetz des
Tyrannendramas. In der Entfaltung seiner Macht aber kommt es zu der
„erschreckendste(n) Entartung der fürstlichen Person" (I.1, S.249). Denn der Tyrann,
der der „Norm der Herrschaft" (I.1, S.249) gerecht werden will, um deren „Ideal"
(I.1, S.252) zu verwirklichen, „verlier(t)" (I.1, S.250) sich in einem „Machtrausch"
(I.1, S.250). So bestimmen vor allem byzantinische Quellen den Stoff des Tyrannendramas. Denn die Wahl der Stoffe ist im „Interesse" (I.1, S.250) der Gegenwart
beschlossen - man wandte sich mit „Vorliebe (...) der Geschichte des Ostens zu, wo
das absolute Kaisertum in einer dem Abendlande unbekannten Machtentfaltung
begegnete. (...) Die Hauptrolle aber spielt das theokratisch fundierte Kaisertum von
Byzanz." (I.1, S.248) Die „von Untaten strotzenden Chroniken Ostroms" (I.1, S.248)
wurden „viel gelesen" (I.1, S.248) - und zwar „um der blutigen Berichte willen, die
sie von den Schicksalen des oströmischen Kaisertums gaben" (I.1, S.248). Denn es
ist das Ende des Tyrannen, das im Barock vor allem das Interesse weckt - die „Gestalt des Herodes, wie sie das europäische Theater in diesen Zeiten allenthalben
aufstellt, ist für die Konzeption des Tyrannen bezeichnend. (...) Gryphius' lateini-
sches Jugendwerk, die Herodesepen, zeigt aufs deutlichste, was das Interesse jener
Menschen fesselte: der Souverän des XVII. Jahrhunderts, der Gipfel der Kreatur,
ausbrechend in der Raserei wie ein Vulkan und mit allem umliegenden Hofstaat sich
selber vernichtend." (I.1, S.250) Wahnsinn schließt das Drama des Tyrannen ab -
auch „(d)ie Malerei gefiel sich in dem Bild, wie er, zwei Säuglinge in Händen
haltend um sie zu zerschmettern, vom Wahnsinn befallen wird." (I.1, S.250)[88]
Im Trauerspiel steht die „Herrschermacht" (I.1, S.250) des Königs deswegen
in einem „Widerstreit" (I.1, S.251) mit seinem „Herrschervermögen" (I.1, S.250).
Um das genau sehen zu können, müssen die staatsrechtlichen Gedanken, die der
Stellung des Königs im Trauerspiel zu Grunde liegen, betrachtet werden. Denn der
„Fürst, bei dem die Entscheidung über den Ausnahmezustand ruht, erweist in der
erstbesten Situation, daß ein Entschluß ihm fast unmöglich ist. So wie die Malerei
der Manieristen Komposition in ruhiger Belichtung gar nicht kennt, so stehen die
theatralischen Figuren der Epoche im grellen Scheine ihrer wechselnden
Entschließung. In ihnen drängt sich nicht sowohl die Souveränität auf, welche die
stoischen Redensarten zur Schau stellen, als die jähe Willkür eines jederzeit umschlagenden Affektsturms, in dem zumal Lohensteins Gestalten wie zerrißne, flat-
ternde Fahnen sich bäumen. (...) Denn nicht Gedanken, sondern schwankende physische Impulse bestimmen sie." (I.1, S.250f) Selbstbeherrschung ist ihm unmöglich -
er „verlier(t)" (I.1, S.250) sich. Der „mit allen Attributen nicht restringierter Gewalt
ausgestattete Herrscher erscheint zumal bei Lohenstein als willfähriges Objekt
heterogener Affekte, welche die ihm abverlangte Konsistenz politischer Wirksamkeit
stets erneut sabotieren" (GARBER: 1987, S.98). So wird das Trauerspiel in der Tat
als Drama des vermeintlich souveränen Willens kenntlich. Denn „(s)ein Wille wird
im Verlauf der Entwicklung mehr und mehr gebrochen: zuletzt tritt der Wahnsinn
ein." (I.1, S.277) Der Untergang des Fürsten ist das „typische Ende" (I.1, S.250) des
Trauerspiels - es ist dem Gesetz seiner Form nach unvermeidlich. Denn „(`)der

Schluß ist mehr zu ändern nicht'" (I.1, S.251). Der Souverän wird zum „wahnwit-zige(n) Selbstherrscher" (I.1, S.250). In diesem aber erkenn das Barock sich selbst. Denn der König ist als solcher ein „Emblem der verstörten Schöpfung" (I.1, S.250).

Das Bild des Tyrannen in seinem Fall aber wird zu dem des Märtyrers.[89] Denn im „typische(n) Ende" (I.1, S.250) des Königs sind die „Züge der Märtyrertragödie" (I.1, S.250) zu erkennen - das Tyrannendrama schlägt in seinen „extremsten Gestal-tungen" (I.1, S.253) in das des Märtyrers um. Es „bekundet" (I.1, S.250) das „Ende" (I.1, S.257) des Tyrannen in seinem „Wahnsinn" (I.1, S.257) und seinem „Wüten" (I.1, S.257) dessen „Geist" (I.1, S.250). Doch um im Wesen des Fürsten wirklich den Märtyrer erkennen zu können, muß dessen „sonderbare(s)" (I.1, S.253) Bild verstan-den werden. Denn was hat der Märtyrer im barocken Drama mit der „Passionsgestalt Christi" (I.1, S.252) zu tun? Im Christentum ist „(d)as Martyrium selbst (...) das Mysterium." (TAUBES: 1996, S.119). Der Souverän aber repräsentiert die ge-schichtliche Menschheit - und „(v)on hier und nur von hier aus ist es verständlich, daß er in den Augen der Zeit als stellvertretend für die Menschheit Handelnder und Leidender die Züge des stellvertretend für die Menschheit sterbenden Christus annehmen kann" (GARBER: 1987, S.98). Denn „(w)ie Christus als König im Namen der Menschheit litt, so nach der Anschauung barocker Dichtung Majestät schlecht-hin." (I.1, S.252) Der Untergang des Fürsten vollzieht sich in einem „blutige(n) Supplizium" (I.1, S.266). Und immer wieder stehen „Greuel- und Marterszenen" (I.1, S.1, S.390) am Ende des Dramas. Denn das Märtyrerdrama hat es „nicht sowohl auf die Taten des Helden als auf sein Dulden, ja öfters nicht sowohl auf Seelenqua-len als auf die Pein des körperlichen Ungemachs, das ihn ereilt, abgesehen" (I.1, S.252). Sein Leiden hat deswegen wie das Ideal einer „widerhistorische(n) Neu-schöpfung" (I.1, S.253) mit religiösen Konzeptionen nichts zu tun - im Bild des Märtyrers sind dessen „Seelenqualen" (I.1, S.252) nicht von Interesse. Denn der sterbliche „Leib( )" (I.1, S.265) des Märtyrers steht im Zentrum des Trauerspiels. Das barocke Drama ist Darstellung seiner „physischen Person" (I.1, S.265) - das Bild des Königs im Trauerspiel ist das der „verwundbare(n) Physis" (I.1, S.265f). In ihm erscheint nur die „Pein des körperlichen Ungemachs" (I.1, S.252). Und deswe-gen ist es ein „sonderbare(s)" (I.1, S.253). Denn der Märtyrer ist kein „Glaubens-held( )" (I.1, S.267).

Der König wird als Märtyrer zur säkularisierten „Passionsgestalt Christi" (I.1, S.252) - so wie er als Souverän die „säkularisierte Heilsgewalt" (I.1, S.260) des waltenden Gottes ist. Wie dessen Tod ist auch der des Fürsten ein „Opfer" (I.1, S.253). Der Souverän des Trauerspiels aber findet nicht „(`)durch seine sittliche und religiöse Größe (...) den Tod im Kampfe mit der ihm entgegenstehenden Macht des Unheils und des Bösen'" (II.1, S.260) - und sein Opfer hat auch mit den Paradoxien des tragischen Schicksals nichts zu tun. Denn der Souverän „fällt als Opfer eines Mißverhältnisses der unbeschränkten hierarchischen Würde (...) zum Stande seines armen Menschenwesens." (I.1, S.250) Er scheitert an seinem Mandat. Denn trotz seiner „Stellung" (I.1, S.252) und der „sakrosankten Gewalt seiner Rolle" (I.1, S.251) hat der Fürst als „Menschenwesen( )" (I.1, S.250) keine Macht über die Geschichte. Er ist nicht souverän. Deswegen „repräsentiert" (I.1, S.245) sein Bild die

„geschichtliche( ) Menschheit" (I.1, S.251) - der König wird zur „Offenbarung der Geschichte" (I.1, S.250).

So bedarf es „nicht eben tiefer Nachforschung, um zu gewahren, wie in jedem Tyrannendrama ein Element der Märtyrertragödie verborgen liegt. Weit weniger leicht entdeckt sich das Moment des Tyrannendramas in der Märtyrerhistorie. Die Vorbedingung dafür bleibt das Wissen um jenes sonderbare Bild, das im Barock (...) vom Märtyrer das hergebrachte war." (I.1, S.253) Er ist im Barock kein Glaubensheld - das Trauerspiel stellt nicht seine seelischen, sondern seine körperlichen Leiden zur Schau, die im „Wahnsinn" (I.1, S.257) enden. Erst unter dieser Voraussetzung kann das Bild des Tyrannen aus dem des Märtyrers erschlossen werden. Denn „(i)m Drama des Barock ist er ein radikaler Stoiker und legt sein Probestück aus Anlaß eines Kronstreits oder Religionsdisputes ab, an dessen Ende Folter und Tod ihn erwarten." (I.1, S.253) Das Martyrium „basiert keineswegs mehr auf der uneingeschränkt in Geltung stehenden christlichen Überlieferung, sondern ist in nahezu allen wesentlichen Aspekten neustoizistisch fundiert." (GARBER: 1987, S.98) So - aber nicht aber im christlichen Sinne - „ist das Märtyrerdrama nirgends bündig, wenn nicht in einem Satze Harsdörffers gefordert worden. `Der Held ... sol ein Exempel seyn aller vollkomenen Tugenden/ und von der Untreue seiner Freunde/ und Feinde betrübet werden; jedoch dergestalt/ daß er sich in allen Begebenheiten großmütig erweise und den Schmertzen/ welcher mit Seufftzen/ Erhebung der Stimm und vielen Klagworten hervorbricht/ mit Tapferkeit überwinde.'" (I.1, S.252) Die zentrale „Tugend" (I.1, S.242) der „stoischen Moralität" (I.1, S.257) ist die der „apatheia" (I.1, S.242) - den Helden des Trauerspiels ist sie „obligat" (I.1, S.242). Sie tritt an die Stelle der „Heilserwartung des christlichen Glaubenshelden" (I.1, S.267). Die stoische Praxis hat die „Ertötung der Affekte" (I.1, S.319) zu ihrem Ziele - das aber stellt Benjamin als Geste der Tyrannei heraus. So kann er in der stoischen Haltung des Märtyrers den Tyrannen erkennen. Im „Dulden ehrenfester Tugend" (I.1, S.267) wird der Märtyrer zum Tyrannen seiner Affekte. Er ist die ihren „Wechselfällen Einhalt tuende Instanz" (I.1, S.250). Im 17. Jahrhundert ist das Bild des Souveräns das des „Weise(n), der eine rationale Herrschaft über seine Triebe und Leidenschaften ausübt" (SCHMITT: 1989[5], S.10). Denn seine Diktatur fordert eine „strenge Disziplin im Innern" (I.1, S.276). Die stoische Praxis wird so zur inneren Figur souveräner Herrschaft. Aber nicht an dieser ist Benjamin zuletzt interessiert. Denn das Kriterium souveräner Herrschaft ist die Entscheidung über den Ausnahmezustand, der im „Sonderfall" (I.1, S.249) gegeben ist. Und auch die Einsicht in den stoischen Geist ist nur in der extremen Perspektive möglich. Denn erst im Märtyrer stellt sich das wirklich „radikale( )" (I.1, S.253) Bild einer stoischen Haltung heraus. Er „legt sein Probestück aus Anlaß eines Kronstreits oder Religionsdisputes ab, an dessen Ende Folter und Tod ihn erwarten." (I.1, S.253) Die stoische Praxis setzt deswegen voraus, daß die Entscheidung über den Ausnahmezustand „(ge)scheitert" (I.1, S.251) ist.

Wenn die Herrschaft über die Geschichte nicht mehr zur Diskussion steht, dann wird die Herrschaft über die Affekte zum eigentlichen Problem - das Ideal der Herrschaft über die Geschichte wird zum Ideal der Herrschaft über sich selbst. Aus dem Ideal des „Selbstherrscher(s)" (I.1, S.250) wird das Ideal der Selbstbeherr-schung. Denn exemplarisch ist auch für das Bild des Märtyrers als Tyrannen das Extreme - es „(b)leibt das Besondere, das die Frau als Opfer des Vollzugs in manche dieser Dramen (...) einführt. Der rechten Einschätzung der Märtyrertragödie ist es ausschlaggebend. Sache des Tyrannen ist die Restauration der Ordnung im Ausnah-mezustand: eine Diktatur, deren Utopie immer bleiben wird, die eherne Verfassung der Naturgesetze an die Stelle schwankenden historischen Geschehens zu setzen. Zu einer entsprechenden Fixierung aber will auch die stoische Technik für einen Aus-nahmezustand der Seele, die Herrschaft der Affekte, ermächtigen. Auch sie sucht eine widerhistorische Neuschöpfung - in der Frau die Behauptung der Keuschheit" (I.1, S.253).[90] Ist die „Würde" (I.1, S.250) des Souveräns seine Macht, die ihn über die Geschichte erhebt, so bleibt als „Würde" (I.1, S.267) des Märtyrers nur die Macht über sich selbst. Sie ist der Ausweg dessen, dem seine Ohnmacht in der Geschichte zur unausweichlichen Erfahrung geworden ist. Er ist über die Ideale der Herrschaft desillusioniert. Die stoische Praxis ist unter den Bedingungen geschichtli-chen Lebens nur die zweitbeste Fahrt - aber selbst diese ist im Barock nur ein Ideal. Denn im dramatischen Ablauf des Trauerspiels aber haben die Leiden des Märtyrers das letzte Wort. Denn der „Wille" (I.1, S.277) des Märtyrers wird „im Verlauf der Entwicklung (...) mehr und mehr gebrochen" (I.1, S.277). In diesem Verlauf ist das eigentliche Drama des souveränen Willens zu erkennen. Denn im Märtyrer drängt sich „nicht sowohl die Souveränität auf, welche die stoischen Redenarten zur Schau stellen, als die jähe Willkür eines jederzeit umschlagenden Affektsturms" (I.1, S.251). Der Märtyrer kann die „(')Schmertzen/ welcher mit Seufftzen/ Erhebung der Stimm und vielen Klagworten hervorbricht(')" (I.1, S.252), nicht ersticken. Im Trauerspiel, in dessen „Helden (...) nur der physische Schmerz des Martyriums dem Anruf der Geschichte erwidert" (I.1, S.270), ist und bleibt der „physische Schmerz (...) jederzeit (...) präsent" (I.1, S.391).

Aus der Einsicht in das dialektische Bild des Königs ergibt sich so das Bild des Trauerspiels als des „Schauspiels(s) fürstlicher Erhebung und des Falls" (I.1, S.267). Der König ist im Trauerspiel „zugleich" (I.1, S.250) Tyrann und Märtyrer. Die Dialektik zwischen beiden kommt aber nicht in der Paradoxie zum Stillstand. Denn es ist der König, der im Vollzug des Trauerspiels aus seiner erhabenen Stellung zu Fall kommt. Tyrann und Märtyrer sind „die notwendig extremen Ausprägungen des fürstlichen Wesens" (I.1, S.249). Von den „Janushäupter(n) des Gekrönten" (I.1, S.249) tritt dem Betrachter des Trauerspiels zunächst das Ideal des Tyrannen vor Augen - das aber wendet sich um ins Bild des Märtyrers. Erhebung und Fall des Königs bilden das Schema des Trauerspiels - so stellt sich dessen Modell nicht in der Betrachtung seiner Norm, sondern in der seiner Extreme heraus. Im Brennpunkt des Trauerspiels steht deswegen der Widerstreit zwischen dem „Ideal" (I.1, S.246) und der Einsicht in die Wirklichkeit des „armen Menschenwesens" (I.1, S.250).

B. Ideal und Wirklichkeit

In den „Janushäupter(n) des Gekrönten" (I.1, S.249) stellt das Trauerspiel dem Betrachter die „Antithese zwischen Herrschermacht und Herrschervermögen" (I.1, S.250) vor Augen - die Antithese zwischen der transzendenten Norm der Herrschaft und der immanenten Wirklichkeit der Geschichte. Im Bild des Königs steht deswegen die Würde seiner „erhabne(n) Stellung" (I.1, S.252) im Gegensatz zur „Ohnmacht" (I.1, S.251) seines „armen Menschenwesens" (I.1, S.250). Denn „(d)er über schrankenlose Macht verfügende Regent bleibt, wie Bossuet gesagt hatte, Mensch und als solcher Sünder und eben dieser Doppelaspekt begründet das in allen Trauerspielen zu beobachtende Changement zwischen Märtyrer- und Tyrannenrolle des Souveräns." (GARBER: 1987, S.98) Der Widerstreit zwischen Ideal und Wirklichkeit ist deswegen durch ein „Mißverhältnis( )" (I.1, S.250) der extremen Pole zu bestimmen. Denn der Fürst in seinem „armen Menschenwesen( )" (I.1, S.250) ist der „hierarchischen Würde" (I.1, S.250) seiner absoluten Stellung nicht gewachsen und „scheitert" (I.1, S.251). Mit dieser Würde hat ihn - nach dem Willen der „geschichtlichen Menschheit" (I.1, S.251) - der „Gott (...) investiert" (I.1, S.250). Er kann seinem Mandat aber nicht gerecht werden. Denn dem Fürsten ist im deutschen Trauerspiel die „Entscheidung über den Ausnahmezustand (...) unmöglich" (I.1, S.250).[91] Geist kann in der Ideologie des Zeitalters nur als Macht verstanden werden - das Ideal der absoluten Herrschaft aber blamiert sich an der Wirklichkeit des geschichtlichen Menschenwesens. Denn das Trauerspiel stellt die Natur des Menschen in seiner Ohnmacht zur Schau. Es steht so im Gegensatz zur politisch-theologischen Ideologie der Restauration - und hat die Desillusionierung des historischen Menschen zur Folge. Denn im barocken Drama lernt dieser die Ohnmacht seiner politisch-theologischen „Ideologie" (I.1, S.249) kennen. Das Drama wird durch die Einsicht in das „arme( ) Menschenwesen" (I.1, S.250) des Fürsten zur Kritik am Ideal der Herrschaft - im König kommt nicht die Transzendenz als Macht, sondern die Immanenz des Menschenwesens in seiner Ohnmacht zur Darstellung. Der Fürst steht im Gegensatz zu seiner Stellung nicht über der Ordnung dieser Welt. Im Trauerspiel hat die Wirklichkeit des „armen Menschenwesens" (I.1, S.250) das letzte Wort. Der arme Mensch ist Kreatur - und der König ist der „Gipfel der Kreatur" (I.1, S.250).

Weil das Drama das „Schauspiel fürstlicher Erhebung und des Falls" (I.1, S.267) ist, kann die Dialektik von Tyrann und Märtyrer nur in seinem „Vollzug( )" (I.1, S.253) verstanden werden. Das barocke Drama bringt das „Opfer" (I.1, S.253) des Königs. So ist der dialektische Vollzug durchaus ein teleologischer - die Antithese „erwächst" (I.1, S.388) aus der These. Das Modell dieser Dialektik ist das der „Machtentfaltung" (I.1, S.248). Denn die Theorie der Souveränität bestimmt zwar die „Stellung" (I.1, S.252) des Königs im Trauerspiel - der „Souverän repräsentiert die Geschichte. Er hält das historische Geschehen in der Hand wie ein Szepter" (I.1, S.245). In diesem Bild ist der König eine „Heilsgewalt" (I.1, S.260). Die „Geste der Vollstreckung" (I.1, S.249) ist sein „Charakteristikum" (I.1, S.249). Als Zeichen seiner Macht soll sie das „Ideal einer völligen Stabilisierung (...) entfalten" (I.1,

S.246). Der Fürst kommt aber aus seiner „Stellung" (I.1, S.252) zu Fall - indem er seine „Macht (...) entfaltet" (I.1, S.250). Er wird zum „Opfer" (I.1, S.253). Doch in solcher „Entartung der fürstlichen Person" (I.1, S.249) kommt diese zu sich selbst. Der Tyrann wird als Märtyrer bis zur Kenntlichkeit entstellt. Aber aus der scheinbar extremen Entstellung der „Norm" (I.1, S.249) erwächst die Einsicht in das geschichtliche Wesen des Menschen. Im Trauerspiel ist deswegen - wie auch in der Theorie der Souveränität - der „Sonderfall (...) exemplarisch" (I.1, S.249). Im Sinne der Theorie der Souveränität „offenbart sich (...) die Fülle der Staatsgewalt." (SCHMIT: 1989[5], S.17) in der Entscheidung über den Ausnahmezustand. Im barocken Drama aber kommt in der „Entfaltung diktatorischer Instanzen" (I.1, S.250) das „arme( ) Menschenwesen( )" (I.1, S.250) - der historische Mensch hinter der Maske seiner souveränen Rolle - zum Vorschein. In seiner Gewalt erscheint nicht das Wunder eines göttlichen Eingriffs in den „historischen Verlauf( )" (I.1, S.275). Der König wird zur „Offenbarung der Geschichte" (I.1, S.250) als Leidensgeschichte - zu ihrer „Verkörperung" (I.1, S.243). Denn im barocken Drama leidet „Majestät schlechtweg" (I.1, S.252). Ein „Opfer" (I.1, S.253) aber ist der Fall des Königs, weil er als Stellvertreter des historischen Menschen „scheitert" (I.1, S.251), der sich in seinem Bilde (wieder-)erkennen kann. Der König leidet „im Namen der geschichtlichen Menschheit" (I.1, S.251). Das Bild seines Leidens scheint dabei ein christliches zu sein. Denn er leidet wie „Christus als König im Namen der Menschheit litt" (I.1, S.252). Sein Tod aber hat keine transzendierende Macht - er ist nichts als ein heilloser Untergang. Der König wird deswegen zur säkularisierten „Passionsgestalt Christi" (I.1, S.252) - er „repräsentiert" (I.1, S.245) in seinem Fall die „geschichtliche( ) Menschheit" (I.1, S.251). Der König im Trauerspiel hat das „Szepter" (I.1, S.245) seiner Herrschaft verloren. So holt Benjamin in der Darstellung des Dramas ein, was ihm beim „Anblick der schief sitzenden Krone des Königs" (VI, S.534) als der „erste Gedanke an das kam, was ich neun Jahre später im Trauerspielbuch niederlegte." (VI, S.534)

Die Einsicht in den teleologischen „Vollzug( )" (I.1, S.253) des Trauerspiels ermöglicht auch die Revision seiner moralischen Betrachtung. In den Poetiken sind die moralischen Rollen „deutlich konturiert( )" (I.1, S.253). Denn „`Könige mißt man nach keinem Mittelmaße. Man rechnet sie entweder unter die gar guten/ oder unter die gar bösen.´ Den `gar bösen´ gilt das Tyrannendrama und die Furcht, den `gar guten´ das Märtyrerdrama und das Mitleid." (I.1, S.249) Das Schema beschreibt aber nicht die Sache selbst. Deswegen steht auch die „deutlich konturierte( ) sittliche( ) Erscheinung" (I.1, S.253) des Herrschers in Frage. Denn ist der Tyrann im Gefühl des Zeitalters überhaupt böse? Die moralische Diskussion der Rolle des Königs im Trauerspiels ist nur unter der Voraussetzung der historischen Erfahrung sinnvoll. Er soll dem Ausnahmezustand der Geschichte ein Ende setzen. Im Souverän ist vor allem das „Idealbild des Monarchen" (I.1, S.253) mit „Krone und Szepter" (I.1, S.249) als den Zeichen seiner „hierarchischen Würde" (I.1, S.250) ein Gegenstand der Faszination. Und „(d)iese Norm des Herrschertums wird - und das ist der barocke Zug im Bilde - sogar durch die erschreckendste Entartung der fürstlichen Person nicht eigentlich entstellt." (I.1, S.249) Denn wie im „großen Verbrecher" (II.1, S.186) ist der Betrachter des Tyrannen von dessen „rechtsetzend(er)" (II.1, S.186) Gewalt fasziniert. Was dem modernen Staat im Verbrecher die „Drohung" (II.1, S.186) ist, ein „neues Recht zu setzen" (II.1, S.186), das wird in seinem Ursprung als Hoffnung des historischen Menschen deutlich. Diese Gewalt kann dem barocken Menschen kein Übel sein. Denn „(d)ie Prunkreden mit ihren unaufhörlichen Varianten der Maxime `Der purpur muß es decken' gelten zwar als provokatorisch, aber das Gefühl neigt sich ihnen selbst da noch bewundernd zu, wo sie Brudermord wie im `Papian' des Gryphius, Blutschande wie in Lohensteins `Agrippina', Untreue wie in seiner `Sophonisbe', Gattenmord wie in der `Marianmne' des Hallmann zu decken haben." (I.1, S.249f) Es steht deswegen auch die Moralität des dramatischen Endes in Frage. Denn der „Untergang" (I.1, S.251) des Königs ist ein „Gericht (...), in dessen Urteil auch der Untertan sich mitbetroffen fühlt." (I.1, S.251f). Im Fall des Herrschers „scheitert" (I.1, S.251) seine Hoffnung, der Geschichte im neuen Recht ein Ende zu setzen. So ist es dem Barock „durchaus verwehrt, dem Ende des Tyrannen eine platte moralische Satisfaktion im Stile der Hans Sachsschen Dramen zu entnehmen" (I.1, S.251). Weil das Barock von der „sakrosankten Gewalt seiner Rolle" (I.1, S.251) überzeugt ist, kann in seinem Fall keine „Gerechtigkeit" (I.1, S.257) erblickt werden. Sie fällt als Kategorie barocker Geschichtsbetrachtung aus. Das Ende des Dramas ist nicht nur „keine „platte moralische Satisfaktion" (I.1, S.251), sondern als solches nicht in moralischen Kategorien zu bestimmen. Geschichte ist nicht der Boden der Sittlichkeit - es kommt im Trauerspiel nicht die Moralität des Geschichtsprozesses, sondern das Leiden der Kreatur zur Darstellung. In sittlicher Perspektive erscheint im Trauerspiel einzig und allein, was dem Ausnahmezustand der Geschichte widerstehen kann - und dem „Ausnahmezustand der Seele" (I.1, S.253). Denn ein „Abglanz sittlicher Würde liegt einzig auf dem Souverän und dies von keiner andern als der gänzlich geschichtsfremden des Stoikers." (I.1, S.267) Die Darstellung des Trauerspiels aber hat dessen historischen Gehalt zu erkunden. Deswegen kann sie es nicht bei der Einsicht in die stoische Praxis belassen. Die historische Perspektive ist im Trauerspiel selbst beschlossen. Denn im Widerstreit zwischen Ideal und Wirklichkeit hat im deutschen Trauerspiel das „Urteil" (I.1, S.252) der Geschichte das letzte Wort. Das Ende des Königs, das als ein „Gericht" (I.1, S.251) über die „geschichtliche( ) Menschheit" (I.1, S.251) zu verstehen ist, stellt kein moralisches Urteil vor, sondern lehrt im „armen Menschenwesen( )" (I.1, S.250) die „Gebrechlichkeit der Kreatur" (I.1, S.321) unter der Herrschaft der Zeit zu verstehen. Das ist das eigentliche didaktische Pensum des Trauerspiels.[92] Der Souverän als Paradigma des Melancholischen - „dramatischer ließ sich die Umkehrung der politischen Bestimmung des Herrschers nicht dokumentieren." (GARBER: 1992[1], S.213)

Der Herrscher „scheitert" (I.1, S.251) - und „(')der Schluß ist mehr zu ändern nicht(')" (I.1, S.251). Wieso aber hat die Erhebung des Fürsten den Fall zur Folge? Diese Frage kann deswegen gestellt werden, weil das Märtyrerdrama nicht allein das Leiden und den Tod des Fürsten zur Schau stellt, sondern auch den „Grund des Untergangs" (I.1, S.268). In dessen Erkenntnis kann das Bild des historischen Menschen erschlossen werden. Um das Bild der Geschichte im König des Trauerspiels zu verstehen, ist der Sinn seines Leidens genauer zu betrachten. Die Erhebung und der Fall des Fürsten - das ist der Inhalt im Vollzug des Trauerspiels. Wie aber wird das „Schauspiel fürstlicher Erhebung und des Falls" (I.1, S.267) im Trauerspiel zur Schau gestellt? Denn im Wie der Darstellung kommt das Warum des Untergangs zum Ausdruck. In der Technik seiner dramatischen Darstellung ist der Vollzug seines Untergangs zu erkunden.

II. Zur Bedeutung des Märtyrerdramas

A. Märtyrerdrama

Der Untergang des Königs - das ist das „typische Ende" (I.1, S.250) des Trauerspiels. Diesen „typischen Untergang (...) haben die Dichter im Auge gehabt, wenn sie - mit einem Wort, das die Dramatik planvoller als die Kritik gehandhabt hat - ein Werk als ʾTrauerspielʾ bezeichnet haben." (I.1, S.268) Und „(d)ie nürnberger Schule lehrt es bieder, die Schauspiele seien Trauerspiele deshalb genannt worden, ʾweil vorzeiten in der Heidenschaft meistteils Tyrannen das Regiment geführet/ und darum gewönlich auch ein grausames Ende genommen.ʾ" (I.1, S.255) Das Ende des Königs ist ein „traurige(s) Ereignis" (I.1, S.256). Das Wort meint die Sache selbst - und nicht nur ihre Wirkung (vgl. I.1, S.239). Es bezeichnet im Untergang des Königs einen dramatischen Vorgang. Dieser „weckt" (I.1, S.298) erst die „Trauer im Betrachter" (I.1, S.298). Die Wirkung des barocken Dramas ist deswegen durch das traurige Ereignis des Endes zu bestimmen. Denn im Untergang des Königs „fühlt" (I.1, S.252) der „Untertan sich mitbetroffen" (I.1, S.252), der sich selbst in dessen Schicksal erkennt. Er sieht in der Welt des Dramas seine eigene. Und nur im Bild dieser Welt kann das Gefühl seiner Trauer beschrieben werden (vgl. I.1, S.318). Der Tod des Königs ist ein Untergang - und „Trauer begleitet den Untergang" (II.1, S.260). Einzig und allein weil der Tod des Fürsten als ein Untergang zu verstehen ist, weckt er die Trauer. Der Sinn des Dramas kann deswegen nur durch Einsicht in die Bedeutung des Untergangs verstanden werden, der an die Stelle eines „Heilsplans" (I.1, S.260) oder „Heilsprozesses" (I.1, S.257) in der Geschichte tritt. Warum aber steht der Tod des Königs am Ende des Dramas? Erst in der Antwort auf diese Frage stellt sich heraus, warum das barocke Drama als ein Trauerspiel zu verstehen ist. Was ist der „Grund des Unterganges" (I.1, S.268)?

Das barocke Drama ist die „Vorführung der Märtyrergeschichte" (I.1, S.254) des Königs - in seinem Zentrum steht das „Martyrium des Helden" (I.1, S.257). Es stellt den „Vollzug( )" (I.1, S.253) seines „Opfer(s)" (I.1, S.253) zur Schau - und „(s)o nahm man denn nicht Anstand, Fürsten gelegentlich ausdrücklich mit dem Märtyrertitel zu begaben." (I.1, S.252) Denn nach der Anschauung barocker Dichter „litt (...) Majestät schlechtweg" (I.1, S.252). Und so kann man auch „in allen Dramendefinitionen der Handbücher im Grunde die Beschreibung des Märtyrerdramas" (I.1, S.252) erkennen. Denn „(s)ie haben es nicht sowohl auf die Taten des Helden als auf sein Dulden, ja öfters nicht sowohl auf Seelenqualen als auf die Pein des körperlichen Ungemachs, das ihn ereilt, abgesehen." (I.1, S.252) Der gebrechliche „Leib( )" (I.1, S.265) steht deswegen im Zentrum des Trauerspiels und macht auch das eigentlich Dramatische des Dramas aus. Denn die „Würde" (I.1, S.250) und die „erhabne Stellung" (I.1, S.252) des Monarchen können keinen dramatischen Vollzug bestimmen - das Drama des Königs beginnt mit seinem Fall. Das Trauerspiel ist deswegen auch kein bürgerliches. Denn die Intrige liegt nicht in „tragische(n) Konflikte(n)" (I.1, S.391) oder inneren Motiven (vgl. I.1, S.254) beschlossen. Es ist der „physische Schmerz schlechtweg als Aktionsmotiv jederzeit dem Dramatiker präsent" (I.1, S.391). Es ist deswegen keine Frage der Perspektive, wenn Benjamin die Dramaturgie des Trauerspiels im „Begriff der Märtyrertragödie" (I.1, S.254) verhandelt, sondern in der „Sache selbst" (I.1, S.254) beschlossen.

Exkurs zum Märtyrerdrama nach Hans-Jürgen Schings

Hans-Jürgen Schings versteht seine traditionsgeschichtliche Betrachtung des barocken Dramas als Antithese zu Benjamins Darstellung seiner Idee.[93] Er stellt das Trauerspiel zwar wie Benjamin in die historische Perspektive - seine Form ist eine „Antwort auf die Herausforderung von Leid, Übel und Fortuna" (SCHINGS: 1971, S.39). Doch unterstellt er Benjamin, den Wirkungszusammenhang „aus der Idee des Trauerspiels (...) eliminieren" (ebd., S.4) zu wollen, in dem seiner Ansicht nach der Gehalt des Dramas zu erkennen sei. Der „Moralismus der Barocktragödie" (ebd.) kann als „Ausprägung( ) eines Wirkungswillens" (ebd., S.28) verstanden werden. „Denn die Wirkungsabsicht (...) gehört zur Essenz der Barocktragödie, mit der Kraft der *causa finalis*, aus der sich alles andere herleitet." (Ebd., S.4) Das Trauerspiel ist ein „zielbewußt kalkuliertes Wechselbad der Affekte." (Ebd., S.5) Und „(s)o wird das Spiel der Affekte zu einem Propädeutikum der Tugend und die virtus das Resultat, das alle Auslegungskünste zutage fördern." (Ebd., S.10) Ziel ist eine „vernunftgelenkte( ) Affektbeherrschung." (Ebd., S.12)

Denn es gibt einen „doppelten Tragödientypus (...). Der eine operiert (...) provokatorisch und *e negativo*. Der andere geht das gleiche Ziel der *aedificatio* direkt an, mit Hilfe exemplarischer Modelle der richtigen Haltung. (...) Das eine ergibt die Vanitas- und Fortuna-Tragödie, die Greuel-, Laster- und Leidenschaftstragödie, die Tragödie des Tyrannen und des Fürstensturzes. Das andere führt zur Märtyrertragödie mit der Demonstration der Tugend, der `Bewährung´ der Beständigkeit, dem Sieg über Welt und Fortuna." (Ebd., S.26) Das „tragische Theater des 17. Jahrhunderts ist ein Theater der Grausamkeit" (ebd., S.28) - es sind aber die „Brutalitäten der Tragödie das Komplement ihres Moralismus." (Ebd.) Denn „(w)eder um Abstumpfung (Apathie) handelt es sich, noch um Erweichung, sondern um die Mitte, um die Gewöhnung daran, mit dem Schrecklichen und mit den nicht zu eskamotierenden Affekten des Mitleids und Schreckens zu leben." (Ebd., S.12f) Bei Birken ist „(a)us der Erregung und Reinigung der Affekte (...) Erbauung geworden." (Ebd., S.16) Deswegen sind „(n)icht mitleid- und furchterregende Handlungen, vielmehr tugend- und lasterhafte Charaktere (...) von einer solchen Konzeption der

Tragödie zu erwarten." (Ebd., S.18) Das Märtyrerdrama bildet sich in den „Fluchtlinien solcher Anschauungen" (ebd.) heraus - in ihm lassen sich die „bedeutendsten Tendenzen der Barocktragödie zusammenfassen." (Ebd., S.1) Der Zuschauer soll sich „in den Greueln des großen Krieges und in den Bedrängnissen der schlesischen Gegenreformation" (ebd., S.20) an „Katastrophen gewöhn(en)" (ebd., S.19). Es kann nämlich „Fortuna dem Kern des Menschen nichts anheben" (ebd., S.20). Die Forderung nach *constantia* ist eine „Lebensformel für den Menschen des ausgehenden 16. Und 17. Jahrhunderts" (OESTREICH: 1969, S.40). Und das Ziel der dramatischen Wirkung im Trauerspiel ist *constantia*. Sie ist die Tugend des Märtyrers - die „Tapferkeit des Standhalten" (SCHINGS: 1971, S.21) ist nichts als „Gewöhnung an das Schreckliche" (ebd.).

Es „ist die Lektion der *vanitas mundi*, welche die Tragödie erteilt. In ihr lernt man die *conditio humana* kennen" (ebd., S.21). Aber „(e)xemplarisch für die menschliche Hinfälligkeit ist der Fall des Mächtigen. Sein Sturz mißt die Antithesen der *vanitas* (...) am eindrucksvollsten aus." (Ebd.) Es ist das „Fall-Gesetz die barocke Version der Peripetie. (...) Geschichte schlechthin apperzipiert man im Lichte des Fall-Gesetzes. Sie wird darüber zum mundus tragicus und das Leben zu einem großen `Trauerspiel'." (Ebd., S.30) Das Trauerspiel ist eine „*consolatio* gegen die Melancholie" (ebd., S.22). Deswegen ist „(d)er melancholische Vanitas-Gehalt des Trauerspiels (...) nicht absolut, sondern intentional, er ist provokatorisch und konsolatorisch gemeint. Gibt es so etwas wie die Idee des Trauerspiels, so gehört dazu nicht nur der melancholische Adressat, sondern auch die anti-melancholische Wirkung." (Ebd.) Das erklärt die „Affinität des Trauerspiels zur zeitbeherrschenden Form jener Morallehre, dem christlichen getönten Neostoizismus. Das konsolatorische Moment ist ihm von Anfang an immanent" (ebd., S.23) - und in ihm ist der „Moralismus des barocken Trauerspiels" (ebd., S.24) beschlossen.

Das Trauerspiel steht aber im Zeichen einer „eindeutig religiösen Wirkungsabsicht" (ebd., S.6) - „(d)em christlichen Märtyrer tritt dabei der stoische Weise, dessen Tugenden schon die patristische Märtyrerliteratur für ihren Helden in Anspruch genommen hat, als Präfiguration und Analogon zur Seite." (Ebd., S.36) Denn „(v)on der stoischen Morallehre zur christlichen Askese, von der stoischen Behauptung gegen das Schicksal zum christlichen *contemptus mundi* ist es nach zeitgenössischer Auffassung nur ein Schritt." (Ebd., S.24) Im Märtyrer will das Trauerspiel die „Nichtigkeit aller irdischen Schrecken (...) demonstrieren" (ebd., S.35). Er „zeigt nicht nur keine Furcht, er betrachtet seinen Tod als Heil, er wünscht ihn sogar herbei - und die künftige Glückseligkeit ist ihm sicher." (Ebd., S.33) Denn vom Leiden ist nur der „natürliche Stand des Menschen betroffen" (ebd., S.34). Das ist die moralische Lektion des Trauerspiels. Denn „(w)ird der christliche Dualismus von corpus und anima, vom status naturalis hominis und von der beatitudo aeterna zum Prinzip des dramatischen Protagonisten, lebt er aus jener Entgegensetzung von Körper und Geist, Zeit und Ewigkeit, Diesseits und Jenseits, dann ist er für tragisches Leid nicht mehr erreichbar." (Ebd., S.35) Das Trauerspiel ist deswegen „heilsgeschichtliches Welttheater" (ebd., S.43) - das Drama ist eine „gedeutete Welt, an deren Spitze mehr oder weniger verborgen die Providentia steht." (Ebd., S.39) Und „(d)as Publikum

(...) ist (...) das christlich erzogene der Gegenwart, mit dem unerschütterlichen Glauben an die Gerechtigkeit der göttlichen Vorsehung." (Ebd., S.37) Das Märtyrerdrama ist keine Darstellung der Naturgeschichte, sondern ein „*spectaculum martyris* vor den Augen eines 'bewährenden' Gottes" (ebd., S.44).

B. Lessing und die Diskussion des Märtyrerdramas

Die „Diskussion der Märtyrertragödie" (I.1, S.253) gehört „zum eisernen Bestande der deutschen Dramaturgie." (I.1, S.253) Es ist „unter dem Terminus des Tyrannendramas auch angesichts seiner extremsten Gestaltungen niemals die theoretische Debatte (...) eröffnet worden" (I.1, S.253). Erst Benjamin unternimmt das, indem er das Bild des Tyrannen unter dem „juristischen Aspekt barocken Fürstentums" (I.1, S.249) zur Darstellung bringt. Aber gerade in seinen „extremsten Gestaltungen" (I.1, S.253) schlägt das Tyrannendrama in das des Märtyrers um. So würde auch unter dem „Terminus des Tyrannendramas" (I.1, S.253) die Diskussion des Trauerspiels „im Grunde" (I.1, S.252) das Märtyrerdrama erkennen müssen. Benjamin zeigt am „Bestand( ) der deutschen Dramaturgie" (I.1, S.253) kein Interesse - er betrachtet das Trauerspiel allein in der Perspektive der bürgerlichen Dramatik. So stellt sich mit der Einsicht in dessen dramatische Elemente auch der Bruch heraus, der die traditionelle Dramaturgie von der neuen bürgerlichen trennt. Denn in der Diskussion des Trauerspiels herrscht seit Lessing ein neuer Ton - unter dem Titel des Märtyrerdramas wird das Trauerspiel aus dem Kanon der bürgerlichen Dramatik ausgeschlossen. Sein Urteil ist aber nicht in der „Sache" (I.1, S.254) beschlossen. Denn das Trauerspiel wird von Lessing nicht in einem „Zusammenhang( ) von eigener Bündigkeit" (I.1 S.255) betrachtet, sondern in dem der Aufklärung und der „hamburgischen (...) Dramaturgie" (I.1, S.257). Das Theater wird zur moralischen Anstalt. Deswegen kann seine Kritik an dieser Stelle gar nicht zur Diskussion stehen. Benjamin stellt nur die Elemente des Trauerspiels, um die sich die bürgerliche Kritik dreht, als solche und ohne „Bewertung" (I.1, S.254) heraus. Denn Lessing erkennt durchaus die wesentlichen Sachverhalte, deren Wahrheitsgehalt dann Benjamin interessiert - er wertet sie aber im Namen bürgerlicher Ideale des Menschlichen um.

Im Zentrum seiner Kritik am Trauerspiel steht die „Bewertung der Intrige" (I.1, S.254) - sie übertrifft die üblichen „Bedenken (...) aus dem Aristoteles, aus der verpönten Scheußlichkeit der Fabel und nicht zuletzt aus sprachlichen Motiven" (I.1, S.253f), die den „Schwulst" (II.1, S.256) betreffen. Lessing will vor allem keine Effekte in der Darstellung der Intrige. Das Verdikt über alles Theatralische im Drama aber trifft den Kern der Diskussion. Deswegen lautet sein durchaus exemplarisches Urteil über 'Olint und Sophronia' von J. Friedrich von Cronegk: Dieses Drama zeichnet sich durch „äußer(e) Pracht" (LESSING: 1981, S.20) aus - aber diese „Verbesserung unsers Theaters erfordert nichts als Geld." (Ebd.) Worum es hier geht, wird aus einer kleinen Arbeit ersichtlich, die Benjamin gemeinsam mit Bernhard Reich im Dezember 1925 veröffentlicht hat. Sie verlängert die historischen Fluchtlinien des Trauerspielbuchs. Dieser Aufsatz, der die Frage 'Theater oder

Revue' zu seinem Titel hat, ist ein Brief des „Lord A... an den Lord B..." (IV.1,2, S.797) aus dem „Jahr der Erstaufführung von Shakespeares Hamlet" (IV.1,2, S.797). Sein Titel ist leicht zu erklären. Denn er geht davon aus, daß man das Drama „vor 300 Jahren für eine Revue gehalten hat" (IV.1,2, S.797). Und das „Theater steht noch sehr tief" (IV.1,2, S.799) - so lautet sein Resümee. Denn auf der Bühne sollen die „Künste des Theaters" (IV.1,2, S.799) zur Schau gestellt werden. Die Antwort auf die Frage, warum das noch nicht der Fall ist, erinnert an Lessing. Denn „(d)ie dürftigen Geldmittel sind schuld, daß man sich keinen Prunk und keine schönen Bildern erlaubt." (IV.1,2, S.799)

Bei Lessing aber dreht sich alles um den Charakter des Helden, aus dem sich die Intrige „entwickeln" (I.1, S.254) soll - das ist in seiner Dramaturgie der Maßstab aller „Bewertung" (I.1, S.254). Die „Verwickelungen" (LESSING: 1981, S.12) der Intrige sind in den „Leidenschaften" (ebd.) der Personen beschlossen - und sollen nach der „Wahrscheinlichkeit" (ebd.) und „ohne Sprung (...) wachsen" (ebd.). Der Zuschauer wird dann „sympathisieren (...), er mag wollen oder nicht" (ebd.). Die Entwicklung der Intrige aber ist eine absichtsvolle „Illusion" (I.1, S.254), die im barocken so nicht „gemeint" (I.1, S.254) ist. Sie zeichnet sich vor allem durch ihre „illusorische( ) Stetigkeit" (LESSING: 1981, S.12) aus. Denn „(d)ie Bewegungsgründe zu jedem Entschlusse, zu jeder Änderung der geringsten Gedanken und Meinungen, müssen nach Maßgebung des einmal angenommenen Charakters, genau gegeneinander abgewogen sein, und jene müssen nie mehr hervorbringen, als sie nach der strengsten Wahrheit hervorbringen können." (ebd., S.18) Deswegen müssen auch die „Gesinnungen (...) dem (...) Charakter (...) entsprechen" (ebd., S.21f). Denn „Sittensprüche und allgemeine Betrachtungen" (ebd., S.20) haben auf dem Theater nichts verloren. Die Intrige im Trauerspiel ist aber vom „sogenannten Gegenspiel der klassischen Tragödie (...) durch Isolierung der Motive, Szenen, Typen unterschieden." (I.1, S.254). Denn das Barock liebt es, „den Gegenspieler in grelles Licht gestellte Sonderszenen einzuräumen, in denen Motivierung die geringste Rolle zu spielen pflegt." (I.1, S.254) Der Intrigant kann sich in „abgrundtiefer Grausamkeit und Bosheit (...) bekennen" (I.1, S.254) - ohne „irgendwie sich aufklären oder entwickeln" (I.1, S.254) zu müssen. Es gibt im Trauerspiel deswegen weder eine „folgerecht entwickelte Handlung" (II.1, S.256), noch eine „tiefgehende psychologische Motivierung" (II.1, S.256), aus der sich „innere( ) Konflikte" (I.1, S.254) entwickeln. Denn „(d)ie barocke Intrige vollzieht sich (...) wie ein Dekorationswechsel auf offener Bühne, sowenig ist die Illusion in ihr gemeint, so aufdringlich die Ökonomie dieser Gegenhandlung betont. Nichts instruktiver als die Unbefangenheit, mit der entscheidende Motive der Intrige sich ihren Platz in Noten suchen müssen." (I.1, S.254) Sie können im Trauerspiel durchaus „außer acht" (I.1, S.255) bleiben. Die „unbekümmerte( ) Komposition" (I.1, S.255) des Trauerspiels versteht Benjamin deswegen als eine „gelockerte Intrige" (I.1, S.255) - die Form des Trauerspiel ist eine „lockere( ) Form" (IV.1,2, S.799). Der bürgerlichen Bildung aber ist das alles verdächtig. Doch „(w)enn man Hamlet vor 300 Jahren für eine Revue gehalten hat, so kann man unsere Revue nach 300 Jahren als Trauerspiel ansehen." (IV.1,2, S.797) Denn sie haben „keinen Ehrgeiz nach neuen Stoffen und plündern, was ihnen unter die Finger kommt." (IV.1,2, S.796f). Und „(e)igentlich sind das alles ja keine Stücke, sondern nur zwei oder drei handlungsführende Hauptszenen; um diese sind dann eine Reihe von Einlageszenen gruppiert, in denen sich der Pomp des Theaters (...) entfaltet." (IV.1,2, S.797) - das Drama besteht aus einem „ununterbrochene(m) Heranrollen von neuen Szenen" (IV.1,2, S.798). Und wenn der Tod am Ende des Trauerspiels steht, dann ist er in seiner „vehementen Äußerlichkeit" (I.1, S.315) ein reiner Zufall. Von Notwendigkeit kann hier nicht die Rede sein - „(d)er Tod löset alle Verwirrungen am besten" (LESSING: 1981, S.19), denn er kommt dem Dramatiker in seinen Verwicklungen „zu Hilfe" (ebd., S.20).[94]

Die Kritik der Religion ist die Sache der Aufklärung - sie hat ihren Gegenstand im Wunderbaren oder Romantischen. Und die Kritik des Wunderbaren macht auch den geschichtsphilosophischen Kern des Urteils über die „vehemente( ) Äußerlichkeit" (I.1, S.315) der Intrige aus. Denn die Natur tritt im „theologischen Rationalismus" (I.1, S.246) des 18. Jahrhunderts an dessen Stelle, während die Religion bei Cronegk wieder zum „Hauptwerk geworden" (LESSING: 1981, S.14) ist. Sie ist nicht das „Mittel" (ebd.), welches der „Liebe Gelegenheit gibt, sich in aller ihrer Kraft zu zeigen" (ebd.), sondern „eine fromme Verbesserung - weiter aber auch nichts, als fromm! Denn sie hat ihn verleitet, was bei dem Tasso so simpel und natürlich, so wahr und menschlich ist, so verwickelt und romanenhaft, so wunderbar und himmlisch zu machen, daß nichts darüber." (Ebd., S.14) Aber „(s)o überzeugt wir auch immer von den unmittelbaren Wirkungen der Gnade sein mögen, so wenig können sie uns doch auf dem Theater gefallen, wo alles, was zu dem Charakter der Personen gehöret, aus den natürlichsten Ursachen entspringen muß. Wunder dulden wir da nur in der physikalischen Welt; in der moralischen muß alles seinen ordentlichen Lauf behalten, weil das Theater die Schule der moralischen Welt sein soll." (Ebd., S.17f)[95] Der Dichter hat auf die Stimme der Vernunft zu hören - und nicht auf den „Aberglaube(n)" (ebd.). Er soll nicht „Böhmen oder Spanien" (ebd., S.17) gefallen. Denn es gibt „noch Länder (...), wo er der frommen Einfalt nichts Befremdendes haben würde." (Ebd.) Und die Kritik der Religion trifft zuletzt auch das Martyrium - denn die Helden wollen „für die Religion sterben" (ebd., S.15) und haben „nichts als das Märtertum im Kopfe" (ebd.). Aber wir „leben (...) zu einer Zeit, in welcher die Stimme der gesunden Vernunft zu laut erschallet, als daß jeder Rasender, der sich mutwillig, ohne alle Not, mit Verachtung aller seiner bürgerlichen Obliegenheiten in den Tod stürzet, den Titel eines Märtyrers sich anmaßen dürfte. Wir wissen itzt zu wohl die falschen Märtyrer von den wahren zu unterscheiden" (ebd., S.16). Und „(w)enn daher der Dichter einen Märtyrer zu seinem Helden wählet: daß er ihm ja die lautersten und triftigsten Bewegungsgründe gebe! daß er ihn ja in die unumgängliche Notwendigkeit setze, den Schritt zu tun, durch den er sich der Gefahr bloßstellet! (...) Sonst wird uns sein frommer Held zum Abscheu, und die Religion selbst, die er ehren wollte, kann darunter leiden." (Ebd., S.16f) So stellt Lessing schließlich die Möglichkeit des christlichen Trauerspiels in Frage - in dem „einzig der Christ als Christ uns interessiert" (ebd., S.19). Denn „(i)st der Charakter des wahren Christen nicht etwa ganz untheatralisch? Streiten nicht etwa die stille Gelassenheit, die unveränderliche Sanftmut, die seine wesentlichsten Züge sind, mit dem ganzen Geschäfte der Tragödie, welches Leidenschaften durch Leidenschaften zu reinigen sucht?" (Ebd.) Bis diese Probleme im „Werk des Genies" (ebd.) gelöst worden sind - so Lessing im Namen der „Bedürfnisse( ) der Kunst" (ebd.) - solle man besser „alle bisherige christliche Trauerspiele unaufgeführet" (ebd.) lassen.

So hat Lessing das Trauerspiel dem Geist der Aufklärung unterworfen - und die „Literaturgeschichte( )" (I.1, S.254) hat sein Urteil bestätigt. Aber „(n)icht in der Sache, in der Lessingschen Autorität wird man den Grund dieser Einhelligkeit zu suchen haben. Bedenkt man die Beharrlichkeit, mit der Literaturgeschichten seit jeher die kritische Erörterung der Werke an längst verflossene Kontroversen" (I.1, S.254) und nicht an die „Sache" (I.1, S.254) selbst „binden, so kann die Geltung Lessings nicht verwundern." (I.1, S.254) Denn in der neueren Forschung - so Benjamin - ist die Einsicht in den „Wirkungszusammenhang" (I.1, S.232) an die Stelle der „Besinnung auf den Sachverhalt" (I.1, S.232) getreten. Es konnte aber auch eine „psychologische Betrachtungsweise, die nicht von der Sache selbst, sondern von ihrer Wirkung auf den zeitgenössischen Normalbürger ausgeht, dessen Verhältnis zu Bühne und Publikum bis auf die Rudimente einer gewissen Aktionslüsternheit erstorben ist, (...) keine Korrektur vollziehen." (I.1, S.254) Denn der „ärmliche Affektrest der Spannung, der diesem Typus als einzige Evidenz von Theatralischem geblieben ist, kommt in der Vorführung der Märtyrergeschichte nicht auf seine Kosten. Seine Enttäuschung hat sodann die Sprache des gelehrten Protestes angenommen hat und mit der Feststellung des Mangels innerer Konflikte, der Abwesenheit des tragischen Verschuldens den Wert dieser Dramen endgültig zu fixieren geglaubt" (I.1, S.254). So kann auch in der neueren Forschung die „Geltung Lessings nicht verwundern." (I.1, S.254) Denn seine „Autorität" (I.1, S.254) dient der psychologischen Betrachtung zum gelehrten Ausdruck ihrer „Enttäuschung" (I.1, S.254). War aber das Urteil, das Lessing über das Trauerspiel gefällt hat, noch vom Programm seiner Dramaturgie getragen, so sieht Benjamin in der gegenwärtigen Generation eine ganz und gar unselbständige (vgl. I.1, S.237). Aus der Einsicht in die Forderungen der Gegenwart eine kritische Haltung zum Gewesenen einzunehmen, ist ihr unmöglich geworden. Sie will nichts als Spannung - und wo sie diese nicht findet, kann sie ihre Enttäuschung nur in den Relikten bürgerlicher Bildung zu Gehör bringen.[96]

Dem Trauerspiel, in dem Benjamin die repräsentative Form des Theaters nach dem Ende des christlichen Europas sieht, ist die bürgerliche Theorie also nicht gewachsen. Benjamin stellt sie als ein Sammelsurium literaturwissenschaftlicher Vorurteile heraus. Was „vermißte man da nicht alles: die folgerecht entwickelte Handlung, die tiefgehende psychologische Motivierung" (II.1, S.256), das „Gegenspiel der klassischen Tragödie" (I.1, S.254), „innere( ) Konflikte" (I.1, S.254), „tragische(s) Verschulden( )" (I.1, S.254) und „das würdige, getreue Kolorit. Und was hätte man nicht gern vermißt von dem was man fand: Dolch und Bild als Requisiten der Schicksalstragödie, gongoristischen Schwulst, hin und wieder in die Rede eingeschobene Sonette, Frauenchöre, Musik" (II.1, S.256) und die „Scheußlichkeit der Fabel" (I.1, S.253). Diese Elemente aber stehen im Zentrum der barocken

„Formwelt" (I.1, S.257). Benjamin lehnt das Trauerspiel nicht im Namen eines Ideals bürgerlicher Literatur als Märtyrerdrama ab - wie „seit hundertfünfzig Jahren die Autoren" (I.1, S.254). Er will dem „Wert" (I.1, S.254) dieser Form in einem „Zusammenhange von eigener Bündigkeit" (I.1, S.255) gerecht werden. Dieser Rahmen ist zu bestimmen, um die Bedeutung der dramatischen Darstellung in ihren technischen Elementen, die sich vor allem um die Konstruktion der Intrige drehen, verstehen zu können. Denn die „Stilanalyse" (I.1, S.255) kann nicht bei „wohlge-gründeten doch isolierten Feststellungen" (I.1, S.255) technischer Einzelheiten stehenbleiben. Benjamin will das Trauerspiel in seinen eigenen Zusammenhang stellen, um das „Fundament( ) der Kritik" (I.1, S.255) des barocken Dramas legen zu können.

C. Mittelalterliche Elemente im Trauerspiel

Die Kritik des Trauerspiel hat seit Lessing im „Begriff der Märtyrertragödie" (I.1, S.254) seinen „Wert" (I.1, S.255) in Frage gestellt. Weil das barocke Drama an der Norm der bürgerlichen Dramatik gemessen wurde, war seine Kritik immer eine transzendente. Und aus deren Perspektive war das Trauerspiel zu „verwerfen" (I.1, S.254). Doch „(d)ie dramatische Form des Gryphius und seiner Zeitgenossen steht nicht schon darum, weil sie das Dramatische der späteren nicht ausprägt, jenen nach. Ihr Wert bestimmt sich in einem Zusammenhange von eigener Bündigkeit" (I.1, S.255) - und nicht in dem der „hamburgischen, geschweige der nachklassischen Dramaturgie" (I.1, S.257). Dieser Zusammenhang ist zu verstehen, um den Wert des Trauerspiels auch nur würdigen zu können. Er kann zwar nicht aus einer ästheti-schen, wohl aber aus der historischen Perspektive erkannt werden. Die „Stilanalyse" (I.1, S.255) will nämlich den Zusammenhang des „barocken Dramas mit kirchlich-mittelalterlichen" (I.1, S.255) untersuchen. Erst in diesem stellt sich das eigentlich „Dramatische" (I.1, S.255) des barocken Trauerspiels heraus.

Die Stoffe des Trauerspiels - die „Vorliebe" (I.1, S.248) der Epoche gilt der „Geschichte des Ostens" (I.1, S.248) - sind durch ihre historische Breite zu bestim-men. Aber erst dem Blick aufs Mittelalter „eröffnet sich die Formwelt des barocken Trauerspiels" (I.1, S.257). Denn im Barock erlebt das Mittelalter eine neue Blüte, das Lessing in seiner moralischen „Süffisanz" (I.1, S.254) für historisch überholt hält. Das ist nicht so zu verstehen, daß die Form des Trauerspiels die der mittelalter-lichen Spiele ist. Aber im Blick auf die „mittelalterlichen Elemente im Drama des Barock" (I.1, S.256) läßt sich erkennen, wie der historische Stoff im Trauerspiel zur Darstellung kommt. Benjamin will deswegen den „Spuren nach( )gehen, die (...) ins Mittelalter zurückführen." (I.1, S.393f). Die tendenzielle Richtung dieser Spuren hat zwar schon die neue Barockforschung gesichert. Was aber „gewisse( ) Einzelheiten" (I.1, S.256) betrifft, die diese belegen, so kann Benjamin deren Erkenntnis durchaus auf sein Konto verbuchen. Denn „(d)aß mittelalterliche Theorien im Zeitalter der Religionskriege wieder aufleben, daß in `Staat und Wirtschaft, in Kunst und Wissen-schaft´ vorerst noch das Mittelalter herrschend blieb, daß seine Überwindung, ja

Benennung im Lauf des XVII. Jahrhunderts erst erfolgt, das alles ist längst ausgesprochen worden. Wendet der Blick gewissen Einzelheiten sich zu, so überrascht die Fülle der Belege" (I.1, S.256). Und nur um „Belege" (I.1, S.256) solcher Einzelheiten handelt es sich in der „Darstellung der mittelalterlichen Elemente im Drama des Barock und seiner Theorie" (I.1, S.256). Benjamin stellt diese unter den Titel `Christliche Chronik und Trauerspiel'. Die Frage aber wird sein, ob sie die Herrschaft oder „Überwindung" (I.1, S.256) des Mittelalters belegen.

Denn schon der „Kern der Tragödiendefinitionen" (I.1, S.256) ist im Barock „`genau derselbe, wie in den grammatikalischen und lexikalischen Werken des Mittelalters'" (I.1, S.256) - „`(e)st autem Comoedia poesis, exordium triste laeto fine commutans. Tragoedia vero poesis, a laeto principio in tristem finem desinens.'" (I.1, S.256) Das Drama hat im Mittelalter nicht anders als im Barock ein „traurige(s) Ereignis" (I.1, S.256) zum Gegenstand. So ist es „nicht zuviel, wenn man in allen Dramendefinitionen der Handbücher im Grunde die Beschreibung des Märtyrerdramas erkennt" (I.1, S.252). Im „Passionscharakter" (I.1, S.255) der Darstellung liegt also der „Zusammenhang( )" (I.1, S.254) des barocken Dramas mit „kirchlich-mittelalterlichen" (I.1, S.255) beschlossen - und „(o)ft haben die Dichter des XVII. Jahrhunderts dieser Spur sich rückblickend versichert. Für den `Leidenden Christus' hat Harsdörffer seinen Schüler Klai auf die Passionsdichtung des Gregor von Nazianz hingewiesen. Auch Gryphius hat `beinahe zwanzig frühmittelalterliche Hymnen ... in seine für diesen feierlich brausenden Stil wohl geeignete Sprache übersetzt; den größten aller Hymniker, den Prudentius, liebt er besonders.'" (I.1, S.394) Er ist „nirgends bündig, wenn nicht in einem Satze Harsdörffers, gefordert worden. `Der Held ... sol ein Exempel seyn aller vollkomenen Tugenden/ und von der Untreue seiner Freunde/ und Feinde betrübet werden; jedoch dergestalt/ daß er sich in allen Begebenheiten großmütig erweise und den Schmertzen/ welcher mit Seufftzen/ Erhebung der Stimm und vielen Klagworten hervorbricht/ mit Tapferkeit überwinde.'" (I.1, S.252) Denn „(d)er `von der Untreue seiner Freunde und Feinde' Betrübte - es könnte von der Passionsgestalt Christi gesagt sein." (I.1, S.252) Und „(w)ie Christus als König im Namen der Menschheit litt, so nach der Anschauung barocker Dichter Majestät schlechtweg." (I.1, S.252) Es steht das „Interesse( )" (I.1, S.392) am „Martyrium" (I.1, S.394) des Leibes im Zentrum beider Epochen. Deswegen führen vor allem von den „Greuel und Marterszenen, in denen die barocken Dramen schwelgen" (I.1, S.390), die „Spuren (...) ins Mittelalter" (I.1, S.393f). Und ist im Bild des Souveräns die „Passionsgestalt Christi" (I.1, S.252) zu erkennen, so in dem des Intriganten die des Teufels. Franz Joseph Mone hat im „Schalk" (I.1, S.305) der Passionsspiele den „(`)Anfang(')" (I.1, S.305) des „(`)Hofnarren(')" (I.1, S.305) im weltlichen Drama gesehen - was „(`)ist der Grundzug im Charakter dieser Person? Die Verhöhnung des menschlichen Hochmuths. Das unterscheidet diesen Schalk von dem planlosen Lustigmacher der nachherigen Zeit. Der Hanswurst hat etwas harmloses, dieser alte Schalk aber einen beißenden, aufreizenden Hohn, der mittelbar zu dem gräßlichen Kindermorde treibt. Darin liegt etwas teufelhaftiges und nur deshalb, weil dieser Schalk gleichsam ein Stück vom Teufel ist, gehört er nothwendig in dieses Schauspiel, um die Erlösung, wenn es möglich wäre, durch

Ermordung des Kindes Jesus zu hintertreiben.'" (I.1, S.305) Und „(a)uf den Schalk greift denn auch (...) die Kennzeichnung des Intrigierenden zurück." (I.1, S.305) Denn im Trauerspiel nimmt der Intrigant als die „beamtete Person den Platz des Teufels ein( )" (I.1, S.305). Der Zusammenhang des barocken Dramas mit kirchlich-mittelalterlichen zeigt sich aber nicht nur im Passionscharakter und im Bild seiner Personen, sondern auch in der Technik seiner Darstellung. Das „Passionstheater( )" (I.1, S.254) kennt wie das Trauerspiel keine Entwicklung der Intrige im Sinne der „hamburgischen" (I.1, S.257) oder „nachklassischen Dramaturgie" (I.1, S.257). Es spielt in ihnen „Motivierung die geringste Rolle" (I.1, S.254) - es zeigen sich „Tyrannen, Teufel oder Juden (...) auf der Bühne des Passionstheaters in abgrundtiefer Grausamkeit und Bosheit (...), ohne irgendwie sich aufklären oder entwickeln, ohne anderes als ihre niederträchtigen Pläne bekennen zu dürfen" (I.1, S.254). Was aber ist der Sinn dieser „Verweisung" (I.1, S.255)? Sind diese mehr als nur originelle Assoziationen? Wie kann die „beamtete Person den Platz des Teufels" (I.1, S.305) besetzen? Wie kann aus der Passion Christi die des Königs werden? Ist das nicht ein Unterschied - ob „Christus als König im Namen der Menschheit litt" (I.1, S.252) oder „nach der Anschauung barocker Dichter Majestät schlechtweg" (I.1, S.252) - ob das „traurige Ereignis" (I.1, S.256) den Tod Christi oder des Königs betrifft? Wie ist der „Zusammenhang( )" (I.1, S.255) barocker und mittelalterlicher Geisteswelt zu verstehen?

G. Zum Begriff der Säkularisierung

DIE ERDE IST EIN SACKGÄßCHEN IN DER GROßEN STADT GOTTES. DIE DUNKLE KAMMER VOLL UMGEKEHRTER UND ZUSAMMENGEZOGENER BILDER AUS EINER SCHÖNEREN WELT. DIE KÜSTE ZUR SCHÖPFUNG GOTTES. EIN DUNSTVOLLER HOF UM EINEN BESSERE SONNE. DER ZÄHLER ZU EINEM NOCH UNSICHTBAREN NENNER. WAHRHAFTIG, SIE IST FAST NICHTS. (JEAN PAUL)

A. Analogie und Verwandtschaft

Benjamin gibt die Antwort auf diese Frage im Begriff der „Verwandtschaft" (I.1, S.255). Denn um den Zusammenhang mittelalterlicher und barocker Elemente zu erhellen, ist „der Verwandtschaft des barocken Dramas mit kirchlich-mittelalterlichen zu gedenken" (I.1, S.255). In deren Beziehung stellt sich das eigentlich „Dramatische" (I.1, S.255) des Trauerspiels heraus. Denn in ihr liegt die „dramatische Form" (I.1, S.255) und die „Spannung einer eigenen Dramenwölbung" (I.1, S.257) beschlossen. In der Betrachtung der Verwandtschaft des barocken Dramas mit der kirchlich-mittelalterlichen Dramatik ergibt sich deswegen erst dessen „Wert" (I.1, S.255). Die Aufgabe des Begriffs der Verwandtschaft aber ist es, die „Verweisung vom Verdacht müßigen Analogisierens (...) zu reinigen." (I.1, S.255f)[97] Diese ist „müßig( )" (I.1, S.255), weil sie nicht zur Sache kommt. Denn in Analogien können „keine Zusammenhänge (...) innerhalb der Sache selbst" (I.1, S.234) erkannt werden.

Sie sehen von dem historischen Rahmen ab, in dem die Elemente der „Verweisung" (I.1, S.255) erst als solche zu verstehen sind. Deswegen lassen sie keine historischen Differenzierungen zu, sondern dienen vor allem der Einfühlung ins Gewesene. Das Recht „(f)rappante(r) Analogien" (I.1, S.234) besteht allein in dem ersten Blick, der einen Zusammenhang von - vielleicht nur dem Schein nach - wesentlich unterschiedenen Elementen herstellen kann. Ob dieser in der Sache selbst beschlossen ist, das ist in Analogien nicht auszumachen. Sie müssen deswegen den an Geschichtsphilosophie sich orientierenden Kommentar in sich schließen. Dann kann sich die Betrachtung im Begriff der Verwandtschaft vom „Verdacht müßigen Analogisierens (...) reinigen" (I.1, S.255f).

Aber auch Benjamin scheint den Zusammenhang zwischen barocken und mittelalterlichen Elementen in Analogien zu verdeutlichen - es kehrt im barocken Drama „dieselbe Anschauungsweise" (I.1, S.257) der Geschichte und „(`)derselbe(´)" (I.1, S.256) mittelalterliche „Kern der Tragödiendefinitionen" (I.1, S.256) wieder. Und „(d)er `von der Untreue seiner Freunde und Feinde´ Betrübte - es könnte von der Passionsgestalt Christi gesagt sein." (I.1, S.252) Und „(w)ie Christus als König im Namen der Menschheit litt, so nach der Anschauung barocker Dichter Majestät schlechtweg" (I.1, S.252). Und „(s)o wie Tyrannen, Teufel oder Juden sich auf der Bühne des Passionstheaters in abgrundtiefer Grausamkeit und Bosheit zeigen, ohne irgendwie sich aufklären oder entwickeln (...) zu dürfen, liebt auch das Drama des Barock den Gegenspielern in grelles Licht gestellte Sonderszenen einzuräumen, in denen Motivierung die geringste Rolle zu spielen pflegt." (I.1, S.254) Ist diese „Verweisung" (I.1, S.255) aber mehr als nur originell und als solche „müßig( )" (I.1, S.255)? Wie soll das zu verstehen sein, daß im Trauerspiel der Intrigant als die „beamtete Person den Platz des Teufels einnimmt" (I.1, S.305)? Der Verweis auf die mittelalterliche Geisteswelt scheint nur ein „metaphorische(r) Rückgriff in den (...) Sprachschatz der Theologie" (BLUMENBERG: 1996, S.103) zu sein. So würden die „Belege" (I.1, S.256) der „Verwandtschaft des barocken Dramas mit kirchlich-mittelalterlichen" (I.1, S.255) allein eine „metaphorische Ähnlichkeit" (VI, S.43) der Elemente herausstellen - die Analogien sind dann nichts anderes als „Aperçus" (I.1, S.255). Das „Wesen der Verwandtschaft" (VI, S.43) ist aber in dem zu erkennen, was den Verwandten „gemeinsam ist" (VI, S.43). Der Begriff der Verwandtschaft ist durch den klassischen Begriff der *analogia proportionalitatis* verständlich zu machen. Sie ist dann „gegeben, wenn den Analogaten etwas `absque metaphoris´ in Form formalursächlicher Inhärenz gemeinsam ist, und stellt daher einen Gegentypus zu einer nur als Metapher verstandenen Analogie dar." (HÜBENER: 1985[2], S.76) Sie ist die „Denkfigur, mit der man seit Aristoteles Strukturverwandtschaften beschrieben hat" (ebd.). Um die Verwandtschaft zwischen mittelalterlicher und barocker Geisteswelt zu verstehen, ist deswegen zu fragen, was ihr gemeinsamer Grund ist.

B. Säkularisierung als Prozeß

Das Trauerspiel ist das „säkularisierte( ) christliche( ) Drama( )" (I.1, S.257) - so stellt Benjamin den Zusammenhang zwischen der mittelalterlichen und der barocken Geisteswelt heraus. Der Begriff der Säkularisierung ist der Schlüssel, der die Welt barocken Geistes „eröffne(n)" (I.1, S.257) soll. Denn die „Säkularisierung des Mysterienspiels" (I.1, S.258) betrifft „beide( ) Konfessionen" (I.1, S.258) - sie vollzieht sich „nicht unter den Protestanten der schlesischen und nürnberger Schule allein, sondern genau so unter den Jesuiten und Calderon" (I.1, S.258). Im Begriff der Säkularisierung ist deswegen die Verwandtschaft der mittelalterlichen und der barocken Geisteswelt zu erkunden. Der geschichtliche Gehalt des Trauerspiels kommt in ihm zur Sprache. Denn Säkularisierung ist eine „Kategorie der Interpretation historischer Sachverhalte und Zusammenhänge" (BLUMENBERG: 1996, S.13). Die Bedeutung der mittelalterlichen Elemente im Drama des Barock ist deswegen nicht immanent zu verstehen - der Kommentar des Trauerspiels ist kein ästhetischer, sondern ein geschichtsphilosophischer. Denn Benjamin meint im Begriff der Säkularisierung den Prozeß der Verweltlichung - im Trauerspiel ist die „Verweltlichung" (I.1, S.258) der geistigen Spiele des Mittelalters zu erkennen.[98] Aber meint der Begriff nur den „Schwund religiöser Bindungen" (BLUMENBERG: 1996, S.11) oder ist er mit Adorno im „Motiv der rettenden Preisgabe der Theologie, ihrer rückhaltlosen Säkularisierung" (ADORNO: 1981, S.579) zu betrachten?[99] Vor allem steht der Begriff hier als historische Beschreibungskategorie zur Diskussion[100] - und nicht als Motiv des Benjaminschen Denkens.[101] Seine „Interpretation des Barockdramas im Zeichen des Begriffs der Säkularisierung kulminiert (...) in einer Sicht, die das Trauerspiel als den adäquaten Ausdruck der theologischen Situation der Epoche sehen lehrt, der es sein Entstehen verdankt. (...) Jedenfalls dürfte es Benjamins Überzeugung gewesen sein, mit seinem Buch über den *Ursprung des deutschen Trauerspiels* eine immanente, der `Theo-Logik´ der Epoche adäquate Interpretation ihrer wichtigsten Kunstform vorgelegt zu haben." (Ebd., S.144)[102]

Nach dem Ende der Eschatologie stellt sich im Barock die Frage nach einer neuen „Ordnung des Profanen" (II.1, S.203). Die Idee, an der sie sich „aufzurichten" (II.1, S.203) versucht, ist die mittelalterlicher Anschauungen. Die geistigen Spiele des Mittelalters werden zum Vorbild des „säkularisierten christlichen Dramas" (I.1, S.257). Als solches aber sind sie nicht „vollendet" (I.1, S.112) - sie sind weder „vollkommen" (I.1, S.112) noch „vollbracht" (I.1, S.112). Die mittelalterliche Geisteswelt ist im Barock einzig und allein als Frage aktuell. Denn im Drama der Eschatologie können die dramatischen Probleme der Epoche nicht mehr gelöst werden - in ihm sind die Rollen neu zu besetzen. Deswegen nimmt die „beamtete Person den Platz des Teufels ein( )" (I.1, S.305) - und der König spielt die Rolle des christlichen Helden. So aber wird ein neues Stück gespielt. Denn beide spielen keine Rolle im Drama der Eschatologie - sie haben „(m)it religiösen Konzeptionen (...) nichts gemein" (I.1, S.253). Wenn im König die Passion Christi und im Beamten der Teufel zu erkennen ist, dann ist diese Identität „nicht eine solche der Inhalte, sondern der Funktionen" (BLUMENBERG: 1996, S.74). Denn „(e)s können eben ganz heterogene Inhalte an bestimmten Stellen des Systems der Welt- und Selbstdeutung des Menschen identische Funktionen übernehmen." (Ebd.) In der These vom „säkularisierten christlichen Drama" (I.1, S.257) liegt deswegen durchaus ein Versuch, den Ursprung des barocken Dramas zu erklären. Dessen Erkenntnis aber stellt keine substantielle Identität der weltlichen Vorstellungen mit traditionell religiösen heraus. Denn auch wenn das Bild des Königs aus dem christlichen gewonnen ist, so ist seine Bedeutung doch eine andere. Die christlichen Elemente, die im barocken Drama zu erkennen sind, können nur im Zusammenhang der „Immanenz" (I.1, S.253) verstanden werden - und nicht mehr symbolisch. Säkularisierung ist - funktionalistisch und nicht substanzialistisch - als *„Umbesetzung* vakant gewordener Positionen" (BLUMENBERG: 1996, S.75) im Drama der Eschatologie zu verstehen.

Das Trauerspiel kann deswegen nicht aus dem mittelalterlichen Drama erschlossen werden. Denn in den mittelalterlichen Elementen des barocken Dramas kommen neue Inhalte zum Ausdruck. Deren Bedeutung ist deswegen nicht leicht zu verstehen, weil sie in den Elementen der Eschatologie zur Sprache kommt. Das Trauerspiel will das Bild der Welt zur Schau stellen - das Bild der Welt im Trauerspiel aber stellt sich erst im Prozeß der „Verweltlichung" (I.1, S.258) der eschatologischen Geisteswelt heraus. Das Bild der Geschichte ist keine „`Urzeugung`" (BLUMENBERG: 1996, S.76) des neuen historischen Bewußtseins. Denn nach dem Ende der christlichen Welt ist das erwachende historische Bewußtsein ohne eine Sprache, die der neuen Erfahrung schon gewachsen wäre. Deswegen spricht es die Sprache der christlichen Konvention - das Drama der Geschichte wird mit Requisiten aus dem alten Fundus inszeniert. Die himmlischen Dinge aber werden „immanentisiert" (ebd., S.21). Denn das Profane tritt nicht an die Stelle des Heiligen, sondern ist dessen Profanisierung. Soll der Begriff der Säkularisierung den historischen Zusammenhang zwischen Mittelalter und Barock erklären, dann als aktive „Verweltlichung" (I.1, S.258) geistiger Inhalte. Im Begriff der Säkularisierung ist die intentionale Einstellung des Barockzeitalters zur Geisteswelt der Eschatologie zu erkennen. Denn säkularisiert wird die mittelalterliche Formenwelt in der barocken Perspektive. So ist Säkularisierung der Prozeß, den das historische Bewußtsein der christlichen Religion macht. Benjamin versteht ihn nicht als einen automatisch sich vollziehenden Kausalzusammenhang, sondern hält es mit Nietzsche, der den Begriff der Kausalität in der Konstruktion der Geschichte für einen Irrtum hält, den die Philosophen hätten vermeiden sollen. Die Idee der Aktualisierung tritt an seine Stelle. Benjamin will deswegen nicht die mittelalterlichen Bedingungen der barocken Geisteswelt untersuchen, sondern eine bestimmte intentionale Einstellung des historischen Bewußtseins darstellen. In der Intention der Säkularisierung kommt die melancholische Intention zum Ausdruck. Sie ist die Interpretation von Chiffren - so ist die *„Umbesetzung* vakant gewordener Positionen" (BLUMENBERG: 1996, S.75) in der christlichen Eschatologie auch als *„Umsetzung"* (ebd.) theologischer Bilder zu verstehen - als deren Umdeutung. Es geht dabei aber nicht um die *„Umsetzung* authentisch theologischer Gehalte" (ebd.) ins Profane. Denn die theologische Sprache hat in der barocken Erfahrung ihre Authentizität verloren. Das Barock hat es allein noch mit christlichen Konventionen zu tun (vgl. I.1, S.258). Die mittelalterlich-christlichen Anschauungen können aber gerade deswegen zu Bildern historischer Sachverhalte werden, weil sie keine eschatologische Bedeutung mehr haben. Der Prozeß der Säkularisierung kann deswegen auch nicht für den „Schwund religiöser Bindungen" (BLUMENBERG: 1996, S.11) verantwortlich gemacht werden. Denn dieser ist ein Faktum der historischen Erfahrung - im historischen Bewußtsein verlieren die theologischen Bilder ihre Bedeutung. Die Umsetzung dieser Bilder in die Welt der Geschichte ist deswegen nicht ihre „Selbstentfremdung" (ebd., S.75), weil sie keine authentische Bedeutung mehr haben. Der Prozeß der Säkularisierung ist vielmehr ein Akt der Wiederbelebung - er meint die Aktualisierung bestimmter theologischer Konventionen. Wenn nämlich die himmlischen Dinge noch lebendig sein sollen, dann „webt" (I.1, S.246) in ihnen allein der „Atem von Welt" (I.1, S.246).

Benjamin setzt die Idee der Säkularisierung in ein Bild, das so drastisch ist wie der barocke Geist selbst - das „Jenseits wird entleert von alledem, worin auch nur der leiseste Atem von Welt webt und eine Fülle von Dingen, welche jeder Gestaltung sich zu entziehen pflegten, gewinnt das Barock ihm ab und fördert sie auf seinem Höhepunkt in drastischer Gestalt zu Tag, um einen letzten Himmel zu räumen" (I.1, S.246) Das erinnert an Hegels idealistische Kritik der Religion - „(a)ußer früheren Versuchen blieb es unseren Tagen vorzüglich vorbehalten, die Schätze, die an den Himmel verschleudert worden sind, als Eigentum der Menschen, wenigstens in der Theorie, zu vindizieren, aber welches Zeitalter wird die Kraft haben, dieses Recht geltend zu machen und sich in den Besitz zu setzen" (zit. BLUMENBERG: 1996, S.133). Im Barock wird der Himmel aber nicht um der Errichtung des Himmels auf Erden willen geräumt. Denn in dieser Epoche ist „Menschenglück" (I.1, S.347) keine Perspektive des historischen Bewußtseins. Ist auch die Geschichtsphilosophie des deutschen Idealismus im Begriff der Säkularisierung zu verstehen, so unterscheidet sie sich deswegen von der barocken, weil es dieser nicht um die Säkularisierung der Eschatologie in ihrer Totalität geht.[103] Der Begriff der Säkularisierung meint im Barock keine „innergeschichtliche( ) Verwirklichung des eschatologischen Archetyps" (KAISER: 1974, S.65). Geschichte ist in diesem Zeitalter nichts als Leidensgeschichte - denn „(a)us dem heilsgeschichtlichen Geschehen sondert man das Ewige ab" (I.1, S.358). Säkularisierung im idealistische Sinne aber meint die „Immanenz der sittlichen Welt in der des Schönen" (I.1, S.337) und seiner Geschichte. Ist dem idealistischen Geist die Religion die Sprache der menschlichen Hoffnung, deren Pfand immer die Kunst sein wird, so sieht der barocke und melancholische Geist vor allem deren Sinn fürs Negative. Das Barock betreibt deswegen die Säkularisierung der mittelalterlichen Welt im Sinne einer strengen Trennung zwischen Welt und Geist.

So erkennt Benjamin in der barocken Geisteshaltung die „Ausschöpfung des tradierten Ausdrucksbestandes für eine säkulare Terminologie" (BLUMENBERG: 1996, S.87f). Das Barock will den „Himmel (...) räumen" (I.1, S.246) wie einen alten Speicher - denn dessen Bilder sind nicht mehr aktuell. Der „Himmel" (I.1, S.246) ist nicht mehr im „Stand(e)" (I.1, S.246), diese „Erde" (I.1, S.246) am jüngsten Tag „zu vernichten" (I.1, S.246). Es „webt" (I.1, S.246) in ihnen nur der „Atem" (I.1, S.246) dieser „Welt" (I.1, S.246). Wenn man will, kann man das als Verfall der Aura bezeichnen, die nichts anderes als der Name authentisch symbolischer Erfahrung ist. Und wie man auf einem Dachboden nach Dingen sucht, die man noch brauchen kann, so sucht das Barock im Himmel nach Bildern, in denen diese „Welt" (I.1, S.246) zur Sprache kommen kann. Eine säkulare Terminologie im barocken Sinne ist deswegen eine, die der Negativität dieser Welt gewachsen sein will. Die mittelalterliche Formenwelt hat also durchaus die „begriffliche( ) Funktion, einen akuten Ausdrucksmangel für einen neu aufgetretenen Sachverhalt zu beheben" (BLUMENBERG: 1996, S.115). Wenn das Barock in seinem Drama auch die „theologische( ) Hyperbel" (I.1, S.247) kennt, so kann der Begriff der Säkularisierung doch nicht wie in der politisch-theologischen Denkweise der Epoche als Inbegriff einer Rhetorik der Legitimation verstanden werden. Es geht in der Aktualisierung christlicher Bildwelten um einen Ausdrucksnotstand des historischen Bewußtseins. Das Barock nimmt sich aus dem Schatz der mittelalterlichen Bilderwelt, was noch verwertbar ist. Denn die historische Erfahrung verlangt eine neue Sprache. Und diese stellt sich in der Verweltlichung der mittelalterlichen Geisteswelt heraus. Weltlichkeit ist nach dem Ausfall aller Eschatologie der ontologische *status quo* der historischen Menschheit - Verweltlichung aber meint die Übersetzung der theologischen Sprache in die der Welt. Sie soll die Wucht der historischen Erfahrung nach dem Ende des eschatologischen Christentums verständlich machen. Erst im Prozeß der Säkularisierung kommt das historische Bewußtsein deswegen zur Sprache - die christliche Bilderwelt soll die historische Erfahrung nach dem Ausfall aller Eschatologie zum Ausdruck bringen. Sie dient zur Erklärung dieser Welt - so wird sie „immanentisiert" (BLUMENBERG: 1996, S.21) und ins Aktuelle „verzerrt" (I.1, S.358). Denn „(a)us dem heilsgeschichtlichen Geschehen sondert man das Ewige ab" (I.1, S.358).

Das Leben der Kreatur stellt ein Bild der Negativität - denn „(d)ie Kreatur ist der Spiegel, in dessen Rahmen allein die moralische Welt dem Barock sich vor Augen stellte. Ein Hohlspiegel; denn das war nur mit Verzerrungen möglich." (I.1, S.270) Diese aber sind der Preis der Aktualisierung, in welcher die eschatologische Geisteswelt neu verstanden wird. Die Universalisierung des Negativen ist das Schema ihrer Deutung. Denn wo das Negative zur Totalität geworden ist, da ist es Natur geworden. So treibt der barocke Geist im Prozeß der Säkularisierung das Heil aus der Welt - das Barock holt aus der mittelalterlichen Bilderwelt nur zurück, was ihm diese zur Darstellung des Negativen überlassen hat. Das Bild des Melancholikers macht des deutlich. Und deswegen ist vor allem von der Passion und vom Teufel die Rede. Das Leiden und das Böse stehen im Zentrum des barocken Interesses an der Religion - die Hölle wird zum Bild der Welt. Denn in der barocken Theologie ist die Idee der Schuld zentral. Das aber macht deutlich, daß ein säkularisiertes christliches Bild nicht mehr christlich verstanden werden kann. Denn die Schuld ist im Barock universal - sie ist kein Begriff der Religion, die immer auch die Erlösung kennt. Theologische Bilder umschreiben im Trauerspiel einzig uns allein solche Sachverhalte, die nicht mehr unmittelbar theologisch zu verstehen sind. Denn die Inhalte, die in ihnen zur Sprache kommen sind neu - sie sprechen von Verzweiflung, wo einmal von Hoffnung die Rede war. Die Passion verliert deswegen ihren symbolischen Charakter, der sie zum Weg der Auferstehung macht. Während sich dem mittelalterlichen Christentum das Negative im Symbol verklärt, erscheint es dem Barock als solches. Das Trauerspiel kann deswegen durchaus als Kritik der Religion verstanden werden. Denn die „Verklärung des Unterganges" (I.1, S.343) unterliegt im Barock einer Revision - dem barocken Menschen wird die Religion zum Seufzer der armen Kreatur. Denn die „Welt verklärt" (I.1, S.258) sich in ihrem Leiden nicht mehr. Der Prozeß der Säkularisierung meint so die Entzauberung des christlichen Geistes. Er wird zur Kritik der symbolischen Dialektik, an deren Stelle eine allegorische tritt. In dieser sieht das Barock von allen Bildern der Hoffnung ab - der „Atem von Welt" (I.1, S.246) ist der Hauch des Todes.

Der Prozeß der Säkularisierung ist so durch eine Strategie der Krisis zu bestimmen. Auch in diesem Sinne ist er ein Instrument zur Kritik der Religion - „(a)us dem heilsgeschichtlichen Geschehen sondert man das Ewige ab" (I.1, S.358). Die Verweltlichung sieht von der „Verklärung" (I.1, S.343) des Irdischen ab. Das Barock trennt in der Sprache der christlichen Theologie die Welt der Immanenz von allem Transzendenten. Das Programm der Epoche ist die „Klärung der Fronten" (BLUMENBERG: 1996, S.14) - es geht um die „Liquidation von Restbeständen des Mittelalters" (ebd., S.14). So kommt es zur „Überwindung" (I.1, S.256) der christlich-mittelalterlichen Geisteswelt - das ist zunächst und vor allem der Sinn des Profanen. Denn das „Heilige ist vom Profanem getrennt. Das Heilige und das Profane ergänzen einander. Das Profane bedeutet pro-fanum: außerhalb des Heiligtums." (TAUBES: 1996, S.264) Im so verstandenen „säkularisierten christlichen Drama( )" (I.1, S.257) stellt Geschichte deswegen ein Bild der „Verzweiflung" (I.1, S.257).

C. Religiöse Anliegen

Das Trauerspiel hat mit „religiösen Konzeptionen (...) nichts gemein" (I.1, S.253). Wie aber ist es dann um die „Verwandtschaft" (I.1, S.255) barocker und mittelalterlicher Geisteswelt bestellt? Denn die geschichtsphilosophische Betrachtung ihrer „Einzelheiten" (I.1, S.256) scheint einen sachlichen Zusammenhang nicht belegen zu können - die barocke Geisteswelt ist durchaus neu. So steht im Zentrum sowohl der mittelalterlichen als auch der barocken „juristischen Lehre( )" (I.1, S.245) der „Souveränitätsbegriff" (I.1, S.245). Dieser ist im Barock „neu( )" (I.1, S.245), weil er nicht mehr theologisch begründet wird. Ist die Formenwelt des Mittelalters im Zusammenhang des „christlichen Leben(s)" (I.1, S.258) zu bestimmen, so die des Barocks in dem des weltlichen. Der „Zusammenhang( )" (I.1, S.255) des barocken Dramas mit kirchlich-mittelalterlichen wird deswegen „in Frage gestellt" (I.1, S.257). Denn „wo das christliche Mysterium wie die christliche Chronik das Ganze des Geschichtsverlaufs, den welthistorischen als einen heilsgeschichtlichen, vor Augen stellen, hat die Haupt- und Staatsaktion mit einem bloßen Teile des pragmatischen Geschehns zu tun. Die Christenheit oder Europa ist aufgeteilt in eine Reihe von europäischen Christentümern, deren geschichtliche Aktionen nicht mehr in der Flucht des Heilsprozesses zu verlaufen beanspruchen. Die Verwandtschaft des Trauerspiels mit dem Mysterium wird in Frage gestellt durch die ausgangslose Verzweiflung, die das letzte Wort des (...) Dramas sein zu müssen scheint." (I.1, S.257) Es scheint ihnen nichts „gemeinsam" (VI, S.43) zu sein. Denn das „Wesen der Verwandtschaft" (VI, S.43) besteht in dem, was ihren Elementen „gemeinsam ist" (VI, S.43). Wie Benjamin den Begriff der Verwandtschaft inhaltlich verstanden wissen will, wird im Trauerspielbuch zwar nur *ex negativo* deutlich. Aber seine Bedeutung stellt sich heraus, wenn man betrachtet, wieso er „in Frage gestellt" (I.1, S.257) werden kann. Denn die Verwandtschaft zwischen der mittelalterlich-christlichen und der barocken Formenwelt ist in der Perspektive der Transzendenz zu erkennen. In ihr besteht der „Wert" (I.1, S.255) des Trauerspiels. Sie aber „scheint" (I.1, S.257) dem barocken Drama durch die „ausgangslose Verzweiflung, die das letzte Wort des säkularisierten christlichen Dramas sein zu müssen scheint" (I.1, S.257), verschlossen zu bleiben. Weil das aber nur so „scheint" (I.1, S.257), ist der Sinn der Säkularisierung im Begriff der Verweltlichung genauer zu bestimmen - „(d)enn wenn die Verweltlichung der Gegenreformation in beiden Konfessionen sich durchsetzte, so verloren darum nirgends die religiösen Anliegen ihr Gewicht: nur die religiöse Lösung war es, die das Jahrhundert ihnen versagte, um an dessen Stelle eine weltliche ihnen abzufordern oder aufzuzwingen. Unter dem Joch dieses Zwanges, dem Stachel jener Forderung durchlitten diese Geschlechter ihre Konflikte." (I.1, S.258).

Die „religiösen Anliegen" (I.1, S.258) der Epoche sind im Interesse an der Erlösung oder an der „heilsgeschichtlichen Frage" (I.1, S.258) zu erkennen - das ist im Barock die Frage nach der Möglichkeit der Erlösung unter den Bedingungen geschichtlichen Lebens. Diese Frage ist eine historische Konstante - die Bedingungen ihrer Beantwortung aber sind historisch variabel. Sie liegen im Barock in der Erfahrung der historischen Negativität beschlossen - denn „Geschichte selber ist kein Erlösungsgeschehen, vielmehr produziert sie erst das Bedürfnis der Erlösung aus ihr." (HORTIAN: 1988, S.819) Die „heilsgeschichtliche( ) Frage" (I.1, S.258) aber ist Inbegriff eines gewissen religiösen Gefühls. Denn die „religiösen Anliegen" (I.1, S.258) sind auch als eine „auf das Unbedingte gerichtete( ) Intensität" (I.1, S.261) zu verstehen - im `Theologisch-politischen Fragment´ ist das die „messianische Intensität des Herzens" (II.1, S.204). Das religiöse Gefühl strebt in die Richtung der Erlösung - das ist die „geistliche( ) restitutio in integrum, welche in die Unsterblichkeit einführt" (II.1, S.204) - oder die „Auferstehung" (I.1, S.406). Denn das Barock will die himmlischen Dinge nicht - wie die Geschichtsphilosophie nach Hegel - in der Welt verwirklichen. Das religiöse Gefühl erstickt im Barock also durchaus nicht unter der Last der Geschichte - der barocke Mensch ist „religiös( )" (I.1, S.246). Im Barock haben die „religiösen Anliegen ihr Gewicht" (I.1, S.258) nicht „verloren" (I.1, S.258). Wie aber ist das zu verstehen? Denn die historische Erfahrung der Epoche ist die vom Ende der Offenbarung - Gott ist aus der Geschichte verschwunden. Das historische Bewußtsein nach dem Ausfall aller Eschatologie ist das der Verzweiflung. Der „religiöse Mensch des Barock" (I.1, S.246) ist der „geschichtliche( )" (I.1, S.251) - aber nur aus dessen Erfahrung kann das religiöse Gefühl erschlossen werden. Man kann also nicht unvermittelt vom „religiöse(n) Mensch(en)" (I.1, S.246) der Epoche sprechen. Dann nämlich wird die historische Erfahrung nicht mehr ernst genommen. Das religiöse Gefühl des Barock wird nur als Reaktionsbildung auf die historische Erfahrung der Zeit nach dem Ende christlichen Lebens deutlich. Das Gefühl muß in der historischen Perspektive verstanden werden - und zwar „nicht um seine Bedingtheit ihm nachzusehen sondern die Art seiner Unbedingtheit erfassen zu lernen" (I.1, S.308).

Das Interesse des religiösen Gefühls ist das an einer Antwort auf die Frage nach der Möglichkeit der Erlösung unter den Bedingungen der Geschichte. So wie die Frage ist auch die Antwort im Barock neu. Denn sie setzt das Ende der christlichen Erfahrung voraus. An die Stelle der Offenbarung als Bedingung des religiösen Gefühls tritt die Erfahrung der Negativität - Verzweiflung motiviert das religiöse Interesse, das unter neuen Bedingungen eine neue Gestalt hat. Denn eine „auf das Unbedingte gerichtete( ) Intensität" (I.1, S.261) des Bewußtseins macht keine unmittelbare Erfahrung der Transzendenz mehr - es sind „religiöse( ) Anliegen" (I.1, S.258) keine Sicherheiten. Sie sind vom Vertrauen in den christlichen Weltlauf zu unterscheiden, weil sie nicht mit ihrer notwendigen Einlösung rechnen können. Dem mittelalterlich-christlichen Glauben ist das Heil sicher - das barocke Interesse ist aber ein Streben ohne Garantie. Man sucht nach einem Ausweg aus der Immanenz der Geschichte - aber nicht das letzte Wort der Hoffnung leitet diese Suche. Der Glaube des historischen Menschen richtet sich gegen den Strom der Geschichte - will er sich aber nicht innerlich bewahren, dann wird er die Geschichte auf seine Seite bringen müssen. Das ist in der Darstellung der Geschichte als Trauerspiel der Fall, in welcher der barocke Mensch sein Heil im Negativen sucht.

Denn der Glaube des Barock ist der des geschichtlichen Menschen, der die Offenbarung aus den Augen verloren hat. Es gibt keinen Gott in der Geschichte - ohne diese Erfahrung ist die barocke Geisteswelt nicht zu verstehen. Gott ist aus dem im Himmel über der Welt der Geschichte verschwunden. Was also ist eigentlich der Gegenstand dieses Glaubens? Was soll die Rede vom Unbedingten oder der Transzendenz bedeuten? Wenn man sie als Erlösung versteht, so scheint sie unmittelbar einzuleuchten. Aber keine Erlösung ohne Erlöser - das wird am Ende des Trauerspielbuchs deutlich. Denn das Barock kennt keine Selbsterlösung. Das religiöse Gefühl kann sich deswegen nicht auf das Unbedingte richten, ohne sich auf Gott richten zu müssen, der in der Erfahrung des Zeitalters nicht mehr gegeben ist. Denn Gott ist zum Nichts geworden - der Himmel ist ein „Vakuum" (I.1, S.246), in dem kein Gott mehr wohnt. Er ist von der himmlischen Bildfläche verschwunden. Das Nichts Gottes aber ist im Barock von Bedeutung - das historische Bewußtsein ist kein nihilistisches. Denn das religiöse Interesse bleibt aktuell. Wenn sich das Gefühl der Epoche aber auf das Unbedingte richtet, dann kann es sich nur auf das Nichts Gottes (*genitivus objectivus*) richten. Es ist das Nichts Gottes, das diese Welt „in sich (...) vernichten" (I.1, S.246) soll. Der barocke Glaube kann wie sein ästhetischer Ausdruck durch die Theorie seines religiösen Nihilismus beschrieben werden.

D. Dialektik der Säkularisierung (Ausblick)

SCHIER VOLLENDET BIS ZUM DACHE
IST DER GROßE WELTBETRUG.
GIB DENN, GOTT, DAß ER ERWACHE,
DEN DEIN NICHTS DURCHSCHLUG.
SO ALLEIN STRAHLT OFFENBARUNG
IN DIE ZEIT, DIE DICH VERWARF.
NUR DEIN NICHTS IST DIE ERFAHRUNG,
DIE SIE VON DIR HABEN DARF. (GERSHOM SCHOLEM)

Das Trauerspielbuchs ist Ausdruck des religiösen Gefühls - die religiösen Anliegen des Barock müssen in der Welt zur Sprache kommen. Wie aber ist das möglich? Wie kann die auf das Nichts Gottes gerichtete Intensität in der Welt zum Ausdruck kommen? Wie kann sich der Glaube in der Darstellung der Geschichte bewähren und der Prozeß der Säkularisierung selbst zum Ausdruck des religiösen Gefühls werden? Denn im Prozeß der Säkularisierung wird das Negative dieser Welt in der Sprache der mittelalterlichen Geisteswelt zum Ausdruck gebracht. Das „letzte Wort des säkularisierten christlichen Dramas (...) scheint" (I.1, S.257) deswegen „ausgangslose Verzweiflung (...) sein zu müssen" (I.1, S.257). Wenn aber die Negativität dieser Welt nur scheinbar das letzte Wort im Prozeß der Säkularisierung hat, dann stellt sich die Frage, wie dieser Schein zerstreut werden kann. Wie kann das religiöse Interesse zur Sprache kommen? Weil das religiöse Interesse den Prozeß der Säkularisierung zu seiner Voraussetzung hat, kann es nur in diesem zur Sprache kommen. Das ästhetische Problem der Epoche liegt deswegen im „Ausdruck" (I.1, S.261) einer „auf das Unbedingte gerichteten Intensität" (I.1, S.261) in der Welt des Bedingten - in der Immanenz des Negativen soll die Transzendenz zum Ausdruck kommen. Denn in „den Formen und Stoffen weltlicher Kunstübung" (I.1, S.261) sucht die „auf das Unbedingte gerichtete( ) Intensität" (I.1, S.261) ihren neuen „Ausdruck" (I.1, S.261). Die Frage, wie die Elemente des Trauerspiels so zur Darstellung gebracht werden, daß sie das religiöse Gefühl der Epoche zum Ausdruck bringen können, kann nur in der Betrachtung der Form beantwortet werden. Denn weder aus seinen Stoffen noch aus seinen mittelalterlichen Elementen[104] kann sie erschlossen werden. Die Elemente des Trauerspiels stellen Bilder der Negativität. Es ist aber wichtig zu verstehen, wie diese Bilder gesehen werden sollen.

Denn der Prozeß der Säkularisierung wird in seiner Vollendung dialektisch - er selbst wird zum Ausdruck einer „auf das Unbedingte gerichteten Intensität" (I.1, S.261). Denn „(d)ie Verweltlichung der Welt ist kein Faktum (...), sondern (...) Aktion: der Versuch, Transzendenz herzustellen durch Übertreibung der Immanenz." (WEIDMANN: 1992, S.31) In der Darstellung wird „Geschichte abgeschnitten von einer in ihr und durch sie jemals möglichen Erlösung zugunsten einer vielleicht möglichen Erlösung von ihr." (Ebd., S.33) Der „Rückfall ist provokant inszeniert." (Ebd.) Dem Menschen kommt deswegen eine sonderbare Rolle bei der Erlösung der

Welt zu. Denn er provoziert die Vernichtung dieser Welt. Säkularisierung ist zwar kein Prozeß der Selbsterlösung - sie bewirkt nicht selbst das Heil. Aber der Prozeß setzt dessen „Gewalt" (I.1, S.246) wieder „in den Stand (...), dereinst die Erde in sich zu vernichten." (I.1, S.246) Das ist so zu verstehen, daß „Säkularisierung früher oder später an eine innere Schranke stoßen muß." (WOLFARTH: 1995, S.198) Das ist der Moment ihrer Vollendung - das religiöse Gefühl der Epoche ist das eines „Vertrauens auf das mögliche Wunder einer unvorhersehbaren Umkehr der verkehrten Welt" (ebd., S.178). Es ist das die Idee einer „*alchimie de la douleur*" (ebd., S.178) - denn „(a)us Zweifel und Verzweiflung zaubert sich ein neuer Glaube hervor, der aus dem Nichts heraus geschaffen wird. *Creatio ex nihilo* ist nicht nur ein zentraler Glaubenssatz, er bezeichnet den performativen Akt des Glaubens selber." (Ebd., S.202) So wird die Sprache des historischen Bewußtseins zu einer religiösen. Denn die Intention der Verweltlichung ist in sich dialektisch. Erst im Zusammenhang dieser Intention ist auch die eigentliche Bedeutung das Profane zu verstehen. Denn das Reich des Profanen hat eine religiöse Bedeutung - es ist „Benjamins Begriff des Profanen eine Umschreibung des Verhältnisses von Saeculum und Theologie (...), die gerade keine schroffe Antithese, sondern eine substantielle Anknüpfung noch in der Opposition behauptet." (STEINER: 1992, S.141) Die Lösung der Aufgabe der Dramatik besteht deswegen „in" (I.1, S.255) der „Säkularisierung der Mysterienspiele" (I.1, S.258) selbst. Es ist das der „Zusammenhang( ) von eigener Bündigkeit" (I.1, S.255), in dem Benjamin im Trauerspiel die „Spannung einer eigenen Dramenwölbung" (I.1, S.257) darstellen will.

Aber nicht nur das „Dramatische" (I.1, S.255), sondern auch der „Wert dieser Dramen" (I.1, S.254) ist im Rahmen der Säkularisierung zu bestimmen. Weil sein „Wert" (I.1, S.254) sich „in einem Zusammenhang( ) von eigener Bündigkeit" (I.1, S.255) bestimmt, kann das Trauerspiel sich mit dem „Dramatische(n) der späteren" (I.1, S.255) nicht messen. Die Perspektive der „späteren" (I.1, S.255) Forschung hatte zur Folge, daß sie den „Wert dieser Drama" (I.1, S.254) *in toto* „verwerfen" (I.1, S.254). Aber nur in der historischen Auseinandersetzung zwischen dem mittelalterlichen Schauspiele und dem barocken „bestimmt sich" (I.1, S.254) auch der „Wert" (I.1, S.254) der „Sache" (I.1, S.254). So wie die „Sache" (I.1, S.254) des Trauerspiels die Sache eines geschichtsphilosophischen Problems ist, ist auch der Wert des Trauerspiels in eben diesem geschichtsphilosophischen Problem beschlossen. Er stellt sich in der Darstellung der Transzendenz im Medium der Immanenz heraus. Es ist deswegen die Idee der Säkularisierung der Maßstab der „Bewertung" (I.1, S.254) des Trauerspiels. In der Antwort auf die „heilsgeschichtliche( ) Frage" (I.1, S.258) stellt sich der „Wert" (I.1, S.254) des Trauerspiels heraus. Diese Antwort aber kann erst in der Betrachtung der allegorischen Form des deutschen Trauerspiels gegeben werden. Denn die Dialektik der Säkularisierung vollendet sich in der Betrachtung der allegorischen Form des deutschen Trauerspiels.

H. Elemente der Naturgeschichte

I. Die Natur im Trauerspiel

A. Welt der Kreatur

Im Untergang des Königs erkennt das Barock die „Offenbarung der Geschichte" (I.1, S.250) - in seinem Ende stellt sich das Wesen der Geschichte heraus. Im Tod ist die Wahrheit der Geschichte zu erkennen. Denn im Warum des Todes kommt der Sinn der Geschichte zur Sprache. Was aber ist „im Sinn der Märtyrerdramatik (...) der Grund des Unterganges" (I.1, S.268)? Die Antwort auf diese Frage kommt im barocken Drama zur Darstellung - seine Interpretation hat im Wie der Darstellung das Warum des Untergangs zu erkennen. Wie aber stellt sich Geschichte im Blick des Melancholischen dar? Was ist Geschichte im Prozeß der Säkularisierung?

Das Trauerspiel ist das „Drama von der Kreatur" (I.1, S.300). Denn „(d)ie Kreatur ist der Spiegel, in dessen Rahmen allein die (...) Welt dem Barock sich vor Augen stellte." (I.1, S.270) So ist die Welt des Trauerspiels die „Schöpfungswelt" (I.1, S.264). Denn der „Kreaturzustand" (I.1, S.270) ist der „Schöpfungsstand( )" (I.1, S.264). Der „Stand des kreatürlichen Menschen" (I.1, S.268) bestimmt im barocken Drama das Leben der „geschichtlichen Menschheit" (I.1, S.251). Er schließt „Untertan und Staat" (I.1, S.264) ein und „bestimmt ganz unverkennbar auch den Souverän." (I.1, S.264). Denn der Souverän ist der „Gipfel der Kreatur" (I.1, S.250) - die „hocherhabene( ) Kreatur" (I.1, S.265). Die „geschichtliche( ) Menschheit" (I.1, S.251) kann sich so im Bild seines „Unterganges" (I.1, S.268) erkennen. Die Kreatur stellt vor allem ein Bild der „Gebrechlichkeit" (I.1, S.321) und der „menschlich-irdischen Verlegenheit" (I.1, S.263). Geschichte im Spiegel des Trauerspiels ist die Geschichte des „armen Menschenwesens" (I.1, S.250). Der Mensch ist als Kreatur ein Mängelwesen, weil sein ohne „(')Seele(')" (III, S.100) ist. Das „Innenleben" (I.1, S.270) der „dramatischen Personen" (I.1, S.270) ist im Leben der Kreatur „bedeutungslos" (I.1, S.270). Deswegen ist der „aufgeschnittene Bauch eines Schweins" (III, S.99) das „schrecklichste Wahrzeichen des kreatürlichen Innern" (III, S.99). Der gebrechliche Mensch ist der nichts als sterbliche Mensch.

„Natur" (II.1, S.268) - das ist der „Inbegriff der Kreaturen" (II.1, S.268). Das „arme( ) Menschenwesen( )" (I.1, S.250) ist das natürliche. Die „Geschöpfe" (I.1, S.355) sind solche der „Natur" (I.1, S.355) - und nicht des Gottes. Sie sind „Erdgeborne" (I.1, S.246). Die Natur tritt als Subjekt der Geschichte an die Stelle der Offenbarung. Es bleibt Geschichte „durchaus Natur" (I.1, S.308) und ein „rein natürliches Geschehn" (I.1, S.308). In der „Natur der Schöpfung" (I.1, S.270) kommt die Geschichte zur Darstellung - in „Demonstrationen der Naturgeschichte" (I.1, S.269). Sie bestimmen das Interesse am „aktuellen welthistorischen Verlauf" (I.1, S.243). Denn bei den Autoren erkennt man eine „Metaphorik, die Geschichtliches mit dem Naturgeschehen analogisiert" (I.1, S.268). In der barocken Dramatik herrscht eine „Praxis der naturhistorischen Gleichnisse" (I.1, S.270) - das „(')Prangen mit einer physicalischen Gelahrtheit(´)" (I.1, S.269). Denn „(g)roß war der Bilderschatz, der den Autoren zur (...) Verfügung stand." (I.1, S.269)[105]

So stellt das Trauerspiel den „Leib( )" (I.1, S.,265) - oder die „Physis" (I.1, S.266) - ins Zentrum der Betrachtung. Benjamin bestimmt den Begriff der Kreatur deswegen zuletzt als den des „kreatürlichen Leibe(s)" (I.1, S.266) - oder der „physischen Person" (I.1, S.265). Es sind „physische Impulse" (I.1, S.251), die den König beherrschen - und „(d)er Mensch (...) ist ganz folgerecht Tier" (I.1, S.264, I.1, S.324). Im König kann das „Tier mit ungeahnten Kräften aufstehen" (I.1, S.265). Der Mensch als Kreatur ist im „radikale(n) Sinne" (BRIEFE, S.414) als „Tiermensch" (BRIEFE, S.414) zu verstehen. Das Trauerspiel ist also „vom Kontinent des Menschen schon weit entfernt" (II.2, S.680f). Es gibt die zwar im theologischen Sinne „schuld und sühnelose Kreatur" (II.3, S.1263). Im Trauerspiel aber ist das Leben der Kreatur ein Leben in der Schuld. Das barocke Drama ist ein „Trauerspiel vom Erwachen der eigensinnigen Naturkraft in der Kreatur" (IV.1,2, S.551) - Natur wird zu einer „blinde(n) Macht" (IV.1,2, S.551). Sie kommt den Menschen nicht „zu Hilfe" (II.2, S.458) wie im Märchen, sondern bringt den Tod.

Der Untergang des Königs ist ein „naturnotwendige(r)" (I.1, S.368). Denn in der Natur herrscht der Tod, weil die „Natur der Schöpfung" (I.1, S.270) die „gefallene" (I.1, S.356) ist. Der natürliche Mensch ist der schuldige Mensch. In der Schuld liegt deswegen der „Grund des Unterganges" (I.1, S.267) beschlossen. Denn mit der Schuld kommt der Tod in der Natur zur Herrschaft - „(e)s ´soll ja die Tragödie nicht bloß bewähren, daß dem Göttlichen gegenüber alles Menschliche unhaltbar sey, sondern auch daß es so seyn müße(´)" (I.1, S.267). Dieser „Satz" (I.1, S.267) von Wackernagel ist zwar als „Behauptung (...) treffend" (I.1, S.267). Denn das Trauerspiel lehrt die „Gebrechlichkeit der Kreatur" (I.1, S.321). Er soll aber einer bestimmten „Folgerung (...) dienen" (I.1, S.267). Und diese ist durchaus „unzulänglich" (I.1, S.267). Wackernagel schließt nämlich: „(´)sie darf also die Gebrechen nicht verschweigen die der nothwendige Grund des Unterganges sind. Führte sie eine Strafe vor ohne Schuld, so würde sie ... der Geschichte widersprechen, die dergleichen nicht kennt, und aus der doch die Tragödie die Offenbarung jener tragischen Grundidee zu entnehmen hat.´" (I.1, S.267f) Warum ist das „unzulänglich" (I.1, S.267)? Wackernagel ist im Recht, wenn er behauptet, daß im Trauerspiel alles Menschliche „(´)unhaltbar sey(´)" (I.1, S.267). Er bringt aber auch den „Grund des Unterganges" (I.1, S.268) zur Sprache. Die Geschichte nämlich, in der Wackernagel die „(´)Grundidee(´)" (I.1, S.268) der Tragödie sieht, kennt keine „(´)Strafe (...) ohne Schuld(´)" (I.1, S.268). Und deswegen darf das Trauerspiel die Schuld auch „(´)nicht verschweigen(´)" (I.1, S.267). Denn in ihr ist der Grund des Untergangs zu erkennen. Das ist nicht falsch - aber „unzulänglich" (I.1, S.267). Denn der Grund des Untergangs ist durchaus in der Schuld beschlossen. Die Schuld aber ist nicht zurechenbar - „(i)m Sinn der Märtyrerdramatik ist nicht die sittliche Vergehung, sondern der Stand des kreatürlichen Menschen selber der Grund des Unterganges." (I.1, S.268).[106] Die Menschen werden im Grunde ihres natürlichen Seins von Schuld beherrscht. Das Leben der Menschen aber ist ein Sein zum Tode. Denn nur der Tod kann die Schuld sühnen. So läuft die Geschichte der Natur nach dem Gesetz der Schuld ab. Die Natur steht deswegen im Gegensatz zur Ordnung der Religion. Denn aus dem Reich der Schuld führt „keine Straße der Befreiung" (I.1, S.174). Der Grund der Schuld bleibt unbekannt - die Menschen wissen nicht, warum sie sterben müssen. Denn der Tod macht die Schuld nur bekannt - und die Sühne der Schuld ist es, die in den Verletzungen des Leibes zum Ausdruck kommt. Dessen Male sind Sühnemale der „verwundbare(n) Physis des Menschen" (I.1, S.265f). Das Leben selbst ist deswegen die Chiffre der Schuld. Die unbekannte Schuld - das ist der Grund melancholischen Grübelns (vgl. II.2, S.430).

B. Vernichtung des historischen Ethos

Geschichte wird im Spiegel des Trauerspiels zur Welt der Kreatur - in der Geschichte erkennt der melancholische Blick das „Schuldgesetz( )" (I.1, S.333). Es ist diese Erkenntnis der Geschichte, die in „Demonstrationen der Naturgeschichte" (I.1, S.269) zur Darstellung kommt. Um aber den Sinn dieser ästhetischen Praxis zu verstehen, ist nicht nur nach dem Gesetz, sondern auch nach dem Zweck der Darstellung der Geschichte als Natur zu fragen. Denn dieses „Gleichniswesen" (I.1, S.269) kommt in der barocken Dichtung „zu seiner angemessensten Bedeutung erst, wo eine sittliche Vergehung schlicht und bieder durch die Berufung aufs natürliche Verhalten sich verantwortet." (I.1, S.269) Das Barock löst „historisch-sittliche( ) Konflikte" (I.1, S.269) in „Demonstrationen der Naturgeschichte" (I.1, S.269) auf - so vertreibt das Trauerspiel den sittlichen Gedanken aus der Anschauung der Geschichte. Denn durch „Naturbeispiele" (I.1, S.269) wird allen „moralischen Grundsätzen (...) Abbruch" (I.1, S.269) getan - „(d)ie Kreatur ist der Spiegel, in dessen Rahmen allein die moralische Welt dem Barock sich vor Augen stellte. Ein Hohlspiegel; denn das war nur mit Verzerrungen möglich." (I.1, S.270) Von Sittlichkeit kann im Rahmen der Natur nicht mehr sinnvoll die Rede sein, weil die „Verzerrungen" (I.1, S.270) der „moralische(n) Welt" (I.1, S.270) sie in ihrem Kern zerstören. Denn sie vernichten die Perspektive der Freiheit. Der Gewalt der Natur können die Menschen nicht widerstehen. Das Barock kennt Geschichte deswegen nicht als Werk menschlicher Praxis. Der historische Mensch des Barock steht aber nicht als ein sittlicher der Natur der Geschichte gegenüber. Denn der Mensch selbst ist Natur - nicht die Freiheit des Willens, sondern Schicksal bestimmt die Handlungen der Menschen. Die Vernichtung des historischen Ethos ist deswegen der Zweck der Darstellung der Geschichte im Spiegel der Natur.

Was aber ist der Sinn des historischen Ethos? Denn dessen Vernichtung setzt „historisch-sittliche( ) Konflikte" (I.1, S.269) und die Möglichkeit einer „sittlich(en) (...) Diskussion" (I.1, S.268) der historischen „Greuel" (I.1, S.268) voraus. Benjamin erkennt sie im „Räsonnement der deutschen protestantischen Dramatiker" (I.1, S.267). In deren Vernichtung aber setzt sich der eigentlich barocke Geist durch. Denn dem „Moralismus" (I.1, S.267) der protestantischen Dichter hat die „Geschichtsauffassung der Zeit die engsten Grenzen gesteckt" (I.1, S.267). In dieser - und nicht im moralischen „Räsonnement" (I.1, S.267) - ist deswegen auch der

„Gehalt" (I.1, S.268) des deutschen Trauerspiels zu erkennen. Benjamin gibt keine Beispiel protestantischer Moralität - das Ende des deutschen Dramas ist aber deswegen „moralisch (...) verantwortlicher" (I.1, S.263) als das des spanischen, weil es „niemals die entschiedene Konfrontation der menschlich-irdischen Verlegenheit mit fürstlich-hierarchischer Potenz (...) erlaubt" (I.1, S.263) hat. Diese ist im Protestantismus moralisch nicht zu verantworten. Doch erst die Austreibung der Moral aus der Geschichte erlaubt die „Konfrontation" (I.1, S.263) der Immanenz des menschlichen Lebens mit „fürstlich-hierarchischer" (I.1, S.263) Transzendenz. War Luther „immer bestrebt, wie so nachdrücklich seine Berufsethik es bekundet, die Transzendenz des Glaubenslebens an die Immanenz des täglichen zu binden" (I.1, S.263), so steht sein Moralismus noch im Bann der Eschatologie, deren Zentrum in der Idee einer Beziehung zwischen Immanenz und Transzendenz im Reich der Geschichte zu erkennen ist. Im Luthertum war das Leben noch „mittelbar( )" (I.1, S.317) religiöses Leben. Denn der Beruf des Menschen ist ihm eine von Gott gestellte Aufgabe. In der barocken Geschichtsauffassung ist aber das „Räsonnement der deutschen protestantischen Dramatiker" (I.1, S.267) nicht mehr als Geschwätz. Denn es gibt nach dem Ausfall der Eschatologie in der Geschichte keinen Weg, die Sittlichkeit unter den Augen eines bewährenden Gottes unter Beweis zu stellen. Die Vernichtung des historischen Ethos trifft deswegen nicht nur den „lutherischen Moralismus" (I.1, S.267) und die „Sittlichkeit der bürgerlichen Lebensführung" (I.1, S.317). Denn im Barock gibt nicht einmal eine „mittelbare( )" (I.1, S.317) Bindung der Immanenz an die Transzendenz.

Eine solche Bindung aber ist die Voraussetzung sittlichen Lebens, das nur als Glaubensleben sinnvoll ist. Wo vom Gehalt des Daseins die Rede ist, da ist dieser „ein sittlicher und als solcher ein transzendenter" (GARBER: 1987, S.105). Der Begriff der Sittlichkeit kann nicht in der Betrachtung der Tugend erschlossen werden. Denn nur in der Antwort auf die Frage nach dem Motiv hat sich der sittliche Mensch zu „verantworte(n)" (I.1, S.269). Das echte „Motiv" (I.1, S.267) sittlichen Handelns aber ist die Hoffnung auf Erlösung, die „säkularisiert im Nüchternen" (I.1, S.408) oder religiös verstanden werden kann. Die „Erwartung einer Endzeit" (I.1, S.259) oder eines „Zeitenumschwungs" (I.1, S.259) aber hat im Trauerspiel keinen Raum. Es kennt weder die „Heilserwartung des christlichen Glaubenshelden" (I.1, S.267) noch die „revolutionäre Überzeugung" (I.1, S.267) - im Blick des Melancholischen verlöschen die Funken eschatologischen Geistes. In der Vernichtung des historischen Ethos vollzieht sich deswegen nach dem Ausfall aller Eschatologie die „Abkehr von der Eschatologie" (I.1, S.260). Die Darstellung der Geschichte im Bild der Natur treibt alle Hoffnung aus der Geschichte. Und das deutsche Barock sucht auch nicht nach einem Weg aus der Immanenz, sondern will nichts als die Immanenz der Natur in der Geschichte erkennen - es „vergräbt (...) sich ganz in die Trostlosigkeit der irdischen Verfassung" (I.1, S.260). Die Vernichtung des historischen Ethos bedeutet in der historischen Perspektive der Interpretation nicht nur die eschatologischer Sittlichkeit, sondern auch die Vernichtung des geschichtsphilosophischen Ethos *avant la lettre*.[107] Denn an die Stelle eschatologischer Hoffnung tritt im Barock „kein geschichtsphilosophisches Substitut" (GARBER: 1992[1], S.207) So ist die

Idee der Säkularisierung nicht zu verstehen. Denn eine „Verschmelzung von historischen und moralischen Begriffen" (I.1, S.267) ist die Leistung des geschichtsphilosophischen, nicht aber des eschatologischen Begriffs der Geschichte. Sie ist eine Idee der Aufklärung und dem christlichen und als solchem „vorrationalistischen Abendlande fast ebenso unbekannt wie gänzlich der Antike" (I.1, S.267). Die Verwandtschaft von Antike und Christentum erkennt Benjamin in der Betrachtung der Geschichte als Leidensgeschichte - aber seit der „Aufklärung" (I.1, S.347) ist in der „Teleologie" (I.1, S.347) der „Geschichte" (I.1, S.347) das „Menschenglück der oberste Naturzweck" (I.1, S.347). Denn die Aufklärung hat „die physikotheologische Betrachtung auf die Geschichte übertragen" (KITTSTEINER: 1990, S.158). Kant betrachtet die Welt der Geschichte nach dem teleologischen Modell der Natur - sie ist bestimmt mit der moralischen Teleologie nach den Gesetzen der Freiheit übereinzustimmen. Denn die Geschichte des Menschengeschlechts soll kein Einwand gegen die Herrlichkeit und Weisheit der Natur sein. Im deutschen Idealismus wird die Idee einer moralischen Betrachtung der Geschichte dann zum „Geist der Geschichte" (I.1, S.301), dessen Mythos bekanntlich Schiller dichtet. Denn Benjamin hat immer wieder versucht, in Goethe das Korrektiv des klassischen Geistes herauszustellen. Schiller aber hat das historische Drama „auf den Geist der Geschichte zu gründen" (I.1, S.301) versucht. Geschichte - und nicht Natur - stellt in der klassischen Betrachtung den „Rahmen" (I.1, S.301) der dramatischen Darstellung. Denn im „Rahmen des Historischen" (I.1, S.301) ist „Schicksal" (I.1, S.301) der „Gegenpol der individuellen Freiheit" (I.1, S.301). Geschichte aber ist die Welt der Auseinandersetzung zwischen Schicksal und Freiheit. In ihrem Streit hat das Tragische nicht das letzte Wort, soll doch aus ihm das Glück der Menschheit als eine „von dem Tragischen erlöste Sittlichkeit" (I.1, S.301) erwachsen. Der Geist der Geschichte vollendet deswegen die Idee der Sittlichkeit. Im Barock aber tritt die moralische Erziehung des Menschengeschlechts nicht an die Stelle der Eschatologie. Der Begriff der Geschichte im Geist der Säkularisierung bleibt ein „vor-geschichtsphilosophischer Begriff von Geschichte" (KITTSTEINER: 1990, S.158).

Natur ist Geschichte ohne sittliche Perspektive. Natur - das ist auch der Mensch der Aufklärung. Dieser ist durch nichts gut - es sei durch seinen guten Willen. Der barocke Mensch aber ist einzig und allein Natur. Das ist der Sinn der Rede vom natürlichen „Stand" (I.1, S.268), der den Menschen in seiner Totalität bestimmt. In der Totalität der Natur aber kommt es zur Vernichtung der Sittlichkeit. Denn aus der Natur führt „keine Straße der Befreiung" (I.1, S.174). In der Natur ist die Schuld total - und verliert die sittliche Diskussion der Schuld ihren Sinn, weil sie in gar keiner Beziehung zur Unschuld steht. Wenn eine „sittliche Vergehung (...) durch die Berufung aufs natürliche Verhalten sich verantwortet" (I.1, S.269), dann ist das als Geständnis der unausweichlichen Schuld zu verstehen. Das Zeitalter vernichtet die sittliche Diskussion durch die natürliche Schuld des Menschen. An die Stelle des sittlichen Motivs tritt ein natürliches Verhalten. Die Betrachtung der „Weltgeschichte" (I.1, S.267) kennt keine eschatologische Hoffnung, sondern kommt im Trauerspiel „nur zu der peinlichen Verfolgung des politischen Kalküls in der Intrige" (I.1, S.267), das im Willen zur Macht besteht. Der Wille zur Macht ist ein „Naturverhalten( )" (I.1, S.269) - und als solches ist er dem „hochpolitischen Geschehn angemessen( )" (I.1, S.269).[108] Der Zuschauer kann deswegen im Fall des Königs nicht das moralische „Urteil" (I.1, S.252) der Geschichte erkennen - das „Schauspiel fürstlicher Erhebung und des Falls (...) stand den Dichtern nicht sowohl als Moralität, denn als die (...) naturgemäße Seite des Geschichtsverlaufs vor Augen." (I.1, S.267). Das Trauerspiel bereitet im Zuschauer die Einsicht in die Natur der Geschichte vor - das ist sein didaktisches Pensum

II. Natur in der Geschichte

A. Geschichte und Natur

Die Darstellung der Geschichte im Trauerspiel - ihre Säkularisierung - ist die „Wendung von Geschichte in Natur" (I.1, S.358). Denn es sind im Bereich der Geschichte und der Sprache die „natürlichen (...) Prozesse" (IV.1,2, S.458) als solche „profane( )" (IV.1,2, S.458). Das Drama ist „Darstellung der alle Wechselfälle des Historischen durchdringenden und zuletzt in ihnen triumphierenden Natur" (II.1, S.249). Im Trauerspiel erscheinen die „dramatischen Aktionen" (I.1, S.270) als „Naturphänomen" (I.1, S.264). Die Darstellung der Geschichte im Bild der Natur ist ihre „Gestaltung" (II.1, S.250) - sie wird als Natur „gestaltet" (I.1, S.353) und nimmt als solche erst Gestalt an. Im historischen Drama ist deswegen „Natur (...) dramatisch belangvoll" (II.1, S.268) - das ist „(f)ür den, dessen Blick an das deutsche Drama der letzten zweihundert Jahre gefesselt bleibt, eine schwer vollziehbare Vorstellung; weniger unzugänglich freilich dem, der die Zeitgenossen Calderons unter den deutschen Dramatikern, insbesondere etwa Gryphius, im Sinne hätte." (II.1, S.268) Naturerscheinungen sind vor allem in den Zwischenspielen zu beobachten. Denn „(z)war hat Gryphius nur in der Übersetzung der 'Gebroeders' des Vondel dem neuen Stile nachgegeben und einen Priesterreyen dieses Dramas auf den Jordan und die Nymphen verteilt. Im dritten Akte der 'Epicharis' jedoch führt Lohenstein den Reyen des Tiber und der sieben Hügel vor. Nach Art der 'stillen Vorstellung' des Jesuitentheaters mengt sich, wenn man so sagen darf, der Schauplatz in die 'Agrippina' ein: die Kaiserin, von Nero auf ein Schiff geladen, das durch einen versteckten Mechanismus auf hoher See zerfällt, wird im Reyen unter dem Beistande der Meernixen gerettet. Ein 'Reyen der Syrenen' begegnet in der 'Maria Stuarda' des Haugwitz und Hallman hat mehrere Stellen der gleichen Art." (I.1, S.272) Es ist „Natur (...) das Fazit gerade des historischen Dramas" (II.1, S.249) - sie bestimmt den „neuen Stil( )" (I.1, S.272) des Trauerspiels. Weil dieser Ausdruck und nicht Glasur ist, kann er geschichtsphilosophisch betrachtet werden. Denn das Barock erkennt in der Natur die „wesenhafte (...) Seite des Geschichtsverlaufs" (I.1, S.267).

Natur ist aber in einer bestimmten Weise historisch bestimmt - die „Wendung von Geschichte in Natur" (I.1, S.358) ist die von Geschichte in „Naturgeschichte" (I.1, S.269). Natur ist deswegen nicht „rein natürlich( )" (I.1, S.308). Die „gewaltsame( ) Verformung der Geschichte" (I.2, S.384) im Trauerspiel ist die „naturhistorische Umformung der Geschichte" (I.1, S.299) - sie wird zu einer „Demonstration( ) der Naturgeschichte" (I.1, S.269), in der die barocke Idee der Geschichte zu erkennen ist. Sie bestimmt das Wesen der Geschichte unter der Herrschaft der Zeit. Was aber bedeutet Naturgeschichte? Denn „(d)er Etymologie nach ist Geschichte Kenntniß des Geschehenen. Sie hat also zum Gegenstand nicht das Bleibende, Beharrliche, sondern das Veränderliche, in der Zeit Fortschreitende" (SCHELLING: 1995[2], S.297) - denn „Begebenheiten, die man periodisch regelmäßig wiederkehren sieht, gehören nicht in die Geschichte" (ebd., S.298). Denn „(v)om Begriff der Geschichte ausgehend, deutet die Zeit auf sozialen Wandel sowie auf die Einzigkeit und Unumkehrbarkeit der Ereignisse für den Menschen. In der Tradition hat der Begriff eine Bedeutung angenommen, die im Gegensatz steht zu `Natur´, in der die Zeit nur im Sinne der zyklischen Wiederholung Wandel bedeutet." (BUCK-MORSS: 1993, S.81) Wie aber ist dann das barocke Verhältnis von Geschichte und Natur zu verstehen?

Geschichte steht im Barock unter der Herrschaft der Zeit. Der Sinn des historischen Wandels ist deswegen nicht im eschatologischen Geist zu verstehen. Geschichte - das „in der Zeit Fortschreitende" (SCHELLING: 1995[2], S.297) - kann weder in der Perspektive einer „Endzeit" (I.1, S.259) noch eines möglichen „Zeitenumschwungs" (I.1, S.259) betrachtet werden. Sie ist nicht im eschatologischen Sinne „zeitlich( )" (I.1, S.274), weil sie keinen „sprunghaften Verlauf" (I.1, S.274) nimmt. Geschichte - das sind die „Wechselfälle des Historischen" (II.1, S.249). In der Zeit bleibt nicht alles beim Alten - die Zeit aber ist immer dieselbe alte Zeit. Denn der Wandel in der Zeit ist kein Wandel der Zeit, in der alles Leben ein Sein zum Tode ist. Geschichte ist deswegen „rein historisch( )" (I.1, S.308). Und ein solches „Geschehn" (I.1, S.308) steht unter der Herrschaft der Zeit, als deren „Antithese" (I.1, S.270) das Barock die Natur versteht. Das Barock stellt im Begriff der Naturgeschichte aber die Dialektik der Geschichte heraus. Denn diese ist kein „rein natürliches Geschehn - sowenig als ein rein historisches" (I.1, S.308). Die „Antithese" (I.1, S.270) von Natur und Geschichte ist die Voraussetzung der „Wendung von Geschichte in Natur" (I.1, S.358). In einer „sonderbaren Verschränkung" (I.1, S.344) der Gegensätze aber stellt sich deren Dialektik als Kritik der Antinomie heraus, indem deren Schein zerstreut wird. Natur ist nicht nur Natur - und Geschichte ist nicht nur Geschichte. Denn Natur ist, was sie ist, indem sie als Geschichte zu dem wird, was sie nicht ist. Und Geschichte ist, was sie ist, indem sie als Natur zu dem wird, was sie nicht ist. Natur und Geschichte sind deswegen sie selbst - und ein anderes als sie selbst. Sie selbst sind identisch und nichtidentisch - und in diesem Sine dialektisch. Denn die Dichter setzen nicht die Natur an die Stelle der Geschichte, sondern erkennen in der Geschichte die Natur. Sie verstehen Geschichte „wesenhaft( )" (I.1, S.267) als Natur. Wenn aber Geschichte als Natur zu verstehen ist, so ist sie erst wirklich verstanden, wenn auch das Wesen der Natur verstanden ist. Doch das Barock erkennt nicht nur die Natur in der Geschichte, sondern erkennt auch in der Natur die Geschichte wieder. Es muß deswegen sowohl die „wesenhaft( ) (...) naturgemäße Seite" (I.1, S.267) der Geschichte als auch die geschichtliche Seite der Natur verstanden werden. Die Erkenntnis der Natur in der Geschichte ist in der Darstellung der Naturgeschichte der erste Schritt - der zweite aber ist die Erkenntnis der Geschichte in der Natur, die nicht nur die „Antithese" (I.1, S.270) zur Geschichte ist. Natur wird zur Geschichte - und Geschichte wird - als deren Funktion - zur Geschichte der Natur. Im Bild der Natur kann deswegen erst der wahre Begriff der Geschichte erschlossen werden. Denn „(w)enn von Naturgeschichte die Rede ist, handelt es sich dabei nicht um (...) die Geschichte der Natur, so wie die Natur Gegenstand der Naturwissenschaften ist." (ADORNO: 1990[2], S.345) Geschichte wird erst als Natur zum echten Gegenstand des „historischen Verstehns" (I.1, S.271), weil Geschichte „rein historisch" (I.1, S.308) nicht verstanden werden kann.

B. Wunschbild

Natur wird unter der Herrschaft der Zeit zum Wunschbild der barocken „Gesinnung" (I.1, S.384) - eine „extreme Natursehnsucht" (I.1, S.384) bestimmt die Epoche.[109] Denn in der Natur sucht das deutsche Barock seinen „Trost" (I.1, S.260) angesichts des „trostlosen Laufe(s) der Weltchronik" (I.1, S.271). Das ist das Motiv „barocker Landschaftsschwärmereien" (I.1, S.270) - es bestimmt die melancholische Intention auf die Geschichte. Denn der „saturnische Blick jener Generation" (I.1, S.355), der am Ende in der Natur nichts als Geschichte erkennen wird, ist nicht zu denken ohne diese Sehnsucht, die der Geschichte entkommen will. Sie ist - in säkularisierter Terminologie - der „Versuch, Trost im Verzicht auf einen Gnadenstand im Rückfall auf den bloßen Schöpfungsstand zu finden" (I.1, S.260). Die Suche nach Trost tritt an die Stelle der Hoffnung auf „Erlösung" (I.1, S.260). So vollzieht sich die deutsche „Abkehr von der Eschatologie" (I.1, S.260). Denn diese bezeichnet zwar „das neue Drama in ganz Europa; nichtsdestoweniger ist die besinnungslose Flucht in eine unbegnadete Natur spezifisch deutsch." (I.1, S.260) Doch warum schwärmt das Barock für die Natur? Was ist im Wunschbild der Natur zu erkennen?

Die „Flucht in eine unbegnadete Natur" (I.1, S.260) ist „zumal im Schäferspiel" (I.1, S.270) nicht als „Weltflucht" (I.1, S.271) zu verstehen. Denn das Barock „trachte(t)" (I.1, S.270) in der Geschichte selbst die Natur zu erkennen. Die melancholische Sehnsucht erkennt den Gegenstand ihres Trostes in der Betrachtung des „trostlosen Laufe(s) der Weltchronik" (I.1, S.271). Denn die Natur ist in der Geschichte „gegenwärtig" (II.1, S.269) - es stellt sich die Geschichte selbst als „naturgemäß( )" (I.1, S.267) heraus. Die barocke Idee der Natur ist deswegen eine durchaus eigentümliche. Denn nach Rousseau ist Natur die „Antithese" (I.1, S.270) zur Welt der Geschichte. Mit dem Dogma von der Güte der Natur formuliert er den zentralen Gedanken der Aufklärung, die wie er die durch die Natur „aufs Neue die Gesellschaft ein( )richten" (IV.1, S.166) will. Sein Ideal der Restauration ist das des Naturzustandes - der Mensch ist „fromm, gut und gesellig von Natur" (III, S.15). Das sind die „Rousseauschen Träume( )" (IV.1,2, S.515) - und so sollte „es gelingen, aus dem Kinde, dem Naturwesen schlechtweg, den frömmsten, besten und geselligsten" (III, S.15) Menschen zu bilden.[110] Die barocke Betrachtung ist aber „gänzlich von der „Rousseauschen verschieden" (I.1, S.270) - das Barock hat mit der Idee der Aufklärung nichts zu tun. Die „(`)Problematik späterer Zeiten(')" (I.1, S.270) ist nicht bekannt.[111] Denn die Probleme der Epoche liegen in der Erfahrung der herrschenden Zeit beschlossen, die in der Aufklärung wieder vergessen wird. Und in der Auseinandersetzung mit der herrschenden Zeit stellt sich auch der barocke Begriff der Natur heraus. Denn das Faszinosum der Natur ist „Zeitlosigkeit" (I.1, S.271). Der „extreme(n) Natursehnsucht" (I.1, S.384) des Barock liegt im „trostlosen Lauf( ) der Weltchronik" (I.1, S.271) die Erfahrung der linearen und homogenen Zeit zu Grunde. Sie stellt sich ihm aber „entgegen" (I.1, S.271). Denn „(d)as barocke Kunstwerk will nichts als dauern und klammert sich mit allen Organen ans Ewige" (I.1, S.356). Um dieser Dauer willen sucht das Barock die Natur in der Geschichte. Und in dieser Suche ist ihm nicht die „gefallene" (I.1, S.356), sondern die „paradiesische" (I.1, S.271) Natur die „Lehrmeisterin" (I.1, S.355). Es ist „paradiesische( ) Zeitlosigkeit" (I.1, S.271), die das Barock in der Natur der Geschichte erkennen will - die des „Schöpfungsstand(es)" (I.1, S.260) vor dem Fall. Und „(d)ie Folge der dramatischen Aktionen rollt sich wie in den Schöpfungstagen ab, da nicht Geschichte sich ereignete" (I.1, S.270), sondern eine eigentümliche „Beharrlichkeit" (I.1, S.267) der Zeit herrschte. Das Barock sucht überall, die „Typik kreatürlicher Bewegung anzunehmen" (I.1, S.384), welche die der Natur eigentümliche Zeit bestimmt. Das „Schauspiel fürstlicher Erhebung und des Falls" (I.1, S.267) kann deswegen „naturgemäß( )" (I.1, S.267) heißen. Wie aber kann der „natürliche Schauplatz in das dramatische Geschehn" (I.1, S.272) eindringen? Wie kann der Hof als solcher ein „Naturphänomen" (I.1, S.272) sein? Denn wenn der Hof den in einem bestimmten Sinne „ewigen" (I.1, S.271) und als solchen „natürlichen Dekor des Geschichtsverlaufes" (I.1, S.271) darstellt, dann muß verstanden werden, in welchem Sinne die Natur eine „ewige( )" (I.1, S.271) ist - und als solche die „wesenhafte (...) Seite" (I.1, S.267) des Geschichtsverlaufs sein kann.

Das Trauerspiel bringt Geschichte in Form der Natur zur Darstellung - sie ist als deren innere „Seite" (I.1, S.267) der wahre Inhalt der Natur. Weil im Trauerspiel die historische „Aktion" (I.1, S.268) zu einem „Naturphänomen" (I.1, S.264) wird, kommt es zu einem „Spannungsverhältnis" (I.1, S.268) zwischen dem Stoff und der Form seiner Darstellung. Denn so wie der „antikische Ton" (I.1, S.268) im Alexandriner die dramatische „Aktion" (I.1, S.268) buchstäblich „hemm(t)" (I.1, S.268), so hemmt die „naturhistorische Umformung" (I.1, S.299) die Geschichte. Ohne diese „Hemmung" (I.1, S.386) würde der „Verlauf" (I.1, S.386) der dramatischen Aktionen von Szene zu Szene „widerstandslos" (I.1, S.386) abrollen. Das Trauerspiel will aber Geschichte „im Kreaturzustand (...) ein( )frieden" (I.1, S.270). Geschichte „ereignet( )" (I.1, S.270) sich dann nicht mehr. Denn im Raum der Natur kommt es zu einer „Fixierung" (I.1, S.253) der Geschichte, die in dessen Grenzen eingeschlossen wird. Der „zeitliche Bewegungsvorgang" (I.1, S.271) der Geschichte wird im Raum „eingefangen" (I.1, S.271). Natur „bannt und fixiert" (I.1, S.275) die Geschichte. Im Drama kann deswegen der „natürliche( ) Dekor des Geschichtsverlaufes" (I.1, S.271) betrachtet werden - und nicht die trostlose Wirklichkeit der Geschichte. Das barocke Drama sucht Geschichte im „Dekor" (I.1, S.271) der Natur

„einzukörpern" (I.1, S.384).[112] Diese „schrumpft" (I.1, S.355) - und „wandert" (I.1, S.271) in die Natur „hinein" (I.1, S.271). Es ist die „Natur der Schöpfung, die das historische Geschehn in sich zurücknimmt" (I.1, S.270). Denn Geschichte soll in der Natur „verschlossen bleiben" (I.1, S.347). Sie „wandert in den Schauplatz hinein" (I.1, S.271) - es hat Geschichte „in den Schauplatz sich verzogen" (I.1, S.353). Das Barock steckt die Geschichte ins Kostüm der Natur. Die Autoren wollen im „Leben allein die Typik kreatürlicher Bewegung an( )nehmen und doch das Ganze der Kulturwelt von der Antike bis zum christlichen Europa aus( )sprechen - das ist die außerordentliche Gesinnung, die auch im Trauerspiel sich nie verleugnet." (I.1, S.384)[113] Denn die „Flucht in eine unbegnadete Natur" (I.1, S.260) ist nicht als Flucht aus der Welt in die Natur zu verstehen. Die Restauration der Natur ist an Kultur gebunden. So ist im Alexandriner der Versuch der „Sprache, (...) in der Klangfülle kreatürlich ihr Recht sich zu nehmen (...) an eine forcierte Logizität gebunden" (I.1, S.384). Alles Natürliche ist im Barock ein Werk der Kunst. Das Trauerspiel will natürlich wirken - Natur ist im Theater ein Effekt seiner Maschinerie. Das „Besondere barocker Landschaftsschwärmerei" (I.1, S.270) ist deswegen der „Versuch (...), in galanter Schäferei etwas wie die Synthese heterogenster Elemente zu erschaffen." (I.1, S.270) So kann gerade seiner „ungeheuer gekünstelten Ausdrucksweise (...) dieselbe Natursehnsucht zum Grunde" (I.1, S.384) liegen „wie den Schäferspielen" (I.1, S.384). Das Theater „repräsentiert" (I.1, S.384) die Natur. Seine „Ausdrucksweise" (I.1, S.384) ist „höfisch, vornehm" (I.1, S.384). Die Natur im Drama ist also nicht naturalistisch als „Naturanschauung" (II.1, S.269) zu verstehen -Goethe kam Calderon aus diesem Grund „( )bretterhaft( )" (II.1, S.269) vor.

C. Natur als Wiederkehr des Gleichen

Das Barock steht der Geschichte gegenüber wie Goethe, dem aus „dem staatspolitischen Ereignis (...) nur das Grauen eines periodisch nach Art von Naturgewalten sich regenden Zerstörungswillens sprach" (I.1, S.268). Goethe, dessen Gestalt das Ende der Aufklärung bezeichnet, hat also historische Ereignisse nur deswegen als „Art von Naturgewalten" (I.1, S.268) betrachten können, weil sie sich „periodisch" (I.1, S.268) wiederholen. Und das ist auch im Barock der Fall. Denn das „Schauspiel fürstlicher Erhebung und des Falls (...) stand den Dichtern als die in ihrer Beharrlichkeit wesenhafte, als die naturgemäße Seite des Geschichtsverlaufs vor Augen." (I.1, S.267) Der Tod des Helden ist deswegen nicht einmalig, sondern durchaus „typisch( )" (I.1, S.268). Das unterscheidet Trauerspiel und Tragödie. Und „(i)mmer wieder behandeln die Trauerspiele des XVII. Jahrhunderts die gleichen Gegenstände und behandeln sie so, wie sie sich wiederholen können, ja müssen." (I.1, S.316) Das Drama des Fürsten wird aber nicht nur „ständig wiederholt( )" (I.1, S.267). Denn die barocken Dramen „schildern" (I.1, S.316) historische Ereignisse als ein seinem Wesen nach „wiederholbare(s) Geschehen( )" (I.1, S.316) - im „minutiöse(n) Umgang mit den Geschichtsquellen" (I.1, S.270) wird nur das Gesicht der Natur in der Geschichte erkannt. Denn die „Praxis der naturhistorischen Gleichnisse" (I.1, S.270) demonstriert nichts als deren „naturgemäße Seite" (I.1, S.267). Geschichte ist „naturgemäß" (I.1, S.267) in ihrer „Beharrlichkeit" (I.1, S.267). Natur ist in der Geschichte deswegen das Bleibende, weil sie sich „ständig wiederholt( )" (I.1, S.267). Die „Beharrlichkeit" (I.1, S.267) der Natur ist also eine Funktion ihrer „Zeitlosigkeit" (I.1, S.271).

Geschichte wird als Natur zur „Ordnung der ewigen Wiederkunft" (I.1, S.313). Die Wiederkehr des Gleichen ist das Naturgesetz der Geschichte. Im Werden die Züge des Seins zu erkennen - das ist der Sinn der Lehre von der Wiederkehr des Gleichen. Denn in der ewigen Wiederkehr unterstellt das Barock den „zeitliche(n) Veränderungen" (LÖWITH: 1979[7], S.151) eine „unveränderliche Ordnung" (ebd.). Die Natur macht keine Sprünge - sie kennt keinen „zeitlichen" (I.1, S.274) und als solchen „sprunghaften Verlauf" (I.1, S.274). Deswegen ist sie „geschichtslos" (I.1, S.314). Denn „eine wirkliche Zukunft kann es nicht geben, wenn vergangene und künftige Zeiten gleichwertige Phasen innerhalb einer zyklischen Wiederkehr ohne Anfang und Ende sind. Auf der Grundlage eines immerwährenden Ablaufs bestimmter Zyklen könnten wir nur eine blinde Rotation von Elend und Glück, d.h. von trügerischem Glück und wirklichem Elend, nicht aber ewige Seligkeit erwarten, eine endlose Wiederholung des Gleichen, aber nichts Neues, Erlösendes, Endgültiges." (LÖWITH: 1979[7], S.151) Die Bewegung der Natur spielt sich ab „in purer Identität, in purer Reproduktion von solchem, was schon immer da war" (ADORNO: 1990[2], S.346). Sie ist das, „was von je da ist, was als schicksalshaft gefügtes, vorgegebenes Sein die menschliche Geschichte trägt, in ihr erscheint, was substantiell ist" (ebd.) in der Geschichte. Natur ist die Macht der Wiederholung übers Dasein.[114] Wenn die Autoren „trachten (...) historisches Geschehen einzufrieden" (I.1, S.270), dann sind die „Grenzen" (I.1, S.267), in denen „historisches Geschehen" (I.1, S.270) sich als „naturgemäß( )" (I.1, S.267) erweisen kann, die seiner Wiederholbarkeit. So kann Benjamin im „Hof" (I.1, S.271), in dessen Raum die Handlung eingeschlossen bleibt, ein „Naturphänomen" (I.1, S.272) erkennen. Und die Einsicht in den barocken Naturbegriff kann die Erkenntnis zur Folge haben, daß „Trauerspiel und Pastorale (...) in der Naturauffassung sich decken" (I.1, S.273).[115]

Die „Zeitlosigkeit" (I.1, S.271) der Natur, die das Barock in der Geschichte erkennt, ist im Rahmen der antiken Metaphysik zu verstehen, weil diese noch die Zeitvorstellung des mathematisch-naturwissenschaftlichen Denkens in der Neuzeit bestimmt. Denn als „das bleibende Gesetz des Entstehens und Vergehens war (...) Zeit für Platon, im Hinblick auf ihr Bleiben, ein Bild der Ewigkeit" (THEUNISSEN: 1991, S.40). Der Demiurg stellt Zeit nach dem Bild der Ewigkeit her - „ein bewegtes Abbild der Ewigkeit beschließt er herzustellen. Gleichzeitig also mit der Ordnung des Weltalls überhaupt schafft er ein nach der Zahl (in bestimmten Maßen) fortschreitendes Abbild der in Einheit beharrenden Ewigkeit, ein Abbild, dem wir den Namen Zeit gegeben haben." (PLATON: 1988, S.55) Dem „ewig unbeweglich sich Gleichbleibenden dagegen steht es nicht an älter noch jünger zu werden in der Zeit (...); überhaupt hat es nichts zu tun mit alledem, womit die in Bewegung befindlichen Gegenstände der sinnlichen Wahrnehmung infolge des Werdens behaftet sind, vielmehr sind das alles nur Formen der die Ewigkeit nachahmenden und sich nach der Zahl im Kreise bewegenden Zeit." (PLATON: 1988, S.56) So ist Natur das „Gegenstück zur Vergängnis: als die Unbewegtheit dessen, was sich immer gleich bleibt, weil es sich immer auf gleiche Weise verhält." (THEUNISSEN: 1991, S.38) Die „Ewigkeit" (I.1, S.271) der Natur, die Benjamin von einer anders zu bestimmenden christlichen Ewigkeit unterscheidet, ist deswegen „Zeitlosigkeit" (I.1, S.271). Natur ist „stillgelegte Zeit" (THEUNISSEN: 1991, S.40). Denn im „Sich-immer-gleich-Verhalten ist (...) Zeit, Element der Veränderung, zu einer rotierenden Bewegung erstarrt, die insofern zugleich unbewegt ist, als sich nichts ändert" (ebd.). Geschichte wird im Schauplatz der Natur „(ge)bannt und fixiert" (I.1, S.275). Die Wiederkehr des Gleichen „beherrscht" (I.1, S.328) die „Zeit" (I.1, S.328) als das „Element der Veränderung" (THEUNISSESN: 1991, S.40). Deswegen ist die „Ordnung der ewigen Wiederkunft (...) nur uneigentlich, nämlich parasitär, zeitlich zu nennen." (I.1, S.313)

Geschichte geht ein in das Bild der Natur als „Vorgeschichte" (I.1, S.268) - einer „Urlandschaft" (I.1, S.343). Denn in der barocken Arbeit an den „Geschichtsquellen" (I.1, S.270) wird „jede Überlieferung, auch die jüngste, zu der von etwas, was sich schon in der unvordenklichen Nacht der Zeiten abgespielt hat." (V.1, S.174) Denn Vorgeschichte ist nicht das, was vor „unvordenklichen" (V.1, S.174) Zeiten einmal gewesen ist, sondern das, was sich in der Zeit selbst erhält. Urgeschichte ist, was immer schon so war, wie es ist. Sie ist deswegen „naturhistorisch verfaßt( )" (I.1, S.268). Der Begriff der der Natur eigentümlichen Zeitlosigkeit meint deswegen nichts anderes als Dauer. Natur ist das, was in der Zeit „(')sich selbst gleich(')" (I.2, S.639) bleibt. In diesem Sinne ist Natur „ewig( )" (I.1, S.271). Weil sie weder Vergangenheit noch Zukunft kennt, ist sie ewige Gegenwart. Natur ist in der Geschichte „gegenwärtig" (II.1, S.269) - in ihrer melancholischen „Kontemplation" (V.2, S.966) ist Zeit „gefrorne( ) Zeit" (V.2, S.966).

Das Drama bringt die Inhalte der Geschichte in Form der Natur zur Darstellung - die Formen der Natur aber werden zu Urbildern der Geschichte. Die historischen Ereignisse scheinen immer dieselben zu sein. Es gibt aber keine inhaltliche Selbigkeit des Gleichen, das im Kreislauf der Natur wiederkehrt. Denn in der Zeit bleibt einzig und allein die Form der wiederkehrenden Ereignisse identisch - der „natürliche( ) Dekor" (I.1, S.271). Das Spiel der Geschichte erstarrt in den „ewigen" (I.1, S.271) Rollen und Kostümen aus dem Fundus des barocken Theaters. So können auch ohne die „Praxis der naturhistorischen Gleichnisse" (I.1, S.270) historische Ereignisse zu solchen der Natur werden. Denn sie sind nicht an das Reich der Natur als an ihren Fundus gebunden. So wird der historisch einmalige Stoff, den das barocke Drama darstellt, zum natürlichen „Schauspiel fürstlicher Erhebung und des Fall" (I.1, S.267). Das „Uralte" (V.1, S.291) ist als „Urform" (V.1, 291) das „Ewige" (V.1, S.291).

In der Betrachtung des „ständig wiederholte(n) Schauspiel(s) fürstlicher Erhebung und des Falls" (I.1, S.267) sucht der barocke Mensch seinen Trost „zu finden" (I.1, S.260). Dieser Trost aber ist nicht nur eine Entstellung des wirklichen Glücks, sondern dessen Phantasmagorie. Denn „(d)ie ewige Wiederkunft ist ein Versuch, die beiden antinomischen Prinzipien des Glücks mit einander zu verbinden: nämlich das der Ewigkeit und das des: noch einmal." (I.2, S.682f) Ewigkeit ist das Glück des Neuen im Augenblick - „das Unerhörte, nie Dagewesene, der Gipfel der Seligkeit." (VI, S.202) Ihr steht in der „Dialektik des Glücks" (VI, S.202) aber das „antinomische( ) Prinzip( )" (I.3, S.682f) zur Seite - das ist „(e)wiges Noch-Einmal der gleichen Situation, ewige Restauration des ursprünglichen ersten Glücks" (VI, S.202). Die Phantasmagorie der ewigen Wiederkehr ist aber eine „spekulative Idee" (I.2, S.683) - der „Versuch, die beiden antinomischen Prinzipien des Glücks mit einander zu verbinden" (I.3, S.682f). Sie überschreitet die Grenzen der Erfahrung in der theoretischen Konstruktion des Glücks.[116] Die ewige Wiederkehr scheint also im Gegensatz zum Glück des Neuen dessen „antinomische(s) Prinzip( )" (I.2, S.682f) zu sein. Denn die Phantasmagorie der ewigen Wiederkehr will nicht die „Restauration des ursprünglichen, ersten Glücks" (VI, S.202). Die Wiederkehr des Gleichen meint die des Neuen, das zum Ewigen werden soll. Aber warum? Eine Antwort auf diese Frage kann nicht unter der Voraussetzung gegeben werden, die in der Idee der ewigen Wiederkehr den Versuch erkennt, „die beiden antinomischen Prinzipien des Glücks mit einander zu verbinden" (I.3, S.682f). Denn die Idee der ewigen Wiederkehr wird durch die Erfahrung der herrschenden Zeit bestimmt - sie „zaubert aus der Misere der Zeit die spekulative Idee - oder die Phantasmagorie - des Glücks hervor" (I.3, S.683f, vgl. V.1, S.175). Ein Elend ist die Zeit, in der weder das erste Glücks bewahrt werden kann, noch wirklich Neues zu erwarten ist. Die Idee der ewigen Wiederkehr will deswegen nicht die „Prinzipien des Glücks miteinander (...) verbinden" (I.3, S.682f), sondern im Unglück selbst das Prinzip des Glücks erkennen. Denn unter der Herrschaft der Zeit bedeutet Glück, daß es „nichts Neues und eigentlich keine Geschichte gibt" (MENNINGHAUS: 1986, S.101). Die Idee der ewigen Wiederkehr ist ein Zauber wider das Grauen der leeren Zeit. Das europäische Barock zitiert im Ursprung der Neuzeit deswegen die Urgeschichte. Denn „(d)ie ewige Wiederkehr schützt die archaischen Gesellschaften geradezu vor der Vergeblichkeit, nämlich vor der Vergeblichkeit einer nur profanen (Leidens-)Geschichte." (Ebd.) Deren Idee wird am Ende des 19. Jahrhunderts wieder aktuell. Denn „(d)er Gedanke der ewigen Wiederkehr kam auf als die Bourgeoisie der bevorstehenden Entwicklung der von ihr ins Werk gesetzten Produktionsordnung nicht mehr ins Auge zu blicken wagte. Der Gedanke Zarathustras und der ewigen Wiederkunft und die gestickte Devise des Schlummerkissens `Nur ein Viertelstündchen´ gehören zusammen." (V.1, S.175) Denn der Bourgeoisie am Ende des 19. Jahrhunderts ist Zeit in ihrem Verlauf der Weg in den Untergang. Deswegen wird die Erfahrung der Zeit zum Schrecken - was ist, soll vor allem weiter bestehen bleiben. So liegt dem Trauerspiel dieselbe Erfahrung der Zeit zu Grunde, die das Bürgertum am Ende des 19. Jahrhunderts macht. Unter ihrer Herrschaft wird in der These, daß „nichts Neues mehr" (I.2, S.673) kommt, die „Annulierung der Zeit" (MENNINGHAUS: 1986, S.99) erträumt.

D. Zeit des Mythos

Geschichte wird unter der Herrschaft der Wiederkehr des Gleichen zum Mythos.[117] Natur ist in der Geschichte die Macht der Wiederholung übers Dasein.[118] Der „Naturbereich" (I.1, S.313) ist aber immer auch der des „Mythos" (I.1, S.343). Denn „(d)ie `ewige Wiederkehr´ ist die *Grund*form des urgeschichtlichen, mythischen Bewußtseins" (V.1, S.177), das unter der Herrschaft der Zeit wieder aktuell wird. Es ist der Mythos, in dem eine „Annulierung der Zeit" (MENNINGHAUS: 1986, S.99) erträumt wird. Denn der Mythos bezeichnet kein Weltalter - die ewige Wiederkehr des Gleichen ist die „Traumform des Geschehens" (V.2, S.679). Die Gewalten des Mythos entwickeln sich „aus dem eigenen Innern" (III, S.98) - so ist auch im deutschen Trauerspiel der Traum „chthonischen Ursprungs" (III, S.98). Über den Prinzen Sigismund schreibt Benjamin in seiner Arbeit über Hofmannsthals `Turm´, der ihm als neues Trauerspiel vorbildlich erscheint ist, daß die „dämonischen Gewalten (...) seiner Herr (werden). Die Träume steigen aus der Erde auf und der christliche Himmel ist längst aus ihnen gewichen." (III, S.33) Er geht so an „Mächten zugrunde (...), die aus dem eigenen Innern gegen ihn aufstanden." (III, S.98)[119] Träume gehören deswegen zum „Naturbereich" (I.1, S.313) - als „Naturerscheinung" (V.1, S.494) sind sie „Manifestationen" (I.1, S.313) aus dem „Naturbereich des Schicksals" (I.1, S.313). Dessen Gesetze beherrschen durch den Traum das Innere der Menschen - der historische Mensch wird im Traum zum natürlichen Menschen, weil er den christlichen Himmel verloren hat. Der Melancholiker ist dessen Modell. Denn sein Leben ist ein „Traumschlaf im Schöpfungstempel" (I.1, S.330). Er kennt keine Gegenwart des Geistes - denn wer träumt ist „geistesabwesend( )" (V.1, S.163). In seinem träumerischen Blick wird die Welt der Geschichte zu einer Traumwelt. Eine solche ist die Welt des Trauerspiels.[120] Das Erwachen aus einem Traum aber steht am Ende des barocken Dramas - denn „(i)n Gottes Welt erwacht der Allegoriker" (I.1, S.406), der in der Nacht der Trauer zu leben hatte.

Die „Nacht" (I.1, S.313) der „Vorgeschichte" (I.1, S.268) ist die Zeit der „Traumerscheinungen" (I.1, S.313) - und „(d)ie Nacht spielt, wie aus Traumerscheinungen und aus Gespensterwirken zu entnehmen, ein große Rolle" (I.1, S.313) im Trauerspiel. Es herrscht „Sonnenfinsternis" (I.1, S.247). So charakterisiert Albertinus die Melancholiker: „(`)die Sonn der Gerechtigkeit ist weit von jhnen(´)" (I.1, S.322) - sie leben in einer „Grübelnacht" (I.1, S.330). Und der Hund als „das Bild des unermüdlichen Forschers und Grüblers" (I.1, S.329) ist in Dürers berühmtem Bild „schlafend dargestellt" (I.1, S.330). In dieser Nacht „dämmer(t)" (I.1, S.330) einzig und allein das „matte( ) Saturnlicht( )" (I.1, S.332).[121] So ist es „von hier nur ein Schritt zum Schicksalsdrama mit seiner beherrschenden Stelle der Geisterstunde." (I.1, S.313) Einige Trauerspiele „entnehmen (...) in großen Szenen ihr die dichterische Stimmung." (I.1, S.313) Und „(a)uf alles, was mit Geistern zusammenhängt, hat insbesondere Gryphius den größten Wert gelegt. Ihm verdankt das Deutsche mit dem folgenden Satze die wunderschöne Übertragung des deus ex machina: `Obs jemand seltsam vorkommen dörffte, dass wir nicht mit den alten einen gott aus dem gerüste, sondern einen geist aus dem grabe herfür bringen, der bedencke, was hin und wieder von den gespenstern geschrieben.'" (I.1, S.313) Die Welt des Traums ist deswegen eine „Geisterwelt" (I.1, S.314). Das barocke Drama „entrückt" (I.1, S.314) in diese die „Gemordeten" (I.1, S.314). Die Toten werden zu Traumgestalten, in denen erst die Bedeutung des Traumwesens zu erkennen ist. Denn Geister sind die Gestalten, die als das „je und je (...) gleiche Geisterbild erschein(en)" (I.1, S.314). In den Toten erweist sich die Macht der Wiederholung über das menschliche Leben. Aber die Menschen auf der Bühne des Trauerspiels sind eigentlich schon im Leben nur Geister. Denn sie sind nichts als „Erscheinungen" (II.1, S.331), die ihre „Rolle" (I.1, S.314) spielen - „'(o) wehe, ich sterbe, ia, ia, Verfluchter, ich sterbe, aber du hast die Rache von mir annoch zu befürchten: auch unter der Erden werd ich dein grimmiger Feindt und rachgieriger Wüttrich deß Meßinischen Reichs verbleiben.(')" (I.1, S.314) Die Personen des Trauerspiels „büßen (...) mit dem Tode nur die benannte Individualität und nicht die Lebenskraft der Rolle ein. Ungemindert lebt sie in der Geisterwelt auf." (I.1, S.314f) Sie müssen „als arme Seelen jenseits des Grabes diese Augenblicke von neuem durchleben." (II.1, S.331) So ist gerade die „Rolle" (I.1, S.314) die eigentliche „Lebenskraft" (I.1, S.314), gegen die der Tod keine Macht hat. Das natürliche Leben kennt den Tod nicht. Es gibt in ihm keine Zäsur - mit dem Tod ist „keine Epoche gesetzt" (I.1, S.314). Im Trauerspiel ist er kein „Ende" (I.1, S.314) wie im „Tode des tragischen Helden" (I.1, S.314). Das Drama ist deswegen „geschichtslos" (I.1, S.314). Das „Attribut kann dem Trauerspiel deshalb zukommen, weil in ihm die Geschichte ihrer Ausrichtung auf die messianische Erfüllung verlustig gegangen ist." (WITTE: 1976, S.117) Denn der Tod hängt „als Einschnitt mit allen Geraden des göttlichen Zeitverlaufes zusammen( )" (V.1, S.115) - das Barock aber will „alles Abbrechen, jähes Enden (...) eliminieren" (V.1, S.115). Geschichte meint die Möglichkeit des Neuen - das Neue aber setzt das Ende des Alten voraus. Der Tod bereitet das Neue vor, das im „Tode des tragischen Helden (...) nachdrücklich gegeben" (I.1, S.314) ist. Im Traum hat der Tod aber keine Macht. Das Leben der Menschen ist das von Geistern - die „Zeit der Hölle" (V.1, S.115) will „den Tod nicht kennen" (V.1, S.115). Die „Bedeutung" (I.1, S.313) der Traumwelt als einer „Geisterwelt" (I.1, S.314) kann deswegen nur im Horizont der Zeit erschlossen werden. Denn was ist der „gute( ) Grund" (I.1, S.313), aus dem die „Bindung des dramatischen Geschehens an die Nacht und insbesondere an die Mitternacht" (I.1, S.313) erschlossen werden kann? In ihr steht die Zeit still - „(e)s ist eine verbreitete Vorstellung, daß mit dieser Stunde die Zeit wie die Zunge einer Waage einstehe." (I.1, S.313) Die Traumgestalten „stehen in der Mitternacht als der Luke der Zeit, in deren Rahmen je und je das gleiche Geisterbild erscheint." (I.1, S.314)

Das Trauerspiel findet deswegen im „Zeit-Raum" (I.1, S.313f) statt. Dieser ist „geschichtslos" (I.1, S.314) wie ein Traum - der „Zeitraum" (V.1, S.491) ist ein „Zeit-traum" (V.1, S.491). Im Traum kommen die „Lebensbedingungen" (V.1, S.495) der Epoche zum „Ausdruck" (V.1, S.496), die in den „Realien" (I.1, S.312) des Trauerspiels als dessen Stoff zu erkennen sind. Die Realien werden im Trauerspiel zum „Alb" (I.1, S.312). Im deutschen Trauerspiel treten die „Anmerkungen" (I.1, S.312) an deren Stelle. Es ist „die Funktion der Gelehrsamkeit mit dem Wust ihrer Anmerkungen den Alb anzudeuten, als welcher die Realien auf der Handlung lasten." (I.1, S.312) Die Dingen selbst treten deswegen in das barocke Drama als (Alb-)Traumbilder ein.[122] Die Welt der Bilder aber ist eine Welt des Scheins - die Idee der ewigen Wiederkehr ist eine „Phantasmagorie" (V.1, S.175, vgl. I.1, S.406) - ein „Zauberbild" (I.3, S.1153) der Geschichte. Deswegen kann Benjamin den „Hof" (I.1, S.271) als ihren „natürliche(n) Dekor" (I.1, S.271) bezeichnen, dessen Schein die barocke Sehnsucht nach Trost in der Geschichte zu erkennen sucht. Wenn die Bilder der Natur aber die „wesenhafte (...) Seite des Geschichtsverlaufs" (I.1, S.267) darstellen, dann ist auch der Schein der Natur als solcher „wesenhaft( )" (I.1, S.267).

E. Zeit der Uhren

Die Natur ist im Barock ein „berechenbares Triebwerk" (I.1, S.274). Denn das Barock erkennt in der Natur die „Naturgesetze" (I.1, S.253). Die Betrachtung der Natur als Wiederkehr des Gleichen ist deswegen nur dem Schein nach archaischen Ursprungs. Denn sie hat ihren Grund nicht - wie in der archaischen Erfahrung des Mythos - im „Jahresumlauf mit seiner Wiederkehr von Aussaat, Ernte, Winterbrache" (I.1, S.328). Die Natur der Geschichte ist Natur im Sinne der Moderne - es wird Geschichte vom „Naturgesetz( )" (I.1, S.253) beherrscht. Der Mythos der Moderne[123] hat einzig und allein die Form des archaischen Mythos - die Lehre von der ewigen Wiederkehr hat „den geschichtlichen Index der mechanischen Naturwissenschaft." (V.1, S.348) Denn „(i)n" (I.1, S.275) der „qualitätslosen wiederholbaren Zeit der mathematischen Naturwissenschaft" (I.1, S.275) der Neuzeit „spielt (...) das (...) Leben des Menschen (...) sich ab" (I.1, S.275). Die Form der „abstrakten menschlichen Zeitvorstellung" (I.2, S.642) aber bleibt die der archaischen.

Das „Bild der Zeigerbewegung ist, wie Bergson erwiesen hat, für die Darstellung" (I.1, S.275) der mathematisch-naturwissenschaftlichen Zeit „unersetzlich" (I.1, S.275). Denn der „Sekundenanzeiger" (I.1, S.275) gibt den „Takt" (I.1, S.275) der Natur an. Die Erhebung und der Fall des Souveräns sind im Trauerspiel deswegen buchstäblich durch die „Regelmäßigkeit" (II.1, S.134) des „Uhrzeigerganges" (II.1, S.134) bestimmt. Die Uhr wird zum Modell der Geschichte. Im Bild der Uhr wird Geschichte vom Gesetz der Natur beherrscht. Denn die Zeit der Uhren ist „von Inhalt (...) befreit" (I.2, S.633) - sie ist „geschichtslos" (I.2, S.642). Das Werden der Geschichte kommt im Gesetz der Natur zum Stillstand - in der Uhr wird der eigentlich „zeitliche Bewegungsvorgang (...) eingefangen" (I.1, S.271). Natur „bannt und fixiert" (I.1, S.275) die „weltgeschichtliche Dynamik" (I.1, S.274). Im Bild der Uhr ist Ewigkeit „stillgelegte Zeit" (THEUNISSEN: 1991, S.40). Denn im „Sich-immer-gleich-Verhalten ist (...) Zeit, Element der Veränderung, zu einer rotierenden Bewegung erstarrt, die insofern zugleich unbewegt ist, als sich nichts ändert." (Ebd.) Geschichte wird zur Ordnung einer „fehlerlose(n)" (I.1, S.275) und als solchen „regelrechten und harmonischen Abfolge" (I.1, S.275).

Das Bild der Uhr ist zentral in der barocken Faszinationsgeschichte - das Zeitalter ist „(a)uf lange hinaus" (I.1, S.275) von ihm „fasziniert" (I.1, S.275). Es ist im

Barock nämlich alles andere als ein Bild der Verzweiflung - das zeigt sich auch in den „Texten der Bachschen Kantaten" (I.1, S.275). Denn es nimmt - wie der Mythos in archaischen Zeiten - dem „leeren Zeitverlauf (...) dessen Schrecken" (I.2, S.642). Es wird zum Bild einer „Harmonie" (I.2, S.642). Geschichte läuft im richtigen „Takt" (I.2, S.642) der Natur - „(i)n dem berühmten Uhrengleichnis des Geulincx, das den psychophysischen Parallelismus nach Art des Ganges zweier fehlerloser und gleichgestellter Uhren schematisiert, gibt der Sekundenzeiger sozusagen den Takt für das Geschehn in beiden Welten an." (I.1, S.275) Die Herrschaft der Zeit kommt so im Gesetz der Natur zum Stillstand. Poe macht das im modernen Geist deutlich - „(i)n dem mystischen `Dialog zwischen Monos und Una´ hat Poe den leeren Zeitverlauf (...) gleichsam in die dureé hineinkopiert, und er scheint es als Seligkeit zu erfahren, daß dessen Schrecken ihm nun genommen sind. Es ist ein `sechster Sinn´, der dem Abgeschiedenen in der Gestalt der Gabe zufällt, noch dem leeren Zeitverlauf eine Harmonie abzugewinnen. Sie wird freilich vom Takt des Sekundenzeigers sehr leicht gestört. `(...) Es handelt sich um das spirituelle Äquivalent der abstrakten menschlichen Zeitvorstellung. Der Gestirnumlauf ist in absolutem Einklang mit dieser Bewegung - oder mit einer entsprechenden - geregelt worden. Derart maß ich die Unregelmäßigkeit der Standuhr auf dem Kamin und der Taschenuhren der Anwesenden. Ihr Ticktack lag mir in den Ohren. Die geringsten Abweichungen vom richtigen Takt (...) nahmen mich genauso mit, wie mich unter den Menschen die Verletzung der abstrakten Wahrheit beleidigte.´" (I.2, S.642)

F. Natur als Schauplatz der Geschichte

Die Darstellung der Geschichte als Natur ist die Darstellung der Geschichte auf dem „Schauplatz" (I.1, S.271) der „Natur" (I.1, S.271). Im Trauerspiel kann deswegen die „Schaulust" (I.1, S.231) des melancholischen Blicks befriedigt werden. Sie ist im Zusammenhang der Wirkung des barocken Dramas zu untersuchen - aber warum ist die Natur ein „Schauplatz" (I.1, S.271)? Die barocken Dramen - vor allem die Calderons - spielen in einer „landschaftliche(n) Szenerie" (I.1, S.271). Natur stellt aber nicht nur die Kulisse der Geschichte. Denn Geschichte selbst betritt die Bühne des Trauerspiels in ihrem „Dekor" (I.1, S.271). Sie stellt die Bilder der Geschichte, die dem Betrachter „vor Augen" (I.1, S.270) stehen. Dieser „erblickt" (I.1, S.271) im „Hof" (I.1, S.271) selbst ein „Naturphänomen" (I.1, S.272). Und zuletzt hat „die Geschichte in den Schauplatz sich verzogen" (I.1, S.353). Denn „im deutschen Trauerspiel drängt mehr und mehr der natürliche Schauplatz in das dramatische Geschehn sich ein" (I.1, S.272). Es gibt deswegen keinen historischen Schauplatz. Denn erst als Natur „wandert" (I.1, S.271) Geschichte „in den Schauplatz hinein" (I.1, S.271) - das Welttheater des Barock wird zum Naturtheater. Natur selbst ist als der „natürliche Schauplatz" (I.1, S.272) zu verstehen. So kann Benjamin die Erkenntnis des Hofes als eines „Naturphänomen(s)" (I.1, S.272) mit dem Faktum belegen, daß „`stattliche Paläste/ und Fürstliche Garten-Gebäude/ die Schauplätze´" (I.1, S.271) des Trauerspiels sind. Denn der Schauplatz kann als solcher nur ein natürlicher sein. Und „(i)n Lohensteins interessanter Vorrede zur `Sophonisbe´ heißt es geradezu: `Kein Leben aber stellt mehr Spiel und Schauplatz dar, | Als derer, die den Hof fürs Element erkoren.´" (I.1, S.271) Der Hof ist der extreme - und als solche wesentliche - Schauplatz. Denn „(d)er Hof ist der innerste Schauplatz." (I.1, S.271) Die Bedeutung des Schauplatzes kann deswegen nicht im Sinne „landschaftliche(r) Szenerien" (I.1, S.271) verstanden werden - die Bühne des Trauerspiels wird nicht durch eine naturalistische Dramaturgie bestimmt.

Die „Wendung von Geschichte in Natur" (I.1, S.358) ist die Wendung der Geschichte ins „Bild" (I.1, S.358). Bild und Zeit sind die Kategorien, in denen Benjamin das Wesen der barocken Naturauffassung erkennt. Die der Natur eigentümliche Zeitlichkeit wurde in der Idee der ewigen Wiederkehr bestimmt. Das Barock aber setzt Geschichte - und sich über die Geschichte - ins Bild. Sowohl im Trauerspiel als auch in der Pastorale hat sich Geschichte in den Bildraum der Natur verwandelt. Deswegen „decken" (I.1, S.273) sie sich in der „Naturauffassung" (I.1, S.273). Die Praxis barocker Dramaturgie ist die einer bildhaften „Gestaltung" (I.1, S.246). Deswegen kann man - im Vorausblick auf die allegorische Form des Trauerspiels - vom emblematischen Charakter der Geschichte sprechen. Das Drama setzt die Bildkraft der naturhistorischen „Metaphorik" (I.1, S.268) in Szene. Denn die Spannung der Intrige ist nicht das „zentrale( ) Kraftfeld des Geschehens" (III. S.63) - im barocken Drama kommt eine „bilderreiche Vielfalt der Ereignisse" (III, S.62) zur Darstellung.

Das Trauerspiel ist eine „Vorführung" (I.1, S.254) oder „Demonstration( ) der Naturgeschichte" (I.1, S.269). Die Schaustellung von Bildern der Geschichte ist der eigentliche Zweck ihrer Darstellung - sie sind „gestellt, um gesehen zu werden, angeordnet, wie sie gesehen werden wollen." (I.1, S.298) Die Kraft der Bilder ist deswegen die des Effekts - und „(s)ogar die Theorie betont die szenischen Effekte bei Gelegenheit. Horazens Dictum: Et prodesse volunt et delectare poetae versetzt die Buchnersche Poetik vor die Frage, wie letzteres denn vom Trauerspiele denkbar sei und sie erwidert: von seinem Inhalte nicht, sehr wohl aber von seiner theatralischen Darstellung." (I.1, S.231f) Das eigentlich „Theatralische" (I.1, S.231) des Dramas ist deswegen in der Darstellung der Geschichte auf dem Schauplatz der Natur zu erkennen. Es ist da zu finden, wo die „Schaulust" (I.1, S.231) ihr „Genügen" (I.1, S.298) finden kann. Denn „(i)n den (...) Vorgängen, die die Schaulust herausfordern, spricht gerade das Theatralische mit besonderer Gewalt." (I.1, S.231f) Im Barock ist es deswegen noch nicht zur bürgerlichen „Herrschaft des Dramas übers Theater, die das neunzehnte Jahrhundert gebacht hat" (III, S.67) gekommen. Es gibt nicht das „Primat des gesprochenen Wortes" (III, S.67). Genau deswegen ist auch die Rede vom barocken Literaturdrama falsch. Denn „Theater und Drama bilden überall da, wo sie auf der Höhe der Kraft stehen, in der Antike, bei Shakespeare, im spanischen Barock untrennbar Eines. Ganz ebenso aber im Mittelalter." (III, S.67) Als Schauplatz der Bilder steht das barocke Drama im Gegensatz zur klassischen Dramaturgie. Denn die Schaulust steht der Intrige nicht nur zur Seite - die Motivierung der Intrige spielt im Trauerspiel keine Rolle. Die Figuren des Dramas dürfen sich nicht innerlich „entwickeln" (I.1, S.254), sondern nur „ihre (...)

Pläne bekennen" (I.1, S.254). Durch den bildhaften Charakter der Darstellung kommt es zur „Isolierung der Motive, Szenen, Typen" (I.1, S.254). Der „Gegenspieler( )" (I.1, S.254) wird in „Sonderszenen" (I.1, S.254) in „grelles Licht gestellt( )" (I.1, S.254). Die Intrige ist deswegen „gelockert( )" (I.1, S.255), weil der Rhythmus ihrer Entwicklung durch immer neue Bilder unterbrochen wird, in denen die Handlung, die aus Bruchstücken konstruiert ist, zur Schau gestellt wird. Deswegen kommt es im Trauerspiel auch zu keiner dramatischen Wirkung im klassischen Sinne. An deren Stelle tritt die Schaulust, die aber keine Lust am Schein der „Illusion" (I.1, S.254) ist. Denn „(d)ie barocke Intrige vollzieht sich (...) wie ein Dekorationswechsel auf offener Bühne" (I.1, S.254). Die „Illusion" (I.1, S.254) ist kein Zweck der Darstellung - die Schaulust des melancholischen Blicks kann in der Darstellung der Geschichte vielmehr die „wesenhafte (...) Seite des Geschichtsverlaufs" (I.1, S.267) erkennen.

Natur ist als der Schauplatz der Bilder die Welt des Sichtbaren. Sie steht als eine solche dem Betrachter immmer „vor Augen" (I.1, S.270). Das Wesen der Geschichte wird auf dem Schauplatz der Natur sichtbar gemacht - das ist das Prinzip barocker Gestaltung. Die Darstellung der Geschichte im Bild der Natur ist deswegen ihre Verräumlichung. Denn die Welt des Sichtbaren ist der „Raum" (I.1, S.378). Die Bilder der Natur sind „Raumbild(er)" (I.1, S.271) - und die Darstellung der Geschichte eine „Projektion des zeitlichen Verlaufes in den Raum" (I.1, S.273). Die „ursprünglich zeitlichen Daten" (I.1, S.260) werden „in einem Raumbild eingefangen" (I.1, S.271), das im Gegensatz zur Zeit der Geschichte steht. In der Projektion der Zeit der Geschichte in den Raum der Natur ist deswegen die Formel der naturhistorischen Darstellung der Geschichte zu erkennen. In ihr sind Bild und Zeit zwei Seiten desselben Sachverhalts, den Benjamin in der historischen Idee des Panoramas beschreibt. Denn zu einem solchen werden im Trauerspiel die Bilder der Geschichte.[124] Im Barock kann man einen „minutiöse(n) Umgang mit den Geschichtsquellen" (I.1, S.270) beobachten, dessen Bedeutung aber erst in einer bestimmten Übersetzung der historischen Daten erkennbar wird - „`(p)anoramatisch´ hat man, mit einer ausgezeichneten Prägung, die Geschichtsauffassung des XVII. Jahrhunderts genannt." (I.1, S.271) Denn „`(d)ie ganze Geschichtsauffassung dieser malerischen Zeit bestimmt sich durch solche Zusammenlegung alles Gedächtniswürdigen.´" (I.1, S.271) Das Barock versucht also nicht aus der Geschichte in die Natur zu fliehen, sondern das „Ganze der Kulturwelt von der Antike bis zum christlichen Europa" (I.1, S.384) im (Bild-)Raum der Natur „einzufrieden" (I.1, S.270). So kommt es zu einer „Verkürzung der historischen Perspektive. Im gleichen atmosphärenlosen Raum ist alles aufgestellt." (I.1, S.378) Es gibt in der Landschaft der Geschichte nichts mehr, was noch „entlegen( )" (I.1, S.378) wäre. Der barocken Geschichtsschreibung ist ein „Pathos der Nähe" (V.2, S.677) zu eigen.[125] Die Bilder der Geschichte befriedigen keine auratische Lust an der Ferne. Die barocke Schaulust ist Lust an der Nähe, die Lust, alle Ferne in die Nähe des Betrachters zu bringen.

Im Bild wird Geschichte „strikte Gegenwart" (I.1, S.370). Das „bildlich-statische Moment" (TIEDEMANN: 1973, S.152) der Dialektik ist deswegen nicht durch den realen Stillstand der Geschichte zu bestimmen, sondern die Antithese zur historischen Zeit. Die Darstellung der Geschichte auf dem Schauplatz der Natur ist ihre „Vergegenwärtigung" (I.1, S.370) - das ist der Sinn des barocken „Naturalismus" (II.1, S.331). Denn das barocke Drama vergegenwärtigt Geschichte auf dem Schauplatz der Natur. Das ist nicht im Sinne einer historischen Aktualisierung zu verstehen. Denn im Barock wird das Aktuelle im Licht des Immergleichen betrachtet. Die Vergegenwärtigung der Geschichte stellt die aktuelle Geschichte in den Raum der Vorgeschichte, deren Zeit die „strikte Gegenwart" (I.1, S.370) ist, weil sie als solche weder Vergangenheit noch Zukunft kennt.[126] Sie ist ewige Gegenwart. Die „strikte Gegenwart" (I.1, S.370) ist nicht der Augenblick einer sich in der Geschichte orientierenden Synthese von Vergangenheit und Zukunft, sondern „Zeitlosigkeit" (I.1, S.271). Es ist Zeit selbst in der „strikte(n) Gegenwart" (I.1, S.370) buchstäblich „eingefangen" (I.1, S.271). Denn nichts Neues kann sich auf dem Schauplatz der Natur „ereigne(n)" (I.1, S.270). So kann man die Frage stellen, „(o)b sich nicht das Gefallen an der Bilderwelt aus einem düstren Trotz gegen das Wissen nährt?" (IV.1, S.427) Denn was der Träumer zu „vergessen" (IV.1, S.427) hat, „um den Bildern sich zu überlassen" (IV.1, S.427), ist vor allem das Wissen der Vergänglichkeit aller Dinge. Erst dann hat er an den Bildern seine „Ruhe, Ewigkeit." (IV.1, S.427). Und „am vollkommensten erscheint er, wenn es ihm gelingt, der Bewegung selber ihren Stachel zu nehmen. (...) So der Natur im Rahmen abgeblaßter Bilder Einhalt zu gebieten, ist die Lust des Träumers." (IV.1, S.427) Dabei ist „Simultaneisierung des Geschehens" (I.1, S.370) das „gründlichste( ) Verfahren" (I.1, S.370), historische Ereignisse in die „strikte Gegenwart" (I.1, S.370) zu „wandeln" (I.1, S.370). So ist es Geschichte, die „zusammenschrumpft auf das in Gegenwart Projizierbare" (TIEDEMANN: 1973, S.143). Die Perspektiven werden verkürzt - nichts ist mehr „entlegen( )" (I.1, S.377). Denn „(i)m gleichen (...) Raum ist alles aufgestellt." (I.1, S.378) Der Raum der Gegenwart ist deswegen durch „Gleichzeitigkeit" (I.1, S.370) zu bestimmen. So wird jedes Ereignis „zu etwas Gleichzeitigem oder genauer: zur Aktualisierung der gleichen Zeit" (MENNINGHAUS: 1986, S.96). Die Darstellung der Geschichte im Bild der Natur „nivelliert damit jede Entwicklung auf der Achse von Vergangenheit, Gegenwart und Zukunft" (ebd.). Im Bild der Natur ist deswegen die (Zeit-)Form des Mythos zu erkennen. Denn die „Zeit des Schicksals ist die Zeit, die jederzeit gleichzeitig (nicht gegenwärtig) gemacht werden kann." (VI, S.96) Die ewige Wiederkehr ist eine „unselbständige Zeit und es gibt in ihr weder Gegenwart noch Vergangenheit noch Zukunft" (VI, S.91)

Die Darstellung der Geschichte im Bild der Natur ist eine visionäre Anschauung der Geschichte - die Technik des barocken Dramas kann als ein „visionäres Verfahren" (II.1, S.330) bezeichnet werden. Und auch die Träume des Melancholikers sind Visionen der Geschichte. Das Wort - als Prinzip eschatologischer Geschichte - wird zum Bild. Es wird nicht mehr vernommen - in der „visionären Wahrnehmung der dramatischen Person" (I.1, S.369) im Trauerspiel „holt in der `stillen Vorstellung´ der Wille zur Allegorie das verklingende Wort in den Raum zurück, um es der phantasielosen Anschauung zugänglich zu machen." (I.1, S.369) Das Wort kann dann nicht mehr „verklingen( )" (I.1, S.369). Und auch die Menschen bewegen sich - so Benjamin über die Personen in den Romanen von Julien Green - mit einer

„übermäßig strengen, halluzinatorischen Deutlichkeit" (II.1, S.330). Denn das barocke Drama vergegenwärtigt seine historischen Gestalten in einem „Zeitraum (...), der ihnen fremd ist und sie wie ein Gewölbe hohler Jahre einschließt, in dem das Echo ihre Flüsterworte und ihre Schreie ihnen wiedergibt" (II.1, S.331). Sie leben in einer „zweite(n) Gegenwart" (II.1, S.331). Diese „verewigt was war" (II.1, S.331). Das Trauerspiel stellt die Menschen in „schicksalhaften Momenten" (II.1, S.331) dar - und „(d)as heißt: sie gebärden sich ganz so, wie wenn sie Erscheinungen wären." (II.1, S.331). Es sind „schicksalhafte( ) Momente( )" (II.1, S.331) solche, in denen die Menschen so erscheinen als „müßten sie als arme Seelen jenseits des Grabes diese Augenblicke von neuem durchleben." (II.1, S.331) Deswegen ist „Stereotypie" (II.1, S.331) das Kennzeichen „aller wahrhaft schicksalhaften Momente" (II.1, S.331). Sie bestimmen das Leben der Menschen „bis an ihr Ende" (II.1, S.333). Das Leben im Bereich des Schicksals kennt deswegen keine „Entwicklung" (II.1, S.333). Schicksalhafte Momente sind „Augenblicke für immer" (II.1, S.332) - „(')tout la vie de même, toute la vie'" (II.1, S.333).

Im Bild der Natur liegt Geschichte als „vollendetes Faktum" (II.1, S.249) vor Augen - sie ist als Schicksal „abgeschlossen" (II.1, S.250). Geschichte wird deswegen als Natur, was sie an sich nicht ist: eine geschlossene Welt. Das ist in der Architektur des Theaters selbst zu erkennen. Denn die Bühne steht als Schauplatz im Gegensatz zum „offene(n) Theater" (I.1, S.298) der Tragödie. Die Bühne ist als Schauplatz der Natur wesentlich geschlossene Bühne. So ist das Trauerspiel zwar wie die Tragödie eine Darstellung der Geschichte in Bildern des Schicksals. Aber zwischen Trauerspiel und Tragödie besteht eine „Wesensverschiedenheit" (II.1, S.249). Denn „(j)ene Abfolge zeremonieller Bilder, die den Kern des Mythos bildet, um den die Tragödie kristallisiert, ist in dem geschichtlichen Bereich nicht zu erwarten. Wenn die Tragödie an der mythischen Weltordnung durch jede leichte und doch unberechenbar tiefgehende Interpretation des Sagenstoffs Abbruch zu tun und mit unscheinbaren Worten sie prophetisch zu erschüttern vermag, so ist angesichts der Geschichte dem Dichter nichts als die Aufgabe gewiß, in seiner Nachbildung deren Einheit heraustreten zu lassen. Der Mythos, in jedem seiner geschlossenen Sagenkomplexe ist sinnvoll an sich, nicht so die Geschichte. Urbild (...) der Kunst ist daher nie die Geschichte; sie kann es auch im historischen Drama nicht sein. Vielmehr ließe sich die Bedeutung gerade dieser Form (...) aussprechen als die Darstellung der alle Wechselfälle des Historischen durchdringenden und zuletzt in ihnen triumphierenden Natur. Natur des Menschen, nein, Natur der Dinge ist das Fazit gerade des historischen Dramas. Wo die dementsprechende Intention mangelt, wird in der Hand des Dramatikers jeder historische Stoff in unabsehbarer Szenenfolge als der ohnmächtige Versuch sich entrollen, die Bewegtheit der Geschichte zu geben statt der Natur, in deren Gestalt auch historisch Bezeugtes als vollendetes Faktum echter Stoff des Dichters geworden ist. Die vollendete Faktizität historischer Dinge stellt sie als Schicksal vor. Im Schicksal liegt der latente Widerstand gegen den unabsehbar verlaufenden Strom geschichtlichen Werdens. Wo Schicksal ist, da ist ein Stück Geschichte Natur geworden. Als Gestaltung des Schicksalhaften stellt sich daher dem neuern Dramatiker die Aufgabe dar, aus plausiblen Einzelheiten, die die historische Quelle ihm bieten mag, eine notwendige Totalität hervorgehen zu lassen. Das Gewicht liegt in der antiken Tragödie auf der Auseinandersetzung mit dem Schicksal, im historischen Drama auf dessen Darstellung" (II.1, S.249f), in der die Zeit als Natur zum Stillstand kommt.

III. Geschichte in der Natur

A. Natur und Geschichte

Geschichte kommt im Trauerspiel im Bild der Natur zur Darstellung - das Barock „erblickt" (I.1, S.271) in der Natur den „natürlichen Dekor des Geschichtsverlaufes" (I.1, S.271). Darstellung der Geschichte im Bild der Natur ist der Sinn der barocken Emblematik. Die barocken Formen sind aber Formen des „historischen Verstehens" (I.1, S.271). Bedingung der Möglichkeit historischer Hermeneutik ist deswegen das Bild der Geschichte - das „Bild des Schauplatzes" (I.1, S.271) wird zum „Schlüssel des historischen Verstehens" (I.1, S.271). Einsicht in das Wesen der Geschichte ist Erkenntnis ihrer Natur - die „naturgemäße Seite" (I.1, S.267) der Geschichte wird in ihrem Bild erschlossen. Im Bild der Natur aber ist Geschichte die ewige Wiederkehr des Gleichen. Doch in der Darstellung der Geschichte hat der Schauplatz der Natur nicht das letzte Wort. Denn das Bild des Schauplatzes ist „Schlüssel" (I.1, S.271) der Erkenntnis und nicht diese Erkenntnis selbst. Im Bild des Schauplatzes wird Geschichte erschlossen - Geschichte wird aber nicht als Natur erschlossen. Denn Natur ist nichts als die Chiffre der Geschichte - und „von der Geschichte, nicht von der Natur aus (...), ist zuletzt der Umkreis des Lebens zu bestimmen." (IV.1, S.11) Einsicht in das Wesen der Natur ist deswegen Erkenntnis ihrer Geschichte. Das „historische( ) Verstehen( )" (I.1, S.271) entschlüsselt Geschichte im Bild der Natur. Es wird im melancholischen Blick lesbar - und der Schein der Natur wird in ihrer Lektüre zerstreut. Geschichte stellt sich als Telos der Natur heraus.

Denn im Blick des Melancholischen „wandert" (I.1, S.271) Geschichte in die Natur „hinein" (I.1, S.271). Denn sie nimmt in der ewigen Wiederkehr des Gleichen die „Typik kreatürlicher Bewegung" (I.1, S.384) an. In der Darstellung der Natur der Geschichte sind die Pastoralen das Extrem - „gerade Schäferspiele streuen die Geschichte wie Samen in den Mutterboden aus." (I.1, S.271). Der „Mutterboden" (I.1, S.271) der Natur ist also mit der Geschichte „( )schwanger( )" (I.1, S.383). Er wird wie „von einer unentrinnbaren Krankheit von ihr heimgesucht" (I.1, S.383). Geschichte kommt in der Natur zur Blüte - der Boden der Natur wird zum Feld der Geschichte. Er ist also schon immer Kultur - es ist Geschichte die „unentrinnbare( ) Krankheit" (I.1, S.383) der Natur, die auch in der Natur der Sprache zum Ausdruck kommt. So wie die Darstellung der Geschichte in einem „hemmenden Spannungsverhältnis zur Aktion" (I.1, S.268) steht, gibt es auch eine „phonetische Spannung in der Sprache" (I.1, S.384) des Barock. Denn der „Hemmung" (I.1, S.384) der „Intrige" (I.1, S.386) in der „Typik kreatürlicher Bewegung" (I.1, S.384) entspricht die „Hemmung der Bedeutung" (I.1, S.386) im „rein Lautlichen der kreatürlichen

Sprache" (I.1, S.383). Das Barock sucht in der „Klangfülle" (I.1, S.384) der Sprache die „Bedeutung einzukörpern" (I.1, S.384). Und auch im Zusammenhang der allegorischen Sprache stellt sich die Frage nach dem „Umschlagen des rein Lautlichen der kreatürlichen Sprache in die bedeutungsschwangere" (I.1, S.383). Denn es wird auch das „Echo, die eigentliche Domäne eines freien Lautspiels, von Bedeutungen sozusagen befallen" (I.1, S.384). Es kommt zu einem „Umschlagen" (I.1, S.383) von Natur in Geschichte.

Denn das Trauerspiel stellt zwar ein Bild der Geschichte, in dem Geschichte in Form der Natur betrachtet wird. Geschichte ist so der Inhalt der Natur. Sie geht im Barock im Kostüm des Immergleichen über die Bühne - in Urbildern der historischen Ereignisse. Und in der Betrachtung dieses Panoramas sucht der Melancholiker seinen Trost. Der natürliche „Dekor" (I.1, S.271), in dem das Wunschbild eines Lebens ohne Zeit erscheint, ist aber eine Abstraktion vom historischen Inhalt der Bilder. Die Urbilder der Natur sind in Wahrheit selbst Urbilder des Geschichtlichen. Im Bild der Natur wiederholt sich die Geschichte - die barocken Embleme werden Zeichen des Todes. So wird Geschichte zur Natur, wo historische Ereignisse im Bild der ewigen Wiederkehr betrachtet werden. Natur aber wird zur Geschichte, wo die ewige Wiederkehr zur Wiederkehr des Geschichtlichen wird. Das Barock erkennt nicht nur die Natur in der Geschichte. Denn in Natur steckt die Geschichte. Die Bühne des Dramas ist deswegen kein Wunschbild der Natur - sie stellt kein Bild „paradiesischer Zeitlosigkeit" (I.1, S.271). Das Drama ist kein „(')Jubel-Hymnus auf die Herrlichkeiten der Schöpfung(')" (I.1, S.272). Denn es ist Geschichte „selber nicht durchaus Natur" (I.1, S.308). Die Erkenntnis der Natur in der Geschichte ist also in der Tat nur ein „Versuch" (I.1, S.260) des Melancholikers. Er will in der Betrachtung der Geschichte ein natürliches Leben ohne Zeit erkennen. Das Bild der Natur aber wendet sich in seinem Blick um - Natur wird zum Schauplatz der Geschichte.

Natur ist deswegen „selber nicht durchaus Natur" (I.1, S.308). Denn die Wiederkehr des Gleichen in der Natur ist nicht länger ein Kreislauf ewigen Lebens. Es ist „nicht mehr der Jahresumlauf mit seiner Wiederkehr von Aussaat, Ernte, Winterbrache (...), der die Zeit beherrscht, sondern das unerbittliche Abrollen jedes Lebens zum Tode." (I.1, S.328f) Die Natur erscheint deswegen auch nicht - wie in der „Frührenaissance" (I.1, S.355) - in „Knospe und Blüte sondern in Überreife und Verfall ihrer Geschöpfe" (I.1, S.355). Natur ist eine „Naturgewalt" (I.1, S.268), die an ihrem „Zerstörungswillen( )" (I.1, S.268) erkennbar wird. Sie ist zu einem „Vorgang unaufhaltsamen Verfalls" (I.1, S.353) geworden. Das „ständig wiederholte Schauspiel fürstlicher Erhebung und des Falls" (I.1, S.267) ist deswegen nur dann richtig verstanden, wenn es in der Perspektive des Falls betrachtet wird. Denn nur in diesem negativen Sinne ist die Natur auch „den Dichtern dieser Periode die große Lehrmeisterin geblieben" (I.1, S.355). Sie wird im Barock „vom Tode her betrachtet" (I.1, S.392).[127] Im Untergang erscheint das wahre Gesicht der Natur. Es ist das Antlitz der sterbenden Natur. Denn über alles Werden ist das Urteil längst gesprochen. Das geschichtliche Leben im Raum der Natur „rollt dem Tode zu" (I.1, S.310). Denn der „Schwerpunkt" (II.1, S.267) der Natur liegt im Tod. Sie lebt eigentlich nur um des Todes willen. Der „Mutterboden" (I.1, S.271) der Natur stellt nicht in immer neuen Geschöpfen seine unendliche Fruchtbarkeit unter Beweis, sondern bringt dem „Schnitter Tod mit seiner Sense" (I.1, S.328) die Ernte des „Menschengeschlecht(s)" (I.1, S.328). Der Tod ist deswegen das „Gesetz des natürlichen" (I.1, S.310) Lebens. Der Untergang beherrscht die Zeit - das „unerbittliche Abrollen jedes Lebens zum Tode" (I.1, S.329). Das Gesetz des Todes ist deswegen „Verhängnis( )" (I.1, S.260, vgl. II.1, S.333). Der Tod ist die bestimmende Kraft in der Zeit der Natur - die „elementare Naturgewalt im historischen Geschehen" (I.1, S.308). In der „Naturge-schichte" (II.2, S.450) ist der „Tod (...) die Sanktion von allem" (II.2, S.450). An der Kreatur „vollzieht sich (...) das irdische Verhängnis (...): die Zerstörung von Leib und Leben." (II.1, S.333) Der „Verlauf der Zeit" (I.1, S.357) übt eine „Zersetzung" (I.1, S.357) am natürlichen Sein der Dinge - das „Leben" (I.1, S.392) ist ein solches nur als „Produktion der Leiche" (I.1, S.392) - und alle „Evolution ist Zerstörung" (II.3, S.1103). So steht die „Katastrophe" (I.1, S.246) am Ende des Dramas der Geschichte - im Untergang des Fürsten ist sie der „blutrünstige Schlußeffekt" (I.1, S.230). Das barocke Drama schließt mit „Visionen des Vernichtungsrausches, in welchen alles Irdische zum Trümmerfeld zusammenstürzt" (I.1, S.405). Das Trauer-spiel stellt zuletzt Bilder vom „Ende" (I.1, S.246) des „Erdgeborne(n)" (I.1, S.246). Der Untergang ist aber keine „(`)Zuspitzung(´)" (I.1, S.316) im Drama, sondern der „Schwerpunkt, nach welchem" (II.1, S.267) Geschichte in der Natur „abrollt" (II.1, S.267). Denn die „Katastrophe" (I.1, S.246) ist eine „naturnotwendige, im Weltlauf angelegte Katastrophe" (I.1, S.368). In der Natur wird Vergänglichkeit deswegen zum „Verhängnis( )" (I.1, S.260). Denn die „Beharrlichkeit" (II.1, S.267) der Natur liegt im „ständig(en) (...) Schauspiel" (I.1, S.267) des Untergangs. Im Verfall bleibt die Natur sich selbst gleich. Denn Natur ist gerade als „Naturgewalt" (I.1, S.268) eine „periodisch(e)" (I.1, S.268). Was sich in der Natur „periodisch" (I.1, S.268) wiederholt, das ist ihr „Zerstörungswillen( )" (I.1, S.268). Das „Geschöpf" (II.1, S.269) aber „unterliegt" (II.1, S.269) der Geschichte „wie der Baum dem Gewitter" (II.1, S.269). Weil der Mensch als Kreatur ein natürliches Wesen ist, geht er auch „naturnotwendig( )" (I.1, S.368) zu Grunde. Der Begriff der Naturgeschichte meint deswegen „ewige Vergängnis" (I.1, S.355). Natur ist zwar durchaus als Wiederkehr des Gleichen zu verstehen. Die „Zeitlosigkeit" (I.1, S.269) der Natur ist aber nicht die „paradiesische" (I.1, S.269). Geschichte stellt als solche ein Bild des Grauen - in dem „staatspolitischen Ereignis" (I.1, S.268) erkannten die Autoren „nur das Grauen eines (...) nach Art von Naturgewalten sich regenden Zerstörungswillens" (I.1, S.268). Das Bild der Natur ist im deutschen Trauerspiel das ihrer alten und als solcher ewigen Gewalt im Zusammenhang der Schuld. Sie ist im barocken Trauer-spiel immer nur die Natur nach dem Fall - Natur als Raum der Geschichte, die dem Melancholiker „unentrinnbar( )" (I.1, S.383) wird. Denn ewig ist in der historischen Natur allein der Tod. Sie ist aber nicht ohne Hoffnung.

B. Schrift

Wie aber kommt die Geschichte in der Natur zur Darstellung? Wie erscheint die „unentrinnbare( ) Krankheit" (I.1, S.383) der Natur im Blick des Melancholischen? Denn so wie die Natur in der Geschichte erst im Bild als der Form ihrer Darstellung zu betrachten ist, so ist auch die Geschichte in der Natur erst durch die Form ihrer Darstellung verständlich zu machen. Geschichte wird als Natur zum Bild - und Natur wird als Geschichte zu Schrift. Die historische Welt steht im Bild still und zitiert im Aktuellen den Mythos als die Form der Urgeschichte - die „archaische Form der Urgeschichte, die in jedem Zeitalter (...) aufgerufen wird, ist diejenige, die den Schein in der Geschichte um so blendender macht, als sie ihm die Natur als seine Heimat anweist." (V.1, S.595) Das Bild der Natur aber wird zur Schrift der Geschichte - sie ist das Mal der „Krankheit" (I.1, S.383), das die Geschichte ins Antlitz der Natur zeichnet. Denn „`(a)n einem Orte, wo eine denkwürdige Begebenheit sich ereignet haben soll, lässt der Schäfer Verse zur Erinnerung in einem Felsen, Stein oder Baum zurück. Die Denksäulen der Helden, welche wir in den überall von diesen Schäfern erbauten Tempeln des Nachruhms bewundern können, prangen sämmtliche mit panegyristischen Inschriften.'" (I.1, S.271) Diese Daten aber berichten immer nur vom Untergang menschlichen Lebens. Denn „(w)enn mit dem Trauerspiel die Geschichte in den Schauplatz hineinwandert, so tut sie es als Schrift. Auf dem Antlitz der Natur steht `Geschichte´ in der Zeichenschrift der Vergängnis." (I.1, S.353)

Im Bild wird die Zeit der Geschichte zum Sein der Natur - das Sein des Bildes aber wendet sich im melancholischen Geist um. Denn in der Schrift wird das Sein der Natur im Horizont der Zeit betrachtet. Wenn Geschichte in ihrer „naturgemäße(n) Seite" (I.1, S.267) zum Bild wird, so wird Natur in ihrer historischen Seite zur Schrift. Der „Prägestempel der Zeit, der sich in sie eindrückt, treibt die allegorische Konfiguration aus ihr hervor." (V.1, S.312) Das Sein des Bildes ist ein Medium des Trostes, weil es die Zeit in den Raum bannt. Im melancholischen Geist aber wird die Natur bedeutend. Das Bild der Natur wird als Schrift zu einem Rätselbild, dessen Lösung die Erkenntnis der Geschichte ist. Im Grunde wollen die Bilder des Trauerspiels deswegen nicht gesehen, sondern gelesen werden. Denn das Bild der Natur ist Chiffre der Geschichte. So wird das „Bild des Schauplatzes" (I.1, S.271) in einem ganz anderen Sinne zum „Schlüssel des historischen Verstehens" (I.1, S.271). Denn im Bild der Natur kann Geschichte als deren Bedeutung erschlossen werden. So ist auch die Dialektik der Allegorie die zwischen Bild und Schrift - zwischen bildlichem Sein und Bedeuten. Das allegorische Bild des Seins bedeutet Vergänglichkeit. So wird das Bild der Geschichte zum Schrift-Bild - und der Melancholiker erkennt lesend die Geschichte in der Phantasmagorie des Mythos. Denn „das zu Lesende liegt nicht vorgängig als Schrift schon vor, sondern es ist das, was erst dem melancholischen Blick lesbar wird." (WEIDMANN: 1992, S.27) Die „Bedeutung" (I.1, S.343), die in der Schrift der Natur erschlossen werden kann, dreht sich um den „Tod" (I.1, S.343). Denn „(s)oviel Bedeutung, soviel Todverfallenheit" (I.1, S.343) Das Ewige der Natur ist in Wahrheit das Ewige der historischen Zeit. Die Bilder der

Natur werden zu einem *memento mori*. Naturgeschichte ist Geschichte in der Perspektive des Todes betrachtet, der „die Krone und das Ziel der Schöpfung" (ROSENZWEIG: 1988, S.361) ist.

C. Trost und Trostlosigkeit

IM HOFFNUNGSLOSEN SOLL FATZER FUß FASSEN. FUß NICHT HOFFNUNG. TROST HAT
NICHTS MIT HOFFNUNG ZU SCHAFFEN. UND TROST GIBT BRECHT IHM: DER MENSCH
KANN IM HOFFNUNGSLOSEN LEBEN, WENN ER WEIß, WIE ER DAHIN GEKOMMEN IST.
DANN KANN ER DARIN LEBEN, WEIL SEIN HOFFNUNGSLOSES LEBEN DANN WICHTIG IST.
ZUGRUNDE GEHEN HEIßT HIER IMMER: AUF DEN GRUND DER DINGE GELANGEN.
(WALTER BENJAMIN)

„Einsicht in das Vergängliche" (I.1, S.397) - das ist das Ingenium des Melancholischen. Das „Vergängliche" (I.1, S.267) ist im Blick des Traurigen die „wesenhafte (...) Seite" (I.1, .267) der Natur. Sie erscheint dem melancholischen Blick aber nur wider dessen Willen. Denn der melancholische Geist erträumt unter der Herrschaft der Zeit das Bild einer Natur, die keine Zeit kennt. Der melancholische Blick scheint sich selbst aber nicht betrügen zu können - er durchschaut den Trug des Mythos, in dem er die Geschichte erkennt. Im Blick des Melancholischen stellt sich das historische Wesen der Natur heraus. Deswegen kann auch das Bild der Natur den Melancholischen nicht trösten. Denn im Wunschbild der paradiesischen Natur erscheint dem Melancholiker der Schrecken der Geschichte nach dem Fall - das Bild der Natur wird zum Bild trostlosen Lebens. Und doch erkennt Benjamin in der „Weltflucht" (I.1, S.271) des Barock den „Versuch, Trost im Verzicht auf einen Gnadenstand im Rückfall auf den bloßen Schöpfungsstand zu finden" (I.1, S.260). Das ist der Stand „paradiesischer Zeitlosigkeit" (I.1, S.271) oder der „unbegnadete(r) Natur" (I.1, S.260). Denn das Reich der Gnade ist Natur nur vor dem eschatologischen Horizont. Aber das Bild der heillosen Natur ist unter der Herrschaft der Zeit durchaus ein Bild des Trostes, weil die „irdische( ) Verfassung" (I.1, S.260) im Bild der Natur als der ewigen Wiederkehr des Gleichen betrachtet werden kann. In der Natur aber erkennt der melancholische Blick die Geschichte wieder. Doch er wendet sich vom Bild der Geschichte in der Natur nicht ab. Benjamin sieht, wie in seiner „besinnungslose(n) Flucht in eine unbegnadete Natur" (I.1, S.260) das „deutsche Trauerspiel sich ganz in die Trostlosigkeit der irdischen Verfassung" (I.1, S.260) versenkt. Warum aber „vergräbt" (I.1, S.260) sich der Melancholiker in die Geschichte der Natur? Was sucht er?

Das Barock sucht nicht nur „Trost" (I.1, S.260). Denn der barocke Mensch „(k)ennt" (I.1, S.260) auch die „Erlösung" (I.1, S.260). Die Antwort auf die Frage nach dem Unterschied zwischen Trost und Erlösung stellt sich heraus, wenn man erkennt, wo denn im Barock die Erlösung „liegt" (I.1, S.260). Das deutsche Barock „(k)ennt (...) Erlösung (...) in der Tiefe dieser Verhängnisse" (I.1, S.260), die in der „Trostlosigkeit der irdischen Verfassung" (I.1, S.260) beschlossen sind. Die Perspektive der Erlösung hat also das Ende des Trostes zur Voraussetzung. Denn in der Tiefe der Natur ist kein Trost, wohl aber Erlösung zu finden. Die melancholische Intention betrachtet den Grund der Natur. Denn Trauer ist zu einer „kontinuierlichen Vertiefung ihrer Intention befähigt." (I.1, S.318) In der Erkenntnis der Geschichte in der Tiefe der Natur kommt das melancholischen Ingenium erst zu sich selbst. Der melancholische Geist zerstreut den Schein der Natur, den er doch immer wieder erträumt. Denn er sieht den historischen Inhalt in der Natur. In der Tiefe der Natur steckt die Geschichte - der „saturnische Blick jener Generation" (I.1, S.355) konnte die „Geschichte" (I.1, S.355) als das „Vergängliche" (I.1, S.397) in der „Natur" (I.1, S.355) erkennen. Der Übergang von Trost in Trostlosigkeit ist in der melancholischen Betrachtung der Natur deswegen eine Frage ihrer „Vertiefung" (I.1, S.318). Denn Trost ist nur an der Oberfläche der Natur zu finden - in der Betrachtung ihrer Form als Zeit und Bild. Der Blick des Melancholischen erkennt aber die historische Dimension im Grunde der Natur. Das Barock „(k)ennt" (I.1, S.260) also die Erlösung gerade dort, wo die Natur am geschichtlichsten ist. Die Perspektive der Erlösung erscheint, wo das Wunschbild der Natur im Blick des Melancholischen schwindet und aus dem Mythos, der nur eine Phantasmagorie des Trostes war, die Geschichte „entsponnen( )" (I.1, S.343) wird. Die Schrift der Erlösung wird lesbar, wo die Sehnsucht des Melancholischen enttäuscht wird, weil sie sich um den Trost gebracht weiß, den das Bild der Natur zu bieten hat. Von ihr handelt die Konstruktion der allegorischen Form, die dialektisch ist wie der Mythos, der hier das letzte Wort hat, weil er selbst nicht ist, was er zu sein scheint.

D. Dialektik des Mythos

In der Natur sucht der Melancholiker sein Heil. Denn die Sehnsucht des Melancholischen ist ein Leben ohne Zeit. In der Natur sucht er das Bild des Ewigen zu erkennen, das im Medium der Natur zur ewigen Wiederkehr des Gleichen wird. Denn der barocke Mensch kann von der Zeit als dem Element wesentlicher Veränderung nicht mehr als den Tod erwarten. Die „Typik kreatürlicher Bewegung" (I.1, S.384) soll deswegen an die Stelle ihrer Herrschaft treten. Es ist aber das „metaphysische Hinausgehen über Zeit in Wirklichkeit gar keines" (THEUNISSEN: 1991, S.40). Denn die „Zeitlosigkeit" (I.1, S.271) der Natur stellt sich in Wahrheit als „ein Bild der Zeit" (THEUNISSEN: 1991, S.40) heraus. Benjamin erkennt in der barocken Sehnsucht nach Natur die Wiederholung antiken Geistes. Denn „(a)ls das bleibende Gesetz des Entstehens und Vergehens war ja Zeit für Platon, im Hinblick auf ihr Bleiben, ein Bild der Ewigkeit. Jetzt wird offenbar, daß diese Ewigkeit in Wahrheit bloß ein Bild der Zeit ist. Sie enthüllt sich als stillgelegte Zeit. Sollte sie doch auf der Unbewegtheit dessen beruhen, das sich immer gleich bleibt, weil es sich immer auf gleiche Weise verhält. Im Sich-immer-gleich-Verhalten ist aber Zeit, Element der Veränderung, zu einer rotierenden Bewegung erstarrt, die insofern zugleich unbewegt ist, als sich nichts ändert. Das Bestehenbleiben ist ein bestimmtes Bleiben, nämlich das der Selbstreproduktion. Die Dinge bleiben in der Zeit, indem sie sich ständig reproduzieren, und auch die Zeit selber bleibt als eine solche, die sich, das heißt ihre Einheiten, unaufhörlich wiederholt." (Ebd.) So stellt sein Bedürfnis nach Trost den Mythos wieder her. „Denn mythisch ist jene Weltsicht, welche die Wiederholung des Gleichen schicksalshaft zur Ewigkeit, zu einer ewigen Wiederkunft verfestigt." (Ebd., S.40f) Geschichte steht im Bann der Natur, in der die Form der Geschichte zu erkennen ist.

Der Inhalt der Natur aber ist Geschichte - sie wiederholt sich im Bild der Natur „ständig" (I.1, S.267). Es ist Natur die erstarrte Zeit der Geschichte. Die Ewigkeit der Natur ist nichts als ein ewiges Sein zum Tode - sie ist das bleibende Gesetz des Vergehens. Der Melancholiker erkennt im Bild der Natur nicht „Zeitlosigkeit" (I.1, S.271). Denn in der „Tiefe" (I.1, S.260) der Natur steckt die Zeit. Das kann aus dem Bild der Natur selbst erschlossen werden. Denn das Bild der Ewigkeit zeichnet der melancholische Geist nach dem, was in der Geschichte beständig ist. In der Geschichte aber ist das, was bleibt und sich immer wieder nur wiederholt, die Vergänglichkeit aller Dinge. In der Geschichte wiederholt sich der Untergang menschlichen Lebens im Bann der herrschenden Zeit. Das ist zuletzt der barocke Sinn der naturwissenschaftlichen Zeit. Die Zeit der Uhren ist eine „leer verrinnende Zeit" (V.1, S.444). Denn „(d)er Tod tritt in ihr in so regelmäßigem Turnus auf wie der Sensenmann in den Prozessionen, die um Mittag um die Münsteruhr ihren Umzug halten." (II.2, S.451) Es ist ein „Zifferblatt, vor dem die Prozession der Kreaturen sich hinbewegt" (II.2, S.452).

Im Bild der Zeitlosigkeit, das den Melancholiker trösten soll, ist deswegen das Bild der herrschenden Zeit selbst zu erkennen. In dieser kann sich nichts ändern, weil die Zeit als solche keine andere werden kann. Im Bild der Natur erstarren die Inhalte der Geschichte, die unter der Herrschaft der Zeit stehen, zu einem Bild der „Vergeblichkeit" (V.1, S.178). Der Mythos ist in sich historisch zu bestimmen. Sein Wesen ist nur Schein. Denn „(d)ie Essenz des mythischen Geschehens ist Wiederkehr. Ihm ist als verborgene Figur die Vergeblichkeit einbeschrieben, die einigen Helden der Unterwelt (Tantalus, Sisyphos oder die Danaiden) an der Stirne geschrieben steht (V.1, S.178). Sie ist nur „einigen Helden (...) an der Stirne geschrieben" (V.1, S.178), weil sie die „verborgene Figur" (V.1, S.178) des „mythischen Geschehens" (V.1, S.178) ist, die nur in einer Betrachtung erschlossen werden kann, die in seine Tiefe blickt. Und das ist im Melancholiker der Fall, der im Bild der Natur immer wieder nur die Geschichte erkennen kann. Der melancholische Blick wird zur Destruktion des Mythos, der im „Dekor" (I.1, S.271) der Natur erscheint. Die Idee der Naturgeschichte „verfestigt" (THEUNISSEN: 1991, S.41) deswegen nicht die Zeit, sondern erkennt die Herrschaft der Zeit als das, was sie „wesenhaft( )" (I.1, S.267) ist. Die Herrschaft der Zeit ist als solche immer auch Herrschaft der Natur, weil in ihr nicht erscheinen kann, was die Zeit transzendiert. Die herrschende Zeit steht deswegen im Bann des Zeitlosen. Denn die Zeit, die nur vergeht, steht in Wahrheit still. So ist Zeit nach dem Ausfall der Eschatologie ihrem Wesen nach ein „Verhängnis( )" (I.1, S.260) - und die Idee der Naturgeschichte ist als Lehre der Verzweiflung die Theorie dieses Verhängnisses.

Anmerkungen

Walter Benjamin wird zitiert nach:
- Gesammelte Schriften. Frankfurt/Main 1974ff.
- Gesammelte Briefe. Frankfurt/Main 1995ff.

[1] Zur Rezeption des Trauerspielbuchs in der Germanistik vgl. GARBER: 1987, S.59-81 u. JAUMANN: 1975, S.570-576. Die bisher einzige Monographie über das Trauerspielbuch hat RUMPF: 1980 geliefert. Dazu vgl. GARBER: 1987, S.79f.

[2] Die gegenwärtige Lektüre ist „im Zeichen von Dekonstruktivismus und Poststrukturalismus und vulgärer Psychoanalyse" (GARBER: 1992[1], S.195f) zu erkennen - „wo allenthalben die auf Sinnkohärenz drängende Text-Explikation erschüttert ist, einläßliche Werkbetrachtung sich dem Verdacht der Hagiographie ausgesetzt sieht und die Voyeur-Perspektive von unten auch in die Benjamin-Philologie Einzug gehalten hat" (ebd., S.195). Es lassen sich „(z)wei Pole (...) hier zuspitzen: auf der einen Seite die Ästhetisierung der Theorie durch ihre Ablösung vom politischen Anspruch, auf der anderen die Inszenierung der Person" (GÜNTHER: 1992, S.12). Dann wird die „Aura Benjamins wird zum passenden Versteck vor der eigenen politischen Verantwortung. Statt daß die wissenschaftliche Arbeit über Benjamin selbst zur politischen Tat wird, gerät sein politischer Anspruch zur wissenschaftlichen Spielwiese, auf der mimetische Lektüre und Paraphrasierung der Schreibweise den Blick auf den `Rebus Benjamin´ lenken, dem es sich in tendenziell endloser Lektüre anzunähern gilt." (Ebd.) Die „Theorie, der ihre praktische Verwirklichung verwehrt war, mutiert zur reinen Lehre, die auf Praxis keinen Anspruch mehr macht: nur so war es möglich, daß sie vom `Geheimtip´ zum begehrten Objekt im akademischen Diskurs avancieren konnte." (Ebd., S.13) Aber was ist theoretische Brauchbarkeit? Sie will vor allem die Arbeit der Interpretation verdächtig erscheinen lassen. „Benjamins Schriften wird die politische Entschiedenheit und theoretische Brauchbarkeit abgesprochen, um sie als Zeugnisse eines tiefsinnigen Ästhetizisten genießbar zu machen." (LINDNER: 1985, S.8) Die Politisierung der Lektüre soll an die Stelle eines nur akademischen Interesses treten. Der (pragmatisch-)politische Leser nimmt sich aus dem Text, was dem aktuellen Interesse - das immer nur mit der Mode zu gehen hat - dienen kann. Das entschlossene Zitat will Fragen nicht aufkommen lassen. Und zu fragen ist vor allem, ob Politik, die sich auf die Probleme der Interpretation nicht einlassen will, sich nicht selbst dumm stellt, weiß sie weiß immer schon, was sie brauchen kann.

[3] „Das Trauerspielbuch hat die Positionen des früheren Essays geklärt und systematisiert, aber es hat ihnen (...) nichts grundsätzlich Neues hinzugefügt." (WITTE: 1976, S.X) Das wird man nicht behaupten können, ohne zu fragen, was denn in diesem Werk basal sei.

[4] „Benjamin hat das Schicksal des literaturtheoretischen Klassikers ereilt: Als herrsche allgemeines Einverständnis über sein Denkverfahren und dessen Intentionen, werden aus ihm Bruchstücke herausgerissen und der Argumentation verfügbar gemacht. Nicht selten wird nur eine stilistische Mimikry an seine Schreibweise vollzogen; das sprachliche Benjamin-Zitat scheint die unstreitige Autorität des Vorbilds nahezulegen und suggeriert stillschweigend vorausgesetzte Akzeptanz." (ALT: 1988, S.133)

[5] „Benjamins Begriff der Geschichte" (SPETH: 1991, S.292) steht hier nicht zur Diskussion. Begriffe sind kein Eigentum. Es geht Benjamin um einen „dialektische(n) Begriff der historischen Zeit" (V.1, S.178). Dieser wird im Trauerspielbuch nicht entwickelt.

[6] Es gibt bei Benjamin „direkte Begriffsexplikationen kaum" (MENNINGHAUS: 1986, S.10). Und das „Benjaminsche Verfahren der Bedeutungszuweisung qua Konstellation gleitet (...) nicht selten aus einem produktiven Spiel mit Unschärfen, die sich kontextuell illuminieren, in schlichte semantische Unbestimmtheit ab, deren Mangel kraft sprachlicher Emphase dann auch teilweise noch in den Schein besonderer `Tiefe´ umgebogen wird." (Ebd.) Den Gedanken aber wird nur „emphatisch verdoppeln" (ebd.), wer auf Deutung verzichtet. Das autoritäre Zitat ist immer die Komplementärerscheinung seiner allegorischen Bedeutungsunterstellung.

[7] Es geht nicht darum, die Arbeiten, „wie bisher immer wieder geschehen, punktuell einer übergreifenden Argumentation heizuziehen, sondern sie einläßlich in der Struktur ihres Argumentationsverfahrens selbst zu interpretieren - nicht im Sinne einer von Benjamin (...) abgelehnten Einfühlung in das Einzelne als bloß einzelnes, das festzustellen ist, vielmehr im Sinne der von Benjamin geforderten und immer wieder praktizierten Entzifferung, die den Gegenstand als Monade faßt" (KAISER: 1974, S.12f). Eine Untersuchung, die nicht dabei stehenbleiben will, Benjamins Terminologie durch sich selbst, im „Vertrauen auf die Kohärenz von Benjamins Denken, zu erhellen, sondern versucht, auszugreifen und die historischen Einflüsse benennbar zu machen" (SPETH: 1991, S.5), wird diesen Einflüssen erliegen, die sie nur benennt, ohne sie in der Sache einsichtig zu machen. Die „Erforschung von sogenannten Einflüssen" (II.1, S.641) hat ihren Grund in der „Ratlosigkeit vor gewissen Werken" (II.1, S.641). Wo die Interpretation die Anstrengung begrifflicher Interpolation zu leisten hätte, um „Bedeutungsdifferenzen" (KAISER: 1974, S.3) zu erkunden, erkennt Witte nur „scholastische( ) Spitzfindigkeiten" (WITTE: 1976, S.117). Er wird seiner Forderung nach einer „historische(n) Interpretation der einzelnen Werke" (ebd., S.IIX), die die „Eigenart seines Denkens und Schreibens" (ebd.) erkunden soll, aber nicht genügen. Es soll das Werk „immanent analysiert werden, um überhaupt einen Zugang zum Sinn dieser Texte zu finden." (Ebd., S.XI) Indem er Benjamin aber den „Standpunkt der negativen Theologie " (ebd.) unterstellt, kann er das Gewicht der Werke nicht mehr ermessen. Diese scheinbar „schlüssige und in sich kohärente Perspektive" (ebd.) bezahlt das Argument mit Fremdheit der Sache gegenüber. Das Trauerspiel wird zum „subjektive(n) Weltbild Benjamins" (ebd., S.107). Es wird die „Fülle des historischen Materials und der detaillierten Belege aus der Literatur der Epoche, auf der seine geschichtsphilosophische Konstruktion sich gründet, übergangen" (ebd., S.111). So werden in der „Darstellung der übrigen Elemente" (ebd., S.110) diese nur „kurz umrissen" (ebd.). Die These erspart die Kenntnis der Sache.

[8] Diese Arbeit ist der mittlere Teil eines Kommentars des Trauerspielbuchs. Der erste Teil hat die Vorarbeiten und das Vorwort des Trauerspielbuchs zum Inhalt. Der dritte Teil untersucht die barocke Allegorie. Um diesen mittleren Teil so geschlossen als möglich zu präsentieren, werden die meisten Verweise unterlassen. Das hat gleichwohl seinen Preis. Es können in einigen Kapiteln zwar Elemente des Trauerspielbuchs untersucht werden, deren Konstruktionsgesetze aber nicht vollständig herausgestellt werden. Das gilt vor allem in der Untersuchung des Säkularisierungsbegriffs und der Naturgeschichte. Das Trauerspielbuch ist in den Grenzen dieser Arbeit deswegen nicht auszumessen - das wäre nur ihrem integralen Bestand möglich. Sie ist mit allen Unsicherheiten als ein Beitrag zur Forschung gemeint. Denn es scheint, als

würde heute gerade die strenge Beobachtung der echten akademischen Forschungsmethoden deren Form sprengen. Die offene Form ist, wo sie nicht beliebig werden will, dialektisch an den systematischen Anspruch gebunden.

[9] Benjamin will seine Arbeit als ein „Mosaik" (I.1, S.208) verstanden wissen. Dessen Technik ist keine allegorische. Das Mosaik ist Gegenstand der Konstruktion - die Elemente der Allegorie aber sind zerstreut. „Mosaik und Traktat gehören (...) ihrer höchsten abendländischen Ausbildung nach dem Mittelalter an" (I.1, S.208f). Denn das „Barock verzichtet darauf, Mosaik zu machen." (HAUSENSTEIN: 1924, S.127) Das ist ein Zeichen seiner „Armut. Seine Ehrlichkeit." (Ebd.)

[10] Zum Begriff des Problems vgl. SPETH 1991, S.102f. Vgl. CASSIRER: 1916.

[11] „Die ungemeinen Schwierigkeiten, vor die Benjamin den Leser stellt, sind nicht vorab solche der Darstellung, obwohl auch diese wenigstens in den früheren Texten ihm einiges zumutet durch den Ton der Lehre, eine Sprache, die an und für sich, kraft des Nennens Autorität beansprucht und vielfach - darin der Phänomenologie gar nicht unähnlich - Begründungszusammenhänge und Argumentationen verweigert. Größer noch aber sind die Anforderungen, die im philosophischen Gehalt entspringen. Dieser erheischt es, Erwartungen draußen zu lassen, mit denen gemeinhin der philosophisch Gebildete in Texte eintritt. Zunächst bestimmt der antisystematische Impuls Benjamins die Verfahrungsweise weit radikaler, als das sonst auch bei Antisystematikern der Fall zu sein pflegt. Das Vertrauen auf Erfahrung in jenem besonderen Sinn, der sich kaum allgemein umreißen, sondern erst im Umgang mit Benjamins Gedanken gewinnen läßt, verbietet es, sogenannte Grundgedanken auszusprechen und das andere als Konsequenz daraus abzuleiten. Dabei läßt sich schwer ausmachen, wie weit der Begriff des Grundgedankens von Benjamin selbst radikal verneint ist, oder wie weit seine Neigung vorherrscht, jene Grundgedanken zu verschweigen, um sie desto kräftiger aus dem Verborgenen wirken zu lassen, so daß ihr Licht auf die Phänomene fällt, während es den blenden müßte, der unmittelbar hineinblickte. Immerhin hat Benjamin in seiner Jugend zuweilen - seinen Ausdruck zu gebrauchen - mit offeneren Karten gespielt als später." (ADORNO: 1981, S.575f)

[12] „Indessen überrascht mich nun vor allem, daß, wenn man so will, das Geschriebne fast ganz aus Zitaten bestehen." (BRIEFE II, S.508). Benjamin beherrscht aber die Kunst, ohne Anführungszeichen zu zitieren - zu „retouchieren" (BRIEFE II, S.508).

[13] Benjamin hat im Frühjahr 1915 seinen Freund Blumenthal, der seit Anfang 1915 in Genf lebte, besucht (vgl. BRIEFE I, S.319 u. S.348). „Die Académie Francaise hatte dem Stück unter anderem vorgeworfen, es sei nicht spannend genug und verstoße gegen die Gesetze der Wahrscheinlichkeit und der Moral" (HENSEL: 1986, S.243).

[14] Zur Geschichte als Grundbestimmung des Trauerspiels vgl. SPETH 1991, S.289ff.

[15] Über Kleists `Marionettentheater' schreibt Benjamin an anderer Stelle: „Wie hier die Marionette mit dem Gotte konfrontiert wird, der Mensch in seinen reflexiven Schranken hilflos zwischen beiden hängt, das ist (...) ein (...) unvergeßliches Bild" (III, S.215).

[16] An Hugo von Hofmannsthal, in dessen `Beiträgen' später ein Vorabdruck des Kapitels über die Melancholie erscheinen sollte, schreibt Benjamin 1926, wie ihn dessen „Hinweis auf das eigentliche, so sehr versteckte Zentrum dieser Arbeit" (BRIEFE III, S.209) doch „frappierte" (BRIEFE III, S.209). Denn „die Darlegung über Bild, Schrift, Musik ist wirklich die Urzelle

der Arbeit mit ihren wörtlichen Anklängen an einen jugendlichen Versuch von drei Seiten `Über die Sprache in Trauerspiel und Tragödie'" (BRIEFE III, S.209).

[17] „Schlegels Alarcos" (II.1, S.136) ist in dem Aufsatz über `Trauerspiel und Tragödie' das „Beispiel, wie es allgemein ein sehr hervorragender Gegenstand der Analyse des Trauerspiels ist" (II.1, S.136) - ein, wie Benjamin noch am 3. Februar 1921 Richard Weißbach mitteilt, „in den Schablonen der `Literaturgeschichte' freilich als `wertlos' und `mißlungen' registriertes Stück, das aber bei der veränderten tiefern Einstellung der Romantik in welche das Publikum seit einigen Jahren eintritt doch wieder als so wertvoll erkannt werden dürfte, wie es Goethe, der es in Weimar aufführen ließ, erschien." (BRIEFE II, S.135)

[18] Im Zentrum der beiden Arbeiten steht die Unterscheidung zwischen Tragödie und Trauerspiel, die auch den ersten Teil der Abhandlung über den `Ursprung des deutschen Trauerspiels' ausmacht, der in einer „gegensätzlichen Kategorientafel für beide" (I.3, S.951) gipfelt.

[19] „Der Terminus a quo für die Niederschrift der Arbeit wird zweifelsfrei durch den November 1921 gebildet: in diesem Monat wurde das Heft der `Romanischen Forschungen' ausgeliefert, in dem der Aufsatz `Calderons Schicksalstragödien' von Peter Berens abgedruckt ist, auf den Benjamin mehrfach Bezug nimmt (...). Keinesfalls hat er die Berens-Zitate nachträglich eingearbeitet (...). Die Vermutung der Herausgeber geht dahin, daß der Aufsatz (...) auch nicht unmittelbar nach dem Erscheinen der Arbeit von Berens, sondern erst etwas später, am ehesten im zweiten Viertel des Jahres 1923 geschrieben wurde. Benjamins Lektüreliste verzeichnet für diese Zeit sowohl Calderons `Eifersucht, das große Scheusal' wie auch Hebbels `Herodes und Mariamne'. Darüber hinaus las Benjamin damals weitere Dramen von Calderon - den `Standhaften Prinzen', `Die Locken Absalons' sowie `Das Leben ein Traum' - und von Hebbel die `Genoveva'. Wahrscheinlich ist, daß die Lektüre dieser Dramen im Zusammenhang mit der Abfassung oder zumindest der Verfertigung der letzten Fassung des Aufsatzes stand." (II.3, S.998)

[20] „Als erster hat W. Benjamin (...) im barocken Trauerspiel schlechthin eine Spielart des `Schicksalsdramas' sehen wollen, wobei freilich vor allem Calderón als Muster figuriert." (SCHINGS: 1966, S.184)

[21] Das Innere - das Wesen - wird als das Kleine dargestellt. Ein inneres Bild der Welt stellt das Trauerspiel als Puppenspiel (vgl. S.303).

[22] Geschichte selbst steht Hebbel in ihrem „schicksalshaften Verlauf" (II.1, S.272) vor Augen. In seinen großen Tragödien wird Schicksal „schlechthin real" (II.1, S.272). Die - so Adorno (gegen Heideggers Deutung) über Hölderlins Dichtung - „schlagartige Entästhetisierung des Gehalts unterschiebt das unabdingbar Ästhetische als Reales, ohne Rücksicht auf die dialektische Brechung zwischen Form und Wahrheitsgehalt. Dadurch wird die genuine Beziehung Hölderlins zur Realität, die kritische und utopische, weggeschnitten. (...) Die allzufrüh behauptete Wirklichkeit des Dichterischen unterschlägt die Spannung von Hölderlins Dichtung zur Wirklichkeit und neutralisiert sein Werk zum Einverständnis mit dem Schicksal." (ADORNO: 1981, S.454)

[23] Denn „(d)er Poeten Amt ist es, ein Tun darzustellen, und zwar in der Absicht, zu belustigen und zu lehren. (...) Nun erhebt sich aber die Frage, ob die Tragödien belustigen können? Allerdings scheint die Handlung der Tragödie `nicht gar lieblich und anmutig zu sein', doch führt die Darstellung `genugsame Ergetzlichkeit mit sich'." (BORCHERDT: 1919, S.58)

[24] „Die ewige Wiederkunft als Ausgeburt einer Gesellschaft, der die Sicherheit des Lebens - das heißt die Wiederkehr alltäglicher Konstellationen - in zunehmendem Maße abhanden kam." (VII.2, S.765)

[25] Von einer Zeitenwende spricht Benjamin wieder 1933 - Aug´ in Aug´ mit der von 1914 (vgl. III, S.390 u. S.399). Will man die Aktualität des Trauerspiels in den Blick bekommen, dann als Reaktion auf den WKI und den „Zusammenbruch der deutschen klassizistischen Kultur" (I.1, S.235). Denn „(d)as harmonistische Verständnis von Welt, Gott und Mensch, die lange wilhelminische Periode des Wachstums, die Gründerzeit, wo ja alles größer und besser wurde, all das hat in den Schützengräben Frankreichs, Mazedoniens und Rußlands sein abruptes Ende gefunden." (TAUBES: 1993, S.86) Benjamin (und Rosenzweig) haben „aus den Zusammenbruchserfahrungen der bürgerlichen Gesellschafts- und Staatenordnung zu Anfang dieses Jahrhunderts eine radikale Kritik an affirmativ-progressistischen Geschichtsphilosophien formulieren. Diese Kritik ist theologisch inspiriert und versteht sich als Reaktualisierung der jüdisch-theologischen Tradition." (HORTIAN: 1988, S.816)

[26] Die Formel soll weder die „Annahme eines messianischen Endes der Geschichte ausschließen, noch die Annahme messianischer Elemente in der Geschichte." (RÜFFER: 1992, S.291) Benjamins Absicht ist keine „generelle `Ent-Messianisierung´ des historischen Geschehens." (Ebd., S.293) Im Barock aber ist „(d)ie Erlösung (...) keine Prämie auf das Dasein, sondern die letzte Ausflucht" (II.2, S.423). Bei Franz Marc kommt es in ähnlicher Weise zu einem „Ausfallen aller prophetischen Kategorien" (VI, S.147), welche die „erlöste Welt" (VI, S.147) zum Gegenstand haben.

[27] Theunissen hat diese Arbeit viel zu verdanken. Dessen Arbeiten stehen durchaus - wie die von Taubes - in der Tradition der Benjaminschen Theorie, zu deren Verständnis sie in der Sache mehr haben beitragen können als die Benjamin-Philologie. Theunissens neuere Theorie (vgl. THEUNISSEN: 1993) steht hier nicht zur Diskussion, sondern kann verwertet werden, weil sie sich um die Sache Benjamins dreht. Theunissen geht es wie Taubes um einen dialektischen Begriff von Zeit und Geschichte nach dem Ende der Geschichtsphilosophie.

[28] Zur Zeit vgl. TIEDEMANN: 1973, S.91ff u. WITTE: 1976, S.116ff.

[29] Zu Augustin vgl. TIEDEMANN: 1973, S.133 u. AGAMBEN: 1992, S.29.

[30] Das ist „nicht die Gesinnung des Historikers (...). Der Historiker hält sich an `Weltgeschichte´, der Chronist an den Weltlauf. Der eine hat es mit dem nach Ursache und Wirkung unabsehbar verknoteten Netz des Geschehens zu tun - und alles was er studierte oder erfuhr, ist in diesem Netz nur ein winziger Knotenpunkt; der andere mit dem kleinen, eng begrenzten Geschehen seiner Stadt oder Landschaft - aber das ist ihm nicht Bruchteil oder Element des Universalen sondern anderes und mehr. Denn der echte Chronist schreibt mit seiner Chronik zugleich dem Weltlauf sein Gleichnis nieder. Es ist das alte Verhältnis von Mikrokosmos und Makrokosmos, das sich in Stadtgeschichte und Weltlauf spiegelt." (II.2, S.637)

[31] In den `Gesta Friderici´ erkennt Otto von Freising das als die Aufgabe der Staufer, den „Untergang der Welt mit der Regierung des römischen Reiches aufzuhalten." (LAMMERS: 1960, S.XXXIII) Und auch die mönchischen Orden halten „den endgültigen Zusammenbruch und das Ende der Welt durch ihre Verdienste und Fürbitte noch auf." (Ebd., S.L)

[32] „Ihre Schilderungen rücken in nächste Nähe derjenigen Formen der Malerei, die vor Entdeckung der Perspektive liegen. Wenn die Gestalten der Miniaturen oder der frühen Tafelbilder dem Betrachter auf Goldgrund entgegentreten, so prägen sich ihm ihre Züge nicht

weniger ein als hätte der Maler sie in die Natur oder in ein Gehäuse hineingestellt. Sie grenzen an einen verklärten Raum, ohne an Genauigkeit einzubüßen. So grenzen dem Chronisten des Mittelalters seine Charaktere an eine verklärte Zeit, die ihr Wirken jäh unterbrechen kann. Das Reich Gottes ereilt sie als Katastrophe." (III, S.534f)

[33] Zur Weltgeschichte vgl. SPETH 1991, S.291.

[34] Der Fortschritt tritt im Barock nicht an die Stelle der Eschatologie.

[35] „'Godforsakenness' is the exact opposite of the constellation that Nietzsche described as one caused by death of god. Godforsakenness is enveloped in a melancholy atmosphere which Nietzsche would have regarded contemptuously as the typical result of Semitic weakness" (FEHER: 1985, S.126).

[36] Über Franz Overbeck schreibt Benjamin: „Echte Christlichkeit ist ihm Religion unbedingter eschatologisch begründeter Weltverneinung, der gemäß ihm ihr Eingehen in die Welt und deren Kultur als Verleugnung ihres Wesens, alle Theologie von der patristischen Zeit ab als Satan der Religion erscheint." (IV.1, S.228)

[37] Zur Metapher des Stroms vgl. KAULEN: 1987, S.134f.

[38] Deswegen - und nicht weil historische Erfahrungen in der Philosophie der Kunst nichts zu suchen haben - kann Benjamin die historischen Fakten ausblenden. Seine Verfahrensweise ist durchaus schon materialistisch. Wo Benjamin in späteren Arbeiten ausdrücklich materialistisch verfahren will, scheinen die historischen Fakten ihren Sinn zu überblenden.

[39] „Wann jemals ward Zeit überwunden?" (II.1, S.104) Das ist die Frage, um die sich schon die 'Metaphysik der Jugend' dreht. Benjamin geht nicht wie Klages und andere Reaktionäre dem „gegebenen 'technischen', 'mechanisierten' Weltzustand( )" (III, S.44) aus dem Weg. Und das gilt auch für die Zeit dieses Weltzustandes.

[40] „Dem 'Heute, das nur die Brücke zum Morgen sein will', tritt ein anderes 'Heute' gegenüber, 'das das Sprungbrett zur Ewigkeit ist'. Der Sprung als Negation der linearen Zeit ist die Rosenzweigsche Antithese zum Fortschrittsbegriff." (HORTIAN: 1988, S.824).

[41] „Jeder Vorstellung von Geschichte liegt eine bestimmte Erfahrung der Zeit zugrunde, von der sie geprägt wird und der man auf den Grund gehen sollte." (AGAMBEN: 1992, S.27) Diese prägt sich in einer bestimmten „Vorstellung von Zeit" (ebd.) aus. Erst eine Vorstellung der Zeit, die nicht die aristotelische wäre, könnte „zu einer authentischeren Vorstellung von Geschichte (...) gelangen" (ebd., S.30). Agamben aber geht wieder hinter die grundlegende Unterscheidung zwischen der Erfahrung der Zeit und der Vorstellung der Geschichte zurück, indem er einzig und allein den „Zeitbegriff" (ebd., S.27) zum Gegenstand seiner Untersuchung macht - „(o)b die Zeit nun als Kreis oder Linie vorgestellt wird, jede abendländische Vorstellung der Zeit steht im Zeichen der Punktförmigkeit." (Ebd., S.32)

[42] „Die These, nach welcher der Glaube sie voraussetzt, läßt sich geradezu geschichtsphilosophisch deuten, indem man sie zu der Aussage konkretisiert, daß der spezielle Glaube Kierkegaards, der an den alles ermöglichenden Gott, seine Stunde überhaupt erst in der Weltnacht hat, die das Handeln der Menschen vor aller subjektiven Willkür auf die Anerkennung der Tatsache einschränkt, daß ihnen nicht mehr möglich ist." (THEUNISSEN: 1993, S.122).

[43] „Der Clou von Benjamins These ist aber, daß er der ursprünglichen Acedia die ihrerseits ursprüngliche Melancholie einpflanzt." (THEUNISSEN: 1996, S.52). Benjamin sieht „das Nichthöchste als das, was unter den Bedingungen von Leere und Gottesfinsternis allein noch übrigbleibt." (Ebd., S.53). Die Theorie der Melancholie wird eine „Anweisung zum nicht

ganz unseligen Leben in der Moderne." (Ebd.). Benjamin „rettet (...) die antike Konzeption, an deren Wahrheitsgehalt ihre Beanspruchung für die Lehre vom Übermenschen vorbeigeht. Inspiriert von der Renaissance, dringt er bei seiner Lektüre des pseudoaristotelischen Textes, diesmal ganz frei von Vorgaben durch Panofsky und Saxl, zur Kernidee der zweitbesten Fahrt vor. In der `Hierarchie der Intentionen´ nimmt Trauer (...) nicht den höchsten Ort ein. Gleichwohl findet sie am Anblick der entleerten Welt ein `rätselhaftes Genügen´" (ebd., S.53). Theunissen sieht in der „Chiffer einer rätselhaften Weisheit" (I.1, S.319) die „Erinnerung an den Gott" (THEUNISSEN: 1996, S.52) durch das „Nichtige" (ebd.) der Dinge. So enthüllt die Melancholie in der „Korrumpiertheit des Schöpfungsstandes (...) die Anwesenheit des abwesenden Gottes" (ebd., S.51). Doch gerade die Welt der christlichen Trauer ist (in Hamlet) eine, in der das „Wort der Weisheit nur trügerisch geistert" (I.1, S.335). Im melancholischen Bewußtsein weckt die Dingwelt nicht „dunkel die Erinnerung an den Gott." (THEUNISSEN: 1996, S.52). Die Trauer begnügt sich durchaus „mit subjektiven Setzungen eines objektiv nicht mehr gegebenen Sinns." (Ebd., S.53) Sie nimmt erst zuletzt einen „sprunghaften Verlauf" (I.1, S.274). Dieser transzendiert das Genügen der Trauer, das eine Einsicht in die Geschichte meint, die nicht sowohl eines (nicht ganz) seligen Lebens als des „Verworfnen (...) sich zu versichern" (I.1, S.406) strebt.

[44] Kann der Sprung in der melancholischen Intention nur durch ihren allegorische Ausdrucks plausibel gemacht werden?

[45] Spieler, Flaneur und Wartenden unterscheiden sich im Passagenwerk an ihrer Stellung zur Zeit (vgl. V.1, S.164).

[46] Nach Bergson soll die „Vergegenwärtigung der dureé (...) dem Menschen die Obsession der Zeit von der Seele" (I.2, S.637) nehmen.

[47] So macht schon Victor Manheimer die „Reformation" (MANHEIMER: 1904, S.XV) für den „Trübsinn" (ebd.) des „Gefühlslebens" (ebd.) verantwortlich (vgl. I.1, S.234f).

[48] Der protestantische Ernst gilt aber nicht nur den bürgerlichen Tugenden. Denn er ist religiöser Ernst in der Entzauberung der Welt von allem religiösen Sinn. Dieser ist (auch) gemeint, wenn Benjamin vom protestantischen Moralismus spricht. Benjamin erkennt den gnostischen Kern des Protestantismus. Seine Kritik des protestantischen Geistes gilt gerade diesem. Denn er ist „antinomisch" (I.1, S.317). Und wie alle Gnosis ist auch die protestanti-sche in Dämonenangst (vgl. I.1, S.317) beschlossen. Der Hiatus zwischen Welt und Gnade ist eine „Reaktion" (I.1, S.317) auf die Erfahrung von schicksalshaften Mächten - das ist der gnostische Kernbestand in der wittenbergischen Philosophie. Die „Neigung, den menschli-chen Willen überhaupt für unfrei zu erklären und damit der Verantwortung zu entheben, (ist) eine im Grund heidnisch und antik vermittelte Neigung" (BLOCH: 1985, Bd.2, S.136). Luthers „geheimer Manichäismus" (ebd., S.141) zeichnet sich aber durch ein ungeheures „Realitätsgefühl des Satanischen" (ebd.) aus. Die protestantische Abkehr von dem guten Werken ist ein Akt der Entzauberung - doch diese ist in einem „Stück germanischen Heiden-tums und finsteren Glaubens an die Schicksalsverfallenheit" (I.1, S.317) beschlossen. Ist die Reformation als eine Station der europäischen Aufklärung zu betrachten, dann erkennt Benjamin den Grund der (blinden) Aufklärung in Dämonenangst.

[49] Ein „Starrkrampf" (I.1, S.319) ist die Trauer aber auch im Gegensatz zur „weinenden Betrachtung" (I.1, S.334).

[50] Zur Melancholie vgl. STEINER: 1989, S.680-697. Benjamins Theorie der Trauer gibt einen „Einblick in das geschichtsphilosophische Argumentationsgefüge der gesamten Abhandlung." (Ebd., S.681) Und „(e)xemplarisch läßt sich an Benjamins Auffassung der Melancholie zeigen, wie sich in ihrem Rahmen die historische Rekonstruktion des Gegenstandes mit seiner spekulativen Deutung im Gesamtgefüge der Argumentation verschränkt." (Ebd., S.680) Diese Einsicht bedeutet einen Fortschritt in der Benjamin-Philologie. Denn immer wieder will man in Benjamin den Melancholiker entdecken. Wenn es aber darum geht, die Trauer genauer zu bestimmen, dann wird Geschichte „als natürliches Geschehn begriffen, dem Zielgerichtetheit und Sinn abgeht. Daher auch die Trauer" (WITTE: 1976, S.111) - keine weiteren Bestimmungen. Das Bild der Trauer sei nichts als eine „Selbstdarstellung" (ebd., S.135). Sie wird „als eine Grundbefindlichkeit menschlicher Existenz definiert, in der sich die Welt in einer ausgezeichneten Weise erschließt." (Ebd., S.133) Sie ist „nicht eine einmalige und historisch bedingte, sondern eine ursprüngliche Auslegung der Welt." (Ebd.) Witte sieht aber auch die „Hinweise auf eine historische und soziale Konkretisierung" (ebd., S.135) der Trauer. Es geht Benjamin in der Melancholie um die „geschichtliche( ) Bestimmung" (III, S.422) der „allegorische(n) Betrachtungsweise" (III, S.422). Einzig und allein eine Untersuchung, die die „geschichtliche Bedingtheit" (III, S.423) des Trauerspiels ins Auge fassen kann, könnte auch seine „geschichtliche Tragweite" (III, S.423) zur Diskussion stellen. Die Frage ist nicht, ob die Theorie der Melancholie richtig ist (vgl. III, S.558). Es ist der „historische( ) Standindex der (...) Intentionen" (III, S.558) zu bestimmen. Die „geschichtliche Konstellation" (III, S.558) ist zu bestimmen, in der die barocken „Unternehmungen entspringen" (III, S.558).

[51] Zu Aegidus Albertinus vgl. STEINER: 1989, S.688f.

[52] Als Reich der Trauer hat die Hölle aber auch eine genaue politisch-theologische Bedeutung. Die Trauer kann zur Signatur der Wirklichkeit werden. Denn an „den Herrenhöfen ists gemeinklich Kalt und allzeit Winter, dann die Sonn der Gerechtigkeit ist weit von ihnen, und wirdt durch die Wolcke deß Neyds uberzogen und verdunckelt, derowegen Zittern die Hofleut auß lauter Kälte, Forcht und Trawrigkeit" (ALBERTINUS: S.341).

[53] Der Trägheit des Herzens stellt Albertinus das jüngste Gericht als ein Standgericht vor Augen - „(n)icht lasse vom auffstehen ab, dann in was für einem Werck der Mensch erfunden wird, im selben sol er gerichtet werden." (ALBERTINUS: S.332)

[54] Als „Makrobiotik besonders für die Gelehrten gedacht, ging seine Tendenz dahin, durch geeignete Lebensregeln und Heilmittel" (GIEHLOW: 1904, S.34) dem „Geiste die Klarheit und schöpferische Kraft zu verschaffen, welche man bei den Alten bewunderte" (ebd.). Dazu gehörte der „Gebrauch von Heilmitteln und das Tragen magischer Bilder" (ebd., S.37) und die „wohltätige(n) Wirkung der Musik" (ebd., S.40).

[55] Zur Astrologie vgl.: GIEHLOW: 1904, S.36ff.

[56] Zur Magie vgl. GIEHLOW: 1904, S.37f. Und auch das Barock kannte die Gewalt der Magie. Denn „(w)ie Alchemie und Rosenkreuzerei, wie die Beschwörungsszenen in den Trauerspielen es beweisen, war diese Zeit nicht minder als die Renaissance der Magie ergeben." (I.1, S.403)

[57] Dem (Traum-)Schlaf des Melancholikers ist das Telos des Erwachens zu eigen. Das Licht des Saturns ist „matt( )" (I.1, S.332). Das Grübeln des Melancholikers ist ein „(D)ämmern" (I.1, S.330).

[58] Auch Panofsky und Saxl folgen der Melancholiedarstellung bis ins 17. Jahrhundert. Das „bedeutendste Kunstwerk, das unter der Einwirkung des Dürerischen Stichs entstanden ist" (PANOFSKY, SAXL: 1923, S.153), sei die „in mehreren Exemplaren erhaltene Komposition Domenico Fetis, die unter dem Namen der `Melancholie´ oder `Meditation´ bekannt ist. (...) Der Sinn dieser Darstellung ist auf den ersten Blick einleuchtend: jedwede menschliche Tätigkeit, die praktische nicht minder als die theoretische, und die theoretische nicht minder als die künstlerische, ist nichtig in Anbetracht der Vergänglichkeit alles Irdischen." (Ebd.) Die Trauer bekommt im Barock einen bestimmten Inhalt - die „ziellose Trauer der Dürerischen Melancholie hat durch das `Memento mori´ des Totenschädels gleichsam einen präzisen Inhalt bekommen: das, was bei Dürer nur ein dunkler, kaum bewußter Zweifel gewesen war - ob denn das menschliche Schaffen und Denken überhaupt irgendwie sinnvoll sei im Angesichte der Ewigkeit - das verdichtet sich hier zu einer klar gestellten Frage, die mir einem entschlossenen und unzweideutigen `Nein´ beantwortet wird." (PANOFSKY, SAXL: 1923, S.153f)

[59] Zur Stufenleiter der Intentionen vgl. GIEHLOW: 1904, S.15.

[60] Es gibt „Stufe(n)" (II.2, S.428) des kreatürlichen Lebens - die „Hierarchie der kreatürlichen Welt, die in dem Gerechten ihre höchste Erhebung hat, reicht in vielfachen Stufungen in den Abgrund des Unbelebten herab." (II.2, S.460) Auf der „Höhe der Kreatur" (II.2, S.460) gibt es eine „Brücke zwischen irdischer und überirdischer Welt" (II.2, S.460). Es ist die „steinerne (...) die unterste Schicht der Kreatur." (II.2, S.463)

[61] Es geht hier um die „Einübung eines interpretatorischen Umgangs mit barocken Texten, der sich von dem obstinaten Ton christlicher Verlautbarungen nicht blenden läßt, sondern in der offiziellen Hülle das geschichtlich Neue freizulegen imstande ist." (GARBER: 1987, S.104)

[62] In dem „nächtige(n) Wesen" (III, S.100) des Julian „berührt" (III, S.100) Benjamin „das großartige Widerspiel tiefer Schwäche und tiefer Treue. Einer Treue, die unfreiwillig, nur aus Schwäche kommt und dennoch wunderbar mit ihr versöhnt. Denn dieser Mann nähert der befreienden Entscheidung sich aufs Haar und bleibt doch, wo er steht, als ewiger Diener des Entschiednen gebannt." (III, S.100) Das ist die sachliche Bestimmung des Schicksals.

[63] „Die Rettung der toten Dinge - das ist die Intention der Trauer. Man weiß, daß Benjamin die formale Erfüllung dieser Intention der Allegorie zutraut, einer maskenhaften Neubelebung der entleerten Welt, als die er die Melancholie schon im Ansatz seiner Analyse vorwegnimmt. Die Intention deckt sich aber ebensowohl mit der in der erkenntnistheoretischen Vorrede umrissenen Absicht der Philosophie, Platons Programm einer Rettung der Phänomene zu verwirklichen." (THEUNISSEN: 1996, S.52). Die Belebung der leeren Welt ist aber nur Schein - der „Melancholiker befaßt sich mit der geschichtlichen Wirklichkeit nur, um an Ende ihre Sinnlosigkeit zu erweisen." (ALT: 1988, S.323) Es ist nicht die melancholische Intention, in welcher die Dinge gerettet werden können, sondern die philosophische, die die Wahrheit in den Dingen sucht. Das aber ist eine Perspektive, die aus dem Blick des Melancholikers nicht erschlossen werden kann. Denn das philosophische Ingenium ist nicht das melancholische.

[64] Er sei - so schreibt Benjamin 28. Dezember 1925 an Hofmannsthal - „im Shakespeare nicht eigentlich zu Hause sondern nur in Abständen, vereinzelt an ihn herangetreten. Anderseits habe ich ja im Umgang mit Florens Christian Rang gelernt, was es bedeutet, in ihm heimisch zu sein." (BRIEFE III, S.104f) Rang habe in seiner Arbeit über Shakespeares Sonette die

Aktualität des Gehalts „der jüdisch-christlichen Offenbarung und ihrer Geschichte (...) noch auf der Höhe der Renaissancedichtung" (BRIEFE IV, S.545) herausstellen wollen.

[65] „Die Pointe dieser (...) Erzählung besteht darin, daß sie als folgenreiche Bedingung der Konzeption des *Hamlet* Shakespeares Lektüre der Abhandlung des Aegidus Albertinus über *Lucifers Königreich* imaginiert." (STEINER: 1989, S.691)

[66] „Shakespeares Drama ist nicht mehr christlich." (SCHMITT: 1993[2], S.64)

[67] „Kafkas Welt ist ein Welttheater. Ihm steht der Mensch von Haus aus auf der Bühne. Und die Probe auf das Exempel ist: Jeder wird auf dem Naturtheater von Oklahoma eingestellt. Nach welchen Maßstäben die Aufnahme erfolgt, ist nicht zu enträtseln. Die schauspielerische Eignung (...) spielt scheinbar gar keine Rolle. Man kann das auch so ausdrücken: den Bewerbern wird überhaupt nichts anderes zugetraut, als sich zu spielen. Daß sie im Ernstfall *sein* könnten, was sie angeben, schaltet aus dem Bereich des Möglichen aus." (II.2, S.422)

[68] Die Reflexion des romantischen Menschen setzt keinen archimedischen Punkt voraus, sondern versucht in „immer weiter potenzierter Reflexion (...), einen Standpunkt außer ihm zu gewinnen" (SZONDI: 1991[2], S.24). Die Reflexion geht ins Detail: „bei keinem Befunde sich irgend beruhigen zu können, in jedem Geheimnis eingeschachtelt ein kleineres, in ihm noch winzigeres und so weiter bis ins Unendliche zu wittern, wobei mit abnehmender Größe die Bedeutung des Aufgespürten sich steigert." (IV.1,2, S.578)

[69] Polonius ist das Modell des „Wahnsinn(s)" (II.1, S.139) durch „Reflexionen" (II.1, S.139).

[70] Carl Schmitt wendet sich dagegen, daß „Walter Benjamin damit in einem Lutherischen Sinne Hamlet zu einer Art `Spieler Gottes´ machen wollte (...). Hamlet ist in keinem spezifischen Sinne christlich, und auch die berühmte Stelle von der Vorsehung und dem Fall des Sperlings (...), auf die Walter Benjamin sich beruft, vermag nichts daran zu ändern. Vielleicht ist es ihm entgangen, daß Hamlet von einer *special providence* spricht. Damit treten wir schon in theologische Kontroversen über spezielle und generelle Vorsehung ein. (...) Damit öffnen sich schon die Höllenpforten des theologischen Streites und des konfessionellen Bürgerkrieges." (SCHMITT: 1993[2], S.63)

[71] Hamlet zitiert den Evangelisten - „(v)nd fürchtet euch nicht für denen / die den Leib tödten / und die Seele nicht mögen tödten. Fürchtet euch aber viel mehr für dem / der Leib und Seele verderben mag / in die Helle. Kaufft man nicht zween Sperlinge umb einen pfennig? Noch felt der selbigen keiner auff die erden / on ewrn Vater. Nu aber sind auch ewre hare auff dem Heubt alle gezelet. Darumb fürchtet euch nicht / Jr seid besser denn viel Sperlinge." (Mat. 10, 28-31)

[72] Benjamin wird später in der „Personalpolitik der Russen" (III, S.208) die „Universalität des Bereitseins" (III, S.208) erkennen. In der Geschichtsschreibung kennt Benjamin die „Bereitschaft der Gegenwart, den Anspruch der Vergangenheit zu empfangen." (KAISER: 1974, S.25) Denn „(d)ie Zeit muß nicht nur da sein, sie muß bereit sein; das ist die (...) Bedingung der Wirksamkeit des Historikers" (KAISER: 1974, S.25f).

[73] Über ein Gedicht - `Gegen Verführung´ - von Brecht schreibt Benjamin: „Euer Leben steht nicht mehr bereit; es ist schon angebrochen und im Spiel eingesetzt. Das Gedicht leitet dazu an, sich von der Kürze des Lebens erschüttern zu lassen." (II.2, S.548)

[74] Zur Musik vgl. PANOFSKY, SAXL: 1923, S.21[2]. Saul ist das „biblische( ) Urbild" (PANOFSKY, SAXL: 1923, S.21) des Melancholikers.

[75] „Die Ewigkeit, in welche Proust Aspekte eröffnet, ist die verschränkte, nicht die grenzenlose Zeit. Sein wahrer Anteil gilt dem Zeitverlauf in seiner realsten, das ist aber verschränkten Gestalt" (II.1, S.320) Diese Ewigkeit hat mit der Platons nichts zu tun.

[76] Zum Begriff der Repräsentation vgl. VOGELIN: 1991[4], S.52ff. Im Barock steht der „König immer auf einer öffentlichen Bühne" (SCHMITT: 1982, S.54). Die Form der Repräsentation aber ist vom Inhalt zu unterscheiden. Denn was stellt der Souverän zur Schau? „Der Souverän repräsentiert die Geschichte" (I.1, S.245). Diese Bestimmung muß der staatstheoretischen Betrachtung so überraschend wie unverständlich erscheinen.

[77] Zum Souverän vgl. GARBER: 1987, S.90ff. u. GARBER: 1992[1], S.201ff. Zur Differenzierung der Souveränitätslehre innerhalb des Protestantismus vgl. GARBER: 1992[1], S.202.

[78] Während die „Haltung" (I.1, S.236) der - expressionistischen - „Erben" (I.1, S.236) des Barock „durch den Mangel jeder Staatsidee bestimmt" (I.1, S.236) wird.

[79] „Die `private Gewaltausübung´ wird zurückgedrängt auf die Fälle, in denen es dem Bürger nicht zugemutet werden kann, die Staatsgewalt heranzuziehen" (STOLLEIS: 1996, S.28).

[80] Zu Benjamin und Schmitt vgl. SCHICKEL: 1993, S.81-84 u. S.177f u. BOLZ: 1989, S.47-84 u. HEIL: 1996. Zwar ist der berühmte Brief an Carl Schmitt immer noch „eine Mine, die unsere Vorstellung von der Geistesgeschichte der Weimarer Periode schlechthin explodieren läßt. Der Brief stammt nicht aus den Anfängen der Weimarer Zeit, sondern aus der Zeit der Krise" (TAUBES: 1987, S.27). Er ist die Grundlage einer jeden Untersuchung, die, was hier nicht in Frage kommt, die Beziehung zwischen Benjamin und Carl Schmitt untersuchen wollte. Aber in diesem Brief ist von Politik nicht die Rede. Und der schlechteste Weg der Forschung wäre der, den „Ausdruck besonderer Hochschätzung" (I.3, S.883) falsch zu verstehen. Denn die Unterscheidung zwischen Freund und Feind ist keine private (*inimicus*), sondern eine öffentliche (*hostis*). Der Inhalt der Korrespondenz ist also nicht politisch, sondern sachlich zu verstehen. Benjamin stellt zum einen heraus, daß er, wie das in der Forschung so üblich ist, einem anderen etwas „verdankt" (I.3, S.887). Dabei handelt es sich um historische Einsichten in den Begriff der Souveränität. Zum anderen aber sieht er in Schmitts methodischer Idee der Forschung eine Bestätigung seiner eigenen „Forschungsweisen" (I.3, S.883). Aber der Zusammenhang zwischen Benjamins geschichtsphilosophischer Betrachtung der Kunst und der Soziologie juristischer Begriffe steht an dieser Stelle nicht zur Diskussion. Es geht einzig und allein um die historische Perspektive.

[81] Die Idee des modernen Rechtsstaats setzt sich im Deismus durch (vgl. I.1, S.246) - „mit einer Theologie und Metaphysik, die das Wunder aus der Welt verweist und die im Begriff des Wunders enthaltene, durch einen unmittelbaren Eingriff eine Ausnahme statuierende Durchbrechung der Naturgesetze ebenso ablehnt wie den unmittelbaren Eingriff des Souveräns in die geltende Rechtsordnung. Der Rationalismus der Aufklärung verwarf den Ausnahmefall in jeder Form." (SCHMITT: 1990[5], S.49) Denn „(d)er rechtsstaatlichen Doktrin Lockes und dem rationalistischen 18. Jahrhundert (...) war der Ausnahmezustand etwas Inkommensurables. Das lebhafte Bewußtsein von der Bedeutung des Ausnahmefalles, das im Naturrecht des 17. Jahrhunderts herrscht, geht im 18. Jahrhundert, als eine relativ dauernde Ordnung hergestellt war, bald wieder verloren. Für Kant ist das Notrecht überhaupt kein Recht mehr." (Ebd., S.20)

[82] Schon 1923 wird in der Weimarer Republik bekanntlich mit dem Artikel 48 regiert. Vgl. FABER: 1975, S.248ff.

[83] Witte erkennt in dieser den „methodische(n) Grundsatz des Trauerspielbuchs (...): 'Das metaphysische Bild, das sich ein bestimmtes Zeitalter von der Welt macht, hat dieselbe Struktur wie das, was ihr als literarische Ausdrucksform ohne weiteres einleuchtet.'" (WITTE: 1976, S.113) Diese Unmittelbarkeit aber ist erschlichen. Nicht nur leuchten dem barocken Dramatiker seine Formen nicht ohne weiteres ein. Denn die barocke Form ist die Lösung historisch zu bestimmender Probleme. Sie ist nicht Verdopplung der historischen Tendenzen, sondern bezieht Stellung zu diesen.

[84] Es ist „jeder echte Staat ein totaler Staat; er ist es, als eine 'societas perfecta' der diesseitigen Welt, zu allen Zeiten gewesen" (SCHMITT: 1958, S.361).

[85] Die „modernen Machtanbeter" (ARENDT: 1955, S.232) stimmen „trotz größter Unabhängigkeit mit der Philosophie des einzigen Denkers überein (...), der je versucht hat, das öffentliche Wohl aus privaten Interessen herzuleiten, und der um des Privatinteresses willen einen politischen Körper entwarf, dessen einziges und fundamentales Glied die Akkumulation von Macht ist. Hobbes ist in der Tat der einzige Philosoph, auf den die Bourgeoisie sich je hätte berufen dürfen; ihre Weltanschauung jedenfalls, (...) unbeirrt von allen christlichen Zugeständnissen, die die bürgerliche Gesellschaft dann doch durch die Jahrhunderte zu machen sich gezwungen sah, ist von ihm entworfen und nahezu endgültig formuliert worden, Jahrhunderte bevor die neue Klasse den Mut fand, sich ausdrücklich zu ihr zu bekennen, wiewohl sie zu entsprechenden Verhaltungsweisen eindeutig gezwungen worden war. Was ihr in neuerer Zeit die nihilistischen Weltanschauungen aller Sorte auch intellektuell so verführerisch hat erscheinen lassen, ist eine prinzipielle Verwandtschaft, die sehr viel älter ist als das Erscheinen jenes Intellektuellen-Gesindels, das sie dann verarbeitet hat. Es ist immerhin denkwürdig, daß die einzige reine Begriffssprache, welche die Weltanschauung dieser Klasse je gefunden hat, vor mehr als dreihundert Jahren bereits in unübertroffener Offenheit und mit einer durchaus großartigen Konsequenz entwickelt wurde, also zu einer Zeit, in der diese Klasse gewissermaßen gerade erst aus dem Schoß der Geschichte entlassen und in ihre Entwicklung hineingeboren wurde" (ebd., S.232f).

[86] „Lasset euch niemand verfueren in keinerley weise / Denn er kompt nicht / Es sey denn / das zuuor der Abfalle kome / vnd offenbaret werde der Mensch der sunden / vnd das Kind des verderbens / Der da ist ein Widerwertiger / vnd sich vberhebet vber alles das Gott oder Gottesdienst heisset / Also / das er sich setzt in den tempel Gottes / als ein Gott / vnd gibt sich für / er sey Gott. (...) Vnd was es noch auffhelt / wisset jr / das er offenbaret werde zu seiner zeit. Denn es reget sich schon bereit die bosheit heimlich / On das der es jtzt auffhelt / mus hinweg gethan werden / vnd als denn wird der Boshafftige offenbaret werden" (2.Thess. Kapitel 2, 2-8).

[87] Das Moment des dialektischen Umschlags entdeckt Benjamin nicht in der Struktur des Ganzen, sondern im „Moment" (I.1, S.253) oder im „Element" (I.1, S.253) der Darstellung - im „Licht ernsthafter Stilkritik" (I.1, S.240) ist es „nicht erlaubt (...), das Ganze anders denn in seiner Bestimmtheit durchs Detail ins Auge zu fassen" (I.1, S.240).

[88] Zu Herodes vgl. IV.1, S.129f.

[89] Sokrates ist das Urbild des Märtyrers.

[90] „Die Frau, die in die Macht eines Tyrannen gerät, hat nur ein einziges Mittel, sich ihm zu widersetzen: die Integrität ihrer Person, die Bewahrung ihrer Keuschheit. Indem sie ihre weibliche Ehre verteidigt, zeigt sie dem Tyrannen ihre Macht; sie wird zur Festung, die er

trotz aller Geschütze nicht erobern kann. Nur auf diese Weise stehen sich zwei gleichwertige Mächte gegenüber; die politische Gewalt des Mannes, die erotische Macht der Frau; der so Mächtige wird ohnmächtig der geliebten Frau gegenüber; die Geknechtete wird zur Herrin, die ihm den Gehorsam verweigert. Es gibt kein anderes menschliches Verhältnis, das die Paradoxie des machtlosen Herrschers besser illustriert, das den inneren Zusammenhang von Tyrannendrama und Märtyrerdrama, auf den Walter Benjamin in so scharfsinniger Weise aufmerksam machte, besser illustriert." (SZAROTA: 1967, S.212)

[91] Nach dem Ende der mittelalterlichen Ordnung wird das „Bewußtsein (...) zur „Instanz, von der aus eine nunmehr immanente Stabilisierung der Welt vollbracht werden mußte." (MAKROPOULOS: 1989, S.29) Und „(w)as Benjamin (...) gegen Schmitt behauptet, ist die prinzipielle Unmöglichkeit, eine universale Ordnungsstiftung als selbstmächtigen, souveränen Entscheidungsakt zu vollbringen, weil sie gerade durch ihre vollständig situativ-subjektive Begründung eben nur im Kontingenten gegründet sei und nur Kontingentes hervorbringe. Und das ist es dann, was (...) schließlich in die Melancholie treibt, die sich so als die Kehrseite der Sinnintention erweist, die das Bewußtsein der Kontingenz provoziert, wenn die Notwendigkeit ontologisch begründeter sinnhafter Kohärenz weiterhin eine Selbstverständlichkeit des Weltbilds bleibt." (ebd., S.41)

[92] Das Trauerspiel setzt den Untergang des Leviathan in Szene - der Leviathan ist das „Symbol( ) (...) der den Juden feindlichen heidnischen Weltmächte" (SCHMITT: 1982, S.16).

[93] Eine Auseinandersetzung mit der neueren Barockforschung, die sich nicht in der Diskussion von Details verlieren will, hat eine Darstellung des Trauerspielbuchs zu ihrer Voraussetzung. Dessen Konstruktion und Problematik ist zu verstehen, will man die Erträge seiner literaturwissenschaftlichen Einsichten im Licht der neueren Forschung prüfen.

[94] Und so lautet die berühmte Anekdote: „In einem andern, noch schlechtern Trauerspiele, wo eine von den zwei Hauptpersonen ganz aus heiler Haut starb, fragte ein Zuschauer seinen Nachbarn: `Aber woran stirbt sie denn?´ - `Woran? am fünften Akte´; antwortete dieser." (LESSING: 1981, S.20)

[95] Diese Kritik gleicht der Eliminierung des Ausnahmezustandes im „theologischen Rationalismus" (I.1, S.246) des 18. Jahrhunderts.

[96] Zu diesen gehört vor allem die „Sprache" (I.1, S.254) des deutschen Idealismus, dem die Tragödie zum Ideal der Gattung wurde.

[97] „Wenn (...) Verwandtschaft (...) sich bekundet, so geschieht es anders als durch (...) Ähnlichkeit (...). Wie es denn überhaupt einleuchtet, daß Ähnlichkeit nicht notwendig bei Verwandtschaft sich einfinden muß. Und auch insofern ist der Begriff der letzten in diesem Zusammenhang mit seinem engern Gebrauch einstimmig, als er durch Gleichheit der Abstammung in beiden Fällen nicht ausreichend definiert werden kann, wiewohl freilich für die Bestimmung jenes engern Gebrauchs der Abstammungsbegriff unentbehrlich bleiben wird.- Worin kann die Verwandtschaft (...), abgesehen von einer historischen, gesucht werden?" (IV.1, S.13) Es „beruht alle überhistorische Verwandtschaft der Sprachen darin, daß in ihrer jeder als ganzer jeweils eines und zwar dasselbe gemeint ist, das dennoch keiner einzelnen von ihnen, sondern nur der Allheit ihrer einander ergänzenden Intentionen erreichbar ist: die reine Sprache." (IV.1, S.13) Die Untersuchung der Verwandtschaft ist eine am „Gegenpol" (V.1, S.279) der allegorischen Haltung.

[98] Benjamin hat „zum ersten Mal (...) den Ausdruck `Säkularisierung´ eingeführt, um die `strenge Immanenz´ des abgebildeten Weltzustandes, den `Ausfall aller Eschatologie´ zu bezeichnen" (SCHINGS: 1966, S.13). Schings erkennt in Benjamin den „`Wortführer´ jener Interpreten des barocken Trauerspiels und zumal des Gryphius (...), die im Gegensatz zur traditionsgeschichtlichen Lesart das Moderne, in die Zukunft Weisende unter den Stichworten der `Säkularisierung´, der `strengen Immanenz´ und des `Ausfalls der Eschatologie´ freigelegt hätten." (GARBER: 1992[1], S.128) Und „(i)nnerhalb der Gryphius-Forschung ist Benjamins These von der Immanenz des Barockdramas mehrfach zurückgewiesen worden. Zurückhaltender als etwa Schings konstatiert Kaiser im fraglichen Kontext einen `Widerspruch, zumindest eine erhebliche begriffliche Schwankung zwischen Benjamins Behauptung einer `strenge[n] Immanenz´ des barocken Trauerspiels und der Berufung auf die barocke Stiltendenz, `die Spannweite von Immanenz und Transzendenz zu steigern´." (STEINER: 1992, S.140)

[99] „Adorno charakterisiert in solchen Äußerungen sein eigenes unbestimmt schwebendes Verhältnis zur jüdischen Theologie, das im Ausfall der Unterscheidung zwischen Geistlichem und Weltlichem bei Übertragung theologischer Kategorien, etwa der des Bilderverbots, auf das Ganze oder einzelne Momente seiner Philosophie besteht. Adorno kennt nicht Benjamins Ausgliederung des Profanen" (KAISER: 1974, S.66). Deswegen „mündet seiner Philosophie in Ästhetik" (ebd.).

[100] Auch die Romantik ist ein „Prozeß" (III, S.559) der „Säkularisierung" (III, S.559) - der „Säkularisierung der mystischen Tradition." (III, S.559) Die „romantische Esoterik" (III, S.559) war eine „Restaurationsbewegung mit allen Gewalttätigkeiten einer solchen." (III, S.559). Die „mystische Erfahrung" (III, S.559) hatte ihren „sakramentalen Ort verloren" (III, S.559). Sie tritt in der Frühromantik aus dem „Schoß der Kirche" (III, S.559). Und „(i)n Novalis hatte die Mystik sich endlich schwebend über das Festland der religiösen Erfahrung behaupten können: mehr noch in Ritter." (III, S.559) Die romantische Mystik betritt das Reich der Natur. „Sie traten einen strategischen Rückzug an und räumten Gebiete höheren mystischen Lebens, um desto besser das in der Natur angelegte behaupten zu können." (III, S.560)

[101] „Benjamins selbst verwendet theologische Kategorien nur da, wo er Theologisches meint." (KAISER: 1974, S.66) Die Idee seiner Geschichtsphilosophie ist die „Ablehnung von Säkularisierungen (...), die theologische Kategorien auf genuin Weltliches übertragen" (ebd., S.65). Und „(f)ür die Säkularisierungsproblematik ist (...) festzuhalten, daß Benjamin nicht in die Geistesgeschichte der Säkularisierung gehört, sondern in seinem Denken eine Gegenbewegung vollzieht, die Profanität und Messianisches mit aller Schärfe voneinander abhebt." (Ebd., S.72)

[102] Die Geschichtsphilosophie des Barock ist Witte der Beweis, „daß das theologische Geschichtsverständnis des Kritikers auch bei ihm die Grundlage historischen Verstehens bildet, denn die `natürliche´ Geschichtsauffassung der Gegenreformation erweist sich als solche nur vor dem Hintergrund der messianischen Endzeiterwartung Benjamins." (WITTE: 1976, S.113). Witte meint Benjamin ein „Sendungsbewußtsein" (ebd., S.XI) attestieren zu können, „dessen Inhalte von den theologischen Traditionen des Judentums geprägt sind und das durch das Medium des profanen Textes sich einer säkularisierten Umwelt mitzuteilen versucht." (Ebd., S.XI) Seine exemplarische Arbeit gilt der „Einsicht, daß der von Benjamin

der barocken Allegorie unterlegte theologische Horizont mit seinem eigenen zusammenfällt."
(Ebd., S.121) Ist die Epoche der „Gegenreformation als eine Retheologisierung" (ebd., S.122)
Europas zu verstehen, dann ist die Formel von der Verweltlichung der Gegenreformation in
der Tat „schon in sich widersprüchlich" (ebd., S.122). Im Barock aber ist das Christentum nur
die herrschende Konvention. Der Verlust des eschatologischen Erwartungshorizontes ist
keine historische Unterstellung, die sich dann herausstellt, „wenn man Geschichte als
Heilsgeschichte im Sinne der jüdischen Offenbarungsreligion versteht. Erst vor deren escha-
tologischem Erwartungshorizont hebt sich das Geschichtsverständnis des Barock als defi-
zienter Modus ab." (Ebd., S.117)

[103] Der „Block, der bei Augustin und Vico noch Welt- und Heilsgeschichte scheidet, wird von
der (...) Geschichtsphilosophie (...) niedergerissen, die Fortschritt als linearen, im zeitlichen
Kontinuum sich verwirklichenden konstruiert. Erlösung bleibt nicht länger der Abschluß der
Geschichte, ein sie Transzendierendes, sondern wird als ihr immanentes *télos* in sie hineinge-
lassen." (TIEDEMANN: 1973, S.134)

[104] In seinen Elemente ist das Trauerspiels die „Säkularisierung des Mysterienspiels" (I.1,
S.258). Benjamin spricht nicht zufällig von „mittelalterlichen Elemente(n) im Drama des
Barock" (I.1, S.256). In den mittelalterlichen Elementen wird der Stoff der Geschichte
gebunden.

[105] Wird die Bedeutung des „Bilderschatz(es)" (I.1, S.269) erschlossen, dann kann auch das
Motiv der „(`)physicalischen Gelahrtheit(´)" (I.1, S.269) verstanden werden.

[106] Der „zweifelhafte( ) Optimismus der Geschichtsauffassung" (I.1, S.268), die in der Geschichte keine „(`)Strafe (...) ohne Schuld(´)" (I.1, S.268) erblicken kann, steht Benjamin, der
nur die Geschichte im Trauerspiels untersucht, an dieser Stelle nicht zur Diskussion.

[107] Diese Perspektive wird auch die Kritik des Symbols bestimmen.

[108] Er ist aber nicht die letzte Bestimmung politischen Handelns. Denn der Wille zur Macht
speist sich aus „Mißvergnügen" (I.1, S.267) - und nicht aus „revolutionärer Überzeugung"
(I.1, S.267). Denn „(d)as Barock kennt historische Aktivität nicht anders denn als verworfene
Betriebsamkeit von Ränkeschmieden." (I.1, S.267). Weil der Glaube sich im Reich der Natur
nicht bewähren kann, ist das Leben ohne Sinn. Im Widerstand gegen die „entleerte Welt" (I.1,
S.318) ist die „Geschäftigkeit des Intriganten" (I.1, S.320) von der „leidenschaftlichen
Kontemplation" (I.1, S.320) zu unterscheiden. Denn im Barock ist alle „menschliche Aktivi-
tät" (V.1, S.157) nichts als „ein (...) Versuch (...), dem ennui zu entgehen" (V.1, S.157). Es ist
Langeweile, die den Intriganten zur Politik treibt. Und deswegen sind „Geschäftigkeit" (I.1,
S.320) und „Betriebsamkeit" (I.1, S.267) die Zeichen historischer Aktivität. Denn der Wille
zur Macht vertreibt sich in der Welt der hohen Politik die Zeit. Politik ist aber „ein untaugli-
cher Versuch (...), dem ennui zu entgehen" (V.1, S.157). Es ist diese Einsicht, welche die
„leidenschaftliche( ) Kontemplation" (I.1, S.320) von aller „menschliche(n) Aktivität" (V.1,
S.157) unterscheidet. Denn das „ständig wiederholte Schauspiel fürstlicher Erhebung und des
Falls" (I.1, S.267) führt „die Lebensunlust melancholischen Geblütes zur trostlosen Herrschaft" (I.1, S.319). Es ist „alles was war, ist und sein wird (...) unerschöpfliche Nahrung
dieses selben Gefühls" (V.1, S.157). Denn alles wird dem „Mißvergnügen hörig" (V.1, S.157)
gemacht. Das Barock scheint in der Welt der Geschichte nur „Defaitismus" (II.1, S.341) zu
kennen - das „Leben sei zweck- und bodenlos und strebe dem Zustand des Glückes (...)
vergeblich nach" (V.1, S.161).

[109] Die Rettung der Dinge ist dem Melancholiker die Entdeckung ihrer Natur. Die Sorge des Melancholischen kümmert sich um die Natur in der geschichtlichen Dingwelt.

[110] „Die Natur wollte Pestalozzi weniger veredeln als (...) im Namen des Menschen ihr Halt gebieten." (IV.1, S.165) Er wollte „der Leidenschaft im Namen des Menschen Halt (...) gebieten" (IV.1, S.165). Wenn „Rousseau die Natur als das Höchste preist und lehrt, durch sie aufs Neue die Gesellschaft einzurichten, so schreibt ihr Pestalozzi Selbstsucht zu, die die Gesellschaft zugrunde richtet." (IV.1, S.166)

[111] Später ist Baudalaire der „Antipode Rousseaus" (V.1, S.311).

[112] „Grandvilles Maskierung der Natur (...) im Sinne der (...) herrschenden Mode läßt die Geschichte, in der Figur der Mode, aus dem ewigen Kreislauf der Natur hervorgehen." (V.1, S.267)

[113] „Das siebzehnte Jahrhundert hat unter seinen genialen Einfällen den gehabt, mit einem Schlage dadurch sein Gewand um die ganze Erde zu werfen, daß es die Landkarte allegorisch verwendete. Damals entstanden die cartes du tendre - die Landkarten des Liebesreiches -, die Generalstabskarten des Schlaraffenlandes, die Regiones Animae Hominum." (IV.1,2, S.564)

[114] Das Spiel meint die „Bühne mit seiner ewigen Wiederkunft alles Gleichen" (IV.1, S.222).

[115] Weil es seinem Wesen nach wiederholbar ist, kann das barocke Drama ein Spiel heißen.

[116] „In der Tat: jedwede tiefste Erfahrung will unersättlich, will bis ans Ende aller Dinge Wiederholung und Wiederkehr, Wiederherstellung einer Ursituation, von der sie den Ausgang nahm. (...) Das ist nicht nur der Weg, durch Abstumpfung, mutwillige Beschwörung, Parodie, furchtbarer Urerfahrungen Herr zu werden, sondern auch Triumphe und Siege aufs intensivste immer wieder durchzukosten. Der Erwachsene entlastet sein Herz von Schrecken, genießt sein Glück verdoppelt, indem er's erzählt. Das Kind schafft sich die ganze Sache von neuem, fängt noch einmal von vorn an. Vielleicht ist hier die tiefste Wurzel für den Doppelsinn in deutschen `Spielen': Dasselbe wiederholen wäre das eigentlich Gemeinsame. Nicht ein `So-tun-als-ob', ein `Immer-wieder-tun', Verwandlung der erschütterndsten Erfahrung in Gewohnheit, das ist das Wesen des Spielens." (III, S.131)

[117] Zum Mythos bei Benjamin vgl. MENNINGHAUS: 1986.

[118] „Nur auf diese Zeitform der Geltung des Mythos als ganzen, nicht aber auf die Zeitform der in den Mythen erzählten Genese der einzelnen mythologischen Gestalten zielt Benjamins Theorie der Zeit des Mythos." (MENNINGHAUS: 1986, S.96)

[119] Der Traum ist das „theologische( ) Paradigma" (III, S.98) Calderons. Im deutschen Trauerspiel aber ist der Traum einzig und allein „chtonischen Ursprungs" (III, S.98).

[120] Die „Verwandlungen" (I.1, S.405) der Bilder, die im Schema der Allegorie zu beobachten ist, sind Metamorphosen in dieser Welt.

[121] Die „Welt" (I.1, S.369) der Natur ist auch in den Zwischenspielen des barocken Dramas die der Träume - „`Handlung und Reyen sind zwei getrennte Welten, sie unterscheiden sich wie Traum und Wirklichkeit.'" (I.1, S.369) Aber die „Trennung von Handlung und von Zwischenspiel" (I.1, S.369) besteht sowenig wie die von Geschichte und Natur. Denn das Zwischenspiel bestimmt als Spiel der Natur die Handlung - „(h)ier und da tritt im dramatischen Vorgang selber die Verbindung zutage. So wenn im Reyen Agrippina von Seejungfrauen sich gerettet findet." (I.1, S.369)

[122] Hier ist die Traumlehre zu erkennen, die als Antwort auf die marxistische „Lehre vom ideologischen Überbau" (V.1, S.495) auch im Zentrum des Passagenwerks stehen wird - denn

die „ökonomischen Bedingungen, unter denen die Gesellschaft existiert, kommen im Überbau zum Ausdruck; genau wie beim Schläfer ein übervoller Magen im Trauminhalt, obwohl er ihn kausal `bedingen´ mag, nicht seine Abspiegelung sondern seinen Ausdruck findet. Das Kollektiv drückt zunächst seine Lebensbedingungen aus. Sie finden im Traum ihren Ausdruck und im Erwachen ihre Deutung." (V.1, S.495f)

[123] Einem „dialektische(n) Begriff" (V.1, S.178) der Geschichte „erscheint die Vorstellung von der ewigen Wiederkehr als eben der `platte Rationalismus´ als der der Fortschrittsglaube verrufen ist und dieser letztere der mythischen Denkweise ebenso angehörend wie die Vorstellung von der ewigen Wiederkehr." (V.1, S.178)

[124] Auch das Panorama ist im Zusammenhang des Spiels zu verstehen. So gibt es im 19. Jahrhundert „panoramatische( ) Spiele" (IV.1,2, S.513).

[125] „Das Geheimnis sprach man seit jeher im Bilde des Schleiers an, der ein alter Komplize der Ferne ist. Die Ferne erscheint verschleiert. Im Gegensatz zur Renaissancemalerei zum Beispiel hielt es die barocke ganz und gar nicht mit diesem Schleier. Sie reißt ihn vielmehr ostentativ auf und rückt, wie besonders ihre Deckenmalerei zeigt, selbst die himmlische Ferne in eine Nähe, die überraschen und bestürzen soll. Das spricht dafür, daß das Ausmaß auratischer Sättigung der menschlichen Wahrnehmung im Laufe der Geschichte Schwankungen unterworfen gewesen ist. (Im Barock, so könnte man sagen, hat sich der Widerstreit zwischen Kultwert und Ausstellungswert vielfach innerhalb der Grenzen sakraler Kunst abgespielt.) So sehr diese Schwankungen der Aufklärung bedürfen mögen - die Vermutung liegt nahe, daß Zeitalter, die zu allegorischem Ausdruck neigen, eine Krisis der Aura erfahren haben." (V.1, S.461f)

[126] „Die wahre Methode, die Dinge sich gegenwärtig zu machen, ist, sie in unsere<m> Raum (nicht uns in ihrem) vorzustellen." (V.1, S.273)

[127] Es ist Benjamin aber durchaus möglich, Geschichte in der Perspektive von „Humor und Geburt" (II.2, S.652) zu betrachten. „Der tiefe Trost ist das Gleichmaß allen Wachstums, die Einsicht in das Wesen des Glücks als welches ist: alles im Leben so zu tun und zu fühlen, daß es auf unser Geborensein zurückgeht." (BRIEFE I, S.329)

Verzeichnis der zitierten Literatur

ADORNO, Theodor W.: Über Walter Benjamin. Frankfurt/Main 1970.
- Ästhetische Theorie. Frankfurt/Main 1973.
- Kierkegaard. Konstruktion des Ästhetischen. Frankfurt/Main 1974.
- Fortschritt. In: Peter Bulthaupt (Hg.): Materialien zu Benjamins Thesen `Über den Begriff der Geschichte'. Frankfurt/Main 1975. S.149-169.
- Noten zur Literatur. Frankfurt/Main 1981.
- Die Idee der Naturgeschichte. In: Gesammelte Schriften 1. S.345-365. 1990².
- Aufzeichnungen zur Ästhetik-Vorlesung 1931/32. In: Frankfurter Adorno Blätter I (1992). S.35-90.
- Seminar vom Sommersemester 1932 über Benjamins Ursprung des deutschen Trauerspiels. Protokolle. In: Frankfurter Adorno Blätter IV (1995). S.52-77.
AGAMBEN, Giorgio: Zeit und Geschichte. In: Wespennest 89 (1992). S.27-34.
ALBERTINUS, Aegidus: Lucifers Königreich und Seelengejaidt. Hg.: Rochus Freiherr v. Liliencron. Berlin u. Stuttgart o.J.
ALT, Peter-André: Benjamin und die Germanistik. Aspekte einer Rezeption. In: N. Oellers (Hg.): Das Selbstverständnis der Germanistik. Aktuelle Diskussionen. Tübingen 1988. S.133-46.
ANDERS, Günther: Die Frist. In: Die atomare Drohung. München 1993⁶. S.117-221.
ARENDT, Hannah: Elemtente und Ursprünge totaler Herrschaft. Frankfurt/Main 1955.
AUERBACH, Erich: Typologische Motive in der mittelalterlichen Literatur. Schriften und Vorträge des Petrarca-Instituts Köln. Krefeld 1953.
BARTH, Karl: Der Römerbrief (Zweite Fassung) 1922. Zürich 1989¹⁵.
BAUDRILLIARD, Jean: Die Präzession der Simulakra. In: Agonie des Realen. Berlin 1978. S.7-69.
BLOCH, Ernst: Thomas Münzer als Theologe der Revolution. In: Werkausgabe. Bd.2. Frankfurt/Main 1985.
- Prinzip Hoffnung. Kapitel 33-42. In: Werkausgabe. Bd.5. Frankfurt/Main 1985.
BLUMENBERG, Hans: Die Legitimität der Neuzeit. Erneuerte Ausgabe. Frankfurt/Main 1996.
- Ein mögliches Selbstverständnis. Stuttgart 1997.
BOLZ, Norbert: Auszug aus der entzauberten Welt. Philosophischer Extremismus zwischen den Kriegen. München 1989.
BORCHERDT, Hans Heinrich: Augustus Buchner und seine Bedeutung für die deutsche Literatur des siebzehnten Jahrhunderts. München 1919.
BUCK-MORSS, Susan: Dialektik des Sehens. Walter Benjamin und das Passagen-Werk. Frankfurt/Main 1993.
CASSIRER, Ernst: Idee und Gestalt. Berlin 1916.
DERRIDA, Jacques: Gesetzeskraft. Der `mystische Grund der Autorität'. Frankfurt/Main 1991.
ECO, Umberto: Kunst und Schönheit im Mittelalter. München u. Wien 1993².
ELIADE, Mircea: Kosmos und Geschichte. Der Mythos der ewigen Wiederkehr. Frankfurt/Main 1984.

FABER, Richard: Die Verheißung des Vergils. Zur Kritik der `Politischen Theologie´. Hildesheim u. New York 1975.

- Von der `Erledigung jeder Politischen Theologie´ zur Konstitution Politischer Polytheologie. Eine Kritik Hans Blumenbergs. In: TAUBES: 1985[2], S.85-99.

FEHER, Ferenc: Lukács and Benjamin: Parallels and Contrasts. In: New German Critique 34 (1985). S.125-138.

FREUD, Sigmund: Hemmung, Symptom und Angst. In: Studienausgabe VI. Frankfurt/Main 1989[7]. S.227-308.

FULD, Werner: Walter Benjamin. Eine Biographie. Hamburg 1990.

GARBER, Klaus: Rezeption und Rettung. Drei Studien zu Walter Benjamin. Tübingen 1987.

- Barock und Moderne im Werk Benjamins. In: Rowohlt Literaturmagazin 29. Hamburg 1992. S.28-46.

- Zum Bilde Walter Benjamins. Studien - Porträts - Kritiken. München 1992[1].

GIEHLOW, Carl: Dürers Stich `Melencolia I´ und der maximilianische Humanistenkreis. In: Mitteilungen der Gesellschaft für vervielfältigende Kunst. Beilage der `Graphischen Künste´. Wien 26 (1904). S.29-41.

GUNDOLF, Friedrich: Martin Opitz. In: Richard Alewyn (Hg.): Deutsche Barockforschung. Köln-Berlin 1970. S. 107-143.

GÜNTHER, Manuela: Walter Benjamin zum Tausendsten. Eine Nachlese. In: Widerspruch. Münchner Zeitschrift für Philosophie (12) 1992. Sonderheft. S.9-15.

HABERMAS, Jürgen: Philosophisch-politische Profile. Frankfurt/Main 1987.

HAMACHER: Unlesbarkeit. In: Paul de Man: Allegorien des Lesens. Frankfurt/Main 1988. S.7-26.

HARNACK, Theodor: Luthers Theologie mit besonderer Beziehung auf seine Versöhnungs- und Erlösungslehre. Zweite Abtheilung. Luthers Lehre von dem Erlöser und der Erlösung. Erlangen 1886.

HAUSENSTEIN, Wilhelm: Vom Geist des Barock. München 1924.

HEIDEGGER, Martin: Sein und Zeit. Tübingen 1986[17].

HEIL, Susanne: `Gefährliche Beziehungen´. Walter Benjamin und Carl Schmitt. Stuttgart 1996.

HEINRICH, Klaus: Versuch über die Schwierigkeit nein zu sagen. Basel u. Frankfurt/Main 1985[3].

- tertium datur. Eine religionsphilosophische Einführung in die Logik. Basel u. Frankfurt/Main 1987[2].

HENSEL, Georg: Spielplan. Schauspielführer von der Antike bis zur Gegenwart. Frankfurt/Main u. Berlin 1986.

HOBBES, Thomas: The Leviathan. In: The English Works. Now First Collected And Edited By Sir William Molesworth, Bart. Vol.3. London 1839.

- Leviathan oder Stoff, Form und Gewalt eines kirchlichen und bürgerlichen Staates. Frankfurt/Main 1984.

HÖLDERLIN, Friedrich: Pindar. In: Sämtliche Werke. Kritische Textausgabe. Bd. 15. Darmstadt 1988.

HORTIAN, Ulrich: Zeit und Geschichte bei Franz Rosenzweig und Walter Benjamin. In: W. Schmied-Kowarzik (Hg.): Der Philosoph Franz Rosenzweig (1886-1929). Internationaler Kongreß Kassel 1986. Freiburg/Breisgau usw. 1988. S.815-27.

HÜBENER, Wolfgang: Carl Schmitt und Hans Blumenberg oder über Kette und Schluß in der historischen Textur der Moderne. In: TAUBES: 1985[2]. S.57-76.

JAUMANN, Die deutsche Barockliteratur. Wertung-Umwertung. Bonn 1975.

KAEGI, Walter: Chronika Mundi. Grundformen der Geschichtsschreibung seit dem Mittelalter. Einsiedeln 1954.

KAISER, Gerhard: Benjamin. Adorno. Zwei Studien. Frankfurt/Main 1974.

KAULEN, Heinrich: Rettung und Destruktion. Untersuchungen zur Hermeneutik Walter Benjamins. Tübingen 1987.

KITTSTEINER, Heinz-Dieter: Gewissen und Geschichte. Studien zur Entstehung des moralischen Bewußtseins. Heidelberg 1990.

KOSELLECK, Reinhard: Kritik und Krise. Ein Beitrag zur Pathogenese der bürgerlichen Welt. Freiburg u. München 1959.

KRÜGER, Hans-Joachim: Theologie und Aufklärung. Untersuchungen zu ihrer Vermittlung in Texten des jungen Hegel. Stuttgart 1965.

LAMMERS, Walther: Otto von Freising. Chronik oder die Geschichte der zwei Staaten. Übersetzt von Adolf Schmitt. Darmstadt 1960.

LANG, Bernhard: Zum Begriff der Theokratie. In: TAUBES: 1987. S.11-28.

LEHMANN, Hartmut: Zur Bedeutung von Religion und Religiosität im Barockzeitalter. In: Religion und Religiosität im Zeitalter des Barock. Teil 1. Hg.: Dieter Breuer u.a. München 1996.

LESSING, Gotthold Ephraim: Hamburgische Dramaturgie. Stuttgart 1981.

LINDNER, Burkhardt: `Links hatte noch alles sich zu enträtseln´. In: LINDNER (Hg.): Walter Benjamin im Kontext. Königstein/Taunus 1985[2]. S.7-11.

LÖWITH, Karl: Weltgeschichte und Heilsgeschichte. Die theologischen Voraussetzungen der Geschichtsphilosophie. Stuttgart usw. 1979[7].

MARQUARD, Odo: Abschied vom Prinzipiellen. Stuttgart 1981.

MAKROPOULOS, Michael: Modernität als ontologischer Ausnahmezustand? Walter Benjamins Theorie der Moderne. München 1989.

MANHEIMER, Victor: Die Lyrik des Andreas Gryphius. Studien und Materialien. Berlin 1904.

MAURER, Reinhart: Chiliasmus und Gesellschaftsreligion. Thesen zur politischen Theologie. In: TAUBES 1985[2]. S.117-135.

MENKE, Bettine: Sprachfiguren. Name - Allegorie - Bild nach Walter Benjamin. München 1991.

MENNINGHAUS, Winfried: Schwellenkunde. Walter Benjamins Passage des Mythos. Frankfurt/Main 1986.

MIETHKE, Jürgen: Das Reich Gottes als politische Idee im späten Mittelalter. In: TAUBES: 1987. S.267-278.

NEUE TESTAMENT, das: In der deutschen Übersetzung von Martin Luther nach dem Bibeldruck von 1545. Text in der Fassung des Bibeldrucks von 1545. Hg.: Hans-Gert Roloff. Stuttgart 1989.

OESTREICH, Gerhard: Geist und Gestalt des frühneuzeitlichen Staates. Berlin 1969.

OPPERMANN, Hans (Hg.): Wege zu Vergil. 3 Jahrzehnte Begegnungen in Dichtung und Wissenschaft. Darmstadt 1963.

PANOFSKY, Erwin u. SAXL, Fritz: Dürers `Melencolia I´. Eine quellen- und typengeschichtliche Untersuchung. Leipzig u. Berlin 1923.

PASCAL, Blaise: Pensées. Texte de l'édition Brunschvicg. Paris 1951.

PLATON: Timaios. In: Sämtliche Dialoge. Bd. VI. Hamburg 1988.

REIJEN, Willem van: Die *Dialektik der Aufklärung* gelesen als Allegorie. In: Willem v. Reijen u. Gunzelin Schmid Noerr (Hg.): Vierzig Jahre Flaschenpost: `Dialektik der Aufklärung´ 1947 bis 1987. Frankfurt/Main 1987. S.192-209.

ROSENZWEIG, Franz: Der Stern der Erlösung. Frankfurt/Main 1988.

RÜFFER, Ulrich: Anmerkungen zu Paul des Man´s Benjamin-Lektüre. In: STEINER (Hg.): 1992. S.283-296.

RUMPF, Michael: Spekulative Literaturtheorie. Zu Walter Benjamins Trauerspielbuch. Königstein / Taunus 1980.

SCHELLING, Friedrich Wilhelm Joseph von: Ist eine Philosophie der Geschichte möglich? In: Ausgewählte Schriften. Bd.1. Frankfurt/Main 1995[2]. S.295-304.

SCHICKEL, Joachim: Gespräche mit Carl Schmitt. Berlin 1993.

SCHINGS, Hans-Jürgen: Die patristische und stoische Tradition bei Andreas Gryphius. Köln 1966.

- Consolatio Tragoediae. Zur Theorie des barocken Trauerspiels. In: Reinhold Grimm (Hg.): Deutsche Dramentheorie. Frankfurt/Main 1971, S.1-44.

- Walter Benjamin, das barocke Trauerspiel und die Barockforschung. In: Daß eine Nation die andere verstehen möge. Festschrift für Marian Szyrocki zu seinem 60. Geburtstag. Hg.: Norbert Honsza u. Hans-Gert Roloff. Amsterdam 1988. (=Chloe. Beihefte zum Daphnis 7). S.663-76.

SCHMIDT-BIGGEMANN: Geschichte als absoluter Begriff. Frankfurt/Main 1991.

SCHMITT, Carl: Verfassungsrechtliche Aufsätze aus den Jahren 1924-1954. Berlin 1958.

- Politische Theologie II. Berlin 1970.

- Der Nomos der Erde. Berlin 1974[2].

- Der Leviathan in der Staatslehre des Thomas Hobbes. Sinn und Fehlschlag eines politischen Symbols. Köln-Lövenich 1982.

- Die Diktatur. Berlin 1989[5].

- Politische Theologie. Vier Kapitel zur Lehre von der Souveränität. Berlin 1990[5].

- Hamlet oder Hekuba. Der Einbruch der Zeit in das Spiel. Stuttgart 1993[2].

SHAKESPEARE, William: Hamlet. Stuttgart 1986.

SNELL, Bruno: Arkadien. Die Entdeckung einer geistigen Landschaft. In: OPPERMANN: 1966.

SPETH: Wahrheit und Ästhetik. Untersuchungen zum Frühwerk Walter Benjamins. Würzburg 1991.

STEINER, Uwe: Die Geburt der Kritik aus dem Geiste der Kunst. Untersuchungen zum Begriff der Kritik in den frühen Schriften Walter Benjamins. Würzburg 1989[1].

- Allegorie und Allergie. Bemerkungen zur Diskussion um Benjamins Trauerspielbuch in der Barockforschung. In: Daphnis 18 (1989). S.641-701.

- (Hg.): Walter Benjamin. 1892-1940 zum 100. Geburtstag. Bern usw. 1992.
- Säkularisierung. Überlegungen zum Ursprung und zu einigen Implikationen des Begriffs bei Benjamin. In: STEINER (Hg.): 1992. S.139-188.

STOLLEIS, Michael: Religion und Politik im Zeitalter des Barock. `Konfessionalisierung´ oder `Säkularisierung´ bei der Entstehung des frühmodernen Staates. In: Religion und Religiosität im Zeitalter des Barock. Teil 1. Hg.: Dieter Breuer u.a. München 1996.

SZAROTA, Elida Maria: Künstler, Grübler und Rebellen. Studien zum europäischen Märtyrerdrama des 17. Jahrhunderts. Bern u. München 1967.

SZONDI, Peter: Hölderlin-Studien. Mit einem Traktat über philologische Erkenntnis. Frankfurt/Main 1967.
- Schriften II. Frankfurt am Main 1991[2].

TAUBES, Jacob: Ad Carl Schmitt. Gegenstrebige Fügung. Berlin 1987.
- (Hg.): Theokratie. München usw. 1987.
- (Hg.): Der Fürst dieser Welt. Carl Schmitt und die Folgen. München usw. 1985[2].
- Statt einer Einleitung: Leviathan als sterblicher Gott. In: TAUBES: 1985[2]. S.9-15.
- Abendländische Eschatologie. München 1991.
- Die politische Theologie des Paulus. München 1993.
- Vom Kult zur Kultur. Bausteine zu einer Kritik der historischen Vernunft. München 1996.

THEUNISSEN, Michael: Negative Theologie der Zeit. Frankfurt am Main 1991.
- Der Begriff Verzweiflung. Korrekturen an Kierkegaard. Frankfurt/Main 1993.
- Vorentwürfe von Moderne. Antike Melancholie und die Acedia des Mittelalters. Berlin-New York 1996.

TIEDEMANN, Rolf: Studien zur Philosophie Walter Benjamins. Frankfurt/Main 1973.

TROELTSCH, Ernst: Die Bedeutung des Protestantismus für die Entstehung der modernen Welt. München u. Berlin 1911.
- Die Soziallehren der christlichen Kirchen und Gruppen. Neudruck der Ausgabe Tübingen 1912. Tübingen 1994.

TUGENDHAT, Ernst: Selbstbewußtsein und Selbstbestimmung. Sprachanalytische Interpretationen. Frankfurt/Main 1979.

VERGIL: Aeneis. Aus dem Lateinischen von Rudolf Alexander Schröder. Frankfurt/Main 1991.

VOGELIN, Eric: Die neue Wissenschaft der Politik. Freiburg u. München 1991[4].

WEBER, Max: Gesammelte Aufsätze zur Religionssoziologie I. Tübingen 1988[9].

WEIDMANN, Heiner: Flanerie, Sammlung, Spiel. Die Erinnerung des 19. Jahrhunderts bei Walter Benjamin. München 1992.

WITTE, Bernd: Walter Benjamin - Der Intellektuelle als Kritiker. Untersuchungen zu seinem Frühwerk. Stuttgart 1976.

WOLF, Ursula: Gefühle im Leben und in der Philosophie. In: Hinrich Fink-Eitel u. Georg Lohmann (Hg.): Zur Philosophie der Gefühle. Frankfurt/Main 1993. S.112-135.

WOLFARTH, Irving: `Haarscharf an der Grenze zwischen Religion und Nihilismus´. Zum Motiv des Zimzum bei Gershom Scholem. In: Peter Schäfer und Gary Smith (Hg.): Gershom Scholem. Zwischen den Disziplinen. Frankfurt/Main 1995.

Der Autor

Karsten Poppe, geb. 1967 in Berlin. Abitur an der Ev. Schule Frohnau (1987). Studium der Germanistik und Philosophie an der Freien Universität Berlin. Magisterprüfung (1992).